本书第5版曾获首届全国教材建设奖全国优秀教材一等奖
"十二五"普通高等教育本科国家级规划教材
普通高等教育"十一五"国家级规划教材
"创业管理"国家级精品课程教材
教育部普通高等教育精品教材

文渊管理学系列

第6版

创业管理

Entrepreneurship

张玉利　薛红志　陈寒松　李华晶　编著

机械工业出版社
CHINA MACHINE PRESS

本教材着眼于引导学生理解和把握经济社会中的创业活动规律，培养大学生承担风险、创新的意识和应对不确定性的能力，塑造和强化企业家精神。为此，本教材构建了"改变观念（Attitude）、培养技能（Skill）、掌握知识（Knowledge）、付诸行动（Do）"的新模式，简称ASK-DO模式。创业更像是一种思考、推理和行动的方式，本教材设计了引例、关键概念、行动指引、创业聚焦、调查研究、实践练习等栏目，激发学生的兴趣，通过"做中学"培养学生的科学创业观，强化创业与专业融合、企业家精神与科学精神融合，助力创新创业型人才培养。

本教材在内容框架上沿用了创业的过程逻辑，但这并不意味着绝对意义上的顺序和时间先后，而是挑战自我和创造价值的过程，也是不断学习的过程，突出创业思维、决策和能力的训练。第6版还重点做出了如下改进：第一，全面更新案例素材，更加注重时代性和实用性；第二，重点突出创业情境和由此带来的创业活动的特殊性；第三，体现了创业领域的最新进展。

本书不仅可以作为高等学校的创业基础课教材，还可以作为MBA学员的教材，也可以作为希望了解创业知识的社会从业人员的参考读物。

图书在版编目（CIP）数据

创业管理 / 张玉利等编著. -- 6版. -- 北京：机械工业出版社，2024.8（2025.1重印）. --（文渊）.
ISBN 978-7-111-76200-3

I. F272.2

中国国家版本馆CIP数据核字第2024AQ3356号

机械工业出版社（北京市百万庄大街22号 邮政编码100037）
策划编辑：吴亚军　　　　　责任编辑：吴亚军
责任校对：潘 蕊　牟丽英　　责任印制：李 昂
河北宝昌佳彩印刷有限公司印刷
2025年1月第6版第2次印刷
185mm×260mm・20.75印张・2插页・449千字
标准书号：ISBN 978-7-111-76200-3
定价：59.00元

电话服务　　　　　　　　　网络服务
客服电话：010-88361066　　机 工 官 网：www.cmpbook.com
　　　　　010-88379833　　机 工 官 博：weibo.com/cmp1952
　　　　　010-68326294　　金 书 网：www.golden-book.com
封底无防伪标均为盗版　机工教育服务网：www.cmpedu.com

文渊 管理学系列

「师道文宗」
「笔墨渊海」

文渊阁 位于故宫东华门内文华殿后,是故宫中贮藏图书的地方,中国古代最大的文化工程《四库全书》曾经藏在这里,阁内悬有乾隆御书"汇流澄鉴"四字匾。

文渊 管理学系列

作者简介

张玉利 南开大学商学院教授、博士生导师，博士。南开大学创新创业学院院长，全国普通高校毕业生就业创业指导委员会委员、中国高等教育学会创新创业教育分会副理事长等。长期从事创业管理、战略管理和管理教育等领域的教学与研究工作，在创业领域主持完成国家自然科学基金面上项目2项、重点课题2项，目前正在主持国家自然科学基金重大项目"大型企业创新驱动的创业研究"。教育部长江学者特聘教授，国家高层次人才特殊支持计划哲学社会科学领军人才，享受国务院政府特殊津贴，曾获复旦管理学奖励基金会复旦管理学杰出贡献奖。

薛红志 南开大学商学院副教授，博士。曾赴新加坡南洋理工大学、美国百森商学院、瑞典延雪平大学进修和讲学。主要研究领域为创新与创业管理、企业成长和组织转型，先后主持国家自然科学基金项目、教育部人文社会科学基金项目、天津市教委社会科学重大项目等课题多项。国家级精品课程"创业管理"核心成员，面向本科生和研究生开设"创新管理""商业模式创新""公司创业"等课程。

陈寒松 山东财经大学工商管理学院教授，博士。南开大学创业研究中心核心成员，中国高校创新创业教育研究中心专家库（第一批）专家，山东省工业和信息化厅专家，济南市科技创业研究会副会长等。主要研究方向为创业管理、商业模式创新、数字化转型等，主持及参与创业相关主题的省（部）级课题30余项，发表创新创业主题的学术论文70多篇。面向工商管理类专业本科生和MBA主讲"创业管理"课程，主持建设"创业管理"优质课程，出版教材10余部。

李华晶 北京林业大学经济管理学院教授、博士生导师，博士。南开大学创业研究中心核心成员，入选首批全国万名优秀创新创业导师人才库。主要研究方向为创新创业管理、绿色低碳发展等，主持国家自然科学基金项目、教育部人文社会科学基金项目等课题20余项，出版专著和教材20余部，发表学术论文100余篇。曾获北京高校青年教学名师奖、北京市哲学社会科学优秀成果二等奖等荣誉。主持课程与主编教材入选北京高校就业创业金课、北京高等学校优质本科教材。

PREFACE 前 言

为了助力社会主义市场经济的发展，响应党和国家的号召，大批高校成立了专门推动创新创业教育工作的创新创业学院，开设了若干门创业课程或成体系的创业教育项目，为那些有抱负的大学生创业者提供理论支撑和方法工具，引导他们释放自身潜力并取得成功。即便创业并不在绝大部分大学生的职业生涯规划考虑之中，但那些选择在大企业工作的人很可能会与初创企业频繁地打交道，如开展合作、战略投资或收购。此外，成熟企业的管理者不断面临持续增长的压力，因此需要掌握开拓新业务领域的创业技能和创业思维，这就意味着21世纪的领导者必须拥有二元技能：既能经营现有业务，又能开创新业务。

世界经济艰难复苏，增速明显放缓，人们对支出更加谨慎，投资者的投资选择也更实际，对创业者的要求也就更高了，这使得有些人对创业充满畏惧。不过，对那些富有进取心的创业者来说，机会仍然很多。毕竟，今天许多知名的公司就是在经济不确定的时期创立的。为什么呢？因为顾客正在寻找新的、成本更低的方式去满足他们的需求，变化的经济形势为许多传统市场上的创业企业提供了机会，而成立已久的企业则可能变得虚弱或走下坡路了。无论经济环境如何，本书的主要内容都是适用的。

自机械工业出版社2008年1月推出《创业管理》首版以来，这已经是第5次修订了。基于长期使用本教材的老师们的反馈，除了常规性的内容更新外，第6版还重点做出了如下改进。第一，全面更新案例素材，更加注重时代性和实用性。第6版全面调整了上一版中各章的引例和情境案例，选取了能充分反映时代特色、大家更加熟悉、日常中频繁接触、广为流传、最新出现的一些创业者和创业企业。同时，案例广泛涵盖不同领域，反映了不同行业中创业企业的发展进程。第二，重点突出创业情境和由此带来的创业活动的特殊性。创业是在高度资源约束、高度不确定性情境下的机会追寻活动，因此，第6版在各章有关创业活动的内容中，明确加入了这两个创业情境的约束条件，以及由此导致的低成本、快速验证、试错和迭代的特点。第三，体现创业领域的最新进展。实践界和理论界对创业的认识是动态演化的，为此，第6版吸收了顶级学术期刊的最新研究成果，借鉴了商业杂志、社交媒体和新闻媒体等报道的最新见解及观点。

更为重要的是，第6版充分融入了习近平新时代中国特色社会主义思想和党的二十大精神内涵，使课程思政知识元素贯穿全书，主要体现为以下几点。

（1）在理论基础部分，强调中国特色社会主义市场经济体制下的创业观，将习近平新时代中国特色社会主义经济思想融入教材理论框架。

（2）在创业机会部分，强调国家战略导向，结合创新驱动发展战略，阐述在新一轮科技革命和产业变革背景下，创业机会选择和技术研发的重要性，提倡创新创业与国家战略需求对接，比如高科技产业、绿色低碳、数字经济、乡村振兴等领域的创业机会。

（3）在创业类型部分，强调高质量发展，突出高质量创业的特点，引导读者关注产品和服务的质量提升、商业模式的可持续性和社会效益，并探讨如何通过技术创新、管理创新和制度创新，助力经济社会高质量发展。

（4）在创业者的创业决策和价值理念部分，强调社会公平与共同富裕，讨论如何通过创业实践促进就业增长和社会财富的合理分配，鼓励创业者承担社会责任，在创业活动中落实"鼓励勤劳创新致富"的原则，参与和推动共同富裕事业。

（5）分析和解读党的二十大召开后政府出台的相关创业政策，帮助读者了解并运用政策优势，比如税收优惠、资金支持、知识产权保护、创新创业平台搭建等方面的政策措施。

通过以上方式，使读者在学习过程中既能把握宏观政策趋势，又能结合实际操作，切实提高创业能力和适应新时代经济发展要求的能力。

本次修订的动力和依据来自多个方面。

首先，以南开大学创业研究中心为核心的团队继续开展创业研究。结合调查研究和国家自然科学基金重点课题，我们将研究重点从创业过程向创业认知研究深化，更加关注创业活动的前端。创业研究中的收获和新的认识成为我们修订本书的重要内容来源。

其次，社会力量的推动提升了需求。基于培养创新型人才、推动教育教学改革的内在需要，高校开展创新创业教育的积极性明显增强，大学生创业意愿和实际创业的比例也在提升，这些都对创业教育提出了更高的要求。我们编写的这本《创业管理》教材自2008年出版以来，已经被数百所高校选用，第5版在2021年获得国家教材委员会颁发的首届全国教材建设奖全国优秀教材奖（高等教育类）一等奖。及时更新、打造精品是我们的责任。

最后，也是最重要的，同行专家的鼓励和建议，以及读者的反馈。自2010年以来，我们与机械工业出版社合作，先后举办了10届创新创业研究与教育研讨会。2016年开始，我们与机械工业出版社进一步合作，先后在南开大学、广西大学、东北大学、中国海洋大学连续举办了5期"高校创业师资训练营"。上述活动吸引了国内各大高校的数千名教师参与深度研讨和交流。在此基础上，我们应广大教师的要求，不断升级教学研讨和交流的内容，并转化到教材中来。大家鼓励我们不断修订教材，也给出了具体的修订意见和建议。在此，我们对他们的意见和建议表示真诚的感谢。

本次修订工作主要由薛红志、陈寒松、李华晶和我共同完成，薛红志修订了第2、3、6、8章的内容，陈寒松修订了第5、7、9、10章的内容，李华晶修订了第4、11、12

章的内容，我修订了第1章的内容。最后由我负责对这3位作者的修订稿做进一步的修订和最终校改。

南开大学创业研究中心毕业的大多数博士生都在高校从事创业研究与教育工作，其中多人先后参与了本书的编写或修订工作，包括陈忠卫、陈立新、陈颉、杜国臣、杜运周、李政、李乾文、杨俊、赵都敏、田新、朱晓红、张慧玉等。此外，安徽财经大学的王晶晶教授、当时在江西师范大学工作的陈文华教授也参与了本书的编写或修订工作。

与机械工业出版社的优秀团队合作，有压力但更有愉快之感。编辑们投入很大的精力收集各方意见，想方设法改进交流学习平台，推动我们持续投入大量的时间和精力修订改进本书，在此要特别感谢。还要感谢国内外同行的意见和建议，感谢广大读者通过网络给出的建议和鼓励，感谢同学们在学习过程中的积极反馈，感谢南开大学创业研究中心的所有团队成员及他们在本书编写和修订过程中的贡献。

敬请关注我们的微信公众号"NET2019"，我们会随时发布有关创业教学和研究的相关信息。

我们将会继续修订更新，期待你的宝贵意见和建议。

张玉利
2024年3月

致　谢　ACKNOWLEDGEMENTS

本书不只是我们四位作者的成果。我们要感谢在教学过程中使用或参考过先前版本的广大高校教师和读者，他们的鼓励和鞭策让我们不断地修订本书，他们还为本书从第1版到第6版提供了诸多有价值的建议和修改意见，在此表示衷心的感谢，他们（按姓氏笔画排序）是：

万　炜　湖南大学
马　丁　太原理工大学
马鸣萧　西安电子科技大学
王　冲　东北电力大学
王　坤　天津商业大学
王　欣　安徽财经大学
王　敏　武汉大学
王小兵　湖南工学院
王秀宏　天津大学
王艳花　西北农林科技大学
王艳茹　中国社会科学院大学
王倩雯　苏州大学
王鉴雪　北京工业大学
牛　芳　南开大学
毛基业　中国人民大学
尹建华　对外经济贸易大学
孔　雪　福州理工学院
邓汉慧　中南财经政法大学
付锦峰　河南工程学院
冯　宇　山东建筑大学
冯　新　碳9学社
吕　力　武汉工程大学
朱必祥　南京理工大学
朱吉庆　上海外国语大学

朱欣民	四川大学
华锦阳	上海财经大学
刘　瑛	太原科技大学
刘祎康	天津商业大学
刘彦希	云南农业大学
刘峰涛	东华大学
刘海建	南京大学
刘景江	浙江大学
闫俊周	郑州航空工业学院
关小燕	江西师范大学
汤汇道	合肥工业大学
许　朗	南京农业大学
许正中	中共中央党校（国家行政学院）
许益锋	西安工程大学
孙纬业	天津理工大学
孙家胜	浙江工商大学
杜义飞	电子科技大学
杜运周	东南大学
杜卓君	上海海洋大学
李　波	中南财经政法大学
李　政	辽宁大学
李　俊	浙江科技大学
李　琳	大连海事大学
李文忠	天津城建大学
李冬梅	山东工商学院
李剑力	中共河南省委党校（河南行政学院）
李晓伟	中国海洋大学
李家华	中央团校（中国青年政治学院）
李新生	湖南工业大学
杨思敏	广州理工学院
杨菊萍	中国计量大学
杨雪莲	青岛大学
杨媛媛	广东外语外贸大学
肖　昆	黑龙江科技大学

吴　琨　南京审计大学
吴小节　广东工业大学
吴满琳　上海理工大学
何云景　太原科技大学
何中兵　哈尔滨工业大学（威海）
狄成杰　安徽财经大学
汪元锋　上海金融学院
汪秀婷　武汉理工大学
汪宜丹　上海立信会计金融学院
沙彦飞　淮阴工学院
沈超红　中南大学
宋信强　广东财经大学
张　钡　天津外国语大学
张　平　华南理工大学
张　莉　江南大学
张　铭　三峡大学
张　维　天津大学
张仁江　南开大学
张文松　北京交通大学
张慧玉　浙江大学
陈　丹　山东大学
陈　收　湖南大学
陈　劲　清华大学
陈　昀　湖北经济学院
陈　健　广东外语外贸大学
陈文华　江西师范大学
陈立新　天津工业大学
陈江涛　贵州财经大学
陈忠卫　安徽财经大学
陈晓东　无锡太湖学院
苗　青　浙江大学
苑　春　兰州大学
范雅楠　青岛理工大学
林　嵩　中央财经大学

林立杰	烟台大学
易　锐	湘潭大学
易世志	重庆交通大学
周小虎	南京理工大学
周文辉	中南大学
周立新	重庆工商大学
周春华	浙大宁波理工学院
周海明	西安邮电大学
单婷婷	南京邮电大学
赵　荔	上海立信会计金融学院
赵文红	西安交通大学
赵观兵	江苏大学
赵红梅	内蒙古财经大学
胡　涌	北京林业大学
胡　霞	中国矿业大学
胡桂兰	江苏大学
段淑芳	西安财经大学
侯胜田	北京中医药大学
姜锡明	新疆财经大学
贺　妍	苏州大学
贺　尊	武汉科技大学
聂　锐	中国矿业大学
聂元昆	云南财经大学
贾建锋	东北大学
夏　宁	山东财经大学
顾　颖	西北大学
钱　昇	杭州电子科技大学
钱杭园	浙江农林大学
黄卫伟	中国人民大学
黄娅雯	云南财经大学
黄福广	南开大学
梅小安	江西财经大学
曹　巍	中国矿业大学
崔显林	云南财经大学

隆湘成	湖南大学
葛建新	中央财经大学
董　靖	中国矿业大学
董志霞	北京航空航天大学
董青春	北京航空航天大学
焦亚冰	山东女子学院
鲁　涛	南京理工大学
曾春花	贵州师范大学
湛　军	上海立信会计金融学院
温　馨	沈阳工业大学
雷家骕	清华大学
路江涌	北京大学
詹　萌	温州大学
窦　乐	沈阳工学院
谭旭红	黑龙江科技大学
谭志合	九江学院
熊道伟	深圳职业技术学院
樊智勇	南阳理工学院
黎赔肆	南华大学
颜志刚	韶关学院
戴逸飞	韶关学院
戴维奇	浙江财经大学
魏立群	香港浸会大学

教学建议

教学目的

本课程的教学目的是让学生在数字经济以及全球创业热潮的背景下关注与了解创业思维和行动,理解创业行动的内在规律以及创业活动本身的独特性,认识创业管理过程中经常容易遇到的问题和新创企业的特点,挖掘创业精神的内涵,从创业实践中总结适应信息社会的竞争优势来源和管理创新经验,发现创业机制。本书着眼于培养学生的积极进取和创新意识,塑造和强化创业精神,培养和锻炼机会识别、创新、资源整合、团队建设、知识整合等创业技能,引导学生用创业的思维和行为准则开展工作,培养和强化创造性地分析与解决问题的能力,尝试将创业机制运用于现存企业以及社会管理实践。

前期需要掌握的知识

管理学、经济学、战略管理、市场营销学、财务管理等相关课程知识。

课时分配建议

教学内容	教学要点	课时安排 本科生	课时安排 MBA学员
第1章 认识创业活动	● 了解创业活动的特殊性 ● 挖掘创业活动的本质内涵 ● 了解创业企业的基本类型 ● 认识并培养创业思维 ● 掌握创业行动的基本准则	4	4
第2章 成为创业者	● 掌握创业者的一般性与特殊性 ● 分析创业者的创业动机及其对创业活动的影响 ● 理解创业者需要具备的独特能力和素质 ● 了解创业者的社会责任与创业伦理 ● 了解创业者可能面临的风险、压力等负面影响	3	2
第3章 洞察创业机会	● 掌握机会识别和判断的基本方法 ● 把握和判断适合个体创业者的机会特性 ● 了解创业机会评价的目的和方法 ● 熟悉提升机会识别能力的途径 ● 熟悉机会识别的发现和建构过程 ● 理解信息加工对创业机会建构的意义	4	4

（续）

教学内容	教学要点	课时安排 本科生	课时安排 MBA 学员
第 4 章 组建创业团队	● 认识创业团队的内涵和特征 ● 了解组建创业团队需要考虑的主要问题 ● 掌握创业团队的冲突及其管理 ● 理解创业团队的创业型领导的特点	2	4
第 5 章 整合创业资源	● 了解创业者资源整合的独特性 ● 熟悉创业者资源整合的机制和技能 ● 运用相关资源理论解释创业活动 ● 理解创业资源整合难的根本原因 ● 掌握资源整合的一般原则与过程	2	4
第 6 章 设计商业模式	● 了解商业模式的内涵与逻辑 ● 熟悉商业模式的核心构成要素 ● 掌握商业模式的设计方法 ● 体验商业模式的设计过程 ● 分析商业模式中的关键假设 ● 认识调整商业模式的科学方法	4	4
第 7 章 明确目标市场	● 了解市场定位的基本方法 ● 熟悉传统的产品开发与顾客开发 ● 区分瀑布型开发与敏捷迭代开发 ● 掌握创业营销的基本工具和方法	5	4
第 8 章 撰写商业计划	● 了解商业计划的基本格式、规范 ● 掌握商业计划的主要组成部分 ● 掌握撰写商业计划的基本技巧 ● 规避撰写商业计划的错误做法 ● 熟悉探索导向计划方法的基本构成 ● 认识环境不确定性对商业计划作用的影响	3	4
第 9 章 开展创业融资	● 了解创业融资难的原因 ● 掌握创业融资的主要渠道 ● 了解不同融资方式的差异 ● 了解融资的一般过程	3	2
第 10 章 成立新企业	● 了解新企业成立的衡量维度 ● 认识新企业成立需要的条件和时机 ● 熟悉新企业市场进入的 3 种模式 ● 熟悉企业的组织选择 ● 了解企业注册的程序和步骤	3	2
第 11 章 发展新企业	● 掌握新企业提高合法性的基本举措 ● 了解现金流对于新企业生存的重要性 ● 掌握企业成长的规律 ● 掌握企业持续成长的管理重点 ● 了解公司创业的内涵 ● 理解公司创业的实施过程	2	2
第 12 章 完善创业决策	● 理解创业决策的独特属性 ● 掌握构成创业决策的基本要素 ● 了解创业直觉决策的意义 ● 掌握提升创业直觉决策效果的方法 ● 熟悉创业决策的不同方式及其适用情境 ● 掌握提升创业决策效果的途径	1	4

说明：1. 在课时安排上，对本科生建议课堂讲授 36 学时，其中包括组织案例讨论 12 学时，课外练习 12 学时，标注课时的内容要讲，其他内容可不讲或选择性补充；对非管理类专业的本科生建议安排超过 48 学时，以便补充相关的专业知识；对 MBA 学员建议课堂讲授 40 学时，其中包括案例讨论 14 学时。

2. 每章在最后都设计了实践练习，建议以小组的形式开展，可以利用课堂汇报交流，其中不少练习可以代替案例分析和讨论。

目录 CONTENTS

前言
致谢
教学建议

第1章　认识创业活动 ………… 1
引例　中国的五次创业浪潮 ………… 2
1.1　创业活动及其本质 …………… 3
1.2　创业认识的演进 ……………… 11
1.3　创业的类型 …………………… 17
1.4　创业逻辑与创业思维 ………… 26
1.5　创业情境 ……………………… 31
本章要点 …………………………… 33
重要概念 …………………………… 33
复习思考题 ………………………… 34
实践练习 …………………………… 34

第2章　成为创业者 ……………… 35
引例　吉利汽车创始人李书福自述创业历程 … 36
2.1　创业者 ………………………… 39
2.2　创业能力 ……………………… 50
2.3　创业者的社会责任与创业伦理 … 59
2.4　创业的负面影响 ……………… 64
本章要点 …………………………… 67
重要概念 …………………………… 68
复习思考题 ………………………… 68
实践练习 …………………………… 68
创业实战 …………………………… 70

第3章　洞察创业机会 …………… 71
引例　张一鸣的连续创业 ………… 72

3.1　创业机会的类型与来源 ……… 73
3.2　创业机会的识别 ……………… 79
3.3　创业机会的评价 ……………… 84
3.4　创业机会的发现、建构与信息加工 … 92
本章要点 …………………………… 98
重要概念 …………………………… 98
复习思考题 ………………………… 98
实践练习 …………………………… 98
创业实战 …………………………… 99

第4章　组建创业团队 …………… 100
引例　为什么俞敏洪总能带出
　　　　强悍的团队 ………………… 101
4.1　创业团队的内涵 ……………… 102
4.2　创业团队的建立 ……………… 105
4.3　创业团队的冲突与管理 ……… 109
4.4　创业团队的领导 ……………… 113
本章要点 …………………………… 119
重要概念 …………………………… 119
复习思考题 ………………………… 119
实践练习 …………………………… 119

第5章　整合创业资源 …………… 120
引例　整合研发资源，橙色云助力
　　　　客户创新创业 ……………… 121
5.1　相关资源理论与创业资源 …… 122

5.2 步步为营与资源拼凑 ……………… 126
5.3 整合外部资源的机制 ……………… 134
5.4 外部资源整合的过程 ……………… 138
本章要点 ……………………………… 141
重要概念 ……………………………… 142
复习思考题 …………………………… 142
实践练习 ……………………………… 142

第6章 设计商业模式 ……………… 143

引例 共享经济热潮下的部分典型
失败案例 ……………………… 144
6.1 商业模式 …………………………… 146
6.2 商业模式的设计框架 ……………… 156
6.3 商业模式设计的一般过程 ………… 162
6.4 商业模式的调整 …………………… 166
本章要点 ……………………………… 174
重要概念 ……………………………… 174
复习思考题 …………………………… 174
实践练习 ……………………………… 174
创业实战 ……………………………… 175

第7章 明确目标市场 ……………… 176

引例 马化腾的产品观 ……………… 177
7.1 目标市场定位 ……………………… 179
7.2 产品开发模式 ……………………… 183
7.3 设计创业营销方案 ………………… 191
7.4 创业营销策略 ……………………… 195
本章要点 ……………………………… 200
重要概念 ……………………………… 200
复习思考题 …………………………… 200
实践练习 ……………………………… 201

第8章 撰写商业计划 ……………… 202

引例 今日头条创业阶段的商业计划 … 203
8.1 商业计划的目的和用途 …………… 204

8.2 商业计划的基本结构与核心内容 … 209
8.3 商业计划的撰写原则与技巧 ……… 219
8.4 商业计划的反对之声 ……………… 224
8.5 探索驱动型计划法 ………………… 228
本章要点 ……………………………… 230
重要概念 ……………………………… 230
复习思考题 …………………………… 231
实践练习 ……………………………… 231
创业实战 ……………………………… 231

第9章 开展创业融资 ……………… 232

引例 向未来科技公司的创业融资之路 … 233
9.1 创业融资的困境与优势 …………… 234
9.2 创业融资的渠道 …………………… 237
9.3 债权融资与股权融资 ……………… 247
9.4 创业者对企业的控制方式 ………… 251
本章要点 ……………………………… 252
重要概念 ……………………………… 252
复习思考题 …………………………… 252
实践练习 ……………………………… 253

第10章 成立新企业 ……………… 254

引例 豪迈公司的创生 ……………… 255
10.1 新企业属性 ……………………… 256
10.2 成立新企业的相关法律法规 …… 259
10.3 市场进入与进入程序 …………… 266
本章要点 ……………………………… 271
重要概念 ……………………………… 272
复习思考题 …………………………… 272
实践练习 ……………………………… 272

第11章 发展新企业 ……………… 273

引例 促进中小企业专精特新发展 …… 274
11.1 新企业的生存 …………………… 274
11.2 企业成长 ………………………… 279

11.3 公司创业 ····················· 285
11.4 数字创新驱动的大型企业创业 ······ 290
本章要点 ························· 293
重要概念 ························· 293
复习思考题 ······················· 293
实践练习 ························· 294

第12章 完善创业决策 ············· 295
引例 人工智能增强人类决策能力 ····· 296

12.1 创业决策的内涵 ················ 296
12.2 基于过程的创业决策方式 ········· 302
12.3 提高创业决策质量的途径 ········· 306
本章要点 ························· 312
重要概念 ························· 312
复习思考题 ······················· 312
实践练习 ························· 313

参考文献 ··························· 314

> 要坚持问题导向，解放思想，通过全面深化改革开放，给创新创业创造以更好的环境，着力解决影响创新创业创造的突出体制机制问题，营造鼓励创新创业创造的社会氛围，特别是要为中小企业、年轻人发展提供有利条件，为高技术企业成长建立加速机制。
>
> ——中共中央总书记、国家主席、中央军委主席习近平

第 1 章
认识创业活动

【核心问题】

- ☑ 为什么创业成为热潮？
- ☑ 对创业的认识是如何演化的？
- ☑ 创业活动主要做些什么？
- ☑ 最常见的创业企业类型是什么？
- ☑ 创业的本质特征是什么？
- ☑ 精益创业为什么会流行？
- ☑ 创业思维的内容是什么？
- ☑ 如何有效地采取创业行动？

【学习目的】

- ☑ 了解创业活动的特殊性
- ☑ 挖掘创业活动的本质内涵
- ☑ 了解创业企业的基本类型
- ☑ 认识并培养创业思维
- ☑ 掌握创业行动的基本准则

引例　　　　　　　　　　中国的五次创业浪潮

1. 短缺经济下的制造业复苏

1978年，十一届三中全会作出了实行改革开放的新决策，启动了农村改革的新进程。中国的第一次创业高潮期出现，主要的商业进步发生在农村地区和非常偏远的四五线城市。

杭州万向集团的创始人鲁冠球是第一个登上美国《商业周刊》的中国企业家，他出生于1945年，出身农民，他就是在这个时期开始创业的。年广久是中国第一个个体户，他创立了傻子瓜子，自称只认识五个字，就是"年广久同意"。这可能反映出改革开放后中国第一批创业者的典型形象。

一个人要创业，必须做到以下3点：第一，会生产；第二，东西卖得出去；第三，要向银行贷款，得有钱。所以，制造业领域、流通业领域和金融领域是企业家一生中遇到的三大难题。当这些农民在制造业领域和流通业领域实现突破的时候，他们下一步就需要在金融领域实现突破。

2. 发生在生产线上的"管理革命"

第二次创业浪潮发生在1984年，十二届三中全会的主题是加快城市体制改革，宣布把农村所进行的承包制成功经验引进城市和城市中的工厂改革中。1984年成了城市体制改革和工业改革的元年。

1984年，中国诞生了联想、海尔、万科等一大批今天仍活跃着的企业。这批企业最大的特点是它们开始注重管理，开始重视企业文化。中国企业在生产线上发生制造业革命是在1984年之后。1988年，中国民营企业的用工人数历史上第一次超过了国有企业。

3. 制造业从短缺到过剩：品牌与营销革命的爆发

1992年，中国出现了第三次创业浪潮，这次创业浪潮的主力军是大批的知识分子、公务员。他们主要从事房地产行业、服务业。这批人的知识水平更高，而且经营理念也不一样。

4. 互联网革命

中国的第四次创业浪潮集中在1998—1999年，那是互联网创业的时间窗口，大家非常熟悉的新浪、搜狐、网易、腾讯、阿里巴巴、百度、京东等企业，都诞生在此时。在这一波创业中出现了新的特征——创业者年轻化。上一代创业者基本是"40后"或者"50后"，而这一代创业者大部分出生于1968—1972年。在这次创业浪潮中，风险投资开始出现。

5. 基于新模式和新消费的"80后""90后"创业

2014年，中国出现了第五次创业浪潮。虽然财富主要掌握在"60后"和"70后"的手上，但整个创业和消费的主力变成了"80后"和"90后"，每年有约250万创业者涌现。

随着新时代的到来，互联网和新商业模式对传统行业和服务业造成重大影响，所有的领域都发生了覆盖性创新。什么是覆盖性创新？在第一次、第二次、第三次和第四次创业浪潮中，所有的行业都有一个共同的特点，那就是从无到有的变化。

而第五次创业浪潮是从"旧有"到"新有"的过程,这是非常不一样的改革方式。用新的商业模式覆盖旧的商业模式,这是对旧势力的覆盖。这不是"旧房子修一下"的过程,而是大规模的转移过程,在转移中,很多传统制造业的既得利益者会在这个行业中"失血"。

资料来源:吴晓波.我们正经历第五次创业浪潮[J].杭州科技,2015(6):30-31.

活跃的创业活动是社会经济发展的动力源泉。改革开放极大地释放了中国人的创业精神,这是中国经济发展取得今天的辉煌巨大成就的关键原因,也是中国经济能够继续保持良好发展态势的决定性因素之一。在引例中,吴晓波所谓的第五次创业浪潮一直延续到了现在。十几年前我们讨论的话题企业还是娃哈哈、盛大、苏宁、搜狐、联想、万科,但现在各种媒体关注的则是元气森林、拼多多、科沃斯、蔚来、理想、米哈游、美团、字节跳动。然而,这些响当当的名字估计很快又会被生成式人工智能、自动驾驶、太空探索、核聚变、大数据、物联网、工业互联网等带来的新一波创业热潮所替代。毫无疑问,我们正在经历一场全球范围的创业革命,其影响不亚于工业革命。

创业者通过颠覆性创新、开拓新市场、创造就业机会、提高生产效率以及打造新兴产业,持续不断地为经济增长做出不可估量的贡献,并极大地改变了我们的生活方式。但我们应该思考创业热潮为什么能够兴起,而且有愈演愈烈之势。其根本原因是人类社会从工业社会向信息社会进而又向数字社会转型,带来了大量前所未有的商业机遇,创新和速度等替代了稳定性和秩序等成为竞争优势的重要来源,互联网技术等因素促使个体的创造力得以全面发挥。

1.1 创业活动及其本质

创业是长期存在的社会现象,只是人们在很长时间里并不知道他们在从事创业活动。后来,人们注意到这个相对特殊群体的存在,并逐渐称其为创业者,通过观察创业者的行为,形成对创业活动的基本认识。随着社会的变迁,对创业活动的认识也在不断演变和深化。

1.1.1 创业活动的蓬勃发展

国务院原总理李克强在 2014 年 9 月的夏季达沃斯论坛上发出了"大众创业、万众创新"的号召,提出"要在 960 万平方公里土地上掀起'大众创业''草根创业'的新浪潮,形成'万众创新''人人创新'的新势态"。此后,国家先后出台了一系列政策,大力推动众创空间等创新创业服务平台和载体建设,大众创业、万众创新活动在我国蓬勃发展,以创新引领的创业受到了前所未有的重视和关注。2017 年,第 71 届联合国大会通过关于纪念"世界创新日"的第 284 号决议,呼吁世界各国支持大众创业、万众创新。

截至2023年年底，我国登记在册经营主体达1.84亿户，同比增长8.9%。其中，企业5 826.8万户，个体工商户1.24亿户，农民专业合作社223万户。2023年，我国日均新设企业2.75万户，规模以上工业中小企业经营收入超过133万亿元。一大批专精特新企业脱颖而出，成为中小企业发展的亮点。截至2024年4月18日，我国已培育12.4万家专精特新中小企业，其中专精特新"小巨人"企业1.2万家。在2023年新上市企业中，专精特新中小企业占64.86%，其中在科创板新上市的企业中，超过70%是专精特新中小企业。截至2023年7月，已有1 600多家专精特新中小企业在A股上市，占A股上市企业总数的30%以上。这些企业在工业基础领域深耕细作，充分体现出专业化、精细化、特色化、新颖化的发展特征。

创业企业的蓬勃发展导致一批极具引领带动作用的独角兽企业相继涌现，极大地推动了我国新兴产业的发展，为经济增长注入了新活力。目前，我国新能源汽车、智能手机、消费级的无人机等重点产业跻身世界前列，服务机器人在家政服务、医疗康复等领域实现了规模化应用。例如，在新能源汽车领域，2023年全年，我国新能源汽车产销分别达到958.7万辆和949.5万辆，连续9年位居世界第一，也成为全球第一新能源汽车出口大国。2023年，在全球新能源汽车销量排名前10的企业中，我国占据了6个席位；而在动力电池装机量前10的企业中，我国同样占据了6个席位。要知道，很多领先的新能源车企都是创业企业，如蔚来、理想、小鹏，被称为"造车新势力"。在家庭服务机器人领域，2023年，科沃斯、石头、云鲸、小米、追觅的市场份额遥遥领先，其中的大部分企业都是在2015年后新成立的。即便在航空航天领域，我国也已经出现了独角兽企业。银河航天成立于2018年，2022年其估值已超过100亿元人民币，成为低轨宽带通信卫星领域的领军企业之一。

关键概念

独角兽企业

在神话中，独角兽形如白马，额前有角，代表高贵、高傲和纯洁。独角兽企业是一个投资界术语，一般是指成立时间不超过10年但估值超过10亿美元的企业。这些企业不仅是优质和市场潜力无限的绩优企业，而且其商业模式很难被复制。表1-1列示了2024年胡润全球独角兽榜前10名，其中4家来自中国。根据清华大学中国科技政策研究中心发布的《中国独角兽企业发展报告（2024年）》，中国拥有独角兽企业369家，居全球第二，总估值约为14 044.5亿美元。

表1-1 2024年胡润全球独角兽榜前10名

排名	排名变化	企业	价值/亿元人民币	价值变化/亿元人民币	国家	行业	成立年份
1	0	字节跳动	15 600	1 420	中国	社交媒体	2012
2	0	SpaceX	12 800	3 050	美国	航天	2002
3[①]	14	OpenAI	7 100	5 680	美国	人工智能	2015
4	−1	蚂蚁集团	5 700	−2 840	中国	金融科技	2014

(续)

排名	排名变化	企业	价值/亿元人民币	价值变化/亿元人民币	国家	行业	成立年份
5	−1	SHEIN	4 600	0	中国	电子商务	2012
6	−1	Stripe	4 300	780	美国	金融科技	2010
7	0	Databricks	3 050	850	美国	大数据	2013
8[①]	8	Canva	2 800	1 280	澳大利亚	软件服务	2012
9[①]	8	币安	2 400	990	马耳他	区块链	2017
10	−4	微众银行	2 350	0	中国	金融科技	2014

[①] 新进前10名。

资料来源：胡润研究院。

20年前，很少有学校开设创业相关课程，但是在20年后，很多学校成立专门的创业学院、开设定制化创业方向并设计模块化、系列化的创业课程体系。教育部专门发布了本科专业类教学质量国家标准，明确了各专业类创新创业教育目标要求及课程要求，着力打造了几万门创新创业教育线上线下"金课"，建立了创新创业学分积累与转化制度，大大激发了大学生创新创业的活力。很多大学生开始将创业视为一种职业选择，而且这一比例在持续上升。如今，创业更像是一种职业，它不仅正在普及，而且大受追捧。

1.1.2 创业活动的特殊性

创业活动主要是指创业者及其团队为孕育和创建新企业或新事业而采取的行动，扩展开来，可以包括初创企业的生存和初期发展（见图1-1）。创业活动本身属于商业活动范畴，也是一种普遍存在的社会现象。人们经常将创业活动与成熟企业的经营活动区分开来，一个重要的原因是创业这种商业活动具有较强的特殊性。

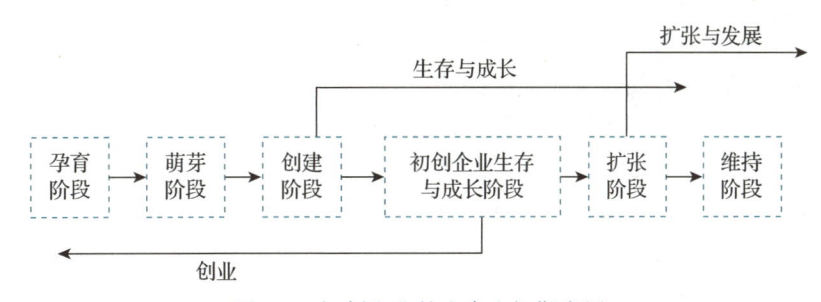

图1-1 初创企业的生存和初期发展

1. 创业活动较多地依赖创业者及其团队的个人能力

管理学科产生的主要驱动力量是集体活动的存在和需求，研究对象主要是组织活动。大公司和相对规范的经营管理工作需要靠组织的力量来完成。创业活动不同，特别是初期的创业活动更多地靠个人的力量和智慧。长期以来，一种普遍存在的认识是：创业成败主要取决于创业者的个人禀赋，一些客观事实也印证了这一点。马斯克之于特斯拉、李想之于理想、扎克伯格之于Facebook、马化腾之于腾讯等，都是如此。尽管这样的创业会给企业发展带来一些问题，但创业者对创业活动的重要甚至决定性作用是客观存在的，今后很长一段时间仍将会如此。目前学术界争论甚至驳斥创业成败取决于创业者天赋的论断，不是否定创业者的作用，而是关心创业者所具有的品质与技能是不是天生的，能否通过学习和后天培养取得。

2. 创业活动是创业者在高度资源约束下开展的商业活动

大多数创业者都经历了"白手起家"的过程，如果一个人拥有丰富的资源，也许就失去了创业的动力。其实，从地理区域的情况看，也具有这样的特点。创业活动活跃的地区往往不是资源丰富、交通便捷的地区，比如创业活跃的温州恰恰资源贫瘠、交通不便。为什么会这样？原因是多方面的。创业经常是变不可能为可能，大家都认为不可能，自然也就不愿意提供资源给创业者，个人和单一的组织所拥有的资源总是有限的，创业者在创业初期所能筹措到的资源也是有限的，不得不白手起家。由于资源的限制和约束，创业者经常要寻找那些不需要大量资源投入的机会开展创业活动，结果是创业活动的启动资本大多不高，甚至只需很少的资本就可以启动。创业活动的这一特点带来了完全不同的结果：有的创业者因为资源约束干脆形成了自力更生的个性和习惯，长期不向银行贷款并以此感到自豪，极大地约束了事业的发展；有的创业者为了摆脱资源约束的困境，积极寻求资源获取渠道和整合手段的创新，探索出创造性整合资源的新机制，成为成功创业的重要保证。

3. 创业活动是在高度不确定性情境下开展的商业活动

不确定性是创业最突出的特点。中国改革开放本身就是典型的创业活动。回顾改革开放历程，"摸着石头过河""不管白猫黑猫，抓着老鼠就是好猫"这两句话应该说给人们的印象最为深刻。许多微观层面的创业活动也是这样开展的。为什么要这样做，而不是按照明确的目标、有计划地开展创业活动？因为创业者面对着高度不确定性，具体表现在以下几方面。

（1）颠覆性、创造性和混乱的状况难以计划和预测。计划和预测只能基于长期的、稳定的运营历史和相对平稳的环境，这些条件是创业者及其新创企业所不具备的。创业是开拓新事业的过程，未来很多情形都不可知，即使有过创业经历的创业者，也不可能直接将过往的经验简单复制到新的环境之中。当然，大公司所面临的环境也是不确定的，但出于资源有限、创新的产品和服务还不被大家所熟悉、创业想法有待验证等多方面原因，初创企业所面临环境的不确定性更强。何况很多创业活动的目的就是挑战现行的商业模式、开发颠覆性创新、开拓全新市场，所面临的不确定性就更强。

（2）谁是顾客、顾客认为什么有价值等都是未知数。创业存在的必要性是借助向顾客提供利益来创造价值，帮助顾客解决问题而获得回报，离开顾客谈创业没有任何意义。顾客需要什么并不清晰。亨利·福特借助制造和销售汽车可以说改变了世界，他回忆说："如果当年我去问顾客他们想要什么，他们肯定会告诉我需要一匹跑得更快的马而不是汽车。"苹果公司的创始人史蒂夫·乔布斯的认识更加透彻，他指出：消费者没有义务去了解自己的需求，消费者只知道自己的抽象需求，比如好吃的、好看的、舒服的、暖的、冷的、好的、坏的等。需要把抽象的需求具体化，把潜在的需求显现化，把缓慢的需求紧迫化，把片面的需求全面化，把次要的需求重要化。著名管理学家彼得·德鲁克则强调企业存在的唯一目的就是"创造顾客"。

（3）模糊性和快速变化。创业活动的结果经常不可知，当面临多个方案需要选择，而每个方案出现的结果不确定、发生的概率也不清楚的情况下，严格地说无法做出科学的决策。不确定性还表现为"不连续性"，今天并不是昨天的延续，不连续性在现实中经常表现为快速变化。

关键概念

奈特不确定性

弗兰克·奈特（1921）对风险和不确定性进行了分类。设想一个游戏，在罐中放有不同颜色的球，规则是每次取一个球，取到红球就奖励50元。第一种情况是，已告诉游戏者罐中共有10个球，5个绿球和5个红球，那么对每一次取球，都能精确地计算出取到红球的概率，这类不确定性是风险问题。第二种情况是，事先不知道罐里有多少个球，也不知道每种颜色的球有多少，甚至不知道是否有红球，这时游戏者面临的就是不确定性问题。如果游戏者能够通过对其他游戏者的观察计算出红球的概率，这个不确定性问题就转化成了风险问题；如果无法计算出红球的概率，那就是一个不确定性问题，这种情形就是奈特不确定性。

不确定性客观存在，也和主观认识有关。同样的市场环境条件，有长期经营经验的企业会认为市场比较成熟，容易掌控；对于新进入市场的新手，可能会觉得无所适从。面对不确定的环境，成功的创业者通常要积极地承担风险而不是设法规避风险，他们利用而不是规避偶然事件，快速行动、善于学习、注重合作和建立联盟应对不确定性。大公司在研究战略时会考虑5年甚至更长远的目标，对创业者来说，1年的想法也许就是真正意义上的战略。

4. 创业活动失败率高

尽管我国新创企业数量屡创新高，但失败是大概率事件、成功是小概率事件，这是创业活动的独特之处。2013年，国家工商总局[1]发布的《全国内资企业生存时间分析报告》显示，企业成立后第3年死亡数量最多，死亡率达到最高，接近40%，5年内死亡率达到50%。《全球创业观察（GEM）2018/2019中国报告》指出，尽管中国创业活动的创新能力和国际化程度在不断提高，但创业失败率也在不断攀升。尤其在受到新冠疫情冲击后，全球经济下行，初创企业生存环境不容乐观。《2020中国企业发展数据年报》显示，2020年中国共注销、吊销企业1 004.28万家，同比增长18.6%，是近几年数量最多的一年。由于对创业失败的理解和界定不同，加上特别难以统计，创业失败率到底有多少，很难有被大家普遍接受的权威数据。有观点强调不能用亏损等财务指标衡量成功或是失败，只要创业者没有放弃，就不

---

[1] 2018年3月更名为国家市场监督管理总局。

能说是失败；还有观点强调创业失败的作用，认为80%以上的创业项目都会是失败的，但创业者的人生80%却会成功。尽管如此，失败率高的事实需要予以重视。

创业活动的独特性使创业者的决策不同于既有企业的管理决策。既有企业的市场是已经存在的，并且有现成的资源、网络和顾客，而创业者在这些方面几乎都要从零做起。

1.1.3 创业活动的本质

创业活动是普遍的社会现象和人类活动，相信每个人都会觉得自己知道创业是什么，但如果要准确地定义，刻画出创业的本质和精髓，又是一件非常困难的事情。

▶ **行动指引**

听听创业者的观点

先把书放下，找你认识的一位创业者一起聊聊，或者利用互联网查阅某位知名创业者的相关新闻报道和访谈演讲，听听他对创业的理解，了解他以前干的事情，以及面对困难的解决方法，再回来看书，相信你会有更多收获。

创业是一种普遍的商业活动，学者们给出的定义也很多。考察各种定义中出现的关键词，出现最多的是"启动、创建、创造；新事业、新企业""创新、新产品、新市场""追逐机会""风险承担、风险管理、不确定性""资源或生产方式的新组合"等（见表1-2）。

表1-2 创业定义中包含的关键词

序号	对于创业定义的不同理解	出现频数	序号	对于创业定义的不同理解	出现频数
1	启动、创建、创造	41	10	价值创造	13
2	新事业、新企业	40	11	追求成长	12
3	创新、新产品、新市场	39	12	活动过程	12
4	追逐机会	31	13	既有企业	12
5	风险承担、风险管理、不确定性	25	14	首创活动、做事、超前认知与行动	12
6	追逐利润、个人获利	25	15	创造变革	9
7	资源或生产方式的新组合	22	16	所有权	9
8	管理	22	17	责任、权威之源	8
9	统筹资源	18	18	战略形成	6

注：表中只列示了超过5个以上频数定义的分析。
资料来源：MORRIS M，LEWIS P，Sexton D.Reconceptualizing entrepreneurship : an input-output perspective[J].SAM advanced management journal, 1994, Winter(1): 21-31.

表1-2列出的一些关键词基本上反映出创业活动的不同侧面，追逐利润、价值

创造、追求成长等反映出创业的目标；追逐机会、创造变革、资源或生产方式的新组合、新事业、新企业等是实现目标的手段；风险承担、超前认知与行动、活动过程等是创业活动的属性。这也说明，可以从不同角度定义创业。

概括来说，创业的定义有狭义和广义之分。狭义的定义就是创建新企业。按照这样的定义，很容易区分一个人的工作是否在创业。广义的定义则把创业理解为开创新事业。任何一个在不确定情况下开发新产品或新业务的人都是创业者，无论他本人是否意识到，也不管他是身处政府部门、获得风险投资的公司、非营利机构，还是由财务投资人主导的营利性企业。[一]狭义的创业定义是广义创业的载体，在创业活动日趋活跃及其对社会经济发展的贡献越来越突出的今天，为了探索创业的本质，弘扬创业精神，更多的人倾向于使用广义的创业定义。

在长期以来的教学和研究工作中，我们比较了不少定义。总的来说，我们更认同哈佛大学霍华德·史蒂文森教授的定义：创业是不拘泥于当前资源条件的限制下对机会的追寻，组合不同的资源以利用和开发机会并创造价值的过程。[二]结合表1-2列举的关键词，可以发现该定义集中体现了创业所包含的关键要素，也容易体会到创业活动所具有的关键要素，包括识别机会、整合资源、创造价值等，也反映了创业活动的主要特征，比如高度资源约束。下面对这个定义做进一步的解释。[三]

"追寻"意味着一种绝对持续的专注。机会对于创业者而言，往往转瞬即逝，为了吸引外部资源，他们需要在有限的时间里展示出优异的成绩。随着时间的流逝，有限的资金被不断消耗，因此创业者普遍有一种紧迫感。而发展成熟的企业拥有稳定的资源，面临机会时有更多的选择，往往缺乏紧迫感。

"机会"指的是在下面的四种类型中，包含一种或多种创新的类型。机会可能包括：①开发一个真正创新的产品；②设计新的商业模式；③优化现有产品，使其更加物美价廉；④发掘现有产品的新客户群。这些机会类型并不相互排斥，创业者完全可以兼顾。例如，采用一个新的商业模式推出一款全新产品。同样，上面所列举的这些并不是企业所能获得的全部的机会类型。企业也可通过提高产品的价格或雇用更多的销售代表来提高利润，但这些方式并无新意，与创业无关。

"不拘泥于当前资源条件的限制"意味着突破资源的限制。在初创企业的起步阶段，创业者只能控制现有的人力、社会和金融资源。许多创业者希望把有限资源最大化利用，把支出控制在最低限度，只投入自己的时间，或者必要时投入个人资金。在某些情况下，一家初创企业凭借自己的实力能够生存下来。然而，为了企业能够长远发展，创业者必须设法调动生产设施、分销渠道、营运资金等外部资源。

1.1.4 创业与创新

成功的创业离不开创新。腾讯公司开发了QQ、微信等即时通信网络工具，极

[一] 莱斯. 精益创业：新创企业的成长思维 [M]. 吴彤，译. 北京：中信出版社，2012.
[二] STEVENSON H. The heart of entrepreneurship[J]. Harvard business review, 1985, March-April: 85-94.
[三] 艾森曼. 创业精神是一种综合的管理理念 [J]. 王晨，安健，译. 变频器世界，2016（10）：40.

大地改变了人们的联络和社交方式;百度公司开发了百度搜索引擎,向人们提供了更简单便捷的信息获取方式;字节跳动通过智能推荐算法和个性化内容,让每个用户都能找到自己感兴趣的内容。每个成功的创业者都注重创新,他们可能开发出新的产品或服务,可能找到了新的商业模式,也可能探索出新的制度和管理方式,从而获得成功。著名经济学家熊彼特曾经把创新作为创业者与创业的重要特征,管理大师德鲁克 1985 年出版的名著《创新与企业家精神》[○] 也将创新与创业放在一起进行讨论。创新引领创业,创业与创新紧密相关、很难割裂。那么创业与创新有什么区别?是不是一回事?

谈到创新,人们普遍关心的一个重要问题是创新与发明的关系,而且容易把创新与发明、研发等技术活动混淆。创新和发明不同,发明是一个技术上的概念,其结果是发现新事物;创新则主要是一种经济术语,是将新事物、新思想付诸实践的过程。美国小企业管理局对创新定义如下:"创新是一种过程,这一过程始于发明成果,重点是对发明的利用和开发,结果是向市场推出新的产品或服务。"这种定义有助于人们更好地理解创新与发明的区别。

其实,创新与发明之间并不存在某种必然的联系。创新过程可以始于发明,比如将某种发明运用于生产过程中,或将某种新的资源与现有资源组合到一起,以便达到创新的预期目的。同时,创新过程也可以根本不依赖哪种特定的发明,而仅仅是对目前的活动进行新的组合,同样也能达到创新的目标。创新和发明是两个根本不同的概念,正如熊彼特所说:"创新同发明是完全不同的任务,要求具有完全不同的才能。尽管创业者自然可能是发明家,就像他们可能是资本家一样,但他们之所以是发明家并不是由于他们的职能的性质,而只是由于一种偶然的巧合,反之亦然。"

创新与创业之间的关系并不像发明与创新那么清楚,但仍然有差别(见图 1-2)。如果把科学和应用作为一个连续光谱的两端,创业显然更偏向应用,创新介于中间,可以从科学的角度理解,也可以从应用的角度理解。近些年,大家重视科学、技术、产品服务、产业、组织、管理之间的关系,如互联网技术带来去中介和组织生态化,进一步带动管理创新,这也有助于理解创新与创业的关系。

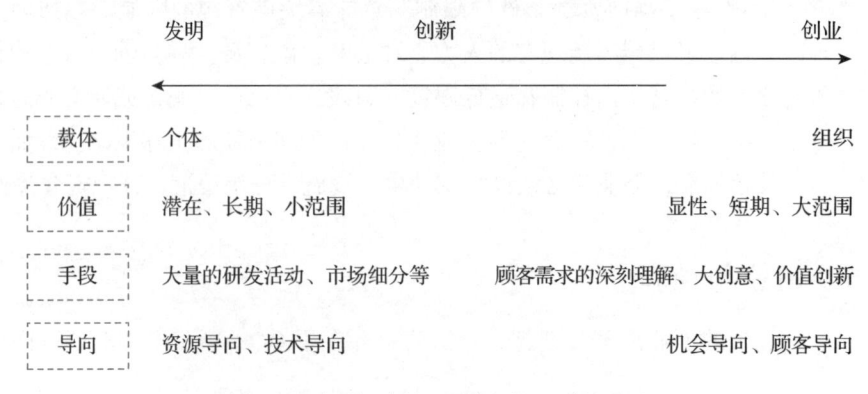

载体	发明	创新	创业
载体	个体		组织
价值	潜在、长期、小范围		显性、短期、大范围
手段	大量的研发活动、市场细分等		顾客需求的深刻理解、大创意、价值创新
导向	资源导向、技术导向		机会导向、顾客导向

图 1-2 发明、创新、创业的区别与联系

○ 该书中文版已由机械工业出版社出版。

创业与创新之间并不是完全等同的概念，有些创业活动主要是在模仿甚至复制别人的产品和服务以及经营模式，自身并没有什么创新，但也是在创业，这样的例子很多。创业更侧重财富创造，更加关注市场和顾客。同时，创业更加注重商业化过程，可以表现为把创新商业化，也可以表现为模仿并商业化。当然，基于创新的创业活动更容易形成独特的竞争优势，也有可能为顾客创造和带来新的价值，进而实现更好的成长。

讨论发明、创新、创业概念之间的异同，并不是在做文字游戏。在与创业者接触的过程中，经常会遇到这样的情况：他们对自己的产品很自豪，经常沾沾自喜地强调产品的技术性能如何好，对顾客不喜欢自己的产品感到不理解。很多具有技术背景的创业者总是更像一位工程师，他们喜欢发明新东西，而忽视顾客的需求，他们不会从顾客的角度、从价值创造的角度开展创新。成功的创业活动离不开创新，包括产品和服务创新、技术创新，也包括制度创新和管理创新等。与创新相比，创业更强调机会、顾客和价值创造。从价值创造角度看，应更加倡导顾客导向的创业、创业导向的创新。

创业者不能仅仅看到创新，也不能仅仅专注于创造，这不是一个创业者应该做的。一个伟大的创业者可以在早期就看到一个事物的潜力，并将其做大做强。"如果将创造比作池塘里面的一块鹅卵石，那么创新就是这块鹅卵石所激起的水波效应。一开始必须有一个人将这块鹅卵石投掷到水中，这个人就是一名创造者。也必须有一个人能够意识到，这些小小的波纹最终会引发一个大浪，而这个人就是一名创业者。"真正的创业者不会仅仅驻足在水边。他们目睹着这些波纹，并在真正的大浪来临前，就觉察到这一股势不可挡的力量。在预测之后，他们会聪明地骑着这一股大浪奋勇向前。正是这些行为，推动着每一个创业者的创新。㊀

1.2 创业认识的演进

为了解读成功创业的关键所在，人们对创业问题开展了大量研究，做出了多种多样的解释，并形成了不同的观点。按时间顺序，可以把对创业的认识分为三类：个体观、过程观和认知观。

1.2.1 创业的个体观

早期的创业研究集中于创业者个体，起初从"特质论"出发，试图识别将创业者与非创业者区分开的一组稳定个体特征。综合来看，在特质论文献中发现的最主要的创业者特质包括：高成就需要、内部控制点、高冒险倾向和高模糊容忍度。然而，此后在有关创业者特质的研究中就没有什么共识了，也没有这四种特质是天生的还是后天培育的进一步科学证据了。㊁

㊀ 36氪，创新与创造，有何不同？http://36kr.com/p/98942.html?utm_source=krweeklyw71e。
㊁ 内克，格林，布拉什. 如何教创业[M]. 薛红志，李华晶，张慧玉，等译. 北京：机械工业出版社，2015.

关键概念

成就需要、内部控制点、高冒险倾向和模糊容忍度

成就需要是指争取成功、追求优越感、希望做得最好的需要。高成就需要者与其他人的区别在于他们想把事情做得更好，他们努力是为了个人成就而不是成功的报酬本身，有一种使事情比以前做得更好或更有效率的欲望。

内部控制点是指个体在周围环境作用的过程中，把责任归于个体的一些内在原因（如能力、努力程度等），而不是归于个体自身以外的因素（如环境因素、运气等）。即个体相信自己能掌控自己的命运，而不是由外部环境决定的。

高冒险倾向的个体比低冒险倾向的个体可以更快地做出决策，在做出选择时使用的信息量也更少。

模糊容忍度是指个体对模糊情景或清晰界线划分缺乏的接受程度。

组织行为学中的"大五人格模型"认为，有五种特质可以涵盖人格特质描述的所有方面，我们可以运用该模型看看研究学者发现的这些人格特质与人们能否成为创业者之间的关系。

（1）外倾性。外倾性重点描述的是人在交际中的健谈度与活跃度，人与人之间在外倾性方面的差异有2/3来自基因遗传。外倾性的人会比内倾性的人更有创业冲动，调查也证实了大部分的创业者具有外倾性人格。有一项研究以出生于1958年3月的同一周的英国人进行调查，结果发现，他们在11岁时进行的外倾性人格测验结果与日后成为创业者的概率成正比。美国亚利桑那州立大学的一个研究小组也发现，女性创业者的外倾性非常明显。

（2）情绪稳定性。创业者需要稳定的情绪，需要对艰苦的工作、孤独、压力、不安全感以及个人财务困难等方面拥有较高的承受能力。这些都是在创建企业时时常会遇到的问题。一般来说，创业者不应过度忧虑，在面对挫折时要有一定的适应能力。创业会带给创业者情绪上的跌宕起伏，管理情绪状态会变得很难但很重要。研究显示，与创业者相比，情绪不稳定性更常见于普通经理人之中。

（3）随和性。随和性较强的人一般不会成为创业者，因为他们不会为了追求自己的利益而与他人争斗，进行艰难的讨价还价。研究显示，下岗后选择自主创业的人，比回到原工作岗位的人意志更加坚定，同时对事物的怀疑程度也更深。调查数据也显示，与普通的领导相比，创业者更加严肃，亲和度要更低一些。

（4）责任心。具有责任心的人多半会拥有坚持不懈、坚忍不拔、善始善终、尽职尽责、值得依靠的特性。创业者要有非常高的责任心，他们做事需要有条不紊、深思熟虑，在面对困难时要勇往直前。调查表示，创业者和普通领导在"大五人格特质"方面的差异，在责任心上体现得最为突出。

（5）经验开放性。高经验开放性的人通常更富有想象力和创造性，充满了好奇心并具有卓越的领导才能。创建一家企业需要拥有创造力，以便想出新办法来解决各种顾客问题，获取资源来制定新的经营策略。而拥有经验开放性的人，很容易从巨大的资源库里获得新信息，并不断更新自己，应对企业运营中的各项问题。

有关创业者特质的早期研究成果呈现在了大多数的创业教材中，通常开篇便讨

论"谁"是创业者的以及"他"拥有何种个性特征。但是，通过创业者人格、态度与人口统计学特征来考察创业者与非创业者的特质差异，在解释创业行为和创业过程时只能获得有限的结论，难以用一些稳定的个人特质对创业做出普遍意义上的解释。此外，这类研究必然存在以下问题：①并不是所有的创业者都具备上述特质，许多人不是创业者，但也具备其中的大部分特质；②对一个创业者应该具备多大程度的特质特征没有做出解释；③已有研究成果对哪些是创业者特质的看法并不一致，或者创业者特质同实际创业情况的关系也不一致。

⊙ 情境案例

你喜欢乔布斯的特质吗

《史蒂夫·乔布斯传》中的几个细节：①女友告诉他，她怀孕了，他的第一反应竟是逼迫她离开他家——无情；②苹果公司上市分股权时，他拒绝给几位从第一天就跟着他的员工股份——冷漠；③早期开发游戏时，他拿了5 000美元，却告诉共同创始人沃兹尼亚克只有700美元——蒙钱。如果隐去乔布斯的名字，你觉得有这些特质的人会创业成功吗？

很多年前学者们就主张，勾勒典型创业者特质的任何尝试注定没什么用，然而这类研究仍旧在继续。斯科特·谢恩（Scott Shane）明确指出了创业基因的角色和存在，将创业者是天生的还是后天培育的讨论推到了新的极端。

📄 调查研究

基因多大程度上影响我们的创业能力

美国凯斯西储大学（Case Western Reserve University）教授、创业研究学者斯科特·谢恩，以同卵和异卵双胞胎间的比较分析了基因与创业之间的关系。这两类双胞胎基本上都同时由相同的父母养育。同卵双胞胎几乎有着完全相同的遗传密码，与众多兄弟姐妹一样，异卵双胞胎只携带50%这样的遗传密码。通过比较两类双胞胎的情形，人们不难找出遗传和环境、天生和后天形成的关系。

谢恩通过研究发现，一个人是否有意识到新商业机会的能力，有45%来自遗传。想体验新奇经历的强烈欲望，有50%~60%来自遗传。谢恩在通过对双胞胎的研究后得出结论：环境和遗传因素对人迎接新挑战的影响比例分别为45%和61%。研究结果还表明，在对外部环境的兴趣上，遗传影响最多只有66%。

资料来源：谢恩. 你无法逃脱的基因密码[M]. 彭新松，凌志强，译. 北京：北京联合出版公司，2012.

除了研究基因和遗传，人们还利用神经科学仪器和方法研究创业者的决策机制，尝试寻找决定创业者行为的深层次原因，识别那些更加稳定的因素，比如生理因素就比心理因素稳定得多。此外，还有不少人从比较的思路研究创业者的独特性，将创业者和打工人、管理者、职业经理人、领导者进行多方位比较，对了解创业者群体有帮助。我们承认创业者自身的独特性和对创业活动的直接影响，但不能抛开环境因素单独分析创业者的特质，毕竟创业活动的成败受多方面因素影响，同时，创业者的心理和性格特征也在不断地变化。

1.2.2　创业的过程观

作为对个人特质方法的回应，一些学者主张用行为方法研究创业，认为创业终究是关于新企业的创建，其中，多种力量在新企业生成过程中交互作用，而创业者只是该过程的一个组成部分而已。因此，我们应该考察创业者在新企业创建情境下开展的活动，关注创业者做了什么，而非他是谁。随着研究人员针对创业研究从特质向行为转移的呼吁，创业过程观开始登上历史舞台。

请先看下面的例子。

- 一位妇女喜欢为家庭聚会制作开胃食品，朋友们经常称赞她，告诉她这些食品有多么的美味。后来她建立了一家公司，制作和销售开胃食品。
- 一位从事生物化学基础研究的科学家做出了能推动该领域前沿发展的重要发现。但是，他对识别该发现的实际用途没有兴趣，而且从未尝试那样做。
- 在被从管理职位上"裁员"以后，一位中年人偶然发现了用特殊方法处理旧轮胎作为花园边饰（将不同种类植物分开的隔离物）的创意。
- 一位退休军官想出一个创意：从政府那里购买淘汰的水陆两栖交通工具，并使用它们去建立一家专门从事偏远荒野旅游的公司。
- 一个年轻的计算机科学家开发出比目前市面上任何软件都要好得多的新软件，并寻求资金创建一家公司来开发和销售该软件。

上述例子中，从事生物化学基础研究的科学家只是科学家而不是创业者，如果没有什么"意外"发生，这位科学家可能永远不会成为创业者。偶然发现了用特殊方法处理旧轮胎作为花园边饰创意的中年人可能会成为创业者也可能不会，这要看他是否进一步采取行动以及可能采取什么行动，也许他会尝试开展这项业务，也许他会把创意告诉朋友而自己不进一步开发。退休军官和年轻的计算机科学家已经踏上了创业之路，他们不仅看到了机会并有创意，而且开始着手创建公司和筹集资金。第一位妇女在创业的道路上走得最远，她从朋友的赞赏中看到机会，成立了公司，销售她的开胃食品，也许她还在为其公司的生存和发展而努力。

研究创业，需要剖析创业过程中所包含的活动和行为，这也是大多数创业管理教材都从过程的角度展开的主要原因。创业过程包含的活动和行为较多，从阶段性活动来看，可分为机会识别和机会开发两大阶段，并可进一步细分为以下6个方面。

1. 产生创业动机

创业活动的主体是创业者，创业活动首先取决于个人是否决定成为创业者。当然，不少人是因为看到了创业机会，由于潜在收益的诱惑，激发了创业动机，进而成为一名创业者或创业团队成员。随着社会保障体系的建立和健全，随着产权体制改革的深化，原有因为体制差别形成的特殊利益会逐渐减少，结果会进一步降低创业成本，激发人们的创业动机。

2. 识别创业机会

识别创业机会是创业过程的核心，也是创业管理的关键环节。识别创业机会包含发现机会和评价机会价值两大方面的活动,这其中有许多问题值得研究。第一,机会来自哪里?或者说创业者应该从何处识别创业机会?第二,为什么某些人能够发现创业机会而其他人却不能?或者说哪些因素影响甚至决定了创业者识别机会?第三,机会是通过什么形式和途径被识别到的?是经过系统搜索和周密的调查研究还是被偶然发现的?第四,是不是所有的机会都有助于创业者开展创业活动并创造价值?围绕这些问题,可以看到创业者在识别创业机会阶段经常要采取的活动。为了识别到机会,创业者可能需要多交朋友并经常与他们交流沟通,这样做有助于创业者更广泛地获取信息。创业者可能还需要细心观察,从以往的工作和周边的事物中发现问题,看到机会。对于自认为看到的机会,创业者需要对机会进行评估,判断机会的价值。

3. 整合资源

整合资源是创业者开发机会的重要手段。强调整合资源,是因为创业者可以直接控制的可利用资源少,许多成功的创业者都有过白手起家的经历。对创业者来说,整合资源往往更意味着整合外部的资源、别人掌握控制的资源,来实现自己的创业理想。创业者不能仅靠自己所识别的机会整合资源,他们需要围绕创业机会设计出清晰的、商业模式,向潜在的资源提供者陈述清晰的、有吸引力的盈利模式,有时还需要制订出详细的创业计划。要知道,潜在的资源提供者也不希望自己拥有的资源被闲置,他们也急于寻找到资源升值的途径。但是,由于不确定性的存在,资源提供者并不能像创业者那样深刻识别到创业机会的价值。

4. 创建新企业或诞生新事业

新企业的创建和新事业的诞生是衡量创业者创业行为的直接标志,有人甚至直接将是否创建了新企业作为个人是不是创业者的衡量标准。创建新企业有不少事情要做,包括企业注册、经营地址的选择、营销策略制定、内部管理体系设计等。有时甚至要在创建一家全新企业还是收购一家现有企业等市场进入的不同途径之间进行选择。在创业初期,迫于生存的压力,也由于对未来发展无法准确地预期,创业者往往容易忽视这部分工作,结果给日后的发展带来许多问题。

5. 实现机会价值

创业者整合资源、创建新企业的目的是实现机会价值,并通过实现机会价值来实现自己的创业目标。表面来看,与已经存在多年经营历史的企业相比,创业者创建的新企业没有什么本质的区别,都要做好生产销售工作,或都在做类似的工作。实际上,它们之间的差异还是巨大的。对已存在的企业来说,其销售工作的核心任务也许是注重品牌价值,维护好老顾客,提升顾客的忠诚度。而对新创建的企业来说,也要考虑品牌价值等问题,但首要的任务则是如何争取到第一批顾客,如何从已存在的企业那里把顾客抢夺过来,这意味着新企业要为顾客创造更大的价值,也可能意味着要为获得同样的收益付出更高的代价和成本。

确保新企业生存下来是创业者必须面对的挑战,但创业者不能仅仅考虑生存,同时还需要考虑成长,不成长就无法生存得更长远,在激烈竞争的环境中尤其如此。企业成长有其内在的基本规律,在这方面,企业成长理论(包括成长决定因素理论和成长阶段理论）研究已经取得了较丰富的成果。创业者需要了解企业成长的一般规律，预见到企业不同成长阶段可能面临的管理问题，采取有效的措施予以防范和解决，使机会价值得到充分的实现，同时不断地开发新的机会，把企业做大、做强、做活、做长。

6. 收获回报

追求回报是创业者开展创业活动的主要目的。不求回报是做人的美德，但对于创业者来说，这样的美德是不值得提倡的，因为对回报的追求有助于强化创业者对事业的执着。对创业者来说，创业是获取回报的手段和途径，是一种载体，而不是目的本身。回报可能是多种多样的，对回报的满意度在很大程度上取决于创业者的创业动机。调查发现，多数创业者的创业动机首先是自己当老板，然后才是追求利润和财富，对这些人来说，当老板的感受本身就是回报。对以追求财富为主要动机的创业者来说，把自己创建的新企业在短期内发展成一家快速成长的企业并成功上市，可能是理想的获取回报的途径。

现实中，创业者随着创业活动的持续，会对自己创建的企业甚至经营的产品融入越来越多的情感，甚至将其视为生命的一部分，淡化甚至忘却了对回报的追求，结果可能是不仅没有收获回报，反而约束了企业的健康发展。调查发现，有的企业初期发展得很好，而进入快速成长阶段，需要更多的资金发展，虽然有不少投资者表示愿意投资，但创业者却因为担心自己创办的企业被别人控制而失去了不少发展机会。这样的例子很普遍。

虽然创业的过程观被大多数人认可并成为创业管理教材的主流范式，但研究发现，创业者之间的行为是极为不同的，并且教材中的内容与新生创业者的实际行为几乎没有重合之处。结果，创业变成了另一个版本的管理——领导、控制、计划和评估的过程，差别在于前者适用于新企业。[⊖]

1.2.3 创业的认知观

目前，从认知视角研究创业已经获得学者们的广泛兴趣和关注。创业认知是指人们用来做出有关机会识别、机会评价、新企业创建以及企业成长的评估、判断或决策的知识结构。[⊜]创业认知研究者不是基于人格特质来区分创业者的，而是揭示创业者的思维模式，认为特定的思维模式是竞争优势和个体差异的来源。

大部分创业认知研究探讨个体做出创业行动决策的原因，并将这种决策与根深蒂固的知识结构和信念关联起来，即认知结构，同时认为创业是一种有计划的行为，反映了认知的过程。认知结构代表和装载了知识。研究者由于出发点不同，对认知结构形成了多种类似的表示方法和定义，比如脚本、图示、知识结构、解释系统等，并且认为认知结构是区分创业者和非创业者以及导致创业者行为差异的关

⊖ 内克，格林，布拉什.如何教创业[M].薛红志，李华晶，张慧玉，等译.北京：机械工业出版社，2015.
⊜ MITCHELL R K, BUSENITZ L, LANT T, et, al. Toward a theory of entrepreneurial cognition: rethinking the people side of entrepreneurship research[J]. Entrepreneurship theory and practice, 2002, 27(2): 93-104.

键。而认知过程则被认为是知识接受和应用的方式，认知偏见和直观推断成为认知过程中的两个研究重点。创业过程本身充满大量不确定性与复杂性，创业者出于时间与成本等因素的制约，不可能做到完全理性决策。如果没有认知偏见和直观推断，很多创业行为将不会发生，但这种简化会产生难以避免的偏差。

关键概念

认知偏差和直观推断

认知偏差（cognitive bias）是指主体认识和处理各种信息并由此诱发的行为与客观实际不一致的表现。认知偏差在创业决策与行为中起到了重要作用，代表着"创业者思考、归因和获得决策的方式"。已有研究表明，创业者处理信息时出现的认知偏差主要包括：过度自信（overconfidence）、控制错觉（illusion of control）、后视偏差（hindsight bias）、小数法则（Law of small numbers）等。

直观推断（heuristics）是一种基于经验的决策方式，从信息的重新组合分析中获得新的见解，从而更有效、更及时地利用机会。

人的认知结构并非静止不变，而是在对外界环境的适应中通过同化与顺应两种机制从不平衡到新的平衡，因此认知结构具有时间阶段性，而认知过程本身就是一个随时间发展的概念。认知结构与认知过程都与特定的创业阶段有关，每个创业阶段可以划分为三个连续过程：扫描、解析、创业意向或行动。其中，扫描和解析过程反映了个体所表现出的信息加工方式，即认知风格。认知风格的变化和培养过程，其背后反映的是个体认知的发展，与认知的内容和结构变化有关。创业者认知发展是一种有意识的心理活动过程，认知发展的轨迹离不开学习过程，而已形成的认知发展水平又是进一步学习的必要前提。学习风格体现了个体识别新知识、吸收新知识并把新知识运用于创新和创业过程的能力。

总之，从认知视角探讨创业，问题不再是某个个体能否成为一个创业者，而是某个个体如何才能变得富有创业精神、创造机会并针对机会开展行动。

上述三种创业观的差异比较如表 1-3 所示。

表 1-3 创业的个体观、过程观和认知观的差异

	个体观	过程观	认知观
主要内容	英雄、神话、人格剖析	计划、预测	思维和行动
分析焦点	特质，天生还是后天培养	新企业创建	从事创业活动的决策
分析层面	创业者	企业	创业者和创业团队
主要用语	内部控制点、冒险倾向、成就需要、模糊容忍度	资本市场、成长、资源分配、绩效、机会发现	专家脚本、直观推断、决策、心智模式、知识结构

1.3 创业的类型

随着创业活动的日益活跃，创业活动的类型也呈现多样化的趋势。了解创业类

型，比较不同类型的创业活动，有助于更好地理解创业活动。

1.3.1 创业分类的常见维度

对创业的基本分类可以围绕谁在创业、在哪里创业、创业效果如何等三个基本问题展开，进而可以识别出基本的创业活动，还可以组合成众多的创业类型（见图 1-3）。

```
  谁在创业              在哪里创业            创业效果如何
个体                  独立创业              创新性
 • 自身条件            在组织内部创业         • 模仿、复制、创造等
 • 创业动机            网络创业              价值与财富创造
 • 是否在职工作                             • 个人、组织、社会
团队
```

图 1-3　创业的基本分类

结合图 1-3 的分类，目前人们已经识别到不少具有独特性的分类，现在我们选择具有典型意义的分类予以介绍。

1. 生存型创业与机会型创业

该分类最初是由全球创业观察项目依据创业者的创业动机提出的。在全球创业观察项目中，生存型创业（necessity-push entrepreneurship）是指创业者出于别无其他更好的选择，即不得不参与创业活动来解决其所面临的困难，不少下岗职工的创业便属于这种类型；机会型创业（opportunity-pull entrepreneurship）则是指创业者的创业行为的动机出于个人抓住现有机会并实现价值的强烈愿望，选择创业是因为有更好的机会。2004 年，美团创始人王兴在美国亲眼看见了互联网的迅猛发展，他认为这是一个绝佳的机会，于是果断决定回国创业。显然，王兴的创业属于机会型创业。两者的主要差异点如表 1-4 所示。

表 1-4　生存型创业与机会型创业的主要差异点

	生存型创业	机会型创业
创业目标	满足生存和消费	财富积累
存续时间	存续时间较短（容易倒闭）	存续时间较长
发展战略	被动、模仿	主动、创新
要素投入	以劳动力为主	各种高质量的资源组合
就业贡献	自我雇用（创造少量就业）	创造大量就业
税收贡献	税收贡献较低	税收贡献相对较大
经济贡献	对经济影响程度低	促进经济高质量发展

资料来源：江静，什么样的制度促进高质量创业？长江产业经济研究院，2019-08-05.

2. 弱势群体创业

弱势群体创业是政府关心的创业活动，创业活动的主体是那些处于社会边缘状态的个体。由于是弱势群体，他们往往难以整合到资源，创业会更加艰难；但反过来，创业能够改变弱势群体的社会地位，促进社会公平。为此，政府会制定特殊的政策为弱势群体创业提供支持，包括税收减免、融资担保等。2015年，经合组织与欧盟委员会共同发布了题为《消失的创业者（2015）》的研究报告，审视了欧洲各国对个体经营者中的弱势群体所提供的创业机会与支持方面的相关政策，侧重考察对青年人、女性、失业人员、少数族裔、移民和身心障碍人士的政策支持。研究发现，弱势群体所面临的主要问题是寻求经费支持、获得创业技能和构建创业组织等。

3. 个体创业与公司创业

这是根据创业活动的发生场所和创业者的个体差异进行的分类。个体创业主要是指不依托于某一特定组织而开展的创业活动，而公司创业主要是指由已有组织发起的组织的创造、更新与创新活动，创业活动是由在已有组织中工作的个体或团队推动的。虽然在创业本质上，个体创业和公司创业有许多共同点，但是由于起初的资源禀赋、组织形态、战略目标等存在不同，两者在创业的风险承担、成果收获、创业环境、创业成长等方面也有很大的差异。两者的主要差异点如表1-5所示。

表1-5 个体创业和公司创业的主要差异点

个体创业	公司创业
● 创业者承担风险 ● 创业者拥有商业概念 ● 创业者拥有全部或大部分事业 ● 从理论上而言，对创业者的潜在回报是无限的 ● 个体的一次失误可能意味着生涯失败 ● 受外部环境波动的影响较大 ● 创业者具有相对独立性 ● 在过程、试验和方向的改变上具有灵活性 ● 决策迅速 ● 低保障 ● 缺乏安全网 ● 在创业主意上，可以沟通的人少 ● 至少在初期阶段，存在有限的规模经济和范围经济 ● 严重的资源局限性	● 公司承担风险，而不是与个体相关的生涯风险 ● 公司拥有概念，特别是与商业概念有关的知识产权 ● 创业者或许拥有公司的权益，可能只是很小部分 ● 在公司内，创业者所能获得的潜在回报是有限的 ● 公司具有更多的容错空间，能够吸纳失败 ● 受外部环境波动的影响较小 ● 公司内部的创业者更多受团队的制约 ● 公司内部的规则、程序和官僚体系会阻碍创业者的策略调整 ● 决策周期长 ● 高保障 ● 有一系列安全网 ● 在创业主意上，可以沟通的人多 ● 能够很快地达到规模经济和范围经济 ● 在各种资源的占有上都有优势

资料来源：MORRIS M, KURATKO D.Corporate entrepreneurship[M]. Florida: Harcourt College Publishers, 2002：63.

4. 网络创业

网络创业也称互联网创业，简单地说，是指利用互联网作为平台进行创业的行为，是本章引例中我国第四次创业浪潮的主要驱动力。网络的价值是巨大的，网络中的虚拟世界与现实中的真实世界同样丰富多彩。人们利用互联网作为平台形成了巨大的市场，有市场当然就有机会，就可以有创业行为。而且，由于互联网具有传播速度快、互动性强、不受地理等自然条件限制等特点，而成为创业者关注的重要平台。随着"互联网+"的大力推动以及对互联网红利的追逐，我们身边涌现了大量网络创业的例子，比如张朝阳、李彦宏、马化腾、黄峥等都是互联网创业者的典型代表。目前，网络创业的热潮已经从消费互联网转向工业互联网。

5. 衍生创业

从广义上讲，凡是从已有组织（企业、大学或科研机构）中产生出来的企业都可以称之为衍生企业。具体来说，衍生创业是指在现有组织中工作的个体或团队，脱离所服务的组织，凭借在过去工作中积累的经验和资源，独立开展创业活动的创业行为（见图1-4）。长期以来，衍生创业一直经常发生。1955年，晶体管之父肖克利博士离开贝尔实验室在硅谷创建了"肖克利半导体实验室"，一时吸引众多有才华的年轻科学家加入。1957年，肖克利半导体实验室的八位最杰出的精英因不满肖克利的唯我独尊而集体出走，创办了仙童半导体公司（以下简称"仙童"）。之后仙童利用半导体技术优势，在短时间内便成为硅谷成长最快的公司。同时，仙童还成为半导体技术人才的孵化器，一批批人才从仙童跳槽，在硅谷附近创办了众多衍生企业，其中有英特尔、美国国家半导体公司[⊖]、AMD等知名的大公司。一时间，个人创业成为硅谷的潮流。正如乔布斯比喻的那样："仙童就像成熟了的蒲公英，你一吹它，这种创业精神的种子就随风四处飘扬了。"衍生企业由于与母体企业之间所具有的联系，所以在创业的初始条件、市场定位、经营策略、成长方式等多方面都会表现出与个体创业不同的一些特点，值得关注。

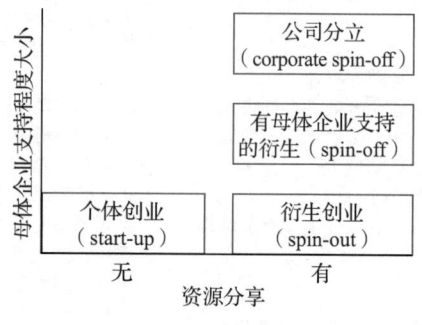

图1-4 衍生创业

资料来源：KOSTER S.Spin-off firms and individual start-ups: are they really different[R].The 44th ERSA Conference, 2004, August 25-29.

1.3.2 基于初始条件的创业分类

创业者往往在资源匮乏的情况下开展创业活动，因此，研究创业活动的初始条件对于分析创业活动的特点、预测创业活动的发展演变规律具有十分重要的意义。在这方面，阿玛尔·毕海德教授的研究工作特别具有影响力。

芝加哥大学教授阿玛尔·毕海德曾在哈佛商学院讲授创业课程，为了梳理出清晰的授课计划，他带领学生对1996年进入美国 Inc. 500（Inc.杂志评选出的成长速度最快的500家企业排名）的企业主进行深入访谈，并于2000年出版了《新企业

[⊖] 2011年9月24日，德州仪器完成了对该公司的收购。

的起源与演进》一书。[一]在该书中，他从不确定性和投资两个维度构建了一个投资量、不确定性与利润的动态模型（见图1-5）。

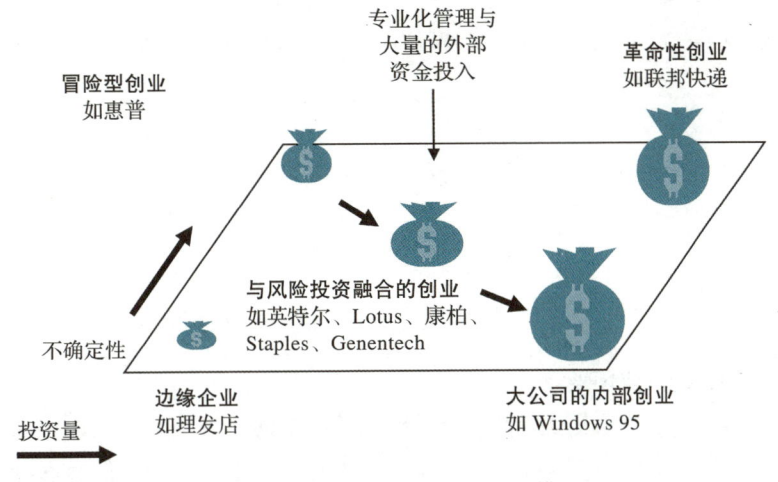

图 1-5　投资 – 不确定性 – 利润模型

注：钱袋的大小代表潜在利润的多少。

毕海德强调创业并不单纯是指创业者或创业团队创建新的企业，大企业同样有创业行为。在这个模型中，他将创业概括为五种类型，分别是边缘企业（marginal businesses）、冒险型创业（promising start-ups）、与风险投资融合的创业（VC-backed start-ups）、大公司的内部创业（corporate initiatives）和革命性创业（revolutionary ventures）。

投资 – 不确定性 – 利润模型非常经典。首先，该模型的两个维度——投资量和不确定性把握住了创业活动的两个最基本的条件也可以说是属性，投资量反映的是资源约束，不确定性反映的是风险程度和对未知的探索。其次，从数量看，绝大多数的创业活动都属于边缘企业类型，这类企业多为自我雇用性质，也多属于生存型创业，所需投资少，风险也小，当然盈利性弱，成长性也相对差一些。这类企业一般不需要融资，多数可以通过自有资金和家庭支持解决商业活动所需要的资金。再次，属于机会型创业的是冒险型创业，社会应该营造环境鼓励和培育更多的冒险型创业，这类企业失败率更高，但改变社会的作用更大。最后，从冒险型创业到与风险投资融合的创业，再到大公司的内部创业，是一条特别值得研究的线路，也是创业管理的重点。属于革命性创业的企业寥若晨星，即使与那些对经济有持久影响的大企业相比也是少之又少。只有极富传奇色彩的创业者才能从事要求大额投资以及具有较高不确定性的革命性创业活动。

1.3.3　基于效果的创业分类

依据效果对创业进行分类也是一种常见的分类形式，这样的分类有助于创业者

[一] 毕海德. 新企业的起源与演进 [M]. 魏如山，马志英译. 北京：中国人民大学出版社，2004.

关注创业活动效果，提升创业活动质量，也有助于创业活动的成功。克里斯汀和戴维森的分类在这方面更具有代表性。

克里斯汀等人依照创业对市场和个人的影响程度，把创业分为四种基本类型（见图1-6），即复制型创业、模仿型创业、安家型创业和冒险型创业。[1]

	新价值的创造	
	少	多
对个人的改变多	模仿型创业	冒险型创业
对个人的改变少	复制型创业	安家型创业

图1-6 基于价值创造的创业类型

1. 复制型创业

这种创业模式是在现有经营模式基础上的简单复制。例如，某人原先担任某家电公司部门主管，后来离职创建了一家与原家电公司相似的新家电公司，且新创建公司的经营风格与离职前那家公司也基本相同。现实中，这种复制型企业的例子特别多，且由于前期生产经营经验的累积而使得新创建公司成功的可能性很高。但在这种类型的创业模式中，创新贡献较低，也缺乏创业精神的内涵，并不是创业研究的主流。

2. 模仿型创业

模仿型创业虽然也很少给顾客带来新创造的价值，创新的成分并不算太高，但对创业者本身命运的改变还是较大的。例如，某煤矿公司的经理辞职后，模仿别人新创建一家网络公司。相对来说，这种创业具有较高的不确定性，学习过程较长，经营失败的可能性也比较大。不过，如果是那些具备创新精神的创业者，只要能够得到过专门化的系统培训，注意把握市场进入契机，创业成功的可能性也比较大。

3. 安家型创业

这种形式的创业对创业者个人命运的改变并不大，创业者所从事的仍旧是原先熟悉的工作，但能不断地在为市场创造新的价值，为消费者带来实惠。例如，企业内部的一位工程师在为企业开发完成一项新产品后，在此基础上为自己开发新项目，可能脱离原有企业走上团队创业之路，依赖对技术问题的深入理解以及以往建立起的关系追求个人创业精神最大限度的实现。

4. 冒险型创业

冒险型创业模式将极大地改变个人命运，创业者从事一项全新的产品经营，个人前途的不确定性也很大，同时，由于是创造新价值的活动，创业者将面临较高的失败可能性。尽管如此，这种创业预期的报酬较高，因此对那些充满创新精神的人来说仍富有诱惑力。但是，它需要创业者具备高超的能力、适当的创业时机、合理

---

[1] BRUYAT C, JULIEN P A. Defining the field of research in entrepreneurship[J]. Journal of business venturing, 2001. 16(2): 165-180.

的创业方案和科学的创业管理,才可能获得成功。

戴维森基于创业效果在组织层面和社会层面的产出对创业进行了分类(见图1-7)。[一]组织层面和社会层面都是负的创业行为属于失败的创业,比如破产了的污染企业;组织层面为负而社会层面为正的创业行为属于催化剂式创业,比如某些行业的先驱企业虽然失败了,但催化出了一个巨大的新兴产业;组织层面为正而社会层面为负的创业行为属于重新分配式创业,比如某些低端制造业的低水平重复建设;组织层面和社会层面都为正的创业行为属于成功创业,能够实现企业、消费者和社会层面等的多赢效果。社会应该赞赏成功创业,而重新分配式创业不可避免,同时催化剂式创业更需鼓励。

	成功创业	重新分配式创业
	催化剂式创业	失败的创业

图 1-7　基于创业效果的创业分类

创业活动作为一种社会现象,普遍存在于人类活动中。随着活动的普及,创业活动的类型也越来越多,比如农村创业、学术创业、科学家创业、社会创业等,无法一一列举。了解创业活动的类型,比较不同类型的创业活动,有助于把握创业活动的本质和关键要素,掌握不同类型创业活动的特殊性。例如,技术出身的创业者往往会高估产品和技术的优势,低估市场的风险。因此,对创业适当地分类,了解创业活动类型,对研究和实践都很重要。

1.3.4　创业企业的常见类型

创业者开展创业活动可以采取完全不同的组织路径,不同的组织路径代表了不同类型的创业企业,不同类型的创业企业在创业的目标动机、资源需求、退出策略上存在显著的差异。参照史蒂夫·布兰克提出的创业企业类型,[二]结合前面关于创业活动的分类,下面我们介绍5种常见的创业企业。

1. 生活方式型创业企业

创业者创建此类企业的目的是将自己的兴趣爱好与工作融为一体。很多体育运动爱好者往往自己经营小规模的体育用品店,或者是通过教授运动课程以获得生活收入,进而维持他们的体育运动爱好。生活方式型创业者非常热爱他们现在的生活,他们为自己而活,同时追求个人的激情。在技术领域,我们也可以看到不少这样的创业者,比如那些娴熟的程序员或是网站设计师,他们热爱自己的技术,满怀激情地从事编程和用户界面设计工作。

[一] DAVIDSSON P, WIKLUND J. Levels of analysis in entrepreneurship research: current research practice and suggestions for the future[J]. Entrepreneurship theory and practice, 2001, Summer: 81-99.

[二] 布兰克. 创业成功范式:硅谷创业教父的忠告[M]. 王明伟,等译. 北京:机械工业出版社,2016:257-264.

⊙ **创业案例**

户外运动品牌巴塔哥尼亚的创立

伊冯·乔伊纳德（Yvon Chouinard）出生于1938年，家庭条件很拮据。由于家里实在没钱，乔伊纳德本人也没有太高的学历，只是上到了小学三年级而已。

乔伊纳德虽然很穷，但他是一个攀岩爱好者。青少年时期，就喜欢到处攀岩。当时很多美国年轻人攀岩使用的装备都是来自欧洲比较便宜的登山钢锥。这种登山装备不太耐用，他一直想要找到一套靠谱、高质量的登山钢锥，可惜没有。

既然找不到，那就自己动手来做吧。18岁的乔伊纳德把自己家的鸡棚给拆了，建成了一个铁匠铺。创业的启动资金为850美元，万事俱备之后，他就开始自己动手来打造更加高质量的登山钢锥。他一个小时就能打造出2套合格的产品，每套售价为1.5美元。

由于生产效率比较低，这一次创业只能满足自己的兴趣爱好和赚一点生活费而已。不过也正是这一次小小的实验，给他后来的成功奠定了基础。

因为乔伊纳德在登山时也找不到满意的登山服，他又亲自动手来做。1973年，乔伊纳德和几个喜欢冒险的朋友共同创立了巴塔哥尼亚，之后又做了各种各样的与登山相关的产品。在口碑的帮助下，巴塔哥尼亚的产品销量越来越大。20世纪80年代末，巴塔哥尼亚的年销售额就已经突破1亿美元大关，巴塔哥尼亚逐渐成为美国顶级户外用品品牌。

资料来源：新浪微博胡华成，亿万富翁的创业想法是怎么产生的？2022-11-10.

2. 中小企业型创业企业

创业者创建此类企业的目的大多是养家糊口。当前，我国绝大多数的新创企业都属于这一类型。从数量上来看，2022年，我国中小企业数量已超过5 200万户，中小企业法人单位数量占全部规模企业法人单位的99.8%，吸纳就业占全部企业就业人数的79.4%。中小企业既提供了大量物质产品和服务，又成为吸纳和调节就业的"蓄水池"。

那么，什么是中小企业呢？它可以是便利店、干洗店、教培机构、旅行社、电子商务企业、物流公司、代记账公司等。这些中小企业主大都独资经营着自己的事业。中小企业创业者和中关村的科技创业者一样很努力地工作，通常雇用当地人或是家里人，其中大部分几乎是不盈利的。中小企业不太适合那些追求规模化发展的创业者，中小企业主仅仅想拥有自己的事业并能够让家人过上更好的生活。他们能够获得的唯一资本是自己的积蓄，有时会有一些银行贷款和中小企业专项贷款，以及能够从亲朋好友那里借到的一部分钱。中小企业主不太可能成为富翁，而且他们基本上很难成为财经类杂志的封面人物。但是，在绝对数量上，他们要比其他类型的创业者在"创业"里更具代表性，更为重要的是，他们的企业创造了很多当地的就业机会。

3. 可扩展型创业企业

可扩展型创企业正是各种财经媒体疯狂报道的那类高增长型创业企业，也是风险投资家所追求的创业类型。拼多多、美团、寒武纪、滴滴等都是近年来的典型代表，它们在短时间内迅速成长为独角兽企业。从企业成立的第一天开始，创业者就坚信他们的愿景能够改变整个世界。与那些中小企业的创业者不同，他们创业并不是为了谋生或改善生活质量，而是尽可能多地创造公司权益，并最终通过上市或是被收购来获得超额回报。

对于可扩展型创业企业而言，需要风险资本在企业成立之初就资助自己开启对商业模式的探索之旅。与此同时，他们也吸引着同样疯狂的风险投资家的关注。他们雇用优秀的人才为自己工作，他们的主要工作就是找到可复制和可扩展的商业模式。一旦找到了，企业的战略焦点就集中在获得更多的风险投资以实现规模的快速扩张。

可扩展型创业企业往往喜欢扎堆在那些创新型的区域里（例如，上海、北京、深圳、硅谷、以色列等）。在数量上，这种类型的创业企业可能不到所有创业企业的1%，但是由于其潜在的高额回报率，几乎吸引了所有的风险投资（当然也包括商业杂志的封面）。

4. 大公司内部创业企业

大公司的生命周期通常有限，而且在过去的几十年里，大公司的生命周期仍在持续缩短。很多大公司都依靠持续性创新驱动增长，这种创新战略的核心是通过紧密围绕核心产品来开发出各种改进型的新产品并推向市场。然而，消费者品位的改变、新技术的产生、新的法律法规，以及新竞争对手的出现等因素都要求大公司必须实施破坏性创新，这种创新战略的核心是开发全新的产品，并在一个全新的市场上将其出售给新的消费者。但是，大公司自身的组织架构、资源分配流程和价值观体系是不利于破坏性创新的。为此，通过创建内部创业企业来尝试新的发展机会是一个明智的选择。大多数大公司倾向于将内部创业企业与公司核心业务区分开来，从而让内部创业专注于新机会，并获取和协调必要的资源和能力。

很多大公司会采用一种投资组合策略，即持有多个公司内部创业企业（包括子公司或者衍生企业）的所有权。这些公司往往采用表1-6所示的成立公司内部创业企业的5个步骤。在每个步骤中，大公司必须评估确定下一步的最佳选择。在组织形式选择环节（表1-6中的第4步），应当尽可能充分地贴合大公司本身的需求和发展战略。有的公司会将内部创业企业并入公司现有的事业部，或者直接将其变成一个新的事业部，而有的公司则会将内部创业企业作为一家全新公司来发展。

表1-6 成立公司内部创业企业的5个步骤

第1步	筛选并确定创业机会，确定企业愿景，确定创业者支持者和创业团队人选
第2步	完善概念并评估其可行性，准备相关概念和愿景的陈述书，草拟商业计划大纲以便接受审查和赢得支持
第3步	准备完整的商业计划，确定新创企业的领导者
第4步	确定最佳组织形式（在公司内部设立新的创业部门、建立分支机构、成立子公司或设立内部项目）
第5步	利用母公司转移过来的人才、资源和能力建立公司内部创业企业

资料来源：拜尔斯，多尔夫，尼尔森. 技术创业：从创意到企业[M]. 汪涛，译. 北京：机械工业出版社，2022：17-18.

5. 社会型创业企业

社会型创业企业的目标是让世界变得更美好，而非追求市场份额或是为创始人创造财富。社会型创业企业可以帮助改善社会状况，比如改善贫困、改善环境、减少犯罪率、提高教育水平、改善健康状况等，还可以激发创新，为社会带来新的发展机遇，让更多的人参与到社会发展中来，促进社会的全面发展。在形式上，社会型创业企业可以是一个非营利组织，也可以是一个营利组织，甚至可以是两者的混合体。通常，社会型创业企业的启动资金一般不是风险投资或银行贷款，而是政府的财政补贴和社会捐赠。但是，同关注商业问题的创业企业一样，社会型创业企业也要致力于不断的创新、适应以及学习。下面案例中的穆罕默德·尤努斯在成功建立了孟加拉乡村银行后，又不断地通过创新建立了格莱珉信托、格莱珉教育、格莱珉电信、格莱珉能源等20多个新的社会企业，让更多的民众在更大的范围上受益。

⊙ 创业案例

孟加拉乡村银行

孟加拉乡村银行的创始人穆罕默德·尤努斯1940年出生在孟加拉国的一个贫穷落后的小山村，从小聪明过人的尤努斯在成为美国田纳西州立大学经济系的助理教授后，仍然关注自己灾难频发的祖国，并于1974年孟加拉国发生大饥荒时回到自己的家乡，在一所大学任教的同时致力于帮助当地人与贫困作斗争。尤努斯发现当地的妇女们深陷贫困的泥潭，很大一部分原因是她们没有机会获得数目很小的启动资金。于是，他决定通过给这些妇女提供数目极其微小的贷款（这或许是小额贷款的前身）来帮助她们摆脱贫困。尤努斯的第一笔小型贷款27美元借给了42名村妇，结果帮助每位村妇平均赚到了5孟加拉塔卡（约0.02美元）。在发现这种模式可行后，尤努斯从此踏上了解救孟加拉国乃至世界穷人的征途。1976年，尤努斯创建了后来举世闻名的孟加拉乡村银行，专门给穷人提供微型贷款，而且几乎都是女性。自成立以来，这家乡村银行已给530万客户发放超过51亿美元。孟加拉乡村银行的这种成功模式激励了其他发展中国家甚至美国这样的发达国家。2006年10月，尤努斯因成功创办孟加拉乡村银行而荣获诺贝尔和平奖。孟加拉乡村银行已经在23个国家中设立了2 500多家分支机构。尤努斯的著名口号是："有一天，我们的子孙将只会在博物馆里见识到贫穷。"

对于上面的5种创业企业类型，每一种都需要完全不同的生态系统、独特的教育工具和经济激励措施（税收减免、程序简化、放松管制、激励机制），以及彼此不同的孵化器和风险资本投入。

1.4 创业逻辑与创业思维

研究和学习创业，不一定要去创办企业，但一定要理解创业的逻辑，要保持旺盛的创业精神，把创业精神和技能运用到自己的工作实践中，进而形成自己的创业思维。

1.4.1 效果逻辑与因果逻辑

萨阿斯·萨阿斯瓦斯[1]选取了销售额从 2 亿到 65 亿美元不等的一些企业，针对它们的 27 位创始人开展了实验研究，主要研究发现如下。[2]

（1）成功创业者从手段驱动而不是目标导向的行动起步。成功创业者并不是一开始就有一个明确的愿景或产品创意，而是思考自己是谁、知道些什么，然后联系潜在利益相关者群体，寻找合作机会。随着新的资源组合被发掘和设计出来，愿景可能会形成，但推动发展的并不是愿景，而是手段、机会和利益相关者。

（2）成功创业者在评估机会时，考虑的是"可承受损失"，而不是预期收益。既然未来从本质上说不可预测，创业者就不会花时间去预测未来或计算期望值，而是将潜在损失降到自己可以接受的程度，即便没有那么成功，他们的损失相对那些凭借猜测潜在收益而进行大胆投资的创业者来说也要小得多。这种基于可承受损失的反复实验为获取宝贵的新资源组合创造了机会，也铺就了前行之路。

（3）成功创业者会设法利用意外而不是回避意外。这些创业者承认未来是不可预测的，最终的道路是未知的。因此，他们会保持灵活性，利用突发事件重新审视手段和目标。每遇到一个无法预料的事件，他们都会自问：这个意外是否开启了新的机会？即使面对的是负面意外，他们的热情也绝不会因此而熄灭。

（4）成功创业者会召集一些愿意加入自己的人。他们会建立大量合作关系，常常把最初的客户变成合作伙伴，把最初的供应商变成投资者，把最初的投资者变成客户、员工，或任何其他身份。最终，他们会缝制一条由投资者、客户、供应商和员工等利益相关者拼成的"百衲被"，他们共同做出承诺，携手共创事业并营造相应的环境。

效果逻辑理论由此诞生，相对应的是因果逻辑理论。因果逻辑也称预测逻辑，因为它强调必须依靠精确的预测和清晰的目标；效果逻辑也称非预测逻辑，极度依靠利益相关者并且是手段导向的。

绝大部分的教材和媒体都建议人们采用因果逻辑开展创业：首先要开展市场研究和竞争分析，找到目标细分市场；然后制定营销战略、计算边际成本或价格并制定财务规划；最终撰写商业计划，整合资源，组建团队并搭建新企业。而效果逻辑支持的做法则是：首先从你是谁、你知道什么以及你认识谁起步，尽可能利用少量资源开始做可以做的事情；然后要与大量潜在利益相关者进行交互并谈判实际的投入，根据实际投入重塑创业的具体目标；重复上述过程，直到利益相关者和资源投入链条收敛到了一个可行的新创企业。

以星巴克为例。按照因果逻辑，创业故事应该是这样的：[3]

---

[1] 萨阿斯·萨阿斯瓦斯（Saras Sarasvathy）教授目前在弗吉尼亚大学达顿商学院任教，她于 1998 年获得博士学位，其导师是 1978 年诺贝尔经济学奖得主赫伯特·西蒙教授。萨阿斯瓦斯是创业认知研究领域的杰出学者，提出了用于解释新企业和新市场创造的效果逻辑理论，吸引了众多创业学者的兴趣。

[2] SARASVATHY S. New Venture Performance. Darden Business Publishing，Teaching Note No. UVA-ENT-0074, 2006.

[3] SARASVATHY S. The Entrepreneurial Method: How Expert Entrepreneurs Create New Ventures. Darden Business Publishing, Teaching Note No. UVA-ENT-0073, 2006.

- 创始人霍华德·舒尔茨发现，婴儿潮一代拒绝加工与包装食品和饮料，偏好更加"天然"与高品质的食品和饮料。
- 舒尔茨看到美国人变得对比大多数零售店里提供的服务水平更高的服务越来越感兴趣。
- 舒尔茨利用对客户需求的理解开发了优质咖啡产品和宜人的零售环境。

但历史事实其实是这样的：

- 1980年之前，美国人均咖啡消费量已经连续20年下滑。
- 星巴克最初由戈登·波克等人于1971年创立，是一家位于西雅图的出售高质量烘焙豆的商店，同时提供茶、调味品等，但并不按杯出售咖啡。
- 如舒尔茨自己所说，"星巴克创始人并没有研究市场趋势。他们满足一种对优质咖啡的需求——他们自己的需求"。
- 即便波克和他的合作伙伴也不是第一个"发现"特色咖啡的人——荷兰的咖啡鉴赏家从1966年就开始干这个了。很可能其他人也早在波克之前干这行了。
- 不同于星巴克的创始人，舒尔茨并不是一个咖啡迷，"同20世纪80年代早期的大多数美国人一样，他在成长过程中将咖啡看作一种在超市的走道里出售的商品"。他是一家家用器皿供应商的一个管理人员，该店的客户包括最初的星巴克公司。

因果逻辑和效果逻辑都要求创业者掌握基本的商业技能，比如合理的会计实践、企业运营环境的合法性问题以及财务和人员管理的日常机制。同时，两者还都要求创业团队按照新创企业做出的承诺有效地执行。然而，两种逻辑中的主要驱动力是不同的（见表1-7）。

表1-7 创业活动的两种逻辑

	因果逻辑	效果逻辑
对未来的认识	预测：把未来看作过去的延续，可以进行有效的预测	创造：未来是人们主动行动的某种偶然结果，预测是不重要的，人们要做的是如何去创造未来
行为的原因	应该：以利益最大化为标准，通过分析决定应该做什么	能够：做你能够做的，而不是根据预测的结果去做你应该做的
采取行动的出发点	目标：从总目标开始，总目标决定了子目标，子目标决定了要采取哪些行动	手段：从现有的手段开始，设想能够利用这些手段采取什么行动、实现什么目标，这些子目标最终结合起来构成总目标
行动路径的选择	既定承诺：根据对既定目标的承诺来选择行动的路径	偶然性：选择现在的路径是为了使以后能出现更多更好的途径，因此路径可能随时变换
对风险的态度	预期的回报：更关心预期回报的大小，寻求能使利益最大化的机会，而不是降低风险	可承受的损失：在可承受的范围内采取行动，不去冒超出自己承受能力的风险
对其他公司的态度	竞争：强调竞争关系，根据需要对客户和供应商承担有限的责任	伙伴：强调合作，与客户、供应商甚至潜在的竞争者共同创造未来的市场

资料来源：READ S, SARASVATHY S D. Knowing what to do and doing what you know: effectuation as a form of entrepreneurial expertise [J]. Journal of private equity, 2005, 9（1）: 45-62.

> **行动指引**

充气床垫与早餐

2007年10月,美国次贷危机爆发后不久,两个从艺术学院毕业的小伙儿失业了。他们穷困潦倒,交不起房租,已经被房东下了最后通牒。在走投无路之际,他们注意到一条消息:当地正在举办一场盛大的国际设计大会,周边的酒店已经爆满,还有很多人想来参会却苦于找不到落脚地。这两个机敏的小伙儿立刻发现了商机:他们在自己租住的公寓里放置了几张充气床垫,以每张床垫每晚80美元的价格出租,并且还提供免费早餐。他们把这项服务叫作"充气床垫与早餐"(AirBed and Breakfast),兜售给参会人员。这就是美国短租网站爱彼迎(Airbnb)最初的故事。在当时,两个小伙儿并不确定人们会不会接受到陌生人的家里居住,也就是说当时并不存在这样一个市场。你认为两个小伙儿应该采用因果逻辑还是效果逻辑开展创业?请查阅相关资料来证实你的思考。

1.4.2 精益思想与创业逻辑

精益创业目前受到大量创业者的推崇,精益创业的核心思想是:以最低的成本制作MVP(minimum viable product,最简可行产品),从每次实验的结果中学习,快速迭代,在资源耗尽之前从迷雾中找到通往成功的道路。精益创业非常像实验室里做实验的方法。

第一步:确定待验证的假设。

所谓待验证的假设,就是那些认为理所当然的、一厢情愿的需求。不要自欺欺人,要把这些不确定的主观臆断全部罗列出来,按照优先性有针对地去解决。

第二步:制作MVP。

用最低的成本制作一个用于检验假设的产品,可以是经过开发的产品原型,也可以是一段故事描述。只要能够让待测的用户感受到这个产品所能带来的价值就可以。

第三步:确定衡量指标,检验假设。

分析哪些客观指标可以表示之前规划的需求确实存在于用户内心之中。召集目标用户,向他们展示MVP,测量衡量指标,用以验证之前的假设。

第四步:坚持或者转型。

根据收集到的结果,决定是坚持最早的规划,还是转变方向。

精益创业的核心思想可用图1-8表示。

精益创业所引申出的创业逻辑如下。

(1)创业者必须承认在创业初期只有一系列未经检验的假设,也就是一些不错的"猜测"。一定要总结其假设,而不是花几个月来做计划和研究,并写出一份完备的商业计划书。

图1-8 精益创业的核心思想

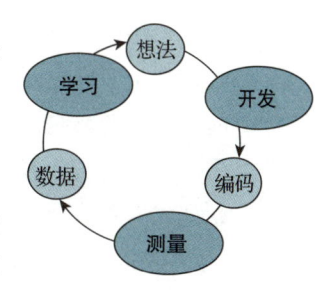

（2）创业者必须走出办公室测试他们的假设，即所谓的客户开发。要邀请潜在的使用者、购买者和合作伙伴提供反馈，这些反馈应涉及各个方面的假设，包括产品功能、定价、分销渠道以及可行的客户获取战略。关键在于敏捷性和速度，新创企业要快速生产出最简可行产品，并立即获取客户的反馈，然后根据消费者的反馈对假设进行改进。创业者要不断重复这个循环，对重新设计的产品进行测试，并进一步做出迭代，或者对行不通的想法进行转型。

（3）创业者要采取敏捷开发的方式。敏捷开发最早源于软件行业，是一种以用户为本、强调迭代、循序渐进的产品开发模式。传统的开发方式是假设消费者面临的问题和需求，周期常常在一年以上。敏捷开发则完全不同，通过迭代和渐进的方式，预先避开无关紧要的功能，杜绝了资源和时间的浪费。

1.4.3 创业思维

在面对高度不确定性时，不可能构思出一条通向未来的道路，唯一可采取的举措就是开展行动，通过行动不断发现有关未来的现实。那么，如何行动呢？大踏步前行肯定是不可取的，因为很可能会落入陷阱之中。

所谓创业思维，是指利用不确定的环境创造商机的思考方式。效果逻辑和精益创业衍生出的创业思维是一种行动导向的方法，体现了实用主义的哲学思想，对于创业者具有重要指导作用。

创业思维1：利用手头资源快速行动。

创业并非起始于对机会的识别和发现，或者预先设定目标，而是首先分析你是谁（你的身份）、你知道什么（你的知识）以及你知道谁（你的社会网络），即了解你自己目前手中拥有的手段有哪些。创业行动应该是手段驱动，而不是目标驱动；创业者应该运用各种已有手段或手头资源来创造新企业，而不是在既定目标下寻找新手段。创业不同于厨师做菜，不能等到所有配料都准备齐了才开始干，更像是手里只有三根残弦乐器的弹奏者，你能利用三根残弦弹奏出什么样的音乐呢？

创业思维2：根据可承受损失而不是预期收益采取行动。

创业者必须首先确定自己可以承受的损失以及愿意承担的损失有多大，然后才投入相应的资源，而不是根据创业项目的预期回报来投入资源。毕竟，任何预期收益都是不确定的，但失败后可能造成的最大损失是确定的。在采取每一步行动之前，创业者都应该只付出自己能够承担并且愿意负担的投入，否则就跟赌徒差不多了。在考虑投入时，应该综合权衡各种成本，包括金钱、时间、职业和个人声誉、心理成本和机会成本等。

创业思维3：小步快走，多次尝试。

果敢的大步行动可能会让你获得很大的好处。不过，除非第一步就迈对了，否则你就不会得到这个好处。第一步就迈对步子的概率微乎其微，因为一个想法或计划的成功率和投入的资源数量无关,所以小步行动通常是有道理的。因为小步行动可以有机会多次采取行动,而较大的步伐将提高我们碰上无法预测事物的概率。通常,如果你尝试某种新方法后成功了,你很快就会被称为这个方法的专家,其实很多被称为"天才"的创业者往往是在第一次行动失败后又尝试了一次,甚至是尝试了很多次才成功。所以,成功的关键驱动因素是不断尝试。

创业思维 4:在行动中不断吸引更多的人加入进来。

寻找愿意为创业项目实际投入资源的利益相关者,通过谈判、磋商来缔结创业联盟,建立一个自我选定的利益相关者网络,而不是把精力花在机会成本分析上,更不要做大量竞争分析。联盟的构成决定创业目标,随着联盟网络的扩大,创业目标也会不断发生变化。

创业思维 5:把行动中的意外事件看成好事。

西方有一句谚语:"如果生活给了你一个柠檬,就把它榨成柠檬汁。"这实际上是要求创业者以积极的心态主动接纳和巧妙利用各种意外事件与偶发事件,它们在创业途中无法避免,不应消极规避或应付。在创业过程中,你采取的行动很可能不会带来你期望的结果,这时需要友好对待,否则将会错失某些重要的东西。很多时候,意外同时也意味着新的机会。当然,意外也可能意味着问题。如果可能,解决这个问题,你的解决方案会变成你的资产。假如这个问题会永久存在并且你无法排除,那么它将成为你采取下一步行动的已知事实基础。

创业思维 6:把激情当成行动的动力。

如果你不断尝试,却总是遭遇挫折,长期下来,你可能就会彷徨,不知道自己究竟要尝试多少次、犯错多少次才会成功。所以,你需要一个强大的动机来渡过这些磨难,即激情。研究早已证实,"激情是驱动创造力的关键要素"。如果驱动你的动力是诸如激情等内在动机,而非外部因素,那么产生创造性成功的概率就会比较高。激情也是驱散不确定性的另一个关键。激情和我们追求成功时的心态有关,也就是实际执行各种想法时的心态。一个人对创业想法的激情可能是衡量这个想法潜力的最佳标准,它让我们了解一个人有多愿意为了成功而坚持到底。

创业者应该树立什么样的思维方式或者说什么样的思维方式有助于创业成功?当然不存在唯一的答案,可以从创业活动的特点和本质分析。创业的本质是创新,敢于挑战、逆向思考等创新性的思维就会变得重要和必需;创业要应对不确定性,执着与灵活性并重就很有必要;创业要借助资源整合应对高度资源约束,合作共赢、欲取先予、取舍有度自然成为决策的依据。

1.5 创业情境

创业者是一个特殊的群体,创业活动具有特殊性,存在不同的行动逻辑,也需要相应的思维和心智模式。这些方面相互关联、相互影响,比如创业活动的特殊性会影响行动逻辑和思维模式,思维和心智模式的不同也会强化创业者的独特性。但是，我们不能断定是创业者的特殊性导致了不同的行动逻辑和思维模式，造成一系列独特性的重要原因是创业情境。观察和研究创业活动，一定不能忽视创业情境，洞察创业情境有助于理解创业，也有助于识别创业的一般规律。

情境是指在一定时间内各种情况的相对的或结合的境况。情境比环境具体，不单纯是外部影响，许多情境因素本身就是行动的起源。创业情境是创业活动的内生属性，而非单纯的环境因素。说到环境，多数人都会想到政治、经济、技术、社会、文化等，具体一些会想到哈佛大学迈克尔·波特教授所提出的五力分析框架中的顾客、供应商、替代品、潜在进入者、行业内竞争对手等。说到创业情境，强调最多的是不确定性和资源约束，这不是客观存在，不少也是创业活动的性质造成的，所以具有内生性。

吉林大学李雪灵教授把创业情境与创业理论进行了组合，梳理出高度不确定性情境下的效果（effectuation）逻辑、高资源稀缺情境下的创业拼凑（bricolage）、高时间压力情境下的创业即兴而作（improvisation）三组关系，形象易懂，有助于更好地理解创业。

创业拼凑理论描述了创业者如何通过组合手头资源将就着解决新问题和发现新机会的过程，强调创业者创造性地运用手头资源对抗受制的稀缺资源环境，构建新资源环境的过程。[⊖]创业拼凑理论解释了创业者如何"无中生有"，突破既有规则束缚，将看似无用的资源通过创造性地改变资源的属性和用途产生异质性价值的创业行为。创业是有时效性的，为了抓住机会之窗的短暂开启时间，创业者常常不得不偏离理性创业逻辑"计划先于执行"的框架，在有限的时间内迅速采取行动，或为紧急问题提供创造性解决方案，或为抓住转瞬的机会而展开行动，此即"创业即兴而作"行为。

📖 延伸阅读

创业是一种机制

创业是在高度资源约束、高度不确定性情境下的假设验证性、试错性、创新性的快速行动机制。这个机制支撑的是改变、挑战和超越，创建企业只是创业的一种载体或手段。

创业者是一群不安分的人，这和他们的出身以及在社会所处的地位没有什么必然的联系，他们可以是社会边缘群体，也可以是衣食无忧的中产阶级，还可以是政府官员，他们的共同特点是不安于现状，谋求改变，改变现状，实现抱负，改变日复一日的重复，改变各自想改变的一切，也有人想改变世界。改变首先就意味着不确定性，创业不是为了消灭不确定性，而是利用不确定性，利用不确定性所孕育的机会，利用不确定性所带来的各种可能。

改变需要有机会，机会不可能永远甚至长期存在，所以需要快速行动。不确定性情境下的快速行动又是一个巨大的挑战。试想在一个伸手不见五指的黑夜如何能做到快

⊖ BAKER T, NELSON R E. Creating something from nothing: resource construction through entrepreneurial bricolage[J]. Administrative science quarterly，2005，50（3）：329-366.

速行动？只能不断试探，小步快走。试错是创业的重要工作，这和"摸着石头过河"没什么区别，试错不见得能找到正确的路径，但能够知道哪些路行不通。快速迭代是近年来总结出的，本质是快速反馈与改进，不断摸索前行。创业者会想尽一切办法朝前走。没有人能够保证创业成功，但降低创业失败的风险和成本是有可能的，这是理性，也是进步。试错与迭代也使得学习成为创业者的刚需。

不确定性的客观存在使得创业难以被计划，容易被感知到的是未来越来越难以预测，难以预测也就难以计划。创业会有愿景，甚至有创新的手段和具体的一些谋划，但这些都是假设，是如果怎么样就可能会怎么样的推理，假设是否正确，愿望能否实现，需要验证，而且需要快速、准确、低成本地验证，这些都需要创新。创意阶段还可以是以创业者为主的想象和规划，产品和服务投放市场后，就必须与顾客和其他利益相关者互动，生存、竞争等压力使得创业者无法"一意孤行"。未出茅庐而知天下三分的诸葛亮在辅助刘备取西川的路途也是一波三折，不断修正。

创业还会和资源约束紧密相连。不是说没有资源才适合创业，而是从事高度不确定性的事业难以吸收到资源。锦上添花人人喜，雪中送炭少人为。谁愿意往"不靠谱"的事上投钱呢？！不管是市场还是政府配置，绝对闲置的资源并不存在，创业要把资源用于新的用途，困难很大。白手起家也就成为创业的常态。当然，任何事情都需要资源，白手起家的创业者能够生存与发展，一定是能整合到资源，这也是创业者不同于甚至高于常人之处。资源约束经常是一个相对的概念，相对于创业目标和事业的需求所形成的资源匮乏。

创业的本质是创新。创业不可能做到时时、事事都创新，但绝不可把创新固定于一时一事。创新特别是被验证的创新是应对不确定性和克服资源约束的重要手段，不可替代。创新也不局限于技术创新或商业模式创新，是创业行为中的创新性，比如创造性地整合资源。熊彼特认为创业者从内部改变经济结构，不断地摧枯拉朽，不断地创造新的结构，从而催生出新的组合。

创业能推动社会的进步，有助于人类生活更美好，这是创业的价值和贡献。

本章要点

- 创业是长期且普遍存在的社会现象。
- 创业是不拘泥于当前资源条件的限制下对机会的追寻，将不同的资源组合以利用和开发机会并创造价值的过程。
- 与创新相比，创业更加明确地强调顾客导向，强调创造价值和财富。
- 关注创业过程中活动和行为，有助于揭示创业活动的规律，从中可以识别到创业者的创业精神和技能。
- 对创业活动进行分类有助于了解创业活动的特殊性，总结和提炼关键要素，把握创业的本质。
- 创业思维是指利用不确定的环境创造商机的思考方式。
- 在面对高度不确定性时，你是不可能构思出一条通向未来的道路的，唯一可采取的举措就是开展行动，通过行动不断发现有关未来的现实。
- 造成一系列创业独特性的重要原因是创业情境。

重要概念

创业　　创业过程　　创业活动　　机会型创业　　生存型创业
因果逻辑　效果逻辑　精益创业　　创业思维　　创业情境

复习思考题

1. 为什么要研究和学习创业？
2. 创业与创新的关系是什么？
3. 创业过程包括哪些活动？
4. 创业过程包括不少具体的活动，但创业者从识别出创业机会到创建新企业的时间一般都很短，这是为什么？
5. 为什么要对创业活动进行分类？
6. 结合本章介绍的创业分类，你还可以说出哪些创业类型？在众多的创业活动中，你喜欢哪种或哪些类型的创业？为什么？
7. 创业研究从关注创业者特质转向创业活动和行为，这种转变有什么意义？
8. 阅读完本章，你理解大多数创业管理教材都从创业过程展开的原因了吗？
9. 你如何理解因果逻辑和效果逻辑？两种逻辑的适用情境分别是什么？
10. 如何培养自己的创业思维？

实践练习

结合本章的内容，设计一份访谈提纲，找一位你身边的创业者访谈。要求如下。

（1）将访谈时间设计在 1~1.5 小时。时间不宜过长，因为创业者很忙；时间也不要太短，因为你了解不到丰富的信息。

（2）认真准备和设计访问提纲，问题可以来自本章的主要知识点，也可以是你对创业、创业活动以及创业思维的理解，还可以是你不清楚的问题甚至是疑问。设计访谈提纲时预想可能的答案。

（3）自己找创业者，创业者类型不限。

（4）访谈时要做好记录，如果对方允许，最好录音。

（5）访谈时一定要注意创业者的表情、思考、停顿等细节。

（6）访谈结束后一定要仔细整理，对照访谈前你预想的答案，看看你发现了什么。

（7）你觉得从你访谈的创业者身上学到了什么？哪些是你根本无法学习到的？

（8）回头来看你设计的访谈提纲，你觉得有哪些地方值得修改？重新修改完善你的访谈提纲。

> 我不是把创业本身当作一个特别怎么样的事情，这只是我选择的生活方式而已。我没有考虑过如果我没有创业会怎么样的问题。创业像是被闪电击中的感觉，非干不可。
>
> ——美团创始人王兴

第 2 章 成为创业者

【核心问题】

- ☑ 创业者与商人有什么区别？
- ☑ 人们通常出于何种原因要成为创业者？
- ☑ 决定成为创业者要考虑哪些核心问题？
- ☑ 打算创业需要做哪些准备工作？
- ☑ 创业者需要具备什么能力和素质？
- ☑ 成功创业者有哪些显著特征？
- ☑ 选择成为创业者要应对哪些负面因素？
- ☑ 创业者会面对哪些社会伦理和社会责任问题？

【学习目的】

- ☑ 掌握创业者的一般性与特殊性
- ☑ 分析创业者的创业动机及其对创业活动的影响
- ☑ 理解创业者需要具备的独特能力和素质
- ☑ 了解创业者的社会伦理和社会责任
- ☑ 了解创业者可能面临的风险、压力等负面影响

引例　　吉利汽车创始人李书福自述创业历程

我是一个放牛娃,上小学时,我利用暑假为生产队放牛,每天能赚一毛五分钱,一个暑假能赚6~10元,对我来讲这是一笔大钱。小学每学期的书本费大概是1.2元,学费是免交的,有了这笔钱,我比其他同学富裕多了。上初中一年级时,党的十一届三中全会召开,改革开放的春风吹遍神州大地,吹进了校园和乡村。虽然我沉浸在放牛的快乐生活之中,但改革开放的春雷在我心中激起千层浪花,散发无穷涟漪,农村的土地可以承包经营,农民可以离土不离乡搞乡镇企业,甚至还允许搞个体私营经济,我真以为自己的耳朵出了毛病,天下还有这样的大好事?因此,我开始研究党的十一届三中全会以来的一系列文件,一系列方针、政策。三年初中学业我用了两年时间就完成了,以优异的成绩考上了路桥中学尖子班。随着改革步伐的不断加快,我开始规划参与市场经济活动的各种梦想。

家里有辆自行车,我向父亲要了几百元买了一台照相机,开启了我的创业生涯。我走街串巷,见人就问要不要照相。由于我服务热情,照相技术也不错,很快就赚了几百元。后来我开了一家照相馆,用现在的话说,我的业务已经升级了。由于资金有限,我的照相馆的所有设备几乎都是自己设计、制作的,包括大型座机、灯光、道具等。当然,那个年代开照相馆也是不容易的,必须得到公安局的批准。照相行业属于特种行业,而我没有特种营业执照,因此我多次接受教育与处罚,照相馆坚持了近两年时间。后来因为开放的力度越来越大,我就寻求新的机会,进入了转型发展时期。

那个时候的台州,废旧电器市场已经比较发达了,我从废旧电器零件中分离金属铜、金属银、金属金,利用我家房子比较大的优势,进行家庭作坊式的生产,这完全是变废为宝的技术,可谓循环经济,效益确实不错。后来,我的这些技术被其他人学会了,因而出现激烈的供应链竞争,废旧零部件成本也越来越高,我又进入了新一轮的艰难转型。

随着改革开放的不断深入,中国人民的生活水平不断提高,电冰箱开始进入家庭,我再次开启一个新的创业进程——研究生产电冰箱配件。虽然过程十分坎坷,但磨难的经历就是宝贵的财富。奋斗的过程留下了许多美好的回忆。

因为公司初创,没有土地更没有厂房,我只能租用街道的工房进行产品试制与研究。虽然从理论上设想得很好,但实际生产出来的产品总是不尽如人意,经过近400个日日夜夜的反复失败与总结,我的手掌都被折腾得找不到一块完好的皮肤,见人不敢伸手,浑身疲惫不堪。研究试生产终于成功了,但人家自己要发展工业,决定收回厂房,我只能转移到其他地方,转移到哪里呢?真不知道。当然天无绝人之路,在同学家长的帮助下,找到了路桥中学校办工厂并以校办工厂名义生产、销售产品。我们费了九牛二虎之力,把所有机器设备搬迁到新租用的工厂,刚安顿下来,开始生产不到一周,事情又发生了。这个校办工厂的周边是老师宿舍,我们加班加点生产电冰箱零件产生了较大的噪声,老师们晚上很难入睡,于是集体罢教,学校要求我们必须立即搬迁。我们又被厂房难住了。搬到哪里呢?我们在方圆几十里到处托人,找来找去找到了一个废弃的自来水厂,虽然房子不大,但周边没有居民，我们很高兴，终于找到了一个新的安身立命的地方，一个继续圆梦的地方。但这个水厂已经切断电源，必须找供电部门批电，几经周折，与村支书反复协商，终于找到这个村的电管员，请求装一个电表，把村里的电分一些给我们用于生产。结果祸闯大了，有人举报，说我们工厂没有经过工商局批准私自接电，黄岩县电力公司要求县检察院立案审查，吓得我根本不敢再去那个新的地方，生产又陷入了停顿，这一年我 22 岁。

在恐惧、无奈的情况下，有一个声音在向我们召唤，家乡的工业办公室主任为发展乡镇企业，主动找到了我们。真是山重水复疑无路，柳暗花明又一村，在他的协调下，我们租用了一个村庄的生产队仓库，把那些设备搬到这个新租用的仓库里，开始安装生产电冰箱零件。这些设备的搬运，我们都是用人力手拉车像蜗牛挪动般实现转移。一辆手拉车三四个人，一共有几十辆手拉车，边推边拉。那几天碰巧老天下了倾盆大雨，虽然汗流浃背，但根本分不清是雨水还是汗水，只要能向前挪动一步，就是我们的成功，就是大家的共同追求。一挪就是几十公里，道路泥泞，坑洼窄小，由于这些设备太重，捆绑锁紧难度很大，几个昼夜才能搬运完成，那种艰辛和折磨与我当年牵牛时对牛在耕地时的感受是一样的。

因为搬迁，路桥中学校办工厂的名称我们就不能用了，工业办公室主任给我批了一个乡镇企业名称，叫黄岩县石曲电冰箱配件厂。有了营业执照后，我们便轰轰烈烈地大规模地招聘员工，开始扩大产能，制造设备，研发新产品。我们生产的电冰箱零配件供不应求，一举成名，成为全中国最有竞争力的蒸发器、冷凝器、过滤器研究生产企业，产品销往全国几乎所有的电冰箱厂，包括上海上菱、远东阿里斯顿、安徽美菱、扬子、杭州西泠、华日等。后来由于企业发展较为顺利，我们又扩大产品种类，开始生产电冰箱、电冰柜等制冷设备，青岛澳柯玛电冰柜就是我们为其贴牌生产的，产品供不应求，企业欣欣向荣，一片繁忙，成为台州最大的民营企业，在浙江乃至全国都有较大知名度。

后来，内部股东意见分歧等让我深感疲惫，于是我把全部资产捐赠给乡政府。政府接管后，因为我要虽然一夜回归零，但浑身轻松，因为我要去上大学了。

1992 年 3 月，我从已经捐赠给政府的资产中回租一部分厂房，开始了新的创业生涯，对我来讲，这是第四次创业了。南方谈话在天地间又一次荡起了滚滚春潮，万丈春晖，暖透了大江南北，长城内外，整个中国进一步迈开了气壮山河的新步伐，我的创业热血又一次被点燃，那一年我已经 28 岁了。研究、生产什么呢？装潢材料！

20 世纪 90 年代，进口装潢材料在国内很受欢迎，国产装潢材料的研究、生产刚刚起步，人民生活水平提高后，装潢已经成为人们生活的组成部分。我们研究、生产的装潢材料完全可以取代进口材料且价格便宜，很受市场欢迎，又一炮打响，产品供不应求。我们马上扩大生产，把送给乡政府的厂房、土地以市场价格一点一点地买回来。按照我的习惯，又是自己设计、制造设备，大规模生产镁铝曲板、铝板幕墙等装潢材料，产品不但满足国内市场需求，而且出口几十个国家和地区。后来，我们的这些自主创新成果又被其他人学走了，虽然我们有专利，有所谓的知识产权，但被别人拷贝，也许是那个年代的命运安排，当然今天的法制环境已经有了很大的进步。为此，我又放弃了这个产业，开始研究摩托车。

吉利是全中国第一个研究生产摩托车的民营企业，后来很多人发现，吉利的摩托车供不应求，企业搞得红红火火，自然又有许多企业跟着学。几年间，全国几十家摩托车公司如雨后春笋般遍地开花。有些企业缺乏合规意识，市场出现了无序竞争，甚至出现了偷税漏税的不正当竞争，我又退出了这一领域。

接下去的故事，大家都知道了，吉利转型升级研究生产汽车。那一年，我已经35岁了。我们发展汽车产业是从办学开始的，严格培养、培训技师技工，不断提高办学层次，不断加大办学投入，今天吉利汽车取得的发展与吉利重视人才培养是分不开的。

我决定要研究、生产汽车，除了我自己信，还有少部分人信，真没有太多的人相信。大家都认为中国在汽车工业领域已经没有优势了，早已经被西方国家垄断了，中国企业只能与外国汽车公司合资或者合作才有可能取得成功。但是我认为，中国的改革开放政策一定会更加成熟、更加稳健，中国的现代化建设一定会持续推进，中国一定会成为世界上最大的汽车市场，虽然那个时代，中国汽车市场每年的销量只有几十万辆，汽车进家庭才刚刚起步。如果中国每年汽车销量超过3 000万辆，而又不是属于中国自己的汽车工业，那一定不是一个好消息。从几十万辆到几千万辆年产销量，这个成长的过程本身就是一个很大的商机。进入汽车行业虽然面临很大挑战，有很多困难与问题，但商业空间很大，商业机遇期也很长，有足够的时间打基础、练内功，有足够的时间培养、培训人才，也有足够的时间、空间允许我们犯一次或几次错误，这是用钱买不来的机会效益。因此，我决定抓住这个时间窗口，坚定地进入汽车领域。

我领导组建了项目筹备组，在公司内部选了两个工程师，加上我自己，共三个人开始研究汽车技术。我们都知道，这是一条不归路，但这既是天时、地利的召唤，更是我追求理想的自我决定。在汽车行业内有一句话，"你恨谁就叫谁去造汽车"，当然我要造汽车，不是因为谁恨我，而是我自己的选择。

实践证明，这条路实在太艰辛。这条路也确实很诱人，它时而景色秀丽，时而乌云密布，我们勇敢地在这条路上参加了没有尽头的马拉松赛跑，虽然跑得腰痛腿软，浑身浸透汗水，有时还出现精神恍惚、不知所措，但前方的路依然充满神秘，勾起了我们无穷的想象。探索远方秘密的心情根本无法平静，已经扬起的创业风帆将继续推动我们走向充满无限可能的汽车世界。

资料来源：人民网汽车频道，李书福，"放牛的我能有今天，已经感激不尽"，2018-05-21，引用时有删改。

毫无疑问，李书福是一名极其优秀且令人敬佩的创业者。根据李书福对自己早期创业历程的自述，你认为他为什么会选择创业这条路？要想成为创业者，需要达到哪些必要条件？拥有了什么样的知识、资源或经历才能去创业？创业者与一般大众存在哪些显著差异点？创业者与管理者又有什么样的区别？如何才能成为像李书福一样成功的创业者？要回答这些问题，我们需要清楚谁是创业者，创业者与非创业者以及创业者与管理者等的区别是什么。

2.1 创业者

说起创业者，人们会如数家珍般地列出一份长长的名单：海尔的张瑞敏，联想的柳传志，华为的任正非，新东方的俞敏洪，腾讯的马化腾，蔚来的李斌，苹果的乔布斯，特斯拉的马斯克，等等。人们自然会关注他们独特的品质特征，比如强烈的成功欲望、敏锐的市场洞察力、敢于承担风险、超强的意志力，同时又总感觉创业与自己无关，是遥不可及的事情，那些成功创业者所完成的事业，是常人所难以模仿、无法学习的。

创业成功与否取决于创业者的天赋，这样的认识今天仍然很有市场，由此引发的观点是创业者都是天生的，是无法通过后天培养来塑造创业才能的。我们能培养出来马化腾吗？乔布斯、盖茨、戴尔、扎克伯格不都大学没上完吗！如果他们继续学习，能造就苹果、微软、戴尔、Meta①这些伟大的公司吗？李书福在高中还没毕业时就开始投身创业活动，不断折腾，几经转型，这难道不是跟他骨子里的性格特征或行事风格密切相关吗？这些例子似乎的确难以辩驳，甚至可以引发对教育的思考。大多数有影响力的创业者在其以往的经历中，总有某个方面或某些方面的过人之处，比如他们的胆识、他们的毅力、他们的眼光等，这就更加剧了关于创业者与非创业者之间的差异、创业者是否天生的等问题的争论。针对这种争论，萨阿斯·萨阿斯瓦斯指出，更正确的方式是抛弃将人们分成创业者和非创业者这种简单的两分法，而应该看成一个概率分布。在这个概率分布中，有一些人，只要不存在严格的限制条件就会成为创业者（天生的创业者）；而有一些人，即使在有利的条件下也不会踏上创业的征途（天生的非创业者）；至于大部分人，在某种条件下，他们可能会成为创业者，而在其他条件下，他们可能不会成为创业者。我们所应思考的问题是"应该创造什么条件，帮助这大部分中间分子克服障碍，成为创业者。"事实上，天生的创业者和天生的非创业者所占的比例都很小，就像"二八规律"一样，应该承认创业者特质在创业活动中的作用，但不能过分放大少数天生的创业者的特质影响。

美国西北大学的谢洛德（Lloyd E. Shefsky）教授抱着实证研究的心态，历时 6 年，采访了全世界 200 多位最具成就的创业者后指出，所有的人天生就具备创业素质：连婴儿也有创业素质："如果你见过婴儿爬到不该爬的地方，你就会知道他们是毫不畏惧的。"针对许多偏见和误区，谢洛德都以例子给予反驳。例如，很多人认为，"创业者天生拥有预见性的眼光"。如果你这样恭维苹果公司的创始人乔布斯，他肯定会反对的。乔布斯可不是在创业以前就想到了要开发一种从小学生到商业人士都能使用的微型计算机，从而改变人们的生活。不是所有的创业者天生都具有预见性的眼光，包括乔布斯在内的很多人都是在不断学习、不断演练的过程中才慢慢形成这种洞察力的。

---

① 公司曾用名：Facebook。

2.1.1 创业者概念的演变

从广义的创业概念理解，大多数人都可以成为创业者；从狭义的创业概念理解，当然不可能人人都能成为创业者。

创业者一词源于法语"entreprendre"，最初的含义是"承担"（to undertake），最早见于16世纪，指的是参与军事征战的人们。18世纪初，法国人又将"entreprendre"一词用于从事探险活动的人，后来又指承揽公共工程的建筑商和承包商。西班牙经济学家赫苏斯·韦尔塔·德索托（Jesús Huerta de Soto）对这些词进行了更多的考证，他认为这些词的词源是中世纪拉丁文动词 in prehendo-endi-ensum，意为"去发现、去看、去感知、去认识、去俘获"。

1755年，法国经济学家理查德·康蒂永（Richard Cantillon）出版了《一般商业之性质》，他把租地农场主、羊毛和谷物批发商、面包师、屠户、各类制造商和商人都纳入创业者的范畴。以租地农场主为例，他认为这些创业者"因租用农场或土地而许诺向土地所有者缴纳一笔固定的费用，却不能保证自己将从这一事业中得到利润。他根据自己的判断，把一部分土地用于饲养牲畜，生产谷物、酒、干草，等等，但却不能预断其中哪一种产品将能给他带来最高的报酬。这些产品的价格部分取决于气候，部分取决于需求……租地农场主产品的价格必然取决于这些不可预测的情况，因而他是在不确定性中经营他的农场的"。像羊毛和谷物批发商、面包师以及各类制造商和商人，"他们买进乡间产品和原料进行加工，然后再按居民的需求逐渐将它们转卖出去。这些业主永远不知道，在他们的城市里，需求将会有多大，也不知道他们的主顾的光顾将会维持多长时间，因为他们的对手会千方百计地同他们争夺主顾。所有这一切，在这些业主中间造成了极大的不确定性，因而在他们之中每天都有人陷于破产"。康蒂永把每一个从事经济行为的人都称为创业者，因为这些人是不能按固定的价格买卖的，他们要面对不确定的市场而承担风险。这应该是经济领域对创业者的最早描述，从此创业者就和风险承担紧密地联系在一起。

18世纪后期，重农学派的经济学家如弗朗斯瓦·魁奈（François Quesnay）和鲍杜把从事农业栽培的人称为创业者。他们认为，唯有土地是社会产品的来源，从事农业的创业者是至关重要的。这样，他们第一次把创业者与产业联系在一起，并将其含义由"承担风险"扩展到"承担风险"和"创新"两个方面。

到19世纪初，创业者的含义又从农业扩展到工业以及整个经济活动中。让·巴蒂斯特·萨伊（Jean-Baptiste Say）在其1803年出版的《政治经济学概论》和1817年出版的《政治经济学精义》中指出，创业者是"将一切生产手段——劳动、各种形态的资本或土地等——组合起来的经济行为者，是在作为使用生产手段的结果——产品——的价值中，能够发现有可供使用于扩大总资本，并可用于支付工资、利息或地租以及归属自己的利润的人""他必须预见特定产品的需求以及生产手段，必须发现顾客，一言以蔽之，必须掌握监督与管理的技能""在如此复杂的活动过程中，必须克服许多困难，必须压抑住许多忧虑，必须开动脑筋想出许多方法"○

○ 田贵庚，汪小亚. 企业家的雄才大略：市场竞争与企业领袖 [M]. 广州：广东旅游出版社，1997：1-26.

很明显，萨伊认为创业者是那种具有判断力、忍耐力等特殊素质以及掌握了监督与管理才能的人。

现代意义上的创业者的出现与生产力和商品经济的巨大发展，以及股份公司的形成有密切联系。19世纪70年代后期，美国经济学家首先探讨了与资本所有者不同的创业者独有的职能。其中一些重要观点包括：资本家只提供资金并以利息的形式取得报偿，创业者则有效地管理企业，他们以利润为报酬，两者有本质区别；承担风险的创业者所得的利润是利润的一种形式，它产生于创业者的能力和所承担的风险，是暂时、可变的；创业者的利润是扣除利息和地租的剩余，它的取得是由于创业者把技术、经营或改善组织引用于经济过程。

真正较透彻地认识创业者的职能和作用的是曾在哈佛大学任教的经济学家约瑟夫·熊彼特。他在1912年出版的《经济发展理论》和1942年出版的《资本主义、社会主义和民主》等著作中，不仅将创业者提高到"工业社会的英雄""伟大的创新者"的高度，而且强调，创业者的职能是"创造性破坏"，"企业是实现新的生产要素组合的经营单位，而创业者是实现生产要素组合的人"。这种组合，并不是对原有组合方式的简单重复，而是一种创新。通过这种重新组合，建立新的企业生产函数，从而导致社会经济的连续变化，推动社会经济的发展。熊彼特还谨慎地区分了创业者和资本家这两个概念（同时，他也强烈批评那些将这两个概念混为一谈的新古典经济学家），认为创业者不需要拥有资本，其活动也根本不需要被限定在企业这一范围内。创业者可以是一个企业管理者或所有者，更有可能是一个独立的缔约人（contractor），"只有当他们确实在建立新的组合的时候，他们才是在扮演创业者的角色。而一旦这个人创立了企业，并像其他人一样安定下来打理它，他就失去了创业者的特征"。

20世纪80年代以来，创业意味着新的经济活动，能够带来市场的变革。经济学家马克·卡森（Mark Casson）提出，"创业者是擅长对稀缺资源的协调利用并做出明智决断的人。他是一个'市场的创造者'，他的报酬是一种剩余权益，而非合约收入"。

这里必须澄清"企业家"和"创业者"两个概念，因为在英文中它们是同一个单词"entrepreneur"，但国内引进英文著作或教材时通常将"entrepreneur"翻译为"企业家"。英文单词"entrepreneur"由三个部分（entre、pre、neur）构成。在拉丁语词根中，entre的意思是"从事"，pre的意思是"在……之前"，而neur的意思是"神经中枢"。因此，按照字面意思，创业者是这样一种人：他们从事了一项事业——任何一项事业——并且及时形成或者从根本上改变了那项事业的神经中枢。○由此可见，"entrepreneur"的英文本意其实就是创业者。在我国，20世纪90年代以前很少有"创业者"一词的称呼，但早就有"企业家"的概念。中国语境下的"企业家"是不同于"entrepreneur"的，往往是指那些功成名就、具有较高的声誉地位以及财富积累的商业人士。企业家往往都是由创业者发展演变而成的，但

○ 谢洛德. 企业家不是天生的：一种了解企业家的简单方法 [J]. 中外企业家，2007（1）：23.

创业者成为企业家后通常会丧失创业才能。当然，大企业的管理也要求创业者转变为企业家后应更多掌握规范化管理和资本化运作的能力。

> **学者观点**
>
> 中文"企业家"的演变
>
> 中文"企业家"一词大约在20世纪初叶零星出现在一些报刊和杂志上，随后几十年间，偶尔有人撰文讨论企业家的作用和责任。20世纪50年代以后，这个词成了"资本家"的同义词，只见于一些政治著作，很少出现在口语或媒体中。20世纪80年代，这个词被赋予新的含义，开始出现在报刊中，且使用频率不断上升，很快演变为对一些群体的称谓。在我们的语言习惯中，"家"可以用来指在某些方面成就优异的人，比如科学家、艺术家等，含有褒扬之意。改革开放初期对于"企业家"一词的含义，相信许多人都是用顾名思义的方法，用它指称那些把企业经营得很出色的管理者，比如当时流行的"乡镇企业家"。近年来，随着"双创"日益深入人心，企业家精神成为经济学、管理学研究的热点，弘扬和保护企业家精神成为政策设计和实施的焦点时，有关"企业家"的讨论也逐渐多了起来，人们对这一概念的演化过程，也有了更清楚的认识。
>
> 中文的企业家和企业家精神等词，都是从"企业"的概念发展出来的，而中文的"企业"一词源自日语。根据《日本国语大辞典》，"entreprise"在日语中被翻译为"企业、事业"，而企业一词在明治初年即已存在，意指"企（划）（事）业"，但是日语中还有同音近义词"起业"。时至今日，"兴起事业"在日语中使用"起业"一词，而与"entreprise"相同含义的、表示"被企划的事业组织"时，则使用"企业"一词。一般来说，日本以"起业家"来称谓创业者，而以"企业家"来指称企业的经营者，当然，广义的企业家也可以包括起业家（刘群艺，2018）。中文中"企业"一词，基本上保持了从事某种事业的组织的含义。在1939年商务印书馆出版的《辞源（正续编合订本）》中，在"企业"词条下有如此解释："凡经营之事业，以生产营利为目的者，日本谓之企业，分大小二种。大企业，役使多数之人，而企业家自为指挥监督者。小企业，则企业家兼任工作者。"这短短几句话不仅说明企业是以营利为目的的组织，人们也可以隐约感受到，企业家是所有者，且对组织有指挥之权。
>
> 资料来源：王迎军，"企业家"概念的演化，"南开管理评论"微信公众号 2020-06-11, 2020-06-12。

2.1.2　创业者素描

人们敬佩创业者，尊重创业者，那么什么样的人可以成为创业者就成为人们想了解的一个重要问题。

对创业者的研究首先是从人口统计特征入手的，有些研究成果发现的确有些群体更有可能投身创业活动。例如，安纳李·萨克森尼安（Annalee Saxenian）的研究成果表明，移民更具备高创业倾向。还有研究表明，头胎出生的孩子最有可能成为创业者，创业经常发生在人们会感到焦躁不安的里程碑年龄阶段（如30岁、40岁、50岁）。上述研究听起来很有趣，但这些事实并不能让我们更进一步地了解创业者的真实特征。人口统计学特征并不能真正决定创业行为，它们只是与真正影响创业行为的特征呈现相关性。例如，移民的事实本身可能并不会激励创业行为，在一定程度上，移民更容易开展创业活动可能是因为他们克服困境的经历，或者可能是因为成为一名移民首先应该具有创业的自选择性。⊖

调查研究

对高成长创业企业的创始人的调查

2009年，在卡夫曼基金会的支持下，哈佛大学法学院高级研究员、杜克大学研究中心主任韦克·瓦德瓦（Vivek Wadhwa）等人针对549个成功的高成长创业企业的创始人做了一次普查，得到了一些非常有趣的发现。

- 90%的人来自中产或低产中偏上阶层家庭。

这与刻板印象中成功创业者来自贫穷家庭有很大的不同，原因可能是媒体更喜欢渲染贫苦出身创业者的背景，中产出身者的家庭就比较没有新闻性。

- 95%的人大学毕业，47%的人有硕士以上学历。

这与辍学创业的成功者印象相违背，即使在学制开放的美国，95%的创业者还是完成了大学学业。

- 75%的人说他们的高中在校成绩位居前30%，52%的人则是位居前10%。

- 67%的人说他们的大学在校成绩位居前30%，37%的人则是位居前10%。

由此可见，创业者大多非常聪明，喜欢读书。他们的功课也不是真的很差，有2/3的人的大学成绩可以挤进前30%。

- 他们第一次创业的平均年龄是40岁，70%的人创业时已经结婚，60%的人创业时已经有小孩。

这又与刻板印象中那些20岁出头的年轻小伙子有很大的不同。鉴于很多创业者是要颠覆一个产业，所以产业洞察与成功还是有很强的正相关。另外，结婚可以让创业者更加专注在事业上，而小孩会让创业者更加关心孩子长大后的社会，想要留给孩子一个更好的生活环境，这些都是很重要的动力来源。

资料来源：WADHWA V, AGGARWAL R, HOLLY K, SALKEVER H. The anatomy of an entrepreneur: family background and motivation[R].The Ewing Marion Kauffman Foundation, July, 2009.

除人口统计特征外，学术界还特别关注创业者的心理特征，而且发现创业者的心理特征比天生特质重要得多，因为心理特征或素质在一定程度上可以改变和培养。创业者区别于一般人的特征表现为以下6个方面。⊖

（1）**创新**。既然创新是创业精神的本质所在，创业者趋向于那些具有创新精神的人就不足为奇了。换句话说，他们创造新的方法迎接不同的挑战。

（2）**成就导向**。创业者几乎无一例外都是目标导向型的，他们很自然地设定个人目标并且确保成长以完成这些目标。

（3）**独立**。创业者是出了名的独立自主。他们大多数都高度地自我依赖，并且他们中的许多人都很自然地偏向于独立工作来完成他们的目标。

⊖ 布鲁克斯. 社会创业[M]. 李华晶，译. 北京：机械工业出版社，2009：13.

（4）掌控命运的意识。创业者很少把他们自己看作环境的受害者，而是自己掌控自己的命运。这可能是由于他们具有把消极的环境看作机会而不是威胁的趋向。

（5）低风险厌恶。虽然没有证据证明任何理性人（包括创业者）为了风险带来的利益而去寻找风险，但是有证据表明创业者对风险有更多的包容性并且在找到方法降低风险方面更具创造性。

（6）对不确定性的包容。创业者总是比其他人对动态变化且不是特别明确的情况更加适应。

近年来，关于创业者特征的研究更进了一步。20世纪90年代以来，创业者创业之前的经验（简称"先前经验"）进入创业学者的视野，识别到有影响的先前经验主要有：行业经验，即曾经在新企业同一行业工作过的经验；创业经验，即创建并管理新企业的经验；管理经验，即从事领导及管理岗位的经验；与新产品开发、特定的技术研发及与某类顾客打交道的独特经验；其他职能经验，比如从事研发、市场营销、财务等工作的经验。先前经验对机会发现及所发现机会的创新性、资源获取、战略选择、新企业生存和成长绩效有影响作用。研究发现，行业经验、管理经验比业经验对新创企业绩效的正向影响程度更显著。这些经验可以通过后天获取，可以有意识地积累。关于创业者的另一类研究是人力资本、社会资本以及所处的社会阶层等因素。这些研究成果的应用价值广泛。例如，对刚毕业的大学生，可以给出较明确的职业发展建议，为了今后的创业，甚至可以建议到什么类型的组织积累什么样的经验。

⊙ 专栏

创业者的神话与现实

一些特定类型的创业者可能符合人们所谓的"定律"，然而，现实中多样性的创业者却向这些"定律"提出了挑战。以下揭示了几个历来被信奉的创业神话以及经过研究总结的现实情况。

- 创业者神话1：创业者是天生的，并非后天培养。
- ✓ 创业者现实：大量有关创业者心理和社会构成要素的研究得出一致结论，创业者在遗传上并非异于其他人。没有人天生是创业者，每个人都有成为创业者的潜力。某个人是否成为创业者，是环境、生活经历和个人选择的结果。即使创业者天生就具备了特定的才智、创造力和充沛的精力，这些品质本身也不过是未被塑形的泥巴和未经涂抹的画布。创业者是通过多年积累相关技术、技能、经历和关系网才被塑造出来的，这当中包含着许多自我发展历程。

- 创业者神话2：创业者是赌徒。
- ✓ 创业者现实：其实创业者和大多数人一样通常是适度风险承担者。成功的创业者会精确计算自己的预期风险。在有选择的情况下，他们通过让别人一起分担风险、规避风险或将风险最小化来影响成功的概率。他们不会故意承担更多的风险，不会承担不必要的风险，当风险不可避免时，也不会胆小地退缩。
- 创业者神话3：创业者主要受金钱激励。
- ✓ 创业者现实：虽然认为创业者不寻求财务回报的想法是天真的，但是，金钱很少是创业者创建新企业的根本原因。有些创业者甚至警告说，追求金钱可能会令人精神涣散。传媒业巨子泰德·特纳（Ted Turner）说："如果你认为金钱是真正重要的事情……你将因过于害怕失去金钱而难以得到它。"
- 创业者神话4：创业者喜欢单枪匹马。
- ✓ 创业者现实：事实表明，如果哪个创业者想完全拥有整个企业的所有权和控制权，那只会限制企业的成长。单个创业者通常最多只能维持企业生存，想自己单枪匹马地发展一家高潜力的企业是极其困难的。聪明的创业者会组建起自己的团队。
- 创业者神话5：创业者喜欢公众的注意。
- ✓ 创业者现实：虽然有些创业者很喜欢炫耀，但绝大多数创业者会避开公众的关注。大多数人会提到微软的比尔·盖茨等人，不管他们是否寻求公众注意，这些人都常出现在新闻中。但我们很少有人能叫出谷歌、诺基亚或盖普公司创建者的姓名，尽管我们经常使用这些企业的产品和服务。这些创业者如大多数人一样，或避开公众注意，或被大众传媒所忽略。
- 创业者神话6：创业者承受巨大的压力，付出高昂的代价。
- ✓ 创业者现实：创业者是有压力的、辛苦的，这一点毫无疑问。但没有证据表明，创业者比其他无数高要求的专业职位承受更大的压力，而且创业者往往对他们的工作很满意。他们有很高的成就感，据说认为自己"永远也不想退休"的创业者是公司中职业经理的3倍。
- 创业者神话7：钱是创立企业最重要的要素。
- ✓ 创业者现实：如果有了其他的资源和才能，钱自然而来；但是如果创业者有了足够的钱，成功却不一定会随之而来。钱是新企业成功因素中最不重要的一项。钱对于创业者而言就像是颜料和画笔对于画家那样，它是没有生命的工具，只有被适当的手所掌握，才能创造奇迹。

资料来源：蒂蒙斯，斯皮内利.创业学[M].周伟民，吕长春，译.北京：人民邮电出版社，2005：155-173.

2.1.3 创业者、职业经理人与商人

创业者识别或创造机会，然后致力于通过创建企业的方式来把握机会。职业经理人则是被雇用来控制、组织、指导整个企业或企业的某一部分。现实中，人们往往记住了创业者的名字，对职业经理人是谁却不怎么关心。例如，我们知道"蛋糕大王"罗红是好利来的创始人，而大多数人并不知晓为他运作企业的职业经理人；我们知道万科创始人王石的很多故事，但并不清楚哪些人运营整个万科集团。创业者与职业经理人有什么区别呢？我们来看一项科学实验，这个实验比较了创业者和职业经理人的差异。⊖

⊖ BUSENITZ L W, BARNEYJ B. Difference between entrepreneurs and managers in large organizations：biases and heuristics in strategic decision-making[J].Journal of business venturing, 1997, 12(1), 9-30.

调查研究
创业者和职业经理人的差异：一项科学实验

随机挑选一组创业者（自己创建企业者）和一组掌管大企业的管理者（职业经理人），并对他们在两个方面进行问卷调查。两组的人数都在 100 左右。

第一，问五个常识性的问题。每个问题都有两问：第一问要求在两个备选答案中选一个（比如，哪种病引发的死亡人数更多，是癌症还是心脏病？）；第二问是问被调查者对自己的答案的自信程度，从 50%（完全瞎猜）到 100%（完全自信）。对于五个问题的第一问，创业者和职业经理人的平均得分相差无几。对于第二问，创业者对自己答案的自信程度大大高于职业经理人，尤其是在他们的答案是错误的时候。

第二，问一个管理决策方面的问题。一台进口的机器出了故障，必须选择一种方案来替换这台出故障的机器：①选美国生产的机器，你的"朋友"最近才买过一台这种机器，迄今为止还没出现过问题；②选其他国家生产的机器，这种其他国家机器出故障的可能从统计概率的角度来讲比美国生产的机器要小。结果，一半左右的创业者决定买美国生产的机器，90% 的职业经理人决定买其他国家生产的机器。

资料来源：马浩. 管理决策：直面真实世界 [M]. 北京：北京大学出版社，2016.

这个实验结果会带给你什么样的启示呢？

从第一方面的调查结果来看，创业者通常比职业经理人更自信和乐观应该说是一个基本的事实。创业者在自己判断错误的时候尤其自信的事实，也说明他们对风险的估计大概率相对不足，或者说他们对潜在的风险表现得不够敏感。这一点也可以通过第二方面的调查结果得到佐证。当然，完全用自信乐观与否来解释上述结果是不全面的。创业者和职业经理人扮演的角色不同，决策准则和结果当然也会有很大的差异。创业者是给自己干，职业经理人是给别人做代理。创业者的理想是通过努力取得成就，职业经理人的愿望是有秩序地执行任务。创业者更容易诉诸激情，职业经理人更容易归于理性。创业者对自己的行为负责，无须过多考虑如何向他人解释；职业经理人必须考虑决策的负面效应，以及如何向所有者交差。职业经理人按照风险概率高低做决策，既显得有理有据、尊重科学，又能避免责任、自圆其说。难怪 90% 的职业经理人都做出相对比较理性的选择。寻求成功和规避错误是两种截然不同的行为理念和规范。职业经理人的这种角色是创业者代替不了的。但是，创业仍然需要创业者来担纲。创业者的这种角色也是职业经理人代替不了的。[1]

中山大学毛蕴诗教授专门研究了创业者与职业经理人的区别（见表 2-1）。[2]

表 2-1　创业者与职业经理人的区别

特征变量	创业者	职业经理人
雇用关系①	雇用者	被雇用者
出资与否①	出资或继承出资	不出资
承担企业风险①	承担企业风险	与本人雇用契约有关的风险

---

[1] 马浩. 管理决策 [M]. 北京：北京大学出版社，2016.
[2] 毛蕴诗. 企业家与职业经理人特征识别模型 [J]. 学术研究，2003（4）：1-7.

(续)

特征变量	创业者	职业经理人
所有权与控制权[①]	同时拥有	无所有权，有一定控制权
担任企业主管与否[①]	担任	不一定担任
创新功能[②]	更强调	强调

[①]表示可以直接识别。
[②]表示需要进一步识别。

创业者和职业经理人最重要的区别在于，首先，创业者从事的是开拓性的工作，通过他们的创业活动，实现了从 0 到 1 的变化；职业经理人则侧重于经营性活动，按照程序、制度开展工作，他们将 1 变成 10，将 10 变成 100。创业者发现机会，创造新事物，而经理人在维持现状的基础上，保持事物的延续和演进。其次，创业者承担财务风险，而职业经理人不会也不可能承担此类风险。按照 1 号店创始人于刚的说法，职业经理人"相对是一个大螺钉，拧在那个地方让大机器可以高效运转"，而创业者是"发动机，要用愿景、领导力和经验，去驱动企业的成长，要想各种方法，不断去创造价值"。

现实当中，职业经理人与创业者这两者的身份在一定程度上是可以互相转换的，职业经理人可以蜕变为创业者，创业者也有可能成为职业经理人。很多成功创业者在创业之前都曾有过在大公司担任管理职位的经历。例如，于刚在创业之前分别在亚马逊和戴尔公司担任主管采购和物流配送的副总裁；杰夫·贝佐斯在创建亚马逊之前，就曾是一名非常优秀的职业经理人。很多大企业之所以推动内部创业，其中一个重要原因就是担心自己内部有创业精神的优秀人士因没有适合自己能力发挥的项目而离职创业。

至于创业者和商人，他们在创新、冒险、谋利这三个问题上没有太大区别，区别在于社会责任与担当，也就是创业者在谋利之外还有更高的价值诉求。大家想想，任正非创建华为，显然不仅仅是为个人谋利，因为他在华为只有不到2%的股份。创造基业长青的百年老店，在企业深层商业伦理上，只有对利润的追逐无法支持企业大厦。中国富豪排行榜上从来没有出现过任正非的名字，但任正非在中国商业界的影响力却是一般富豪难以匹敌的。

创业者和商人第二个显著区别体现在组织建设和管理规范化上。商人习惯于在生产要素控制、市场牌照获取、交易等短线环节获利，他很少考虑通过组织成长、人才培养、管理规范化来获得企业的长远发展，而创业者更注重技术创新、管理规范化、组织建设、人才培养和企业文化建设。华为的"虚拟持股制度"、联想的"建设没有家族的家族企业"的文化理念，都是支持企业长远发展的基石。这些境界，都不是一般富豪和商人能达到的。

当然，也有很多知名创业者是从商人或生意人开始积累资金和经验，然后上升到创业者高度开始关注整个社会的需求。从这个角度来说，创业者必然也是一个商人，而商人则不一定是创业者。

下面的材料深刻揭示了创业者、职业经理人和商人之间的区别。其中，创始人即创业者，职业人即职业经理人，买卖人即商人。

延伸阅读

生意里的三种人

在中国的生意圈里，存在着三种人——创始人、职业人和买卖人。

创始人就是公司的创立者，他们习惯长期关注企业的发展，习惯从根本上解决公司的问题。职业人存在于公司的各个层面，从CEO到基层，他们主要的价值取向是业绩和报表，用数字来说话。在这个群体里，如何在短期内解决公司乱象，让报表平滑，没那么难看，显得更为重要。买卖人则更为广泛地存在于商业社会中，他们分散在三四线城市，甚至四五线城市，用自己的钱开门店、办渠道，不求有多高的企业文化，只是简单地卖产品赚取利益。很多时候，他们遁迹于公众视野之外。

而在中国，商业上的问题往往体现在这三种人的博弈之中。例如，最近运动服饰这个产业整体陷入泥沼，很多大企业的创始人也在反思，中国动向的案例很有代表性。

中国动向上市以后，陈义红作为创始人，在国际咨询公司建议下，脱离对公司的实际控制，引入国际大牌的职业经理人——阿迪达斯大中华区前总裁桑德琳。桑德琳进入公司，带来她认为适合的一套经理人团队。在公司高速成长过程中，这没有任何问题，而在整个行业走向衰落的过程中，问题就凸显出来了。

销售不景气时，职业人没有看到问题的根本，而是为了促进销售，将更多压力转移给渠道。这就让他们面对生意中的第三种人——买卖人。买卖人可以消化一部分产品、把报表变得平滑好看，但要求更优厚的条件。于是，职业人得到了平滑的报表，买卖人得到了实惠。然而，产品并没有完成实际的销售，没有到达消费者手里，只是被压在渠道中。长期积累下来，渠道危机渐渐无法再被掩盖。这时创始人回来，被迫花了约15亿元将渠道中积压的产品收回。

资料来源：牛文文. 生意里的三种人[J]. 创业家，2012（12）：12.

2.1.4 构建个人创业策略

构建个人创业策略，即制订个人创业计划，是学习创业知识和技能的第一步。制订计划可以从许多方面给创业者提供帮助，为此，要求创业者要事先对个人创业计划进行评估。

一是自我评价。根据创业的要求，现实、客观地评价自己的创业态度与行为是十分有用的，同时自我评价也是对管理能力、经验、技术以及需要建立的网络关系的评价。自我评价首先要从观察分析自我思想行为以及他人评价中获取信息，其目的在于了解创业者及其团队存在的认知盲点，加强自我认识，强化既有的特长，改变自身弱点。一旦获取所需信息，自我评价的后续步骤就是研究所获取的信息，得出相应结论，建立学习目标以获得创业的知识和经验，确定最终目标及要抓住的机遇。

二是获取信息。第一步，历史分析。每个人的经历都会深远地影响其价值观、动机、态度和行为。创业者的价值观和动机会直接影响创业态度和行为。分析个人的某些经历能够有效地理解以前的创业倾向，也能以此准确地预见以后的创业潜力。第二步，现状描述。一些创业态度及行为同其成功创业有关。这些态度和行为包括创业承诺、决心与坚持、主动性和责任感等。另外，对机会的追求导致各种各样的个人创业定位。第三步，获取有效反馈。从熟悉和值得信任的人那里收集反馈信息等对提高创业业绩和成功概率有重要意义。

三是综合分析。任何创业者都存在优点和缺点，重要的是首先要认识自我的优点和缺点，可以通过信息的收集来加强自我认识。创业者需要把自我素质和创业机会结合在一起进行综合分析。图 2-1 反映了在一定的相关创业心态、行为、技能、经验、技术和人际关系，以及一定的创业机会的要求下，创业机会与创业者素质之间的对应关系所引起的创业潜力和创业成功的可能性。

创业机会的吸引力	有一定的发展潜力 但可能无法把握机会	高发展潜力 能把握机会
	无发展潜力 素质较低	无发展潜力 高素质

创业者素质：心态、技能和经验等

图 2-1　创业者素质和创业机会的平衡

资料来源：TIMMONS J A，SPINELLI S J. New venture creation entrepreneurship for the 21st century[M]. 6th ed. New York: McGraw-Hill Education, 2004: 646.

四是确立目标。目标的确立是一个过程，也是处理现实问题的一种方法。有效地确立目标需要时间、自律、承诺、奉献以及实践。目标需要明确而具体，具有可计量性、阶段性和可行性；优先确定矛盾并提出解决方案；确定阻碍目标实现的潜在问题和障碍；具体说明实现目标的行为步骤；确定如何评估结果；制定进度表；确定实现目标的风险、所需资源和帮助；阶段性审核并及时修正目标。

⊙ 专栏

成为创业者的收益与风险

即使你确实有一个强大的梦想，而且你相信这个梦想能够帮助你渡过创业过程中的跌宕起伏，但在决定成为一个创业者之前，还是需要认真审视成为创业者的收益和成本。

收益

- 独立：企业所有者不必听从其他人下达的命令或者服从其他人制定的工作时间要求，时间自由。
- 工作条件自定：作为创业者，你可以创造一个反映自身价值观的工作环境，没有人有权解雇你。
- 满足：做你想做的，将技能、爱好和兴趣注入你自己的企业可以带来高度满足感。
- 财务回报：员工的潜在收入是有限的，但是创业者的收入只会受自身想象力和坚忍不拔精神的限制。通过创造性努力创造财富，报酬自主。
- 自尊：知道自己从事的是一份有价值的工作可以为你带来更强的成就感，可以让自己感觉良好。

成本

- 企业失败：创业者面对的风险不仅包括自己的资金损失，而且包括其他投

- 资人的资金损失。
- 困难：将陷入困境而不得不自己动手解决，你的家庭和朋友可能阻碍或者不支持你的理想。
- 孤独：对你的企业的成功或者失败承担全部责任可能会让你感到孤独，甚至有点惶恐不安。
- 财务风险：你难以确保稳定的工资和收益。你可能总是难以得到足够的报酬，特别是在新企业成立的初期。
- 长期艰苦工作：必须长时间地工作以推动你的企业不断发展，许多创业者每周工作6天甚至全周不休，而且每天的工作时间也很长。
- 机会成本：不要忘记思考那些你可能为之放弃创业的机会，尽管那些对你来说是"次优机会"。"次优机会"的收益就是你创业的机会成本。

资料来源：MARIOTTI S，GLACKIN C. 创业管理：创立并运营小企业：第2版 [M]. 彭代武，陈昀，译. 北京：电子工业出版社，2012：5-8.

2.2 创业能力

根据全球创业观察中国报告的研究，创业能力包括创业动机与创业技能两方面。[①]

2.2.1 创业动机

创业靠的是动力。有些创业者的动力完全出自发财致富，尽管这是极其正常的事情，但如果这是创业者建立企业的唯一目标，其结果往往未必最佳。一般来说，只注重积累财富的创业者常常不会把眼光放得太远，这使得他们更注重战术，而不是战略上的决策。他们的公司或许能在短时期内非常成功，但是一般不容易发展成大型的出色企业，从而无法给投资者和创业者本人带来持久的回报。

其实，人们创业的原因千差万别，有的是为了解决社会问题，有的是为了改善生活条件，有的则是为了创造伟大产品。其实，人们要创业的原因以及他们与非创业者（或创业失败的人）的不同与创业者的动机密不可分。虽然对创业者心理特征的研究还没能得出一致结果，但认识心理因素在创业过程中的作用还是很重要的。

调查研究

大学创业动机

《中国大学生创业报告2022》通过在全国33个省（市）的166所高校开展大学生自主创业问卷调查，发现大学生自主创业动机仍以机会型为主，且连续三年"报效祖国"的动机选择都高居首位，充分体现了新时代大学生创新创业的社会价值追求。而学历水平、在校期间的创业实践、开设创业课程情况均对机会型动机的形成具有正向影响，说明高等教育对创业动机的塑造发挥着不可忽视的作用。同时，由家庭、学校、政府、企业等主体构成的创业环境也在深刻影响着大学生的创业意愿和创业绩效。

资料来源：中国人民大学。

[①] 姜彦福，高建，程源，等. 全球创业观察2002中国报告 [M]. 北京：清华大学出版社，2003.

人们选择创业的动机多种多样，调查发现，创业者最基本的创业动机有三个。⊖

一是自己当老板。这是最常见的原因。然而，这并不意味着创业者与他人难以共同工作，或他们难以接受领导权威。实际上，许多创业者想自己当老板，或是因为他们怀有要拥有一家自己的企业的恒久梦想，或是因为他们在传统工作中变得很沮丧。自己当老板的动机本质上是追求自由。

二是追求自己的创意。有些人天生机敏，当他们认识到新产品或服务创意时，就渴望看到这些创意得到实现。在既有企业环境下进行创新的内部创业者，常常具有使创意变为现实的意念。然而，既有企业经常阻碍创新。当这种情况发生时，因为他们对创意的激情和承诺，他们常带着未实现的创意离开企业，开创他们自己的企业并将其作为开发自己创意的途径。这种事件也可以发生在既有企业以外的背景条件下。例如，有些人通过爱好、休闲活动或日常生活，认识到市场中有未被满足的产品或服务需求。如果创意非常可行且能够支撑一个企业，他们就会付出大量时间和精力去将创意转变为一家兼职经营或全职经营的企业。

三是获得财务回报。这种动机与前两种动机相比明显是次要的，它也常常不能达到所宣称的那种目的。平均来看，与传统职业中承担同样责任的人相比，创业者并没有赚取更多的金钱。创业的财务诱惑在于它的上升潜力。很多功成名就的创业者从创建企业中获得了数以亿计的收入，但这些人坚持认为，金钱并非他们的主要动机。

延伸阅读

创业的理由

Meta 的联合创始人达斯汀·莫斯科维茨（Dustin Moskovitz）总结了三个最常见的创业原因，并且一一提供了基于现实情况的反驳。

（1）自己做老板，觉得现在的老板做的事情和方法看不过去。但事实是，创业之后，每个人都是你的老板。你要讨好你的员工，因为初创企业难以承受核心员工的离开；你要讨好你的顾客，因为你的身家性命和未来可能都在他们手里了；你要讨好你的合伙人，要小心翼翼地处理各种矛盾和分歧；你要讨好你的投资人。

（2）希望工作有灵活性，可以有很大的自主支配权。但事实是，创业的灵活性指的是你可以灵活地把生命中的所有时间和精力都放在你的项目上。一个真正的创业者是24小时都在工作的，就连做梦都会想该如何做好这份事业。再加上你要随时待命，要做所有员工的榜样，所以创业其实不只是监督手下人干活或去参加会议、发表演说那么简单。

（3）赚更多的钱、有更大的影响力当然是一个比较实际的理由。但是，在企业内部，或至少初创公司内一样可以实现这些目标，而不只是自己去成立一家公司。而且，靠创业来赚钱是不靠谱的，因为创业就是要把所有赚来的钱都再投进去，除非你能把企业做到万人皆知，不然你自己的工资肯定还不如去大公司当个领导来得多。

所以，到底什么才是创业最好、最理

⊖ 巴林格，爱尔兰. 创业管理：成功创建新企业[M]. 张玉利，王伟毅，杨俊，等译. 北京：机械工业出版社，2006：2-24.

想的理由呢？最好、最理想的理由就是你不能忍受自己不去做这件事。你意识到一个问题，并且觉得自己必须去解决它，只有这样你才会有归属感，才会有激情去面对前途的困难，才能够坚持5年、10年、15年，熬出一个伟大的企业。

由此可见，尽管存在各种理由驱使我们去创业，但要想在变幻莫测、意外不断的漫漫创业征程中坚持下来，必须依从内心选择自己真正感兴趣的事情。

> **创业聚焦** 　　**苹果联合创始人史蒂夫·沃兹尼亚克：**
> **我为何决定与乔布斯一起创业**
>
> 1975年感恩节到来之前，乔布斯已经和我去了几次家酿计算机俱乐部的聚会。他告诉我他注意到一件事，俱乐部里的人都拿到了我的设计，但他们没有时间和能力按照这一设计来制造计算机。
>
> 乔布斯提议："为什么我们不自己制造一些核心元件的印刷电路，然后卖给他们呢？"这样的话，他们可以自己把芯片焊接到核心元件上，制造出自己的计算机，计算机的制造时间就会从几周缩短到几天。他的想法是，我们以每块20美元的成本生产印刷电路，然后以40美元的价格卖给别人。大家会觉得这个价格很划算，因为他们有办法从各自的公司搞到免费芯片。
>
> 老实说，我觉得我们赚不到钱。我们至少要花费1 000美元才能让计算机公司为我们制作这些印刷电路，这就意味着我们需要以40美元的价格把印刷电路卖给至少50个人。可是，在我看来，家酿计算机俱乐部的会员愿意买这种主板的没有50个，毕竟这里只有500名会员，其中大部分人都是阿尔泰计算机的忠实拥护者。
>
> 但乔布斯有一个很好的论点。当时我们在他的车库里，我直到今天还清楚记得他当时说的话，仿佛这一切发生在昨天一样。他说："好，就算赔钱，我们也拥有了自己的公司。这是一生中最好的机会。我们这辈子还有比这更好的创立公司的机会吗？"
>
> 这句"一生中最好的机会"打动了我，让我激动万分。两个最好的朋友开始创业啦！噢，当时我就很清楚我会迈出这一步的。我怎么能拒绝这一诱人的提议呢？
>
> 资料来源：沃兹尼亚克，史密斯．沃兹传：与苹果一起疯狂[M]．贺丽琴，阮天悦，译．北京：中信出版社，2013：143-144．

2.2.2　创业动机的影响因素

从短期看，创业者的需求层次及其影响因素的共同作用形成了创业者不同的创业动机，不同的创业动机导致创业者创业行为过程与行为结果的差异；同时，创业者的创业活动导致创业者的现实需求得到满足。而从长期看，由于需求在时间上的连续性，已有需求的满足又会导致新需求的产生，从而形成一个循环，最终表现为创业活动对经济增长的贡献与经济的繁荣。由此可见，决定创业者行为差异的深层次原因是创业者的需求层次及其影响因素。[⊖]

⊖ NAFFZIGER D W, HORNSBY J S, KURATKO D F. A proposed research model of entrepreneurship motivation[J]. Entrepreneurship theory and practice, 1994, 18(3): 33.

成为创业者的决定是各种因素共同作用的结果。一方面，这些因素包括创业者的个性特点、个人环境、相关的商业环境、个人目标和可行的商业计划。另一方面，创业者将预期结果同自己的心理期望相比较。此外，创业者还关心创业中付出的努力与可能的收获之间的关系。图 2-2 是一个反映分析创业动机形成过程及其影响要素的模型。

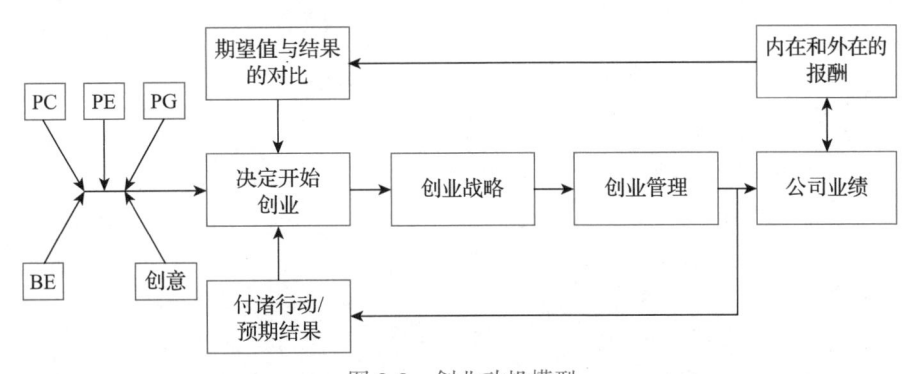

图 2-2 创业动机模型

注：PC——个性特征，PE——个人背景，PG——个人目标，BE——商业环境。
资料来源：NAFFZIGER D W, HORNSBY J S, KURATKO D F. A proposed research model of entrepreneurship motivation[J]. Entrepreneurship theory and practice, 1994, 18（3）: 33.

创业者最初的期望和最终的创业结果会极大地影响到他们创立和维持一家企业的动力。当企业的经营业绩达到或超出期望时，创业行为就会被正面加强，创业者将有动力继续创业。而到底是留在现在的企业，还是创建另一家企业，这将取决于他们的创业目标。当实际结果难以达到预期时，创业者的动力就会下降，并相应地影响是否继续创业的决定。这些对未来的预期同样会影响到后面的企业战略、战略的实施和企业的管理。

从直接影响创业动机形成的原因看，依据马斯洛的需求层次理论，当人的某一层次需求得到相对的满足后，较高层次的需求才会成为主导需求，并最终形成优势动机，成为推动行为的主要动力。创业者的需求层次不同，由此产生的创业动机也存在差异。机会型创业者的需求层次比生存型创业者高，机会型创业者的创业动机受自我实现需求的推动，因为机会型创业者大多没有生活压力，具备一定的知识、经验和能力，敢于承担风险，并相信能通过创业活动来实现自己的价值；生存型创业者则处于生理需求或安全需求等较低的需求层次，生活压力是生存型创业者处于生理或安全需求的根本原因。由此可见，不同的需求层次决定了不同的创业动机，从而影响了创业者的行为过程与行为结果。

从间接影响创业动机形成的原因看，创业者的需求层次还受诸多具有长远意义的宏观因素的影响。一是社会保障。高水平的社会保障可以提高人们的需求层次，由于需求层次决定创业动机，从而可以得出：社会保障越高，机会型创业概率就越高；社会保障越低，生存型创业概率就越高。二是收入水平。短期内的收入变化不会对创业者需求层次产生显著作用，长期内的收入变化必然导致创业者需求层次的变化，长期内的收入水平提高有利于创业者需求层次的提升，反之下降。三是人口统计特征。人口统计特征是创业者自身特点的整体体现，主要表现为创业者群体的受教育水平、经验和经历等因素。由于人口统计特征的差异，相同的外部要素对创业者个体的作用产生不同的结果，从而形成了同一国家或同一地区创业者需求层次的多样性和创业者创业动机的差异。

> ⊙ **专栏**
>
> ### 创业前的准备工作：积累三种资本
>
> 创业前的各种准备大致可以归纳为三个方面：积累人力资本、社会资本和财务资本。
>
> **1. 积累人力资本**
>
> 人力资本指的是创办和经营公司所需的各种技能和专业知识，包括通用的人力资本（比如领导能力和语言表达能力）和特殊的人力资本（比如专业技能和行业经验）。有些人力资本是在教育机构获得的（比如生物工程或计算机科学的专业知识），有些人力资本是从工作和生活中获得的（比如与人谈判的技巧）。
>
> 在积累经验的同时，人们也慢慢形成了自己的思维模式，也就是对信息进行分类和处理的方式。假设一位医生和一位营销经理看到了同样的机会，而且都想创办医疗软件公司，由于他们面对相同信息时关注的重点和细节各不相同，看待问题的方式也不一样，最终会推出截然不同的创业计划。这就是思维模式的差异。
>
> 人们的思维模式深刻影响着他们创业的方式。抛开专业知识不谈，创业有一套通用的思维模式，比如创业者必须认识到，要想让公司快速发展壮大，就必须用手上的资源（如公司的管理权限和股份）换取公司所需的资源（如人才和资金）；再比如创业者最好不要选择与亲戚朋友一起创业，否则最后很可能落得个众叛亲离的下场。这些道理虽然简单，但只有具备一定阅历和情商的人才能产生认同感。因此，创业者思维模式的形成，并非一朝一夕的事情。
>
> **2. 积累社会资本**
>
> 社会资本指的是创业者的人脉资源。例如，你在多年的工作中已经结识了许多行业客户、供应商、顾问和投资人。丰富的人脉资源可以让你在很短的时间内就能实现创业的梦想。人脉资源的建立是需要时间积累的。
>
> **3. 积累财务资本**
>
> 财务资本指的是创业者可以运用的资金。大多数创业者都希望在创业之前积攒足够的存款，作为创业时的生活经费，以缓解创业的压力，这是人之常情。有调查表明，考虑自主创业的人群里，有 51.3% 的人因为缺少足够的财务资本而迟迟不敢迈出这一步。
>
> 一定的社会资本和财务资本都是创业的必要条件，但是相比之下，社会资本要比财务资本更重要。研究表明，社会资本的积累往往有助于财务资本的积累，创业前积累的人脉关系越广，就越容易吸引创业合伙人、投资人和客户，而且公司步入正轨的速度也更快。
>
> 资料来源：Noam Wasserman. 创业者的窘境 [M]. 七印部落，译. 武汉：华中科技大学出版社，2017.

2.2.3 创业技能

毕海德将创业者的品质特征归为三大类，一是创业倾向，二是适应性调整的能力，三是获取资源的能力。⊖ 这些品质特征，实际包括了创业者的心理特征和技能两大类。我们将创业技能部分从中分离出来，主要有以下几个方面。

⊖ 毕海德. 新企业的起源与演进 [M]. 魏如山，马志英，译. 北京：中国人民大学出版社，2004：100-124.

一是控制内心冲突的能力。创业者不允许先前所犯的错误损害自己的自信，必须设法控制无时不在的内心冲突：是做一个客观怀疑论者而有所保留，还是做一个忠实信徒而完全信赖。他们必须对自己的理论和假设有极大的信心，并且将这种信心转达给其他人，同时又愿意随时抛弃这些理论和假设。

二是发现因果关系的能力。创业者必须具有非同寻常的发现意外事件真正原因的能力。创业者可能面对多种问题，比如定价不合理，产品功能失效，目标市场定位错误，或者运气太差找不到合适的顾客。诸多因素使得创业者难以找到真正的原因并从失败中吸取教训。这就需要创业者具有从有限而混乱的数据中发现因果关系的能力。

三是应变能力。从顾客、供应商、资源方面所体现的一些细节中，可以发现创业者拥有极高的应变能力。创业者在应对资源的短缺时，会掂量每一分钱，"将一分钱掰成两半花"；国外有些创业者在分类广告里尽量不使用元音字母，如用 O 会占较大地方，而使用 I 和 L，则可以多写几个字。

四是洞察力。有洞察力的创业者采取"全方位"定位，他们从别人的角度看世界，在获取信息时讲求技巧，具有识别应聘者表面上的资格或缺少什么的能力等。

全球创业观察（GEM）报告将创业能力归纳为创办企业的经验、对机会的捕捉能力，以及整合资源的能力（见表 2-2）。研究显示，相对于众多的创业机会，人们却缺乏有效的把握能力。总体上看，中国的创业能力低于均值水平，说明我国的创业能力属于低水平。大多数人都认为创办新企业不容易，而且人们缺乏创办新企业的经验，未能组织创办新企业所需的各种资源，也不知道如何管理一家新成立的小企业，对于创办新企业的机会很难做出快速的反应。研究表明，我国首先欠缺的是创业能力以及管理新创企业的经验和知识，其次是机会识别和资源组织上的能力不足。

表 2-2　创业技能 GEM 专家调查表

问题	内容
问题 1	在我国，许多人知道如何创办及管理高成长型企业
问题 2	在我国，许多人知道如何创办及管理一家小企业
问题 3	在我国，许多人有创办新企业的经验
问题 4	在我国，许多人能对创办新企业的好机会迅速做出反应
问题 5	在我国，许多人有能力组织新创办企业所需的资源

在某种程度上来说，创业者应该掌握的技能是由他从事的活动所决定的。一般而言，创业者识别并选择与自身技能和兴趣相匹配的机会；他们获取并调配资金、有形资产和人力资源；他们创办企业并推动其不断发展；他们充分理解企业所处环境中的各种要素。为了顺利开展这些活动，创业者应该具备表 2-3 所示的重要能力。创业者被机会所吸引，通过战略谋划引导企业努力获取收益并取得巨大成功。创业者要在较短的时间内对机会做出响应并制定战略规划。创业者探索新方法、新途径，希望借此解决社会问题和满足市场需求。创业者想方设法地表达并验证自

己的想法，他们富有创造力和内在动力，总是会被新的、伟大的想法或机会所吸引。他们富有成就意识，力图成就一家能够解决重要问题并因此产生巨大影响力的企业。

表 2-3 创业者应具备的重要能力

拥有把握特定机会所需的相关行业知识、经验和才能	能够接受不确定性和模糊性
能够捕捉到虽有挑战但预期收益可观的重要机会	能够灵活应对变化与竞争
能够敏锐地把握时机	能够评估并控制创业带来的风险
能够进行创造性探索，为解决问题或满足需求找到有价值的解决方案	能够用愿景说服员工和合作者与自己一道追逐机会
能够抓住机会建立一个适合商业化运作的企业	能够吸引、培育和留住有才能的、受过良好教育的、具有跨行业视野的人才
拥有强烈的成就意识	擅长推销自己的创意，且拥有广泛的人脉
拥有足够的耐心	

资料来源：拜尔斯，多尔夫，尼尔森. 技术创业：从创意到企业：原书第 5 版 [M]. 汪涛，译. 北京：机械工业出版社，2022：17-18.

一般来说，创业者应该具备上表列出的大部分能力，但是由于每个人的能力存在差异，所以大多数创业活动需要组建一个能力互补的创业团队。

2.2.4 创业能力的训练与培养

大量事实表明，创业者具有先天素质，并可以在后天被塑造得更好，某些态度和行为可以通过经验和学习学到，被开发、实践或提炼出来。蒂蒙斯教授总结出通过训练强化的态度和行为包括以下几种。[⊖]

责任感与决心。责任感与决心是创业者具备的第一要素。有了责任承诺（承诺是指对过去所做努力的坚持）与决心，创业者可以克服难以想象的障碍，并且可以弥补其他缺点。责任感与决心通常意味着个人牺牲。衡量创业者的责任承诺有以下三个方面：是否把自己净资产的一大部分投资于企业；是否愿意接受较少的薪水；是否在生活方式和家庭上做出较大牺牲。

领导力。成功的创业者不需要凭借正式权力（多为组织授予的权力）就能向别人施加影响，这是领导力。他们善于化解冲突，懂得什么时候以理服人，什么时候以情感人，什么时候做出妥协，什么时候寸步不让。成功经营企业，创业者必须学会与许多角色（包括客户、供应商、资金援助者、债权人、合伙人以及内部员工等）相处。不同的角色在目标上常会有冲突，因此创业者要成为一个调停者、磋商者，而非独裁者。

执着于创业机会。成功的创业者都会为创业机会而殚精竭虑。他们的目标是寻求并抓住机会，并将其变成有价值的东西。他们受到的困扰往往是陷在机会里不

⊖ 蒂蒙斯，斯皮内利. 创业学案例：第 6 版 [M]. 周伟民，吕长春，译. 北京：人民邮电出版社，2005：159-165.

能自拔，他们总能发现机会。这就要求创业者区分各种创意和机会的价值，抓住重点。

对风险、模糊和不确定性的容纳度高。创业总是伴随着风险、模糊和不确定性，成功的创业者需要容忍风险、模糊和不确定性。他们能乐观而清晰地看到公司的未来，从而保持了勇气。通过仔细定义目标、战略，控制和监督他们的行动方式，并按照他们预见的未来加以调整，可以降低创业风险。成功的创业者把压力化为好的结果，将绩效最大化，并把负面影响、精疲力竭和沮丧情绪最小化。

创造、自我依赖和适应能力强。成功的创业者不满足也不会停留于现状，是持续的革新者。真正的创业者会积极寻找主动权并采取主动。他们喜欢主动解决问题，通过创新和创造实现生存和发展。成功的创业者有很强的适应力和恢复力，从错误和挫折中学习经验，能在将来避免类似的问题发生。创业者总是优秀的听众和快速的学习者。

超越别人的动机。成功的创业者受到内心强烈愿望的驱动，希望和自己定下的标准竞争，追寻并达到富有挑战性的目标。创业者对地位和权力的需求很低，他们从创建企业的挑战和兴奋中产生个人动机。他们受获取成就的渴望而不是地位和权力的驱动。

延伸阅读
迈出创业第一步的关键在于克服对失败的恐惧

创业启动是检验一个创业者是否成熟的标志，也是从动口到动手的一个分水岭。对于许多人来说，进入实际操作，开创属于自己的事业是个难关，对初次创业者来说更是如此。

许多人此刻都会犹豫，徘徊不前。他们不想失败，特别是在赌注很高时就更是如此。如果没有日常的薪水收入，能过好光景吗？生活水准会急剧地降低吗？如果走了这一步，是否会危及家庭关系呢？如果他们所爱的人为了一个创办企业的冲动就要放弃现有的一切，家里的其他人会怎么想？

即便那些准备创业的创业者在听到起跑的枪声以后，没有上述这么沉重的责任感，有些人仍会临阵脱逃。对一流大学毕业生中有创业倾向学生的调查表明，促使他们最终放弃自己创业念头的最重要原因就是害怕失败。

这种对失败的恐惧是杞人忧天。"失败"通常只是在你的想象中。想一想在一个人年幼的时候，当你面对一项新的运动或新的项目时，你怕被人笑话而不敢尝试，你不想失败，而这种顾虑就阻碍了你的行动。

你一定还记得那些克服了自身的恐惧、冒险前行的场景。也许是在父母的敦促下做的，也许是在朋友们的驱使下完成的，也许是你自己的决定。不管怎样，你毕竟去做了。

接下来会发生什么呢？也许你很聪明，一旦接触一件事，就会做得很好，在同伴中成为佼佼者。也许你会像大多数人一样，对新事物并不在行，而且充满了恐惧和失望。

想想这是怎么回事儿？首先让你感到惊讶的是，这个世界并不会特别注意到你的存在，没人在意你的尝试以及失败。在那些关注你的人中，你的好朋友（那些你极力笼络的人）会因你的勇气而增加对你的信任。不过没什么，你就当这是一次不成功的尝试。

有了这一次的经验，也许你会觉得失

败一次也没什么了不起。也许你会继续尝试下去,并越做越好。但当下一次你面对新的游戏时,你会更愿意去尝试。你不再在意别人对你的看法,而是在新的游戏体验中得到乐趣。

创业者也需要经历这样的学习过程。许多创业者都经历过几次创业的失败,许多人破产,许多人变得一无所有。但失败是成功之母,他们从失败中汲取了许多宝贵的经验教训,使得他们不会重蹈覆辙。

然而,并不是人人都能成长为创业者。有些人一想到将要面对风险(想象中的风险)就彻夜难眠,而有些人想到创办企业后不可避免的各种交易就头痛。这些人更喜欢大公司的安逸和福利,让他们放弃这些,简直是不能设想的。

不过,不做创业者也不是什么坏事。但现在即使是那些大企业也开始希望他们的雇员在一定程度上富于进取和创业精神。那些《财富》世界500强企业中的雇员,如果想保住工作,就得学会适当地冒些风险,这对员工和公司都有益处。

一个人开始创业的最大的障碍来自自身的意识。一旦开始创业,你就必须战胜各种恐惧,轻装上阵,勇往直前吧。

资料来源:瑞斯. 低风险,高回报[M]. 颜晓东,赵实,译. 昆明:云南人民出版社,2005:62-63.

如何提升创业者(包括潜在创业者)的创业能力,是创业教育需要回答的问题。伴随着工业社会向信息社会的转型,创业教育受到前所未有的重视并迅速普及。20世纪80年代初期,创业教育的重点在于新创企业管理与大公司专业化管理的区别(见表2-4)。创业教育的重点首先是培养学生对机会的识别、评估和捕捉能力。能够看到或者想到做事情的新方法是创业精神的根本所在,对机会的评估是一种重要的技能。其次是培养学生掌握和运用管理知识与技能,创建并管理新企业、新事业,使机会转化为商业利润和社会价值。最后是培养学生应对不确定性环境的能力。[一]

表2-4 创业教育的目标

创业教育的目标	重要性排序
增加对新创企业创建与管理过程的认知和了解	1
增加学生职业生涯发展中的创业选项	2
了解创业活动与职能管理活动间的关系	3
了解创业所需的特殊技能	4
了解新创企业在经济与社会发展中的作用和功能	5

资料来源:GERALD E H. Variations in university entrepreneurship education:an empirical study of an evolving field[J]. Journal of business venturing, 1988, 3(2): 109-122.

随着环境的变化和创业研究的深入,创业教育不仅强调工商企业经营管理知识与新创企业管理独特性的结合,更加重视有关应对不确定性的创业思维和行为方式以及学习能力的训练,邀请成功的创业者授课、加强实习和实践基地建设、营造学生与创业者共同学习的环境等也成为大学开展创业教育的重要举措。从国外引进的KAB(Know About Business)、SYB(Start Your Business)课程在我国的普及速度加快;很多学校成立了整合全校资源推动创业教育的创业学院;越来越多的商学院把创业作为专业基础课程并向其他专业的学生开放;部分学校开展了创业训练营;一些大学把创业教育纳入素质教育体系,旨在加强大学生的创新创业意识和能力并增强社

[一] 张玉利,李新春. 创业管理[M]. 北京:清华大学出版社,2006:30-34.

会责任感；负责就业的部门把创业教育与职业发展规划结合起来，采取多种渠道探索提升创业能力的途径。同时，社会力量参与创业培训的力度也在加大，各级媒体也纷纷推出各种项目激发创业热情，普及创业知识。企业和政府部门也在积极开展创业孵化和培育工作，成立了众多的众创空间等。

> **创业聚焦　　　　　　　深圳科创学院**
>
> 深圳科创学院由香港科技大学教授李泽湘创办并担任院长，致力于探索全新机制的拔尖创新创业人才培养模式，提供根植于一线创新企业真实应用场景的体系化创业教育，从产品思维、技术支撑、创业素养和产业链等领域全方位赋能，帮助有潜力的年轻人找到项目方向、完成产品定义、组建创业团队，快速将年轻人带上创业轨道，并持续推动项目落地与成长，成为科创经济的驱动力量。
>
> 深圳科创学院会举办科创营，引导学员用设计思维的科学工具进行用户访谈，深入洞察本质需求，挖掘创新机会；实地走访一批优秀硬科技企业，进入实验室、测试车间等核心场地，让学员听见来自市场的"炮火声"。在此期间表现优异的学员将有机会进入深圳科创学院开启创业，入孵团队可获得50万元创业探索资金，完成探索期后，更有机会获得300万～500万元天使轮投资。同时，技术支撑、场地设施、完备供应链、配套资源等全方位服务，也一并助力学员加速科技理想的落地。
>
> 资料来源：施拉姆. 创业教育可以更好[J]. 哈佛商业评论（中文版），2012-07.

对创业教育而言，首先就是要改变创业就是创建新企业的狭隘观念。创业首先是一种理念、一种精神，一种不满足于现状、敢于创新并承担风险的精神，是一种在不考虑资源约束情况下把握机会创造价值的认识，是一种做人的态度，给人以积极向上的感觉。创业教育首先要培养学生树立用创业精神开展工作的意识。创业教育容易激发学生的激情，进而促使他们采取行动。一位学习过"创业管理"课程的学生谈到学习感受时说道："本来以为，依我的性格，创业这样果敢刺激的行为是不会属于我的了。但在学习了一个学期的课程以后我发现，这门课燃起了我的创业冲动。这门课教了很多知识和技能，其中给我留下印象最深的当属机会的识别了。走在路上，看到什么我都在想，这是不是一个创业机会啊？"因此，创业教育是在促使学生强化终身学习的意识和习惯。创业行为普遍存在于各种组织和各种经营活动中，运用创业精神开展工作是取得成绩和进步的前提。创业教育培养和强化学生的创业技能，但绝对不能产生功利观，需要放眼长远。[⊖]

2.3　创业者的社会责任与创业伦理

2.3.1　创业者改变世界

我国的改革开放给创业者提供了创业机会，创业者又借助创业活动推动了经

⊖ 张玉利，李政. 创新时代的创业教育研究与实践[M]. 北京：现代教育出版社，2006：15-21.

济成长。在我国改革开放之初,创业者一般表现为胆大、冒险,只要敢于创新,有胆量、敢于尝试别人不曾涉足的创业领域,一般就能成功,因为那时不缺少创业机遇,缺的是把握机遇敢于冒风险的人,冒险家就是企业家的代名词。随着改革开放的不断深入,越来越多的人认识到创业成功带来的满足和喜悦,新的创业者复制、模仿、跟随随之而来,然后是暴利机会的减少和平均利润率的下降。这时创业者更趋于理性,资本和实力开始占有重要地位。今天,单纯靠胆量、冒险和资本实力已很难再取得成功,还需要靠知识、协作精神等。因此,过去单打独斗的精神需要由团结协作、奋发向上、积极进取、不断学习的新创业精神所替代。创业对中国经济的影响力日益增强。

创新与创业活动一直是支撑美国经济繁荣的重要力量。在美国,每年新创建的企业大约有350万家;5%~8%的家庭里,至少有一位家庭成员不是在想而是正在着手创建新企业,他们在采取行动,比如向律师咨询,与银行家探讨贷款事宜,与土地所有者讨论厂址。在这些新企业的创办者中,1/4的人表示想把他们创办的企业发展成为高速成长的企业;不低于40%的美国家庭中至少有一位家庭成员在职业生涯的某个时段创建或经营过小企业,有更多的家庭成员在小企业就职。24%的家庭中,至少有一位家庭成员正在参与企业创建或拥有自己的企业,或是处于创建阶段企业的天使投资人。在美国,这种天使投资人到处存在,尽管他们的规模较小,但是在美国社会所涉猎的范围远远超出了大多数人的想象。小企业在美国经济中占据十分重要的地位:雇员少于或等于7人的企业占到企业总数的80%,小企业提供50%的就业机会;2 000万家小企业为美国提供了大约一半的就业,创造了1/3的国内生产总值(GDP)。如果将1988年的美国小企业群体当作一个独立的"国家",按照GDP排名,这个国家将在全世界排第三,第一是美国大企业构成的群体,第二是日本。[⊖]

创业者改变了我们的世界,如果你在沃尔玛购物,这是山姆·沃尔顿实现了自己创业远见的一部分;你的计算机里的软件和微处理器也许就和比尔·盖茨、安迪·葛洛夫(英特尔公司的前CEO)有密切关系;像雷蒙·克罗克(麦当劳公司创始人)和沃尔特·迪斯尼这样的幻想家在去世多年后,仍对我们的生活持续产生影响。著名管理学家彼得·德鲁克曾经强调指出,顾客不是"上帝"创造的,而是企业创造的。关于企业,唯一正确的定义,是创造顾客的组织。企业又是谁创造的呢?是创业者。

创业者具备改变世界的能力,是创新以及经济与社会发展的重要力量。因此,创业者在创业过程中一定要成为遵守道德伦理并积极承担社会责任的典范,这是创业成功的重要保证,也是成功创业者的基本素质要求。

2.3.2 社会责任

加拿大不列颠哥伦比亚大学尚德商学院院长、创业学教授莫佐克非常强调社会

⊖ Bygrave, W D. Building an entrepreneurial economy: lessons from the United States[J]. business strategy review, 1998, 9(2): 11-18.

责任对于创业者的重要性:"没有人能脱离社会、脱离社区而取得成功。但不幸的是,现在有相当数量的年轻创业者,他们认为自己的责任只是使股东权益最大化,除此之外别无他物。但这真是大错特错了。""每个人都对环境负有不可推卸的责任,有孩子的人可能更有体会,谁希望让自己的孩子生活在一个污染日益严重的环境之中呢?环境问题是企业需要关注的。此外,世界上最穷困的人们的生活、整个世界的发展趋势,等等,这些都是不容忽视的。"

"承担社会责任不是一个企业做出的选择——这不是什么可做可不做的事情,这是任何一家企业必须负起的责任,"莫佐克说,"企业,只有担当起社会责任,才能和世界一起前进、发展。"[一]清华大学经济管理学院仝允桓教授在其微博中写道:开社会责任课程想告诉学生什么?企业主动承担社会责任有利可图,还是为博得个好名声然后有利可图,或是为了躲开危机不被谴责?其实,趋利避害不是承担社会责任的唯一逻辑,承担社会责任本身就是企业价值所在。让世界更加美好应该是创业者为之奋斗的目标,也应该成为新创企业的愿景。

企业社会责任问题日益受到各国政府和民众的广泛关注。《中华人民共和国公司法》(以下简称《公司法》[二])第二十条明确要求,公司从事经营活动应该"承担社会责任"。公司理应对其劳动者、债权人、供货商、消费者、公司所在地的居民、自然环境和资源、国家安全和社会的全面发展承担一定责任。可见,企业社会责任在我国具有了法律地位。

企业社会责任的概念已经广被接受,但目前还没有一个统一的定义。但从国际组织对企业社会责任给出的定义可以看出,其基本内涵和外延是一致的,它是指企业在创造利润、对股东利益负责的同时,还要承担起对企业利益相关者的责任,保护其权益,以获得在经济、社会、环境等多个领域的可持续发展能力。利益相关者是指企业的员工、消费者、供应商、社区和政府等。企业得以可持续经营,仅仅考虑经济因素对股东负责是远远不够的,必须同时考虑环境和社会因素,承担起相应的环境责任和社会责任。

关键概念

企业社会责任四层次框架

社会学家卡罗尔在20世纪70年代后期提出了企业社会责任四层次框架。企业的第一层(首要)责任是经济责任,包括获利给股东提供投资回报,为员工创造工作并提供合理报酬,进行技术创新,扩大销售,等等。企业的经营活动应当在法律要求的框架下进行,应遵守法律法规,法律责任是企业应承担的第二层责任。虽然经济责任和法律责任都包含了伦理规范要求,但社会还是期望企业遵守法律明文规定要求之外的伦理规范,包括尊重他人、维护员工权益、避免对社会造成伤害、做正确的事情等,伦理责任是企业应承担的第三层责任。第四层(最高层)责任是企业自行裁判的责任,这完全是

[一] 陈雪频,穆一凡. 丹尼尔·莫佐克:商学院也能培养创业精神[N]. 第一财经日报,2006-11-27(C06).
[二] 2024年7月1日起施行。

一种自愿履行的责任，社会期望、法律规范甚至伦理规范并没有对企业提出明确的要求，企业拥有自主判断和选择权来决定具体的企业活动，例如慈善捐助、支持当地社区发展和帮助妇女、儿童、残疾人等弱势群体。

资料来源：CARROLL A B.A Three-dimensional conceptual model of corporate performance[J]. Academy of management review, 1979(4): 497-505.

在欧美发达国家，企业承担社会责任已经从当初以处理劳工冲突和环保问题为主要追求，上升到实施企业社会责任战略以提升企业国际竞争力的阶段。在实践中，随着企业社会责任运动的发展，越来越多的企业通过设立企业社会责任委员会或类似机构来专门处理企业社会责任事项，越来越多的企业公开发表社会责任报告。对于西方国家的创业者及其新创企业来说，承担企业社会责任就是要积极参与企业社会责任运动，贯彻执行由此衍生的SA 8000等各种企业社会责任国际标准。

在我国，强化企业的社会责任是一个紧迫的现实问题。我国新企业在创建伊始就应清楚地认识到推行企业社会责任是人类文明进步的标志，劳工权益保护不仅是西方国家的要求，也是现代企业的历史使命，符合《中华人民共和国劳动法》等许多现行法规的要求。创业者应该在积极参与和关注企业社会责任运动的同时，从以下几个方面着手提高承担企业社会责任的意识和能力。第一，制定实施体现企业社会责任的发展战略。突破传统的企业发展战略，在勇于承担企业社会责任的同时，打造企业新的竞争优势，是我国新一代创业者的必然选择。第二，把企业社会责任建设融入企业文化建设中。企业文化建设其实是企业发展战略的一部分，企业文化建设既可以提高企业竞争力，也可以使人在工作中体会生命的价值。把企业社会责任作为新时期企业文化整合和再造的重要内容，已成为国际企业文化发展的大趋势。第三，把社会责任的理念付诸实实在在的行动。在企业的日常经营管理过程中，不仅要对股东负责，对员工负责，还要对客户、供应商负责，对自然环境负责，对社会经济的可持续发展负责。

2.3.3　创业伦理

创业者的任务是创富。"君子爱财，取之有道。"创业者在创业过程中一定要遵守伦理道德，这是创业能够成功并持续发展的关键。管理学意义上的"伦理"一般也称为"商业伦理"，是指组织处理与外界关系，处理内部成员之间权利和义务的规则，以及在决策过程中所体现的人与人之间的关系和所应用的价值观念。

创业者作为创新实践者，通过创造新产品或服务和提供就业机会，极大地推动了社会进步和发展；然而，创业者又常常被批评片面追求商业成功，甚至在必要时牺牲道德价值观。例如，有的创业者延迟偿付供应商和其他债权人的账款，有时候对雇员也采取同样的方法，延迟工资发放。创业者采取这种做法，有的是因为陷入困境，而有的则不是。有些创业者常常在未经他人允许和同意的情况下，使用对方的资源来弥补自身资源的不足。这些行为会因为违背相关法律规定和市场经济原则而受到惩罚。如果创业者有意这样做，首先是不道德，其次是有悖商业伦理。时间长了，人们会认为这样的创业者诚信有问题，吃亏的还是创业者本人。

与企业社会责任相比,强调伦理规范是更高层次的素质要求。伦理主要应对和处理国家法律、政策和企业制度等明文规定与约束所无法覆盖的一些问题。事实上,法律再健全的国家,也不可能对人类的一切行为都予以明确的规范,"天理、国法、人情"的顺序本身就说明了这一点。有些行为本身并不违法违规,但对健康的商业环境和优秀的组织文化不利,仍然要求创业者能够自我约束,这不仅是一种境界,也有利于企业健康可持续发展。

根据道德行为决定因素模型,创业者在道德问题识别和道德判断方面可能存在一些特殊性。①首先,在道德问题识别上,创业者可能面临与大企业经理人员不同的道德问题,涉及创业活动性质本身(如信息不对称)、利益相关者优先排序、个人与组织利益冲突(将自己与企业分开)和人格问题。其次,在道德判断上,朗格内克等调查发现,一些创业者比大企业经理人员更计较个人财务收益最大化,哪怕这种收益损害了他人利益或违背了公平原则,对偷税漏税、串通竞标、内部交易、盗版软件等问题却表现了更高的容忍度。②

相对拥有资源分配权力但不承担对等风险的大企业经理人员而言,创业者承担了较高的财务和社会风险,这种相对偏高的风险承担可能在一定程度上影响了创业者的伦理倾向。③研究发现,创业者风险倾向与打破规则之间有一定关系。打破规则应把握好"度",适度的破坏规则行为有利于创业活动,但严重的破坏规则行为可能阻碍个人的职业成就,甚至给社会带来不利的影响。创业活动不仅对产品和服务,而且也可能对道德标准带来创造性破坏。另外,创业者强烈的成功动机和自我意识决定了他们会想尽办法避免失败,当公司陷入经营困境或生存危机时,来自员工、供应商、银行和家庭的巨大压力,可能导致原本诚实的创业者牺牲伦理标准,选择权宜之计。

创业者在资源不足的情况下,可以适当迎合资源持有者的偏好和期望,而不必做出实质性的改变。也就是说,"做"和"说"并不是一回事。创业者通过宣传新创企业构建竞争优势的属性、能力和资源,有意识地向外部资源持有者传递有利自身的积极信息,以具有吸引力的故事沟通来确立创业身份和合法地位。例如,惠普公司的两位创始人把他们研制的第一台产品命名为"200A",因为这个编号看上去像一家拥有许多产品的成熟企业推出的新产品编号。他俩一致认为,应该让阅读产品手册的潜在客户相信自己是在和一家发展成熟的企业做生意,而不是购买的两个25岁年轻人在车库里鼓捣出的新鲜玩意儿。Rutherford 等(2009)提出了"合法性谎言"(legitimacy lie)的概念,即创业者有意识地对利益相关者歪曲事实,以赢取合法身份。④他们按照对利益相关者的积极或消极影响,以及是否有意识地歪曲事实两个维度,分析了合法性谎言的伦理问题。有意识地传递虚假信息毫无疑问是错

---

① SOLYMOSS Y E, MASTERS J K. Ethics through an entrepreneurial lens: theory and observation[J]. Journal of business ethics, 2002(38): 227-241.
② 朗格内克,等.小企业管理:创业之门[M].郭武文,等译.北京:人民邮电出版社,2007.
③ 尹珏林,薛红志,张玉利.创业伦理研究:现状评价与未来趋势[J].科学管理研究,2010(1)1-5, 9.
④ RUTHERFORD M W, BULLER P F, STEBBINS J M. Ethical considerations of the legitimacy lie[J].Entrepreneurship: theory and practice, 2009, 33(4): 949-964.

误的，无意识的谎言虽然不一定违背伦理标准，但也是不值得提倡的。考虑创业伦理问题，关键要是否看给利益相关者带来了消极影响，如果没有带来消极影响（比如惠普公司创业人产品编号问题），则在伦理上就是可以接受的。

下面提供了一些保证创业符合伦理规范的忠告和建议。[一]

一是做正确的事。创业能将人置于为获取竞争优势而言过其实的境地，它可能以多种方式出现。创业者可能宣称自己很强大或者是一家成立已久的公司来吸引投资者或顾客。他们用夸大未来前景的故事吸引雇员或消费者。他们可能在刚去说服关键人物时，就声称已经拥有了某些关键要素。这种虚构故事的方式往往仅仅是为了使公司有倍增效应而吸引他人。创业者可能会辩解他们的极端行为全是为了公司，也就是为企业而非为个人。然而，对某些人来说是为个人利益。

二是说到做到。开诚布公的文化会带来同样多的公开和诚实，而对谎言的默许和认可将不可避免地产生更多的谎言。

2.4　创业的负面影响

大量媒体都在宣扬创业的回报、成功以及伟大成就，但必须意识到选择成为创业者必然也要应对负面因素，这些因素可能会困扰创业者并影响他们的行为。了解存在不利的一面对创业者非常重要。[二]

2.4.1　风险与创业者

任何形式的创业都会涉及风险，因为创业者的显著特征之一就是有较高的冒险倾向。创业者要求的回报越高，风险就越大。这是他们非常仔细地进行风险评估的原因。创业者面临着各种风险，主要可以划分为四种基本类型。

财务风险。大多数创业者会将自己的积蓄或资产的较大比例作为投入，这将导致财务风险。这些投入的积蓄或资产极有可能全部损失，甚至创业者还有可能被要求承担超出其个人净资产的连带责任，从而导致彻底破产。很多人是不愿冒着失去积蓄、房产、财产以及工资的风险来创业的。

职业风险。创业者在开始时不断地问自己：一旦创业失败，自己能否再找到新工作？能否再回到原来的岗位？拥有稳定职位与较高薪金福利的高管主要考虑的是他们的职业风险。

家庭与社交风险。创业需要投入大量的精力和时间，其中蕴含着家庭与社交风险，为了创业，他们无法尽到其他责任，从而影响与周围人的关系。已婚的，特别是有小孩的创业者，他们的家庭成员将不能时常享受到完整的家庭生活，甚至可能带来无法弥补的情感挫伤。此外，因为经常在聚会时缺席，可能会令他们失去好友。

[一] 康沃尔. 步步为营 [M]. 陈寒松，等译. 北京：机械工业出版社，2009：14.
[二] 库拉特科. 创业学 [M]. 薛红志，等译. 北京：中国人民大学出版社，2014.

心理风险。心理风险可能是影响创业者幸福的最大风险。失去的资金可以再次赢回,房屋可以重新购买,配偶、孩子、朋友可以慢慢适应,但是遭受巨大损失的创业者可能容易一蹶不振,至少很难马上恢复原来的状况,精神上的打击对他们来说才是致命的。

2.4.2　压力与创业者

研究表明,即便创业者实现了目标,他们通常也为之付出了很多,受调查的创业者大都患有颈椎病、消化不良、失眠或者头痛等症状。然而,为了达到自己的目标,这些创业者必须承受压力,取得的回报只是在一定程度上弥补其付出的代价。

一般来说,压力源自个人期望与现有能力之间的差距,以及期望与个性间的差距。如果一个人没有做到他应该做的,便会感觉有压力。当工作要求及个人期望超出创业者的能力范围时,就可能经受压力。创业这种职业本身及其所处环境可导致很多压力。创办和管理一家企业都需要承担相当大的风险,正如前面提到的财务、职业、家庭与社交以及心理风险。此外,创业者需要不断与外界沟通,如客户、供应商、监管部门、律师、会计师等,这些也会带来压力。

由于资源匮乏,创业者必须同时担任多种角色,比如销售员、招聘者、发言人以及谈判者,超负荷的工作失误在所难免,他们又将为此付出代价。创办并且运作一家企业需要投入大量的时间与精力,时常以家庭和社交活动作为牺牲。最终,创业者只好单枪匹马或是与仅剩的几名员工一起奋斗着,也因此缺少了像大公司管理者所能得到的团队支持。

📇 调查研究

创业者每天工作时间超过 12 小时,压力极大

《重庆商报》记者在 2018 年 2 月设计了一份创业者压力调查问卷,对重庆部分创客进行了调查。在受访创业者中,常常感到有压力的占 65.38%,处于极度压力中的达到 23.08%,偶尔有压力的占 11.54%。其中,来自心理上的压力占比最大,达到 42.31%,经济方面的压力有 34.62%,环境造成的压力有 19.23%,还有 3.85% 的创业者认为,家人和朋友不支持造成压力。在创业具体环节中,73.08% 的创业者在市场开拓方面遇到了很大压力,65.38% 的人资金周转出过问题,此外,人事变动、技术瓶颈和产品研发都给创业者带来过压力。

在参与调查的创业者中,五成以上亚健康,还有 3.85% 的人被查出严重疾病。26.92% 的创业者在经常心情压抑,还有人患有严重的精神抑郁。创业者在面临压力时,也会找合适的方式排解。选择与大自然亲近和运动发泄的人最多。有四成人会找生意合伙人商量,有两成人会找朋友或家人倾诉,也有 30.77% 的创业者什么都不做,默默承受这一切。采取这些排解压力的方式以后,近九成创业者认为有用。

资料来源:谈书,韦玥. 创客,你们好吗?压力来自哪里? [N]. 重庆商报,2018-02-09.

当压力过大且无法缓解时，身心将受到严重影响。若将压力控制在合理范围，它是可以帮助我们提高效率、改善业绩的。下面是创业者应对压力的一些方法。

建立人际网络。经营企业产生孤独感，排解的方式之一是与其他创业者一起分享自己的经历，通过倾听他人的成功与失败有助于缓解自身的压力。

彻底放松。很多创业者一致认为，使自己完全从工作中摆脱出来的最好方式便是给自己一个假期。倘若几天或几周的假期无法实现，那么短暂的休息还是容易找到的，这段放松的时间可以用来自我调整，缓解压力。

在工作之外寻求满足感。想让创业者不去一味地追求业绩是不太可能的，他们已经将自己融入企业，但是他们需要偶尔从企业事务中脱离，而对生活投入更多的激情，让生活更加丰富多彩一些。

授权。找到应对压力的正确处理方法需要创业者投入时间，为了获得这部分时间，创业者必须懂得授权。通常授权难以实现的原因是他们认为自己必须时时刻刻、事无巨细地处理各项工作。创业者要想缓解压力，必须进行适当的授权。

加强锻炼。对创业者的研究显示，体育锻炼的频率与企业的销售额和创业者个人目标之间都存在一定的关系。以跑步和举重与销量、外部收益以及内部收益的关系为例，跑步与这三项产出正相关，而举重只与内部收益、外部收益正相关，这揭示出在缓解压力方面体育锻炼的价值。

2.4.3 自我主义与创业者

除了要经历风险与压力，创业者还将受到自我膨胀所带来的负面效应。也就是说，那些有助于成功的特质往往会使他们走向另一个极端。我们来看看可能会对创业者产生不利影响的四种特质。

极强的控制欲。创业者对于企业以及他们自己的命运有着很强的控制欲，这种内在的控制欲难以抑制地使他们想要控制一切。过度的自主和控制会使他们只愿在按自己意愿安排的环境下工作，这严重影响创业团队的沟通与合作。创业者将其他人的控制欲视为一种威胁、一种意愿的侵犯，因此，可促成创业成功的特质也包含了不好的一面。

缺乏信任。为了及时了解竞争对手、客户以及政府监管的情况，创业者始终关注着周围的环境，他们试图赶在别人之前预知信息、采取行动。他们通常不会通过二手资料或分析现有的信息来指导行动，因为他们认为环境的快速变化导致现有的信息过时了。他们甚至认为由他人收集的信息都是不可靠的，必须亲力亲为。这种不轻易信任的状态导致他们对琐碎细节的关注，失去对事实的完整把握，偏离理性与逻辑，从而采取错误的方案。缺乏信任真的具有两面性。

极强的成功欲。创业者的自我主义与成功的欲望分不开，今天很多创业者认为自己处于生存的边缘，即使在逆境中，他们内心仍不断涌动着对成功的渴望。他们以挑战者的姿态，通过出人意料的行为否定所有微不足道的感受。他们追求成功，为成功而感到骄傲。也许这样就埋下了危险的伏笔。如果创业者通过为自己树碑立传来证明成功（比如修建雄伟的办公大楼、规模壮观的工厂，或者豪华的办公室），这时危险便产生了。因为他们个人的成就感可能已经超出企业本身，意识不到这一点的话，对成功的追求将会背道而驰。

不切实际的乐观。 创业者身上那股永远乐观的精神（即使处于艰难时期）是走向成功的关键因素。洋溢在他们身上的高涨的激情通过乐观的方式表现出来，这种乐观即使在不顺利阶段也能博得别人的信任。当然，若走向极端，乐观将使企业陷入不切实际的幻想中，产生一种自欺欺人的状态。在这种状态下，创业者无视发展趋势、客观事实、分析报告，盲目地相信一切终会好起来。这将使他们丧失把握现实的能力。

调查研究

乐观的得与失

在美国，小型企业能够生存5年以上的概率约为35%。不过，此类企业的创办人大多不认为该数据适用于自身。为什么？有统计指出，美国企业家容易相信自己的事业处于上升期，他们对"任何类似我的企业"的成功概率的评估均值高达60%——几乎是正确数值的一倍。当评价自己的企业时，乐观偏见就越发明显了：81%的小型企业创办人认为自己的胜率能够达到70%甚至更高，而在33%的人心目中，自己失败的概率为0。

性情乐观的好处在于它使我们在困难面前坚持不懈，当然，这种坚持可能意味着高昂的代价。加拿大非政府组织"发明家援助计划"的主要工作是对发明家的点子的商业前景予以评估。在该机构给出的评级中，70%以上的发明都被归入代表"必然失败"的D或E。有趣的是，收到意味着失败的评级结果时，依然有高达47%的人选择继续努力；一般而言，这部分坚持下去（或者说固执）的人的平均损失，大约相当于急流勇退者所遭受损失的两倍。

话虽如此，即使大多数风险承担者最终收获的是失望，那些因乐观而勇于承担的企业家，毫无疑问在为激发社会的经济活力贡献力量。诚如伦敦政治经济学院的玛尔塔·科埃略教授（Marta Coelho）所指出，小型企业的创办者要求政府在决策方面支持自己时，往往带来令人挠头的问题——政府应该向这些大部分在几年后就会破产的企业提供贷款吗？政府是否应该支持小型企业？如果应该，又该怎样支持小型企业？与此相关的问题至今没有令各方皆大欢喜的答案。

资料来源：卡尼曼. 思考，快与慢 [M]. 胡晓姣，李爱民，何梦莹，译. 北京：中信出版社，2012.

以上举例既不代表着所有创业者都会出现这些问题，也并不是每一种特质都会走向其极端的一面。不管怎样，所有创业者都应意识到这种创业阴暗面是真实存在的。

本章要点

- 创业者改变世界，创业者与职业经理人和商人之间存在诸多不同。
- 不存在所谓"定律"的创业神话，现实的创业者多种多样。

- 成功创业者在心理特质和个人技能方面存在共性。
- 人们选择成为创业者并开创自己企业的原因具有多样性。
- 创业动机的形成受诸多直接和间接因素的影响。
- 构建个人创业策略一般有四个基本步骤。
- 创业者可以通过创业教育培养和提升创业素质。
- 创业者要履行社会责任。
- 创业者要遵守社会伦理和道德规范。
- 选择成为创业者也会带来很多负面影响。

重要概念

创业者　创业动机　创业技能　创业能力　社会责任　创业伦理

复习思考题

1. 创业者是天生的吗？
2. 现实中与神话中关于创业者的说法，为什么差距如此之大？
3. 为什么要成为创业者？
4. 影响创业动机的因素有哪些？
5. 创业是可以学习和教育的吗？
6. 创业者创业应当遵循哪些创业伦理和社会责任？
7. 成为创业者的基本素质包括哪些？能力和素质是不是一回事？二者的关系是什么？
8. 你可否列举并比较一些创业者创业的不同动机？
9. 你想成为一名创业者吗？为什么？
10. 你如何理解创业者面临的各种压力？有处理这些压力的好办法吗？

实践练习

检验创业者心理素质的测试题

下面有24道题，每题1分，回答后对照答案，看你是否做好了创业的准备。

1. 你在哪一种条件下，会决定创业？
a. 等有了一定工作经验以后
b. 等有了一定经济实力以后
c. 等找到天使或VC投资以后
d. 现在就创业，尽管自己口袋里没有几个钱
e. 一边工作一边琢磨，等想法成熟了就创业

2. 你认为创业成功的关键是：
a. 资金实力　　b. 好的创意
c. 优秀团队　　d. 政府资源和社会关系
e. 专利技术

3. 以下哪项是创业公司生存的必要因素？
a. 高度的灵活性
b. 严格的成本控制
c. 可复制性
d. 可扩展性
e. 健康的现金流

4. 开始创业后你立刻做的第一件事情是：
a. 找钱、找VC
b. 撰写商业计划书
c. 物色创业伙伴
d. 着手研发产品
e. 选择办公地点

5. 创业公司应该：
a. 低调埋头苦干
b. 努力到处自我宣传
c. 看情况顺其自然
d. 借别人的势进行联合推广

6. 招聘员工时最重要的是：
a. 学历高低　　b. 朋友推荐
c. 成本高低　　d. 工作经验

7. 产品进入市场的最佳策略是：
a. 价格低廉　　b. 广告投入
c. 口碑营销　　d. 品质过硬

8. 和投资者交流最有效的方式是：
a. 出色的现场PPT演示
b. 详细的商业计划书和财务预测

c. 样品当场测试
d. 有朋友的介绍和引荐
e. 通过财务顾问的代理
9. 选择投资者的关键因素是：
  a. 对方是一个知名投资机构
  b. 投资方和团队不设对赌条款
  c. 谁估值高就拿谁的钱
  d. 谁出钱快就拿谁的钱
  e. 只要能融到钱，谁都一样
10. 你认为以下哪一项是 VC 投资决策中最重要的因素？
  a. 商业模式   b. 定位   c. 团队
  d. 现金流   e. 销售合约
11. 从哪句话里可以知道 VC 其实对你的公司并没有实际兴趣？
  a. "我们有兴趣，但是最近太忙，做不了此项目。"
  b. "你们的项目还偏早一些，我们还要观察一段时间。"
  c. "你们如果找到领投的 VC，我们可以考虑跟投一些。"
  d. "我们对这个行业不熟悉，不敢投。"
  e. 上面任何一句话
12. 创业团队拥有 51% 的股份就绝对控制了公司吗？
  a. 正确   b. 错误
13. 创业公司的 CEO，首要的工作责任是：
  a. 制定公司的远景规划
  b. 销售、销售、销售
  c. 人性化的管理
  d. 领导研发团队
  e. 让投资者投资
14. 凝聚创业团队的最好办法是：
  a. 期权   b. 企业文化   c. CEO 的魅力
  d. 工资和福利   e. 团队的激情
15. 在创业公司的财务预测中最重要的是：
  a. 销售增长   b. 毛利率
  c. 成本分析   d. 资产负债表
16. 在创业公司的日常运营中，以下工作是最重要的：
  a. 会议记录的及时存档
  b. 业绩指标的合理安排和及时跟踪
  c. 团队的经常性培训
  d. 奖惩制度
  e. 管理流程的 ISO 9000 认证

17. 创业公司的日常运营中，最棘手的问题是：
  a. 人的管理   b. 销售增长
  c. 研发的速度   d. 资金到位情况
  e. 扩张力度
18. 创业公司产品市场推广效果的衡量标准是：
  a. 广告投入量和覆盖面
  b. 营销推广的精准程度
  c. 产品出色的品质保证
  d. 广告投入和产出比例
  e. 产品价格的打折力度
  f. 品牌的市场渗透率
19. 防止竞争的最有效手段是：
  a. 专利   b. 产品包装
  c. 质量检查   d. 不断研发新产品
  e. 比竞争对手更快地占领市场
20. 创业公司的第一个大客户竟然是个土财主，你会：
  a. 一视同仁地对他提供你公司的标准服务
  b. 指导他如何来积极配合你的工作
  c. 修理他，给他些颜色看看是为了他的提高
  d. 提供全面服务 + 免费成长辅导
21. 你认为创业公司中的最大风险是：
  a. 市场的变化
  b. 融资的成败
  c. 产品研发的速度
  d. CEO 的个人能力和素质
  e. 决策机制的合理性
22. 当创业公司账上的现金低于三个月的时候，应该采取哪项措施？
  a. 立刻启动股权融资
  b. 通知现有公司股东追加投资
  c. 立刻大幅削减运营成本，包括裁员
  d. 打电话给银行请求贷款
  e. 把自己的存折和密码交给公司会计
23. 创始人之间发生矛盾时，你会：
  a. 坚持原则，据理力争
  b. 决定离开，另起炉灶
  c. 委曲求全，弃异求同
  d. 引入新人，控制局势
24. 投资创业公司的理想退出方式是：
  a. 上市   b. 被收购
  c. 团队回购   d. 高额分红
  e. 以上都是

参考答案：

1. d　2. c　3. e　4. d　5. b　6. d
7. d　8. c　9. e　10. c　11. e　12. b
13. b　14. b　15. a　16. b　17. a　18. d
19. e　20. d　21. d　22. c　23. c　24. e

参考分析：

（1）如果你的得分是1~8分：你还不具备创业的基本知识，不要贸然创业。

（2）如果你的得分是9~16分：你游走在创业的梦想和现实之间，继续打磨打磨。

（3）如果你的得分是17~24分：你已经做好了创业的基本准备，可以考虑大胆创业。

资料来源：查立. 给你一个亿，你能干什么？[M]. 北京：电子工业出版社，2010：82-84.

创业实战

1. 你觉得自己为什么会或不会参与活动？

2. 参照表2-3，评估你自己的创业能力。

> 大多数人都错失了机会，因为机会穿上了工作服，被伪装了起来，看上去就像普通的工作。
>
> ——发明家托马斯·爱迪生

第 3 章
洞察创业机会

【核心问题】

- ☑ 什么是创业机会？
- ☑ 创业机会来自哪里？
- ☑ 如何识别创业机会？
- ☑ 如何判断创业机会的价值？
- ☑ 创业机会是被发现还是被建构的？
- ☑ 创业机会与信息加工有什么联系？

【学习目的】

- ☑ 掌握机会识别和判断的基本方法
- ☑ 把握和判断适合个体创业者的机会特性
- ☑ 了解创业机会评价的目的和方法
- ☑ 熟悉提升机会识别能力的途径
- ☑ 熟悉机会识别的发现和建构过程
- ☑ 理解信息加工对创业机会建构的意义

引例 张一鸣的连续创业

从高中时代起，张一鸣就酷爱计算机。2001年，他进入南开大学，先后就读于微电子和软件工程专业。他在大四时编写的电路板自动化加工软件PCBS曾获得"挑战杯"二等奖。他直接参与了5家公司的创立，其中有两家是自己创立的，还有一家他是合伙人。

2005年大学一毕业，张一鸣就组成3人团队，开发了一款面向企业的IAM协同办公系统。但产品的市场定位失误导致了创业失利，当时协同办公在中国根本还没有发展起来。

2006年2月，张一鸣加入旅游搜索网站酷讯。作为酷讯的第一个工程师，他全面负责酷讯的搜索研发，一年后成为技术高级经理，手下管理着40多人，最终担任公司技术委员会主席。成为管理者之后，技术出身的张一鸣很想学习大公司的管理方法，于是他在2008年离开酷讯去了微软。

2009年10月，张一鸣开始了第一次独立创业，创办了垂直房产搜索引擎九九房。在九九房，张一鸣开始涉足移动开发，6个月间推出掌上租房、掌上买房等5款移动应用，用户数高达150万，是房产类应用的第一名。

张一鸣察觉到了移动互联网的发展趋势："在这个前提下帮助用户发现感兴趣、有价值的信息，机会和意义都变得非常大。"为此，他于2011年辞去了九九房CEO的职务，开始了自己的第五次创业。他成立的这家公司有个很有趣的名字——字节跳动（ByteDance），顾名思义，公司产品和数据相关。字节跳动开发的今日头条成为国内增速最快的新闻客户端。除了今日头条，字节跳动旗下还有内涵段子、搞笑囧途、内涵漫画、好看图片、今晚必看视频等12款应用，总体表现不俗，其中内涵段子在娱乐类排名一度超过唱吧。

在张一鸣看来，移动互联网带来的信息爆炸，使人们面对的选择越来越多，面对信息超载，人们常常无所适从。在这种情况下，信息获取方式将不再是传统媒体采用的人工编辑模式，而是更加智能和个性的自动化推荐，推荐引擎便开始展现技术优势、发挥威力了。"越是在移动互联网上，越是需要个性化的个人信息门户。我们就是为移动互联网而生的。"张一鸣说。

今日头条没有编辑团队，不对内容进行人工干预，全靠算法学习进行个性化的机器推荐；也不进行内容的生产加工，只做内容分发渠道。今日头条的核心竞争力和优势就在于机器分发，基于大数据和算法进行个性化推荐，它不仅是一个新闻客户端，还是信息分发平台，是一家具有媒体属性的科技公司。

2012年7月，今日头条获得SIG海纳亚洲等数百万美元的A轮投资；2013年9月，今日头条获得DST等数千万美元的B轮投资；2014年6月3日，今日头条完成1亿美元的C轮融资，由红杉资本领投。张一鸣创办的今日头条从上线到拥有1 000万用户只用了90天。

资料来源：搜狐西经论坛，张一鸣：心脏和字节只能跳动一个，2022-12-19。

张一鸣的创业史波澜壮阔，通过不断识别创业机会并迅速采取行动，最终取得了超常成功。创业者最重要的能力之一就是发现或创造合适的创业机会。斯科特·谢恩（Scott Shane）和柔卡兰·文卡塔拉曼（Sankaran Venkataraman）于2000年合作发表了一篇非常有影响力的纲领性的文章《创业作为一个学术领域的前景》，明确指出创业研究要解决的三个基本问题分别是：①为什么会存在创业机会，创业机会何时出现以及以何种方式出现？②为什么是一些人而不是其他人发现了创业机会，他们在何时发现了这些机会，又是如何开发了这些机会？③为什么要采取不同的行动模式来开发创业机会，何时开始采取不同的行动模式，以及如何利用不同的行动模式？[○]根据创业的这种机会观，创业过程可分为三个环节，即机会识别、机会评价和机会开发。

在张一鸣的系列创业征程中，机会识别似乎瞬间完成，但这是一种错觉和误导。机会是创业的核心要素，创业离不开机会，但并不是所有的想法和创意都能适合创业并且成为创业机会，不同的创业机会价值也不同。与我们的直觉判断相反，大部分创业机会并不是独一无二的。正如张一鸣的福建龙岩老乡王兴的几次创业——校内网受Facebook启发，饭否与Twitter类似，美团网受高朋网启发，甚至美团外卖也是在模仿饿了么。机会是一种隐性的状态或情形，同样的机会，不同的人看到的会不同，让不同的创业者来开发，效果也会差异巨大。创业的实质是具有创业精神的个体对具有价值的机会的认知过程，包括机会的识别、评价和建构等环节。

3.1 创业机会的类型与来源

任何重要的创业行动都是机会导向的。虽然机会与创意等概念常被混在一起使用，但创业机会是一个具有独特内涵的概念体系，在创业过程中具有重要的地位和作用。

3.1.1 创业机会的类型

创业因机会而存在。机会是具有时效性的有利情况，是未明确的市场需求或未充分使用的资源或能力。创业者识别创业机会时要敏锐地注意到有利情况，捕捉甚至创造出创业机会。创业机会的目的是满足顾客的需求，解决顾客意识到和没有意识到的实际问题，让人们生活得更好，这是价值来源的根本；手段是价值实现的途径，是满足顾客需求的方法，能够真正让顾客的问题得到解决。

> **关键概念**
>
> **创业机会**
>
> 创业机会是预期能够产生价值的清晰的"目的－手段"组合。

1. 依据"目的－手段"关系中的明确程度划分

依据"目的－手段"关系中的明确程度，创业机会可以分为识别型、发现型和

[○] SHANE S, VENKATARAMAN S.The promise of entrepreneurship as a field of research[J]. Academy of management review, 2000, 25(1): 217-226.

创造型三种（见表 3-1）。

表 3-1　依据"目的–手段"关系的创业机会分类

"目的–手段"关系	目的明确	目的不明确
手段明确	识别型机会	发现型机会
手段不明确	发现型机会	创造型机会

（1）识别型机会是指当市场中的"目的–手段"关系十分明显时，创业者可通过"目的–手段"关系的连接来辨识机会。例如，当供求之间出现矛盾或冲突时，不能有效地满足需求，或者根本无法实现这一要求时辨别出新的机会。常见的问题型机会大都属于这一类型，如下面的安德玛运动服。

> **创业聚焦　　　　安德玛创始人谈创业机会**
>
> 1996 年，我创办安德玛（Under Armor）的时候才 23 岁，刚刚离开大学校园。这家公司的创意非常简单：在大学和高中期间，我都热爱橄榄球，但我非常讨厌 T 恤被汗水浸透的感觉。这种厌恶并非仅仅源于那种不舒服，更多的是因为我坚信，这种细微的体重增加会影响运动员的表现。由此，我发现了一种需求：运动时保持运动衣的干燥。为此，我研究了各种面料，并最终找到了一种可以隔绝潮湿的面料，即使出汗量大也依然能保持干爽。之后我让一位设计师用这种面料制作了一件运动服，而我依此生产了大量的样衣，之后我的工作就是如何将这些样衣销售出去。
>
> 资料来源：普兰克.安德玛创始人：巧用明星代言[J].哈佛商业评论（中文版），2017.

（2）发现型机会是指当目的或手段任意一方的状况未知时，等待创业者去发掘机会。一方面，当一项新技术被开发出来且尚未有具体的商业化产品出现时，需要通过不断尝试来挖掘出市场机会。例如，1960 年，西奥多·梅曼（Theodore Maiman）在实验室实现了第一束激光，但是直到 1974 年激光才应用于超市条形码扫描器；1975 年，IBM 投放了第一台商用激光打印机；1978 年，飞利浦制造出第一台激光盘（LD）播放机；1990 年，激光用于集成电路和汽车制造等制造业。也就是说，激光技术出现数十年后才真正为人们所用。另一方面，有些需求早已被识别到，但迄今为止仍未找到很好的解决办法。例如，运动神经元症（渐冻人症）、癌症、艾滋病、白血病、类风湿被世界卫生组织列为世界五大疑难杂症，目前只有白血病可能通过骨髓移植受到治愈。

> **创业聚焦　　　　开创新市场：格兰仕微波炉**
>
> 今天，格兰仕几乎占到全球微波炉销售总量的一半。梁昭贤一手打造的微波炉"帝国"，并非仅依靠低成本的劳动力。他首先在中国开辟了微波炉市场——竞争对手并未看到这个机会。1992 年，中国国内只卖出了 20 万台微波炉，大多数是在城市，售价平均为 3 000 元人民币，大大超过当时城市居民可负担的价格。当时大多数中国消费者将

微波炉视为用不着的奢侈品，而制造商则觉得是消费者的收入水平导致了他们根本不会考虑买这种东西。

梁昭贤却有不同的发现：狭窄的公寓住宅没有灶具，至多有容易超负荷的电炉。他还发现，住在狭窄拥挤公寓里的人一般不想做饭。于是，梁昭贤决定首先在中国开辟市场。格兰仕虽然与其他制造商一样利用了低成本的劳动力，但不能说它仅仅只是一个低成本的微波炉制造商。格兰仕从一开始就牢记着普通中国顾客的需求。

为触及顾客，管理者必须找到新思路。20世纪90年代中期，大多数微波炉制造商在中国的产能利用率约为40%，而格兰仕的工厂7天24小时不停歇。其他制造商在电视上打广告，格兰仕则选择了报纸，引入"知识营销"——介绍产品使用方法和新款产品详情。这种策略大大降低了广告和营销成本，其他销售额相近的公司成本约为格兰仕的10倍。

畅销英文报纸《中国日报》刊登的一篇文章称，格兰仕让许多人了解了微波炉，进而首次成为消费者。"1995年，格兰仕让使用微波炉的知识在全国流行起来，"文章里写道，"在150多家报纸上刊登特辑，如'微波炉使用指南''专家谈微波炉'和'微波炉菜谱'等，并且花了近百万元人民币出版《如何挑选微波炉》等书籍。"这样的措施造就了强有力的品牌效应，帮助格兰仕以大约1 500元的价格出售微波炉，这是当时市场上其他品牌定价的一半。

资料来源：克里斯坦森，奥热莫，迪伦. 开辟式创新[J].哈佛商业评论（中文版），2019.

（3）创造型机会指的是，目的和手段都不明确，因此创业者要比他人更具先见之明，才能创造出有价值的市场机会。在目的和手段都不明确的状况下，创业者想要建立起连接关系的难度非常高。因此，围绕这种类型的机会开展创业失败率极高，毕竟在技术和市场两个方面都面临着极高的不确定性。但这种机会通常可以创造出新的"目的－手段"关系，一旦成功，将带来巨大的回报。

在商业实践中，识别型、发现型和创造型三种类型创业机会可能同时存在。一般来说，识别型机会多半处于供需尚未均衡的市场，创新程度较低，这类机会并不需要太繁杂的辨别过程，反而强调拥有较多的资源，就可以较快进入市场获利。把握创造型机会就非常困难，它依赖于新的"目的－手段"关系，而创业者拥有的专业技术、信息、资源规模往往都相当有限，更需要创业者的创造性资源整合与敏锐的洞察力，同时还必须承担巨大的风险。而发现型机会则最为常见，也是目前大多数创业研究的对象。

2. 依据"目的－手段"关系中的目的性质划分

依据"目的－手段"关系中的目的性质，创业机会可以分为问题型、趋势型和组合型三种类型。

（1）问题型机会，指的是由现实中存在的未被解决的问题所产生的一类机会。问题型机会在人们的日常生活和企业实践中大量存在。比如，消费者的不便、顾客的抱怨、大量的退货、无法买到称心如意的商品、服务质量差等，在这些问题的解决中，会存在着价值或大或小的创业机会，需要用心发掘。好利来创始人罗红就是因为当年买不到表达自己对母亲挚爱的生日蛋糕，而创建了自己的蛋糕店。奈飞（Netflix）的创始人里德·哈斯廷斯（Reed Hastings）最初的创业灵感来自他去百视达（Blockbuster）的经历，百视达是当时美国最大的录像带出租公司。哈斯廷斯去归还《阿波罗13号》录像带本身时，因为逾期太久，被罚款40美元（录像带本身也不过价值两三美元而已）。这启发了哈斯廷斯创立奈飞的初衷：不限期归还，无须为逾期买单。一般人看到的是问题，而创业者看到的是机会。

（2）趋势型机会，就是在变化中看到未来的发展方向，预测到将来的潜力和机会。这种机会一般容易产生在时代变迁、环境动荡的时期。在这种环境下，各种新的变革不断出现，但往往不被多数人所认可和接受，一般处于萌发阶段。一旦能够及早地发现并把握，就有可能成为未来趋势的先行者和领导者。趋势型机会一般出现在经济变革、政治变革、人口变化、社会制度变革、文化习俗变革等多个方面，一旦被人们所认可，它产生的影响将是持久的，带来的利益也是巨大的。例如，我国第七次人口普查数据显示老年人口大幅增加，60岁及以上人口为26 402万人，占18.70%，其中65岁及以上人口为19 064万人，占13.50%。此外，根据大数据的预测趋势来看，2025年65岁以上的老年人口占比重将达到14%。随着老年人口的增加，健康产业将迎来前所未有的机遇。老年人身体健康的需求包括抗衰老、康复治疗、失能护理等方面，而这些需求将为健康产业提供广阔的市场空间。

（3）组合型机会，就是将现有的两项以上的技术、产品、服务等因素组合起来，实现新的用途和价值而获得的创业机会。这种机会类型好比"嫁接"，对已经存在的多种因素重新组合，往往能实现与过去功能大不相同或者效果倍增的局面（1+1>2）。比如芭比娃娃就是将婴幼儿喜欢的娃娃与少男少女形象结合起来，形成了一个新组合，满足了脱离儿童期但还未成年的人群的需求，最终获得了创业上的巨大成功。安东尼·法戴尔（Anthony Fadell）将传统恒温器与手机、传感器相结合，推出的具有自我学习功能的智能温控装置，最终被谷歌公司以32亿美元收购。

3. 依据"目的－手段"关系中的手段方式划分

依据"目的－手段"关系中的手段方式，创业机会可以划分为复制型、改进型、突破型三种类型。

（1）复制型机会。这种创业机会所运用的手段是对现有手段的模仿。不少生存型的创业活动采取的是复制行为，模仿他人及其成功模式，满足当地的需求。例如，大量的干洗店、餐馆、小超市、小型教育培训机构等，都是通过对既有企业的模仿而创建的，提供的产品质量、服务内容以及针对的客户群体与模仿对象相比具有极高的相似性。

（2）改进型机会。这种创业机会所运用的手段是对现有手段在模仿的基础上开展渐进性创新。中国的互联网巨头百度、阿里巴巴和腾讯最初都是模仿其他产品并在此基础上实现了超越。[1]百度最初模仿的是谷歌；阿里巴巴混合了来自亚马逊、

---

[1] 霍夫曼. 让大象飞[M]. 周海云, 陈耿宣, 译. 北京：中信出版集团股份有限公司, 2017.

eBay 和 PayPal 的一些基本元素；而腾讯推出的 QQ 和微信这两款即时通信应用软件，最初是从 ICQ 和 KakaoTalk 中获得的灵感。现在这三家企业在产品上的所有创新已经超越了人们的预期，它们的产品正在拓展全新的市场，并正在被其他的企业模仿。

（3）突破型机会。这种创业机会所运用的手段是对现有手段的开创性创新。例如，数码相机相对于胶卷成像、电子手表相对于机械手表等属于突破性创新，甚至可以说是"创造性的破坏"。研究表明，创业者更擅长"创造性破坏"，他们会抓住某些重大变革所带来的机会，创造出新的经营模式，给既有企业带来巨大的冲击。

3.1.2 创业机会的来源

创业机会的来源主要在于以下四种情境的变化。其一，技术变革。它可以使人们去做以前不可能做到的事情，或者更有效地去做以前只能用不太有效的方法去做的事情。新技术的出现也改变了企业之间竞争的模式，使得创办新企业的机会大大提高。其二，政治和制度变革。它意味着革除过去的禁区和障碍，或者将价值从经济因素的一部分转移到另一部分，或者创造了更大新价值。比如环境保护和治理政策出台，会将那些污染严重、对环境破坏厉害的企业的资源，转移到保护人类环境的创业机会上来。其三，社会和人口结构变革。通过改变人们的偏好和创造以前并不存在的需求来创造机会，经常表现为市场需求的变化、新兴国家的兴起、消费结构和消费者结构的变化、对物质产品的非物质需求的关注等，都值得关注。其四，产业结构变革。它是指因其他企业或者为顾客提供产品或服务的关键企业的消亡，或者企业吞并或互相合并，行业结构发生变化，从而改变了行业中的竞争状态，形成或终止了创业机会。

不难看出，没有变化，就没有创业机会，创业者更善于创造性地利用变化。

⊙ 专栏

德鲁克提出的机会的七种来源

意外之事。一是意外的成功，没有哪一种来源比意外的成功能提供更多的成功创新的机遇，而且，它所提供的创新机遇风险最小，求索的过程也最不艰辛。但是，意外的成功几乎完全被忽视，更糟糕的是，管理人员往往积极地将其拒之门外。二是意外的失败。与成功不同的是，失败不能够被拒绝，而且几乎不可能不受注意，但是它们很少被看作机遇的征兆。当然，许多失败都是失误，是贪婪、愚昧、盲目追求或是设计或执行不得力的结果。但是，如果经过精心设计、规划及小心执行后仍然失败，那么这种失败常常反映了隐藏的变化，以及随变化而来的机遇。

不协调。所谓"不协调"（incongruity）是指事物的状态与事物"应该"的状态之间，或者事物的状态与人们假想的状态之间的不一致、不合拍。也许我们并不了解其中的原因，事实上，我们经常说不出个所以然来。但是，不协调是创新机遇的一个征兆。引用地质学的术语来说，它表示下面有一个"断层"。这样的断层提供了创新的机会。它产生了一种不稳定性，四两可拨千斤，稍做努力即可促成经济或社会形态的重构。

程序需要。与意外事件或不协调一样，它也存在于一个企业、一个产业或一个服务领域的程序之中。程序需要与其他创新来源不同，它并不始于环境中（无论是内部还是外部）的某一件事，而是始于需要完成的某项工作。它以任务为中心，而不是以状况为中心。它是完善一个业已存在的程序，替换薄弱的环节，用新知识重新设计一个旧程序等。

产业和市场结构。产业和市场结构有时可持续很多年，从表面上看非常稳定。实际上，产业和市场结构相当脆弱，受到一点点冲击，它们就会瓦解，而且速度很快。产业和市场结构的变化同样也是一个重要的创新机遇。

人口变化。在所有外部变化中，人口变化被定义为人口、人口规模、年龄结构、人口组合、就业情况、教育情况以及收入的变化等，最为一目了然。它们毫不含混，并且能够得出最可预测的结果。

认知、意义和情绪上的变化。从数学上说，"杯子是半满的"和"杯子是半空的"没有任何区别，但是这两句话的意义在商业上却完全不同，造成的结果也不一样。如果把一般的认知从看见杯子是"半满"的改变为看见杯子是"半空"的，那么这里就可能存在着重大的创新机遇。

新知识。基于知识的创新是创业的"超级巨星"。它可以得到关注，获得钱财，它是人们通常所指的创新。当然，并不是所有基于知识的创新都非常重要，有些的确微不足道。但是在创造历史的创新中，基于知识的创新占有很重要的分量。然而，知识并不一定是科技方面的，基于知识的社会创新也同样甚至更重要。

资料来源：德鲁克. 创新与企业家精神[M]. 蔡文燕. 译. 北京：机械工业出版社，2007.

3.1.3 适合创业的机会

有的机会让现存企业开发更合适，而有的机会则对新企业有利。成功创建新企业的过程中面临的困难之一是，经营现存企业的人也想从机会开发中获益。因此，创业者不仅必须识别和开发有价值的创业机会以创建新企业，而且还必须运用创业机会来应对现存企业带来的竞争挑战。

表 3-2 列示了分别对现存企业和新企业具有积极作用的创业机会。尽管现存企业的创建者和管理者也想从机会中获益，但创业者还是能够识别和开发机会的，主要原因是某些机会有利于现存企业，而其他机会却有利于新企业。

表 3-2　创业机会对现存企业和新企业的不同作用

有利于谁	机会的特点	理由	例子
现存企业	非常依赖于信誉	人们更愿意从他们了解和信任的企业那里购买产品	珠宝商店
现存企业	具有很强的学习曲线效应	现存企业能够沿着学习曲线移动，更善于生产和销售产品	汽车制造商
现存企业	需要大量资本	现存企业可以使用已有现金流来生产新产品或服务	喷气式飞机制造商
现存企业	要求规模经济	当规模经济存在时，随着生产数量的增加，生产产品或服务的平均成本下降	钢厂
现存企业	在市场营销和分销方面需要互补性资产	满足顾客需求的能力经常要求获得零售分销渠道	跑鞋生产商
现存企业	依赖于对产品的逐步改进	同复制其产品或服务的新企业相比，现存企业能够更容易和更便宜地对产品进行逐步改进	DVD 播放器制造商

(续)

有利于谁	机会的特点	理由	例子
新企业	利用能力破坏型创新	现存企业的经验、资产和流程受到威胁	以生物技术为基础的计算机生产商
新企业	不满足现存企业的主流顾客的需求	现存企业关注于服务它们的主流顾客,而不愿意引入不能满足那些顾客需求的产品或服务	计算机软驱制造商
新企业	建立在独立创新的基础上	新企业能够开发独立创新而不必复制现存企业的整个系统	药品生产商
新企业	存在于人力资本当中	拥有知识的人能够生产出满足顾客需求的产品或服务	厨师

资料来源:巴隆,谢恩.创业管理:基于过程的观点[M].张玉利,等译.北京:机械工业出版社,2005.

事实上,大部分机会都有利于现存企业,或者说现存企业更容易发现机会。因为现存企业在生产经营过程中具有学习曲线效应。学习曲线效应指的是随着从事某项工作时间的延长,成本会降低、质量会提高,熟能生巧就是这个道理。有调查显示,大部分创业机会来自创业者先前工作中想法的复制或完善。另外,现存企业能够拿出一部分利润投入研究与开发工作,有更多的资源支持机会的开发,还会因为已经建立起声誉容易获得顾客的信任。

创业者需要开发适合个人和新创企业的机会,而且这种优势必须足够大以抵消现存企业所拥有的优势。创业者经常关注现存企业特别是大企业不愿意做或做不好的事情,关注缝隙市场就是创业者经常采取的策略。缝隙市场容量有限,利润相对微薄,而大企业人多、成本高,效率也经常会因规模大而降低,开发缝隙市场不仅没有优势反而会造成局部亏损。当然,创业者并不仅仅等待大企业留下的空间创业,也可以积极开发那些对自己有利的机会。

3.2 创业机会的识别

3.2.1 创业机会识别的影响因素

识别机会是创业者最重要的任务之一。无论是对个人还是对公司来说,创造性地寻求机会的能力都是创业的起点。然而,识别机会并非易事,因为这需要创业者具备独特的洞察力和判断力。影响创业机会识别的因素有很多,下面是研究发现的一些常见因素。

先前经验。 在特定行业中的先前经验有助于创业者识别机会。例如,1989年对美国 *Inc.* 500⊖企业创业者的调查报告显示,43%的被调查者是在为同一行业内的企业工作的期间获得创业机会的。这个发现与美国独立工商企业联合会(National Federation of Independent Business)的研究结论相一致。在某个行业工作,个体可

⊖ 美国杂志 *Inc.* 每年推出的 *Inc.* 500 排名结果在企业界和学术界产生了巨大的影响。该杂志1979年创刊,1982年, *Inc.* 杂志开始以一定的标准对美国高速成长的私营企业进行排名,推出了 *Inc.* 500(即成长速度最快的500家私营企业排序的简称),至今从未间断。

能识别到未被满足的利基市场。另外,创业经验也非常重要,一旦有过创业经验,创业者就很容易发现新的创业机会,这被称为"走廊原理",是指创业者一旦创建企业,他就开始了一段旅程,在这段旅程中,通向创业机会的"走廊"将变得清晰可见。这个原理提供的见解是,某个人一旦投身于某行业创业,将比那些从行业外观察的人更容易看到行业内的新机会。此外,研究显示,创业者在创业之前担任过管理职位的多样性越高,行业经验相关性越强,往往越能收获更好的创业绩效。相对于创新性较低的机会而言,创新性较强的机会更多地被经验多样性高的创业者所识别和开发。[1]

> **创业聚焦　　　创业理念大多源于先前的工作经历**
>
> 创业公司的最初创新往往来源于企业外部。例如,比尔·盖茨买断了 DOS 操作系统并在改进后出售,而史蒂夫·乔布斯则是模仿了施乐帕克研究中心的技术。他们代表的是普遍情况而非例外。根据一项针对 500 家有限责任公司发起的调查,其中只有 21% 的企业的创业理念基于创始人自己的原创性研究,且创业理念最主要的来源是创始人之前的工作经历。在那些创业理念中,足足有 52% 是来自他们之前的公司或者行业,而另外 14% 来自他们所在行业的采购商或者供应商。
>
> 一项调查显示,在所有行业中,那些取得了巨大成就的创业公司的创始人都曾经在同一行业中的成功企业工作过。这些创始人是带着他们对行业如何运作的深入了解而出来创业的。他们对前雇主的产品的改进空间也有一定的概念(如汽车行业创业公司),同时,对于行业中还有哪些新商机也有所了解,而这些商机的潜在利润对于前雇主来说还不足以引起他们的关注(如激光行业创业公司)。
>
> 重点是,绝大多数情况下被归功于创业公司的创新,实际上应该归功于现存企业。
>
> 资料来源:诺特. 量化创新:研发投入驱动增长的秘密[M]. 孙雨熙,译. 北京:机械工业出版社,2020.

认知因素。有些人认为,创业者的"第六感"使他们能看到别人错过的机会。大多数创业者以这种观点看待自己,认为他们比别人更"警觉"。警觉很大程度上是一种习得性技能。拥有某个领域更多知识的人比其他人对该领域内的机会更警觉。例如,计算机工程师就比律师对计算机领域内的机会和需求更警觉。有些研究人员认定,警觉不仅是敏锐地观察周边事物,还包括个体头脑中的意识行为。研究发现,机会发现者(即创业者)与未发现者之间最重要的差别在于他们对市场的相对评价,换句话说,创业者可能比其他人更擅长估计市场规模并推断可能的含义。

社会关系网络。个人社会关系网络的深度和广度影响着机会识别,建立了大量社会与专家联系网络的人,比那些拥有少量网络的人容易得到更多机会和创意。按照关系的亲疏远近,社会网络关系可以划分为强关系与弱关系。强关系以频繁相互作用为特点,形成于亲戚、密友和配偶之间;弱关系以不频繁相互作用为特色,形成于同事、同学和一般朋友之间。研究显示,创业者通过弱关系比通过强关系更可

---

[1] 杨俊,薛红志,牛芳. 先前工作经验、创业机会与新技术企业绩效:一个交互效应模型及启示[J]. 管理学报,2011(1):116-125.

能获得新的商业创意，因为强关系主要形成于具有相似意识的个人之间，从而倾向于强化个人已有的见识与观念。另外，在弱关系中，个人之间的意识往往存在着较大差异，因此某个人可能会对其他人说一些能激发全新创意的事情。

⊙ 专栏

布局：抢占"结构洞"

一个围棋初学者拿到棋子，并不知道该把棋子放在哪里合适。他可能会随便地把棋子放在棋盘中间，或者放在最旁边。但一个稍微有点经验的下棋者就会知道，一开始，棋子放在靠近"星位"（围棋术语，即围棋上9个特别标注出来的点）的三线、四线、五线比较有利于抢占先机。当然，这也只能算是中规中矩。围棋高手尚未开局，胸中已有千百个棋谱，一开局，便已经着手布局。高手落子看似随意应景，漫不经心间却占据了许多关键位置，不知不觉中就掌握了大势。

布局思维更能指引创业者利用社会网络结构获取创业路径。社会网络学派认为，人们可以在社会网络结构中获益。美国芝加哥大学商学院社会和战略学教授罗纳德·博特（Ronald Burt）在《结构洞：竞争的社会结构》一书中提出了"结构洞理论"，简而言之就是社会网络中的空隙。在社会网络中，个体与个体之间有的存在直接联系，有的没有直接联系。这种个体与个体之间的间断，看上去好像网络结构中出现了一个个洞穴。将没有直接联系的两者联系起来的第三者，就拥有了信息优势和控制优势。

就像《商人计》里所唱的，"商人就是买东西，把东边的买卖到西边去"。对创业者而言，关键就是要发现存在相互需求的"东边"和"西边"，并努力成为桥梁。从这个角度看，创业者就是要成为"结构洞"的发现者和抢占者，在社会网络中占据有利位置，最终成为控制者甚至垄断者。就像棋手要发现棋局中的一些关键点，然后迅速抢占，并有效控制一样。在中国古代，一般人与皇帝之间的联系是间断的。这时候，某些贴身大臣就成为这种结构洞的关键节点，他们垄断了皇帝与外界的联系，获得了巨大的政治效益。

社会网络理论有其独特的意义，但也存在不足之处。因为机会的发现和获得不是一次性的，无法毕其功于一役。就像在围棋棋局当中，即便抢占了某个关键点，也并不意味着这个点能够一直被你占据，更不意味着这个点一直是关键的。社会网络会不断发生变化或者重构，个体之间的联系在时刻变化着，机会此刻存在，下一刻可能就消失。这对于创业者提出了严峻的挑战，创业者必须不断地构筑新关系，同时统筹好不同关系间的亲疏远近，甚至切断某些关系。就像在围棋中，有些事关大局的关键位置需要棋手不惜用大量的棋子去抢占，有些位置又不得不放弃。

资料来源：罗家德，贾本土.创业，布局重于战略[J].发现，2015（5）.

创造性。创造性是产生新奇或有用创意的过程。从某种程度上讲，机会识别是一个创造过程，是不断反复的创造性思维过程。在听到更多趣闻逸事的基础上，你会很容易地看到创造性包含在许多产品、服务和业务的形成过程中。创造性思维很难找准定位，但有时它又非常具体，几乎每家新企业都希望能尝试一些创新。不难发现，在不同的现实背景下，那些具有前瞻性思维的创业者，不仅自身就具备了一些高效的创造性思维习惯，而且早已把培养创造性思维的文化潜移默化地融入自己的企业之中。

> **创业聚焦　　Twitter 联合创始人：机会是创造出来的**
>
> 我出生于一座富裕的小镇，父母在我小时候就离婚了，此后父亲几乎消失在我的生活中，我们的生活十分贫穷。当身边的小伙伴们都在打棒球和踢美式足球的时候，我却没有条件参加。8 岁那年，我已经开始靠修草坪赚钱养家了。
>
> 上高中后，我很快发现校园社交的"秘密"——加入球队更容易扩大交际圈。我天生爱运动，可是从未参加过团体比赛，篮球、垒球和美式足球我都不擅长。不过，学校里没有男子长曲棍球队。我想，既然没人知道如何打长曲棍球，那么其他人对长曲棍球的认识都和我一样。于是，我去跟校方谈判，想说服他们成立一支男子长曲棍球队，校方的条件是如果我能找来教练并且有足够的学生报名，就可以成立球队。结果我成功组建了球队，后来我的长曲棍球玩得很好，我成了球队队长。
>
> 这段经历蕴含了一个同样适用于商界的宝贵道理。有人认为机会就像字典里定义的那样，是一系列让可能变为现实的机缘。人们常说"发现机会"或者等待"机会来敲门"，好像机会是水到渠成之事。
>
> 对此我不敢苟同。我认为你必须成为促成这种机缘的建筑师，机会不是等来的，而是构建出来的。回顾我过去的 40 年人生经历，你会发现我从不等待机会大驾光临，而是不断地制造机会。我早期的事业如此，和朋友们创立 Twitter 也是如此，最新的创业同样如此。创业实质上就是创造自己的机会。初创公司尤其如此，你自封为 CEO，然后着手实施创业大计。
>
> 我的第一份全职工作正是自己创造机会获得的。当时我拿着奖学金在马萨诸塞大学波士顿分校上学，但学得并不开心。我在利特尔·布朗出版社做兼职，负责在办公室搬迁时运箱子。那时候，这家出版社刚刚开始使用 Mac 计算机操作，取代了传统的美工刀和纸。我儿时的一个朋友有 Mac 计算机，所以我已经使用 Photoshop 和夸克（Quark）图像软件好多年了。
>
> 一天，我独自在办公室，发现了一张递送表格，上面写着给一本书设计封套的任务，于是我很快在计算机上设计了一个封套，然后把它夹在提交的文件中，没有告诉任何人是我做的。几天后，公司艺术总监问起是谁设计的那个封套，因为它被编辑和销售团队选为最佳设计。他惊讶地发现设计者居然是一个箱子搬运工。当他知道我会使用设计软件时，就给了我一份全职工作。我想既然读书就是为了毕业后找到这种工作，索性就退学接受了这份工作，把它看成是学徒期。那位艺术总监后来成了我重要的导师和密友，而我在设计和创意方面也收获颇丰。
>
> 资料来源：斯通. Twitter 联合创始人：做机遇创造者 [J]. 哈佛商业评论（中文版），2015.

3.2.2　创业机会识别的过程

机会识别是一个过程，并不是一蹴而就的。

1. 创业机会识别的总体框架

图 3-1 勾勒出了创业机会识别过程的轮廓。从图 3-1 中可见，机会识别是创业

者与外部环境（机会来源）互动的过程。在这个过程中，创业者利用各种渠道和各种方式掌握并获取到有关环境变化的信息，从而发现现实世界中在产品、服务、原材料和组织方式等方面存在的差距或缺陷，找出改进或创造"目的－手段"关系的可能性，最终识别出可能带来新产品、新服务、新原料和新组织方式的创业机会。

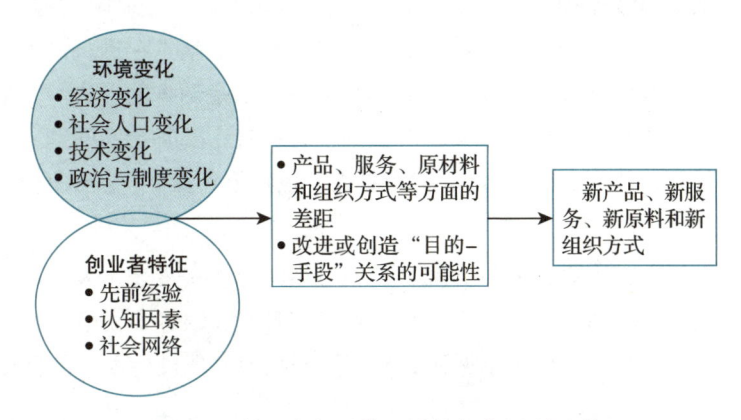

图 3-1　创业者与环境互动的机会识别过程

2. 创业机会识别的阶段

对于创业者个体而言，创业机会识别过程可分为以下五个阶段。[1]如果在某个阶段，某个人停顿下来或没有足够信息使识别过程继续下去，他的最佳选择就是返回到准备阶段，以便在继续前进之前获得更多知识和经验。

一是准备阶段。这主要是指创业者带入机会识别过程中的背景、经验和知识。正如运动员必须练习才能变得优秀一样，创业者需要经验从而识别机会。研究发现，50%～90% 的创业机会来自个人的先前工作经验。

二是孵化阶段。这是个人仔细考虑创意或思考问题的阶段，也是对事情进行深思熟虑的时期。有时，孵化是有意识的行为；有时，它是无意识的行为并出现在人们从事其他活动的时候。

三是洞察阶段。此时，问题的解决办法被发现或创意得以产生。有时，它被称为"灵感"体验，是创业者识别出机会的时刻；有时，这种经验推动过程向前发展；有时，它促使个人返回到准备阶段。例如，创业者可能意识到机会的潜力，但认为在追求机会之前需要更多的知识和考虑。

四是评价阶段。这是创造过程中仔细审查创意并分析其可行性的阶段。许多创业者错误地跳过这个阶段，他们在确定创意可行之前就去设法实现它。评价是创造过程中特别具有挑战性的阶段，因为它要求创业者对创意的可行性采取一种公正的看法。

五是阐述阶段。这是创造性创意变为最终形式的过程，详细情节已构思出来，并且创意变为有价值的东西，诸如新产品、新服务或新的商业概念，甚至已经形成了能够实现价值的商业模式。

---

[1] 巴林格，爱尔兰，等 . 创业管理：成功创建新企业 [M]. 张玉利，等译 . 北京：机械工业出版社，2006.

3.2.3 创业机会识别的方法

创业机会识别的方法较为常用的有以下五种,其中,有的来自启发或者经验,另一些则很复杂,需要市场研究专家等外部力量的支持。

1. 新眼光调查

当阅读某人的发现和出版的作品时,实际上就是在进行调查。利用互联网搜索数据,寻找包含你所需要信息的报纸文章等都是调查的形式。大量获取信息对发现问题以及更加快速地切入问题有帮助。在调查中要学会问问题,同时,通过不断地获取信息,建立自己的直觉,"新眼光"也将不断发展,提供很多看问题的新方法。

2. 系统分析

实际上,大多数的机会都可以通过系统分析被发现。人们可以从企业的宏观环境(政治、法律、技术、人口等)和微观环境(顾客、竞争对手、供应商等)的变化中发现机会。借助市场调研,从环境变化中发现机会,是机会发现的一般规律。

3. 问题分析

问题分析从一开始就要找出个人或组织的需求和他们面临的问题,这些需求和问题可能很明确,也可能很含蓄。创业者可能识别它们,也可能忽略它们。问题分析可以首先问"什么才是最好的"。一个有效并有回报的解决方法对创业者来说是识别机会的基础。这个分析需要全面了解顾客的需求,以及可能用来满足这些需求的手段。

4. 顾客建议

一个新的机会可能会由顾客识别出来。顾客建议多种多样,最简单地,他们会提出一些诸如"如果那样的话不是会很棒吗"这样的非正式建议。还有,他们可以有选择地采取非常详尽和正式的文字形式。一些组织在将它们的需求"反向推销"给潜在的供应商的过程中非常积极。无论使用什么样的手段,一个讲究实效的创业者总是渴望从顾客那里征求想法。

5. 创造需求

这种方法在高科技领域最为常见,它可能始于明确拟满足的市场需求,从而积极探索相应的新技术和新知识,也可能始于一项新技术发明,进而积极探索新技术的商业价值。通过创造获得机会比其他任何方式的难度都大,风险也更高。同时,如果能够成功,其回报也更大。这种情况下所产生的创新在人类具有重大影响的创新中,居于压倒性的主导地位。

3.3 创业机会的评价

在确认一个机会是不是一个值得投入时间和精力并能带来巨大回报的好机会时,它必须满足两个条件:①它必须预示一个创业者渴望的未来状态;②它必须是能够实现的[①]。那么,我们如何在早期就能辨识出这是不是一个好机会呢?每个人都想知道这个问题的答案,但不幸的是,尽管媒体上有很多幸运的创业者或投资人讲

---

① STEVENSON H H,等. 新企业与创业者[M]. 高建,等译. 北京:清华大学出版社,2002.

述的一些如何找到大机会的故事,但几乎没有任何人能够始终在非常早期的阶段就分辨出哪些毛毛虫会成为蝴蝶。在新企业有任何腾飞的迹象出现以前,你几乎无法判断出哪一家创业公司会成为下一家引起全球轰动的企业。这是因为机会评价涉及太多的变量,而且机会本身往往具有很强的可塑性。在机会开发的过程中,所遇到的成千上万不同事物中的任何一件事都能使它们脱轨,或者从根本上改变它们。但不管怎样,必须对机会做出审慎的评价。

3.3.1 基于创业者的评价

1. 创业者与创业机会的匹配

不管创业机会是创业者自己识别到的还是他人建议的,也不管创业机会是偶然发现的还是系统调查的,兴奋之余,首先应该问自己的问题是:这个机会适合我吗?为什么应该是我而不是别人开发这个机会?"为什么是我"这个问题背后的含义就是,哪怕外部环境变了,人们的需求被重新挖掘了,那为什么是你能够有这个能力去满足用户需求呢?如果你暂时有能力满足用户需求了,这是因为你自己独特的能力吗?你的这个能力有壁垒吗?你的这个能力是稀缺的吗?

并非所有机会都适合每个人。一位资深律师可能因为参与一场官司而发现了一个高科技行业内的机会,但是,他不太可能放弃律师职业而进入高科技行业创业,因为他缺乏必需的技术知识和高科技行业内的关系网络。换句话说,即使看到了有价值的创业机会,个体也可能会因为没有相应的技能、知识、关系等而放弃创业活动,或者把机会信息传递给其他更合适的人,或者是进一步提炼加工机会从而将其出售给其他高科技企业。当然,创业活动往往不会拘泥于当前的资源约束,创业者可以整合外部的资源开发机会,但这需要具备资源整合能力。

并非所有的机会都有足够大的价值潜力来填补为把握机会所付出的成本,包括市场调查、产品测试、营销和促销、雇用员工、购买设备和原材料等一系列与机会开发活动相关的成本,还包括为创业所付出的时间、精力,以及放弃更好的工作机会而产生的机会成本。研究发现,创业者的创业机会成本越高,所把握的创业机会的价值创造潜力也就越大,所创办的新企业的成长潜力也越高。

总体而言,创业活动是创业者与创业机会的结合,一方面创业者识别并开发创业机会,另一方面创业机会也在选择创业者。只有创业者和创业机会之间存在着恰当的匹配关系时,创业活动才最可能发生,也更可能取得成功。

2. 创业者对创业机会的初始判断

认定创业机会适合自己后,还要对创业机会进行评价。创业者对机会的评价来自他们的初始判断,而初始判断简单地说,就是假设加上简单计算。蒂蒙斯教授认为机会应该具有吸引力、持久性和及时性,是具有如下四项特征的构想:对消费者具有吸引力,能够在创业者的商业环境中实施,能够在现存的机会窗口中执行,创业者拥有创立企业的资源和技能,或者知道谁拥有这些资源与技能并且愿意与创业者共同创业。

关键概念

机会窗口

机会窗口是指将创意市场化的时间。你可能有许多创意,但是如果其他竞争者也存在类似的创意并且已经将其市场化了,机会窗口就关闭了。

创业者对创业机会的初始判断,有时看似简单得不可信,但也经常奏效。机会瞬间即逝,如果都要进行周密的市场调查,有时会难以把握机会,或者有时会在调研中发现很多的困难,最后反而失去了创业的激情。假设加上简单计算只是创业者对机会的初始判断,进一步的创业行动还需依靠调查研究,对机会价值做进一步的评价。

情境案例

刘靖康与影石创新

2015年,国内VR/AR概念进入主流视野,一大批创业公司如雨后春笋般诞生。在这一波大军中,来自南京大学的刘靖康凭借多次成功创业经历脱颖而出。当同行纷纷把创业重心放在VR内容上的时候,他另辟蹊径,选择了VR视频生产所需要的硬件生态,影石创新应运而生。

这样的选择与刘靖康的一段创业经历有关。大学期间,"双创"热潮正如火如荼,不甘于循规蹈矩的刘靖康也萌发了创业念头,组建创业团队做了一款名为"名校直播"的视频产品。但他们发现直播视频清晰度不高,用户观感不佳。恰逢此时,一家俄罗斯公司拍摄的360度全景视频引爆网络。刘靖康团队备受启发,决定做一款可以让人一键拍摄全景视频的相机。带着年轻人的冲劲儿,刘靖康带领团队转型,将触角伸向硬件领域。

2015年,从南京大学毕业一年后,刘靖康带着原来的团队创办了影石创新,专注于VR及全景相机领域。当时国内还没有公司专门研发全景相机,整个行业的产品和技术基本处于空白状态。

为此,团队将公司从南京搬到供应链更完善的深圳,租下位于宝安区龙光世纪大厦B座的一间办公室,作为深圳创业的起点。在起步阶段,影石创新整个团队每天几乎只睡3个小时,刘靖康和团队成员甚至常常亲自去工厂拧螺钉,打磨设备。刘靖康常常跟团队讲:"这个东西做不出来公司就要倒闭。"耗时一年,影石创新终于在2015年年底正式推出了首款企业级VR全景相机Insta360 4K(beta)。

此前,全景拍摄一般是将多张相片拼接成长条形照片,依然是2D成像。而影石创新利用全景立体拼接算法,将多镜头拍摄的鱼眼视频,精准计算合成为3D立体全景影像,增强了用户的体验感和沉浸感。因此,该相机一经推出便引起行业轰动。

2016年,影石创新这款VR全景相机应用于两会报道,360度无死角记录发布会现场细节,成了两会的直播神器。在2016年的国际消费类电子产品展览会(International Consumer Electronics Show,CES)上,全球知名的光学机器制造商日本理光曾对Insta360的相机实时拼接技术表示极大的兴趣,并发出了技术合作请求。

不久后,刘靖康和团队带着"Insta360全景相机"项目,参加了第二届中国"互联网+"大学生创新创业大赛,荣获大赛亚军。2016年7月,影石创新上线消费级全景相机Nano,迅速席卷大众消费市场。这是一款颠覆行业的创新产品——不但可以直接插到苹果手机进行拍摄,还可以无须后期一键分享至社交网络。

2018年,在专业级VR相机Pro系列获得较好的市场反响后,影石创新拓展产品线,进入运动相机市场，推出了将全景拍摄和运动相机结合在一起的 ONE X 全景防抖运动相机。随后几年，影石创新基于定位清晰明确的硬件产品线和配套的软件支持体系，保持着半年到一年的更新节奏，持续不断地推出新品。

目前，影石创新产品线覆盖了消费级的全景相机、运动相机和专业级的 VR 全景相机。更为亮眼的是，影石创新几乎每一款产品都以其革命性的创意、创新获得用户高度关注。其中，形态独特的多镜头防抖运动相机 ONE R 还在 2020 年入选了《时代》年度最佳发明榜单。2020 年，影石创新一举击败日本理光和美国 GoPro 等，荣登全球全景相机市场份额排行榜第一。

资料来源：张继文. 一群南大学子靠科技出海，年入 10 亿. 澎湃投资界，2022-07-13.

3.3.2 基于系统分析的评价

系统评价类似于大公司开展的可行性论证分析。在系统评价创业机会时，一定要注意创业活动不确定性高的特点。创业者不太可能按照框架中的指标对创业机会做出一一评价，而仅会选择其中若干要素来判断创业机会的价值，从而使得创业机会评价表现为主观感觉而非客观分析的过程。不能事事都强调依据，不确定环境本身就难以预测，需要在行动中不断地检验创业者的假设。过分强调证据，容易把困难放大，弱化创业者承担风险的勇气。

1. 蒂蒙斯创业机会评价指标体系

蒂蒙斯教授提出了比较完善的创业机会评价指标体系，认为创业者应该从行业和市场、经济因素、收获条件、竞争优势、管理团队、致命缺陷问题、个人标准、理想与现实的战略差异 8 个方面评价创业机会的价值潜力，并围绕这 8 个方面形成了 53 项指标（见表 3-3）。

表 3-3 蒂蒙斯创业机会评价指标体系

评价方面	评价指标
行业和市场	1. 市场容易识别，可以带来持续收入 2. 顾客可以接受产品或服务，愿意为此付费 3. 产品的附加价值高 4. 产品对市场的影响力高 5. 将要开发的产品生命长久 6. 项目所在的行业是新兴行业，竞争不完善 7. 市场规模大，销售潜力达到 1 000 万～10 亿元 8. 市场成长率在 30%～50% 甚至更高 9. 现有厂商的生产能力几乎完全饱和 10. 在 5 年内能占据市场的领导地位，达到 20% 以上 11. 拥有低成本的供货商，具有成本优势
经济因素	12. 达到盈亏平衡点所需要的时间在 2 年以下 13. 盈亏平衡点不会逐渐提高 14. 投资回报率在 25% 以上 15. 项目对资金的要求不是很大，能够获得融资 16. 销售额的年增长率高于 15% 17. 有良好的现金流，能占到销售额的 20% 以上 18. 能获得持久的毛利，毛利率达到 40% 以上 19. 能获得持久的税后利润，税后利润率超过 10% 20. 资产集中程度低 21. 运营资金不多，需求量是逐渐增加的 22. 研究开发工作对资金的要求不高

(续)

评价方面	评价指标
收获条件	23. 项目带来附加价值，具有较高的战略意义 24. 存在现有的或可预料的退出方式 25. 资本市场环境有利，可以实现资本的流动
竞争优势	26. 固定成本和可变成本低 27. 对成本、价格和销售的控制较高 28. 已经获得或可以获得对专利所有权的保护 29. 竞争对手尚未觉醒，竞争较弱 30. 拥有专利或具有某种独占性 31. 拥有发展良好的网络关系，容易获得合同 32. 拥有杰出的关键人员和管理团队
管理团队	33. 创业者团队是一个优秀管理者的组合 34. 行业和技术经验达到了本行业内的最高水平 35. 管理团队的正直廉洁程度能达到最高水准 36. 管理团队知道自己缺乏哪方面的知识
致命缺陷问题	37. 不存在任何致命缺陷问题
个人标准	38. 个人目标与创业活动相符合 39. 创业者可以做到在有限的风险下实现成功 40. 创业者能接受薪水减少等损失 41. 创业者渴望进行创业这种生活方式，而不只是为了赚大钱 42. 创业者可以承受适当的风险 43. 创业者在压力下状态依然良好
理想与现实的战略差异	44. 理想与现实情况相吻合 45. 管理团队已经是最好的 46. 在客户服务管理方面有很好的服务理念 47. 所创办的事业顺应时代潮流 48. 所采取的技术具有突破性，不存在许多替代品或竞争对手 49. 具备灵活的适应能力，能快速地进行取舍 50. 始终在寻找新的机会 51. 定价与市场领先者几乎持平 52. 能够获得销售渠道，或已经拥有现成的网络 53. 能够允许失败

资料来源：蒂蒙斯, 斯皮内利. 创业学案例：第6版[M]. 周伟民, 吕长春, 译. 北京：人民邮电出版社, 2005, 84-87.

当然，没有任何成功创业者会机械地运用这些指标体系，但围绕机会进行科学分析是必须开展的活动。很多创业者都因在尚未找到正确机会之前就过早投入执行，结果浪费大量资源生产了市场不需要的产品或服务。实际上，创业者通常只将不到 5% 的时间和资源用于机会分析和评价，将 95% 以上的时间和资源去从事盲目的执行。亚马逊创始人杰夫·贝佐斯在创建亚马逊之前已经意识到互联网将会成为人们的聚集地，而只要是人们聚集的地方就有机会出售东西。他开始梦想成为世界上最大的互联网零售商，但是他也意识到，好的办法是从专注于一个市场开始，弄清楚这个市场的需求，通过互联网来满足。他最大的挑战在于搞清楚该卖什么货物。为了回答这一问题，他做出了一个交易流程表来分析各类机会。下面就是他写下的标准，在利用这些标准分析了在线销售不同产品的潜力以后，贝佐斯很惊异于自己的发现：图书看起来是最适合做电子商务的。

创业聚焦　　贝佐斯：选择图书作为启动亚马逊的商品的原因

熟悉的产品： 谁都知道图书是什么。没人担心从网上订购的图书是便宜货还是有瑕疵，而其他产品，比如电子产品，人们就可能会担心。

市场规模巨大： 计算机软件和音像制品也是合理的猜测。根据美国人口普查局的数据，1994年，北美零售商店卖出的台式计算机软件价值将近70亿美元。同一年，美国售出的图书价值190亿美元。另外，那年售出的将近20亿美元的软件都是同一家公司出品的：微软。进入软件行业会使贝佐斯严重地依赖于一家制造商，这意味着在价格谈判上会很难。

对于音像制品来说，与全世界可销售的300万种图书相比，只有30万张CD可以出售。"从一方面来说，图书真是太不同寻常了，到现在为止，图书的种类要比其他任何东西的种类都多。"他后来回忆说。1994年，5.13亿册图书售出，其中17本畅销书的销量都超过了100万册。1994年，美国消费者在图书上的开销是人均79美元，而音乐唱片的人均消费是56美元。

竞争： 大的连锁书店有两家（巴诺和博德斯），合起来占市场份额的25%。其他不计其数的独立书店占了销售额的21%。剩下的图书则根本不是从书店卖出去的，而是通过其他途径，例如超市、普通零售商、图书俱乐部还有邮购的黄页。

同时，大部分书店的库存还是很有限的。尽管如果客户需要，他们会很容易订某本图书，但在这个速食社会里，那种情况还是很难让人满意的。巴诺和博德斯都在改建大型的超级书店，比如把保龄球馆和电影院改造成6万英尺^2⊖的书店，但即便如此，书店里的库存也不超过17.5万册。

邮购图书的日益普及，也为建立虚拟书店提供了基础。就直接竞争而言，已经有两个在线书店了，但它们的方法很原始。1991年，几个专业图书出版商和零售商，比如计算机知识书店（clbooks.com）、奥莱利联合会（ora.com），还有斯坦福大学书店都允许有在线账号（BBS，或者网络普及前的互联网通信系统）的少数用户通过邮件订书。1992年，一家新成立的名为Book.com的公司提供了同样的服务，第二年，他们在网上推出了一个有4万种书目的数据库。对于网上售书来说，明显需要一个更精致、更复杂的系统。

获得库存： 图书批发的现成资源是最重要的。图书经销商英格拉姆图书集团和贝克·泰勒主导了市场。它们的仓库里有40万种图书。小型的独立书店更依赖这些经销商，而不是出版商来供应图书，可以利用这些现有资源。这些经销商在美国都战略性地设置了仓储设施，都能够在两天内把图书送到。当客户订了一本某个书店没有的图书时，大多数书店都会从这两家经销商订购。

创建一个在售图书的数据库： 经销商已经为进入电子时代搭好了舞台。贝佐斯参加了美国书商协会的一个会议，发现所有预售图书都被给予了一个国际标准书号（ISBN）。ISBN创立于20世纪60年代，在1970年被国际标准组织标准化。这就使建

⊖　1英尺^2 = 0.092 9米^2。

立图书数据库并按照 ISBN 进行查询容易多了。20 世纪 90 年代末，英格拉姆图书集团和贝克·泰勒都用微缩胶片升级了其库存清单，由原先的人工扫描升级为电子化后，工作人员就可以通过计算机进行查询。对贝佐斯来说，所有的图书信息"已经被精心地整理好，可以放到网上了"。

折扣机会： 20 世纪 90 年代初，皇冠书店开设了数以百计的折扣店，主要书商只能被迫效仿，在历史上这还是第一次，但书店的场地费用以及维持库存的费用意味着既能打折又可以赢利的能力是有限的，而网上书店可以直接从经销商那里订货，用不着有自己的库存，所以在价格上有很大的优势。

运输成本： 像软件和 CD 一样，图书是很容易按照重量标准来邮购或者使用第二天送达服务的。图书比 CD、软件（视使用手册的大小）重，但比计算机或其他的电子消费品轻。

在线潜力： 软件程序是可以整理、查找、组织好书名和分类的，让在线查找和购买更容易。最大的书店也只能做到存储 17.5 万种图书，而贝佐斯知道，只要有两台配置够用的计算机，就完全可以凭借软件整理数据库中的上百万种图书。

资料来源：布兰特. 一键下单：杰夫·贝佐斯与亚马逊的崛起 [M]. 北京：中信出版社，2006.

为了节约时间和资金，成功的创业者会尽量减少在机会分析和评价方面投入的资源。不像在大公司里，雇员要掌握各种技能，并把方方面面都考虑周全，创业者只会进行必要的分析，必要时还要做出主观判断。

2. 通过市场测试评价创业机会

市场测试类似于实验，不同于市场调研。一般市场调研关心的是顾客认为他们想要什么，市场测试却能获得更精确的顾客需要数据。因为测试是站在一个和真实顾客互动交流的位置上了解顾客的要求，能观察到真实的顾客行为，而不是通过提出假设性问题来估计；测试还可以意外发现一些突如其来的顾客行为，一些以前可能没有想到的问题。

市场测试是指评估消费者对创意和商业概念的反馈。产品开发的早期阶段需要对创意进行检测，以确定后续是否有必要继续进行探索。对概念和产品的检测有助于了解消费者对创业想法和原型的反应，获取有关用户的满意度、购买意愿以及下一步创意开发可行性的信息。由于测试是一项处于产品和服务开发早期阶段的工作，通常需要较少的资源，所以项目的早期阶段往往高度关注测试和假设验证工作。测试的结果包括：获知完善产品和服务特性的信息，进一步明确产品或服务的定位，明确开发的经济成本，以及其他关键决策信息。

在产品开发领域，为了给资源配置和产品选择提供信息并推动开发阶段顺利渡过"模糊前端"（fuzzy front end），需要针对新产品开发设计一套概念生成、检测和选择的流程。通过对各种产品属性的重要性、消费者价格敏感度和其他问题的定量分析，概念测试有助于降低不确定性，帮助设计者权衡和优化产品特性水平。在实践中，概念测试的目的是在打算对产品进行大幅投资之前，预测消费者对这个产品创意的反应。

为此，创业者需要遵循"创建—测试—学习"的步骤，步步为营来检测创业机会的愿景，目的是快速获取重要的顾客信息，通过迭代性的进程推动商业概念以及最终的商业模式得以奏效实施。循环必须通过小批量的快速原型制作来完成，这会促进学习并鼓励假设的检验，从而做出改变或者调整商业模式的决定。

3. 创业机会评价的定性原则

创业机会定性评价，需要回答五个基础问题：①机会的大小、存在的时间跨度和随时间成长的速度；②潜在的利润是否足够弥补投入的资本、时间和机会成本，继而带来令人满意的收益；③机会是否开辟了额外的扩张、多样化或综合的商业机会选择；④在可能的障碍面前，收益是否会持久；⑤产品或服务是否真正满足了真实的需求。

创业机会定性评价，通常依据以下五项基本标准。第一，机会对产品有明确界定的市场需求，推出的时机也是恰当的。第二，投资的项目必须能够维持持久的竞争优势。第三，投资必须具有一定程度的高回报，从而允许一些投资中的失误。第四，创业者和机会之间必须互相合适。第五，机会中不存在致命的缺陷。

创业机会定性评价，通常分为五个环节。其一，判断新产品或服务将如何为购买者创造价值，判断新产品或服务的使用的潜在障碍，如何克服这些障碍，根据对产品和市场认可度的分析，得出新产品的潜在需求、早期使用者的行为特征、产品达到创造收益的预期时间。其二，分析产品在目标市场投放的技术风险、财务风险和竞争风险，进行机会窗口分析。其三，确定在产品的制造过程中能否保证足够的生产批量和可以接受的产品质量。其四，估算新产品项目的初始投资额，使用何种融资渠道。其五，在更大的范围内考虑风险的程度，以及如何控制和管理那些风险因素。

创业聚焦　　朱啸虎：如何判断机会有没有价值

判断一个机会值不值得创业、投资，非常简单，就三个标准：①市场规模是否足够大；②是否可以高速扩张；③是否可防御。但很多人理解得不够透彻。

首先，市场规模。我碰到一个创业者，他做停车app，在上海一天可能就有100万停车次数，他觉得自己的市场规模挺大，但为什么我们不愿意投？这100万停车次数，就算数字正确，其中90%都有固定地点停车，根本不需要停车app。大部分人看到市场很大，但要想清楚跟你有关系的部分有多少。

其次，高速扩张。互联网公司打赢传统企业最大的优势是非线性扩张。房地产是典型的线性扩张，造第一幢房子要1 000万元，造第二幢房子还要1 000万元。而互联网是非线性的，建一个平台开始投入非常大，可能需要几千万元甚至上亿元，但建完这个平台再赚第二个1 000万元就很容易。

最后，很重要的一点就是可防御。互联网公司往往看不到对手在哪儿，但对方可能半年就能把你"灭掉"，所以一定要想清楚这个战场是不是可防御的。怎么考量是否可防御呢？可以从几个方面来看。一是依赖度，如果你需要依赖一个大平台去获取用户，那基本上很难守住，因为所有人都可以花钱从百度买流量，拼钱你拼不过大公司。二是你有没有控制力，对比家政服务和打车服务，家政服务的消费者和阿姨非常容易达成长期关系，那么这个平台就没有价值了，但一个驾驶员不可能长期服务于一个消费者，那这个平台就有价值。三是管理难度，如果你的管理难度很高，那同样有防御力。

资料来源：节选自"2016年金沙江创投董事总经理朱啸虎为黑马成长营第13期学员的演讲发言"。

3.4 创业机会的发现、建构与信息加工

3.4.1 创业机会的发现

创业机会的发现观认为，由于市场信息分布不均衡，创业机会是客观存在的，持这一主张的代表理论是奥地利学派。但是，在认知心理学视角下，创业机会研究则强调创业者个体的认知图式对于识别和发现机会的重要作用，并且认为创业者的一些主观因素（如认知）会决定机会的形成。因为创业机会来源不同，所以发现创业机会的方式也不尽相同。

现实中有两种不同的创业机会发现方式。一是主动搜寻，即通过有意识地系统搜寻来发现创业机会。二是意外发现，即创业者不是通过主动搜寻，而是凭借自己在创业前积累的知识（即所谓的"先前知识"和"创业警觉"）来"意外"发现创业机会，这就意味着创业者的个体异质性是机会发现的决定因素。

图 3-2 是创业机会发现的二维概念框架。这个框架超越了机会发现观与机会创造观之间的争论，融合了不同学科理论对创业机会的本质界定，弥补了主动搜寻或意外发现无法充分解释创业现象的不足，同时还有效区分了不同的机会形成机制，为创业机会研究提供了更加贴近现实的概念框架，不仅可以用来解释不同行业和不同类型的创业现象，而且还可以用来解释并预测在创业过程的不同阶段采取何种方式能更有效地发现机会[⊖]。

3.4.2 创业机会的建构

目前，运用信息加工理论来解释创业机会识别问题，已经成为创业机会研究的一种新趋势。创业机会的建构意味着，创业是创业者从赖以生存的环境中获取信息并建构自认为可靠的机会的认知过程，即使机会是发现的，它们也仍需要被感知。在创业机会的建构过程中，创业者的启发式思维和系统思维对认知加工非常重要。在高度复杂、不确定的创业情境下，创业者更倾向于采用启发式思维进行创业决策，不过，成功的创业者往往更善于酌情灵活运用这两种思维方式来识别创业机会。

⊖ 杨静，王重鸣.创业机会研究前沿探析 [J].外国经济与管理，2012，34（5）：9-20.

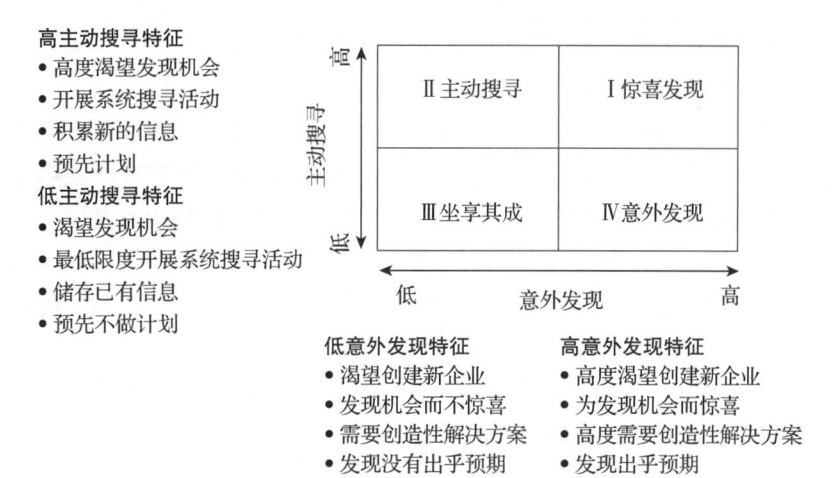

图 3-2 创业机会发现的二维概念框架

高主动搜寻特征
- 高度渴望发现机会
- 开展系统搜寻活动
- 积累新的信息
- 预先计划

低主动搜寻特征
- 渴望发现机会
- 最低限度开展系统搜寻活动
- 储存已有信息
- 预先不做计划

	低意外发现	高意外发现
主动搜寻 高	Ⅱ 主动搜寻	Ⅰ 惊喜发现
主动搜寻 低	Ⅲ 坐享其成	Ⅳ 意外发现

低意外发现特征
- 渴望创建新企业
- 发现机会而不惊喜
- 需要创造性解决方案
- 发现没有出乎预期

高意外发现特征
- 高度渴望创建新企业
- 为发现机会而惊喜
- 高度需要创造性解决方案
- 发现出乎预期

图 3-2　创业机会发现的二维概念框架

资料来源：MURPHY P J. A 2×2 conceptual foundation for entrepreneurial discovery theory[J]. Entrepreneurship theory and practice, 2010, 35(2): 359-374.

在建构主义视角下，创业机会开发是一个信息加工的过程，创业者应该采用试错或探索模式，通过诠释法来加工信息，并且利用他们从周围环境中捕捉到的信息来建构他们心目中的现实。为了共享信息、创造新知识、实施创新和建构机会，创业者必须证明自己基于已加工信息形成的信念。因此，信息加工是创新和发现新商机的关键。图3-3是创业机会建构的概念框架。

图 3-3　基于信息的创业机会建构框架

资料来源：VAGHELY I P, JULIEN P A. Are opportunities recognized or constructed? An information perspective on entrepreneurial opportunity identification[J]. Journal of business venturing, 2010, 25: 73-86.

这个框架综合运用了信息加工与建构主义分析思路，提出了一个以组织为分析层次的创业信息加工模型。图中第Ⅰ部分由7个信息加工环节构成。具体包括：算法模式端的信息加工是一种"原型识别"的过程，探索模式端的信息加工侧重于建构主义的试错过程，直觉推断在两种模式中都是重要组成部分；两端之间的中间环节用来表示典型的算法模式或探索模式信息加工行为，包括从归档信息中获取强信号，从内隐信息中搜寻弱信号；位于中间的反馈环表示创业者检查信息质量的机制。模型的第Ⅱ部分位于第一部分的上下两端，表示在算法模式端影响创业者信息加工脚本以及在探索模式端影响创业者阐释环境的情境因素或环境因素，具体包括行业竞争程度、跨边界活动、创业者信息网络中的内外部信息来源、丰富信息的可用性、信息共享水平以及组织的信任文化和组织结构等。

概括来说,创业机会的建构过程包括三个方面。第一,创业者是具有主动性、目的性和创造性的能动者。第二,创业者在建构创业机会和创业企业的过程中伴随着与他人的互动和交流。第三,创业者在社会性地建构创业机会和企业的过程中受到嵌入特定情境的规则和资源的影响。创业学界把建构主义范式用于创业机会研究和实践指导,为社会世界和自然世界划界,注重现实的建构过程,而不是客观给定的存在和状态;注重主体间性,而不是主客二分;注重互动和共同的社会建构,而不是单个创业者的行为;注重机会关系和关系的创业者,而不是客观的机会和本质的创业者;注重创业过程中的机会生成性以及创业者的自我成长和自我超越,而不是客观给定的机会和创业者。[一]

⊙ 专栏

腾讯最初的狼狈不堪

1998年,马化腾找张志东聊创业想法,并吸引了张志东最终一起创业。当时描述的是把互联网与寻呼机连接起来的"无线网络寻呼系统",是一个糟糕的产品。

看上去这是一个非常有前途的项目,马化腾在一揽子的解决方案中设计了很多颇为创新的寻呼服务。比如网页寻呼业务,用户可以在互联网上访问寻呼台主页,不必拨打长途电话,就能将信息经寻呼系统发送到寻呼机上;又如邮件寻呼服务,用户可以在寻呼机上看到发送到电子邮箱的主题及部分内容;再如网络秘书服务,用户可以在互联网上输入每天的行程,网络秘书就会在设定的时间把事项及时地发送到寻呼机上。

除此之外,马化腾还设计了一个虚拟寻呼服务:用户无须拥有真正的寻呼机,只需要有一个虚拟寻呼号,朋友就可以直接打电话到寻呼台发信息到你的电子邮箱。在原理上,这已经是一款基于互联网的即时通信工具了。

然而,归根结底,这仍是一个糟糕的产品。它之所以糟糕,不是因为技术上不成熟,而是它违背了一条非常简单却不易被察觉到的竞争原则:在一个缺乏成长性的产业里,任何创新都很难获得等值的回报,因为是没有意义的。

马化腾的所有创新都基于一个前提:人们将继续使用寻呼机。致命的问题是,进入1998年之后,随着移动手机的日渐普及,寻呼机逐渐成为一个被遗忘、落伍的通信商品,全国几乎所有的寻呼台都停止了扩张和投入。

正沉浸在创业激情中的马化腾没有察觉到自己的危险处境。在开始筹划创办腾讯的时候,他就已经开始四处寻找业务了。有一位朋友介绍了一单河北电信的生意,愿意出20万元购买马化腾的软件系统。1998年5—7月,马化腾跑了4次石家庄,终于完成了这个项目,这让整个团队非常兴奋,也是促成公司正式创办的主要动因。

为了开拓业务,马化腾弄到一本《寻呼企业大全》,上面收录了上千家企业的地址和电话。他们就打印了一份业务信函,买了上千个信封,一一手写,然后寄出,每天巴巴地守株待兔。然而,除了河北电信,全国没有一家寻呼台愿意出20万元购买这套软件,马化腾的报价越来越低。这期间,曾李青利用自己在深圳电信的人脉关系,拉到了一笔开发电子邮箱的业务,金额有30万元,这又让马化腾团队忙碌和高兴了好一阵子。

[一] 方世建,孙累累,方文丽. 建构主义视角下的创业机会研究经典模型评介[J]. 外国经济与管理,2013,35(5):2-14.

在 1998 年 8 月前后，马化腾在广州电信的信息港上"闲逛"，无意中看到广州电信想要购买一个类似 ICQ 的中文即时通信工具，正在公开向全社会招标。马化腾团队商量后，觉得技术难度不大，可以去试一试。竞标会上，广州电信没有给腾讯任何机会，广州电信旗下的飞华公司成为中标者。

在回到深圳后，五位创业者坐下来，讨论一个问题：是不是"真的"要把 OICQ 给开发出来？当时国内已经有 3 个"汉化 ICQ"了。大家最后还是听马化腾的。马化腾说："要不我们先把它养起来吧。"

所以，当马化腾决意把 OICQ "养起来"的时候，他并没有意识到它会成长为一个"小巨人"。马化腾回忆说："当腾讯正式创办的时候，我们已经看到寻呼机行业令人恐惧的下滑趋势，但是又无能为力。我当时的想法是，先把 OICQ 做出来，养着，反正它也不大，赚钱还是要靠卖软件。"

就这样，刚刚创立的腾讯公司兵分两路：马化腾、曾李青和李海翔等人做网络寻呼系统，张志东带人开发 OICQ。

资料来源：吴晓波.腾讯传[M].杭州：浙江大学出版社，2017.

3.4.3 创业机会的信息加工

现实中，人们往往后见之明地认识到，他们已经错过了创建一家新企业的非常有价值的机会，而这个机会已经被其他人开发利用了。那么，为什么是有些人而不是其他人发现了这些有价值的机会呢？这个问题的重点是，创业机会的存在是由于像技术、社会和人口趋势、行业结构、政治和制度方面的信息发生了改变。这说明，获取信息或者对信息进行处理的能力是使机会识别成为可能的关键所在。例如，有些人最早知道某项技术发明，可能是因为他们在产生这项发明的研究实验室里工作的缘故。在他人了解这项技术之前先行获得信息可以使人们在提供或销售新的产品方面比其他人做出更优的决策。简而言之，一些人识别出了创办新企业的机会，而其他人却没有，是因为这些人获得了关于机会出现的信息，以及他们的认知特性使他们从少量信息中看到了那些创业机会。[⊖]为此，获取别人难以接触到的有价值信息与具备优越的信息处理能力共同构成了创业者发现创业机会的前提条件。

1. 获取别人难以接触到的有价值信息

有些人比其他人更善于获取关于那些提供创业机会的变革信息。其中，有几个因素非常重要，成功的创业者往往正是利用这些因素来识别有价值的机会。

首先，有些人在社会网络中处于更佳的位置。由于信息总是通过人们的社会关系纽带进行传播，所以，在社会网络中占据有利位置能使某人获得他人无法获得的信息。另外，强有力的社会纽带使人们更愿意相信在不确定条件下传输的信息，这加快了信息从一个人到另一个人的传播速度。对于能提供创业机会的那些关键变革的信息源，拥有强有力的社会纽带的人们通常能够获得他人无法获得的信息。

其次，个体的工作或生活圈子使他们比他人更接近于能提供创业机会的变革的信息。例如，研究开发工作提供了关于新技术的信息，而这种新技术能为新企业的创立提供机会；市场营销工作能提供关于顾客偏好或者未被满足的顾客需求方面的

⊖ 沙恩.寻找创业沃土[M].奚玉芹，金永红，译.北京：中国人民大学出版社，2005：27.

信息。在某些特殊情况下，有些人可能是因为他们注意搜索这些信息，但是为了找到技术或者市场问题的解决方案而做出的有目的的努力可以为机会源提供有价值的信息。

最后，有些人可能因为具有创业警觉，从而获取别人看到了却没有引起注意或者注意到了却没有引起触动的信息。最早使用"警觉"这一术语来解释创业机会识别的是奥地利经济学家柯兹纳（Israel Kirzner），他认为任何一个被创业者所甄别的机会都来源于他们对环境中有关客体、事件和行为方式等信息的高度敏感性与关注倾向。创业警觉不仅仅是一种先天禀赋，也是个体多年实践中学习积累和沉淀下来的认知特质，是一种复合的有机能力。

关键概念

创业警觉

创业警觉意味着高度敏感性和关注倾向，本质上是一种个体的禀赋，是对信息的敏锐把握和解读能力，它受到个体创造力、先前知识与经验、社会网络关系等因素影响。

2. 具备优越的信息处理能力

获取别人难以接触或忽视的信息是发现创业机会的必要条件，在此基础上，创业者还必须具备相应的信息处理能力，能够看到信息背后的商业价值和含义，从而发现创业机会。优越的信息处理能力依赖于良好的智力结构、乐观的心态和敏锐的洞察力。

智力结构来自经验的反复提炼，使人们具有组织和利用信息的能力。个体智力结构可能影响其信息处理能力，并帮助他们识别创业机会。研究显示，无论是对于顾客还是供应商，关于市场的领先知识以及关于如何为这些市场提供服务的领先知识是有助于发现创业机会的智力结构的重要来源。例如，如果你了解汽车行业中关于顾客问题的知识，那么当你获知一种新发明的新材料信息的时候，你就比其他那些不熟悉汽车市场的人更有可能看到创办一家新的汽车企业的机会。

保持乐观的心态能帮助个体锤炼信息处理能力，因为它能使个体首先看到的是信息中蕴含的机会，而不是风险。因为个体不能确定新产品是否能被创造出来，人们是否愿意购买这种产品，或者竞争对手是否会通过模仿创业者的新产品或新服务来争夺收益，所以蕴含新产品和新服务的机会具有高度的不确定性。这意味着，识别创业机会要求创业者要愿意看到充满着不确定性的机会中的潜力，而不是因仅看到不确定性和风险而止步不前。而且，乐观的心态还是创造力的源泉。

⊙ 专栏

采访：关于个人、生活和过去

《财经》：如何看待自己的弱点？

王兴：如果我更加激进一点或许会更好。

《财经》：大部分时候，从美团的历次决策中，人们感觉你是保守型的。

王兴：我愿意接受风险，但是我不想做无谓的冒险。

《财经》：你曾多次创业，为什么非要成功不可呢？

王兴：我真的没把追求所谓的成功作为目的。

《财经》：你的动力来源于什么？

王兴：我非常喜欢一句话：成为你在这个世界上希望看到的改变（be the change that you want to see in the world）。我认为世界应该是这个样子的，它应该发生改变，但你别等待希望别人让这个改变发生，你可以积极地去促成这个改变发生。

《财经》：你每天花多长时间想问题，真正在思考一件事情？

王兴：真正高质量思考问题的时间并不多。

《财经》：用2~4个字定位一下你自己。

王兴：好奇。我对什么东西都很好奇。MMORPG里有4个玩家分类，分别是探索型、成就型、毁灭型、社交型。我是探索型。

《财经》：你是否觉得别人看不到的事情你看到了？

王兴：我很难讲别人看不到的事情我看到了，相反，我担心很多事情是我该看到的但我还没有看到。

《财经》：你认为别人对你最大的误解是什么？

王兴：我不知道，也不在意。一流的事是做事，二流的事是评价别人或别人做的事，三流的事是评价别人的评价。

《财经》：是否有很多人说你始终没有做出一些颠覆性的东西？

王兴：我同意。并不是我做的事情都是百分之百原创的，那也不是我所追求的。大家可能对发明和创新、创造的理解有点偏，原创是一回事，你做选择判断是另一回事。举个最夸张的例子，你写一篇文章，里面的每一个字都是汉字编码里面的，你所做的事情是通过重新排列组合展示一个不一样的想法，你不创造任何一个汉字，但你的创造是在排列组合层面上的，这其实也体现了你的判断。用户本质上关心谁更能满足他的需求，而不是谁用了完全不一样的想法。

《财经》：有人认为美团过于平庸、缺乏创新，这似乎和你的极客身份不太相符。

王兴："君子不器"。我不认为我一定就要做这件事，或者一定要符合某些期望值。

《财经》：你如何看待过去？

王兴：我来分享一个故事。一个韩国裔的美国棒球手，在他的职业生涯中有非常辉煌的成绩，但体育是一个竞争非常激烈的领域，大家觉得他会走下坡路。别人说他过去的职业生涯一直是向上的，但到了一定的年龄段，体力可能会下降，于是问他怎么看待这个事情。他给了一个非常简洁的回答，他说对他来讲重要的事情不是一定向上或者向下的，关键是他在持续向前。

《财经》：回头来看，你过去几次创业为什么没能坚持？

王兴：不是所有事情坚持就可以了。人生最重要的事情，除了能够坚持到底，还要知道应该何时放弃，其实只是绕了一个弯。大多数人在一件事情坚持不下去的时候并不是觉得这件事情他应该坚持但坚持不下去了，而是他突然恍然大悟为什么需要坚持。大多数放弃的情况都是这样。

《财经》：你觉得现在的你和之前相比有什么改变？

王兴：比原来更有耐心一些。总体我比较喜欢新东西，如果我跟别人讨论的时候有了新的信息输入或者让我激发了新的想法，我会比较兴奋，如果只是把我想的东西告诉别人，我会希望尽可能高效、迅速地结束这件事情。

《财经》：你做过什么努力来改变自己？

王兴：增加沟通频率。我觉得人的改变一方面是外界的输入，另一方面是当你意识到这个输入并接受这个输入时。

《财经》：这看起来是很常规的方法。

王兴：有非常规的方法吗？

资料来源：节选自《财经》杂志对王兴的采访录，"王兴：多数人为了逃避真正的思考愿意做任何事情"。

敏锐的洞察力是提高信息处理能力的催化剂。所谓洞察力，就是深层次分析、解决问题及把握大局和未来发展趋势的能力。在当今信息泛滥的时代，缺乏的往往不是信息，而是见解和洞察力。拥有洞察力，创业者就可以在别人看不到的地方看到无形事物和事物的无形价值，就可以看见现状是微不足道的趋势性东西，就能根据事情的一点苗头，感知事物的发展趋势，预测和把握企业发展的方向。

本章要点

- 机会是未明确的市场需求或未充分使用的资源和能力。
- 创业机会并不是一般意义上的商业机会，是对目的–手段关系的全盘甚至是颠覆性变化，是一种独特的商业机会。
- 创意是具有创业指向同时具有创新性甚至原创性的想法，而不是单纯的奇思妙想。有价值的创意至少要具备新颖性、真实性、价值性。
- 变化是机会的重要来源，没有变化，就没有创业机会。先前经验、社会网络、认知因素和创造性等影响着个体识别创业机会的可能性。
- 识别创业机会本质上是获取、加工并处理信息的过程，关键在于获取别人难以接触到的有价值信息，并利用优越的信息处理能力去挖掘信息背后的商业价值和含义，从而发现创业机会。
- 识别创业机会只是创业活动的起点，如果要理性创业，就必须进行创业机会评价，这种评价过程的结果是做出是否创业的决策。
- 创业者可以发现创业机会，也能够建构创业机会。
- 在建构主义视角下，创业机会开发是一个信息加工的过程，创业者应该采用试错或探索模式，通过诠释法来捕捉和加工信息，从而建构他们心目中的现实。

重要概念

创意　　创业机会　　创业警觉　　机会识别
机会评价　机会窗口　　机会发现　　机会建构

复习思考题

1. 你经常听到创意（idea）这个词，你觉得创意和创业机会之间有什么样的区别和联系？
2. 大多数研究创业的学者都会关注创业者对创业机会的认知，这是为什么？
3. 识别机会是一个过程吗？为什么？
4. 识别创业机会受到哪些因素影响？
5. 有价值创业机会的特征有哪些？
6. 哪些机会适合于创业者？哪些机会适合于现存企业？
7. 为什么有的人能看到创业机会，而另一些人则看不到？
8. 如何评价创业机会？
9. 如何理解创业机会的发现和建构？
10. 你认为创业机会的认知，是艺术还是科学？如果是艺术，它体现在哪些方面？如果是科学，它又体现在哪些方面？

实践练习

请阅读下面节选自《哈佛商业评论》（中文版）2023年11期上的《"二手经济"新浪潮》一文的内容。

如果你和大多数人一样，善于购买商

品，却不善于处理闲置物品，那么问题可能出在心理层面。我们都会对某些东西产生依恋，尤其是当它们具备情感或物质价值时。但挑战往往是很实际的：你该如何处理那台不再使用的旧计算机、那双一直不合脚的靴子或者那块不再佩戴的高级手表？

如果你无法或不愿找出答案，那你可能正在采取一种被称为"延迟处理"（deferred disposal）的做法。起初，你什么也不做，只是让东西闲置——放在桌子下面，塞进衣柜里。然后，随着生活中杂物的累积，你会把它们搬到地下室或车库里，甚至把它们放到付费仓库中。多年后，这些东西可能会积满灰尘，隐隐约约地困扰着你，但最终，你或者从你手中继承这些东西的人，会决定摆脱它们，通常是将它们全部扔掉。

很多人都会这么做。根据研究和咨询公司 GlobalData 的数据，2021 年，平均每个美国家庭拥有价值 4 517 美元的潜在可再利用物品，国际上也存在类似的情况。这是一笔相当大的待释放价值。如今，企业终于开始认真思考如何获取这部分价值。

如何做到？通过拓展企业自身的二手销售——转售能力。

转售市场已经存在很久了，比如在家庭庭院售卖、二手车交易市场和分类广告中都能见到。但现在发生变化的是市场规模，Z 世代消费者和对可持续发展日益增长的需求在很大程度上推动了这一市场的发展。研究和咨询公司 GlobalData 的报告显示，全球 74% 的消费者会购买转售商品，主要类别是服装、电子产品和家居用品。从苹果、劳力士到沃尔玛、露露乐蒙，各种大品牌都在进军这一市场。据估计，如今仅运动鞋的转售市场规模就超过 50 亿美元，其中国际市场份额超过了美国市场。一些罕见的运动鞋可以卖到数千美元——这种情况促使包括 TD Cowen 在内的一些金融公司，将运动鞋视为"另类资产"（alternative assets）。根据联合市场研究公司（Allied Market Research）的数据，2021 年，全球翻新和二手手机市场价值已经达到 520 亿美元。GlobalData 的报告显示，2023 年，美国的转售市场的总规模约为 1 750 亿美元。

毫无疑问，二手市场正在急剧扩大，这在很大程度上得益于 Z 世代消费者的推动，以及人们对可持续发展日益增长的兴趣。在我国，各类二手 app 和活动正在赢得更多年轻消费者。你觉得，就目前而言，二手市场上存在哪些商业机会？你觉得哪些机会适合于创业企业，哪些机会适合于现存企业？为什么？你能否像亚马逊创始人贝佐斯那样建立一个评价体系来做出科学的评判？

创业实战

1. 描述一个对你有吸引力的创业机会，并说明你为什么认为这是一个创业机会。
2. 你认为这个创业机会对你而言是一个好的创业机会吗？你对于一个好的创业机会的评价标准是什么？
3. 你对这个机会充满激情吗？你愿意为这个机会做出哪些承诺或投入？

> 把命运交在别人手里的感觉不好受吧？一根筷子很容易折断，但当一把筷子紧紧凝聚在一起时，谁也折不断！接下来的比赛，没有你，没有我，只有我们！
>
> ——中国女排前总教练郎平

第 4 章
组建创业团队

【核心问题】

- ☑ 创业者为什么要组建创业团队？
- ☑ 创业团队有什么独特之处？
- ☑ 创业团队的理想伙伴是不是志同道合的人？
- ☑ 组建创业团队应该注意哪些问题？
- ☑ 如何认识和应对创业团队的冲突？
- ☑ 创业团队与高层管理团队有什么异同和联系？
- ☑ 创业团队的领导者发挥什么样的作用？
- ☑ 创业团队如何在企业成长过程中延续创业精神？

【学习目的】

- ☑ 认识创业团队的内涵和特征
- ☑ 了解组建创业团队需要考虑的主要问题
- ☑ 掌握创业团队的冲突及其管理
- ☑ 理解创业团队的创业型领导的特点

引例　为什么俞敏洪总能带出强悍的团队

如何培养出董宇辉那样的人才？为什么俞敏洪能带出"东方甄选"这样强悍的团队？2022年，创业已近30年，最高时领导10万余员工的新东方创始人俞敏洪曾在2017年新东方不断披荆斩棘的时代分享了领导力心法。

个性原则。领导力来自一个人本身的个性，以及由个性所产生的魅力，比较看重以下4点：主动参与、合群友好、开朗坦诚、果断坚毅。

分享原则。有人问新东方是怎么做起来的，其实就是一个分糖的过程：想分到糖，就必须把新东方一起做大，新东方就是在这样不断的分配、再分配过程中做大的。有难同当，有福同享，这是无比重要的一件事情。

主导原则。抱着为大家服务的心态，主动去承担某种责任，或者主动去做某件事情，你就能够占据一个优势地位。先形成核心团队，然后再通过核心团队去招募周边有能力的人，一层层扩散下去，形成新东方的能力圈。

气场原则。不能总是跟着别人走，一定要宁为鸡头不为牛后，学会避开高压气场，自创气场。曾经有两件事给了俞敏洪很大的信心：在小时候，他是小朋友的头儿；在高考补习班，他是个非常有影响力的班长。

判断原则。如果公司只做一件事情，应该首先做哪件？这个问题经过广泛讨论以后，你就能够明白，什么是最重要的事情。

纠错原则。在一家公司里，如果有这样的几个人，总是能够勇敢地指出老总的缺点，并且老总还愿意接受，那这家公司犯错误的可能性就会减少很多。这些机制会让公司不走歪。

奖励原则。口头上的表扬和鼓励是虚，现金的奖励是实。所谓虚实并重，就是要让人感觉到时时有鼓励，并且时时有一个开放的平台在他们的眼前。

掌控原则。千万不要去做你认为掌控不住的事情，以及你认为会出问题的事情。要学会掌控速度和节奏。你的公司是要活着，还是被你的顶级人才推翻掉？

包容原则。第一，过线必罚。第二，线内包容。如果是非原则性问题，不管犯多少错误，你都可以包容，哪怕有人侮辱你，哪怕有人作践你，都没关系。第三，广开言路，有所设计。第四，民主集中。

资料来源："混沌学园"微信公众号，为什么俞敏洪总能带出强悍的团队？2022-06-15.

在科技创新时代，团队创业作为一种重要的创业现象受到理论和实践领域的日益关注。不少调查显示，无论是初创企业还是成长导向企业，通常都是由两个或两个以上创始人组成的创业团队创办的。这些不同文化背景、职能经验、社会身份的个体跨区域、跨领域地组合在一起开启创新创业活动，一方面有助于降低创业风险，汇集知识、技能和社会网络资源；另一方面也会因差异化而产生冲突和关系恶化，甚至导致发展受阻、解体。创业者是否都需要"桃园结义"？创业团队是否都要经历"天下大势，分久必合，合久必分"？

4.1 创业团队的内涵

4.1.1 团队与群体

团队与群体并不是同一个概念。二者的差异主要在于，团队中成员的作用通常是互补的，而群体中成员的作用往往是可以互换的甚至是随意安排的；团队绩效基于每一个成员的不同角色和能力而尽力产生乘数效应，而群体绩效主要依赖于成员的个人贡献。因此，团队是群体的特殊形式，是由两个或两个以上拥有不同技能、知识和经验等特质的个体所组成，为了实现特定的目标相互依赖、成果共享、责任共担的组织形式。团队并非只是一群人的简单集合，而是让每位成员发挥出优势和潜能，创造出超过个体能力加总的组织合力。一般而言，成员在团队中发挥的作用不尽相同，主要扮演 9 种不同的角色，如表 4-1 所示。

表 4-1 9 种团队角色描述

类型	角色功能	性格优点	可接受的缺点
协调者	领导团队，安排团队工作，确保团队资源得到最佳利用，在面临抉择时拍板	稳重，富有领导能力，外向，目标意识强	智力与创造力水平一般
塑造者	设立目标，确定事物的轻重缓急，从而保证团队的目标清晰，方向准确	有干劲，富有领导能力，乐于挑战，精力充沛	不耐心，极易激动，自负
创新者	带来突破性思想和见解，解决研发团队所面临的主要问题	想象力丰富，智力超群，非正统思想	不切合实际，不注重细节，个人主义
监控评估者	分析问题和评估解决方案，从而确保决策制定的均衡	有判断力，头脑清醒冷静，不易冲动，慎重	缺乏灵感，没办法激励他人，内向
资源调查者	收集信息，提供和推广新的思想	有求知欲，喜欢探索新事物，热情，好奇，喜欢社交	新鲜感过后，容易对工作失去兴趣
执行者	接收工作概念，并将之转变为实际的步骤，并执行	努力工作，勤恳，有责任感	墨守成规，不会变通
协作者	鼓舞士气，培养团队合作精神	喜欢社交，性情温和，敏感	优柔寡断
完成者	确保所有工作都按计划完成，并维护工作	完美主义者，有条理，小心谨慎	太重小节
专家	解释技术问题，提出专业意见	精通技术知识	只对本领域的知识感兴趣，且有知识局限性

资料来源：贝尔滨. 管理团队：成败启示录 [M]. 郑海涛，译. 北京：机械工业出版社，2001.

团队内的成员也会经历社会分类过程，可能的结果之一是形成子群体。根据群际关系理论，群际偏见的产生会使团队成员更加喜欢和包容子群体内的成员，并对子群体外的成员产生偏见和敌意，从而加剧团队内子群体间的冲突。由于团队中各子群体的成员同时拥有子群体成员和团队成员的双重社会身份，所以子群体间的关系与一般群际关系会有所不同。

4.1.2 创业团队的定义

创业团队是一种群体形式，团队成员以开创新事业作为共同努力的目标，通过共同创新、分享认知、共享收益、共担风险、协作进取的过程创造新价值。创业团队通常是高层管理团队的基础和最初的组织形式，在创建新企业的初期或企业成长早期往往被人们称之为"元老"，而高层管理团队则是创业团队伴随企业成长的组织延续。相较于一般团队，创业团队在诸多方面存在独特之处，如表 4-2 所示。

表 4-2　一般团队与创业团队的区别

比较项目	一般团队	创业团队
组织目标	解决某类或者某个具体问题	开创新企业或者拓展新事业
职位层级	成员并不局限于高层管理者职位	成员处在高层管理者职位
权益分享	并不必然拥有股份	一般情况下在企业中拥有股份
组织依据	基于解决特定问题而临时组建在一起	基于工作原因而经常性地一起共事
影响范围	只是影响局部性的、任务性的问题	影响组织决策的各个层面，涉及范围较宽
关注视角	战术性的、执行性的问题	战略性的决策问题
领导方式	受公司最高层的直接领导和指挥	以高管层的自主管理为主
成员对团队的组织承诺	较低	高
成员与团队的心理契约	心理契约关系不正式，且影响力小	心理契约关系特别重要，直接影响到公司决策

资料来源：陈忠卫. 创业团队企业家精神的动态性研究 [M]. 北京：人民出版社，2007：83-85.

创业团队的核心成员是初始合伙人，这是在创业初期投资并参与创业活动的多个个体组成的群体，其知识、技术和经验往往是新企业所具有的最有价值的资源。正是出于这个原因，人们经常通过评估初始合伙人团队的素质特征来预期新企业未来发展的前景，这些素质特征包括受教育程度、前期创业经历、相关产业经验、社会关系网络等。

创业团队通常还包括董事会。如果创业者计划创建一家公司制企业，就需要按规定成立董事会，这是由公司股东选举产生以监督企业管理的个人小组，一般由内部和外部董事构成。如果处理得当，公司董事会能够成为新企业团队的重要组成部分，可以通过提供指导和增加资信两种方式帮助新企业有一个良好的开端并形成持久的竞争优势。

4.1.3 创业团队的特征

异质性是创业团队构成的基础特征。团队异质性一般是指团队成员间人口特征以及重要的认知观念、价值观、经验等方面表现出来的差异化。具体到创业团队异质性，主要包括性别、年龄、教育水平、创业经验等易观测的外部异质性，以及认知、价值观、偏好、态度、创业承诺等深层的内部异质性。

创业团队异质性的研究起源于高层管理团队异质性的研究，后者研究的理论基础主要是高阶理论（upper echelons theory）。高阶理论的基本主张在于，高层管理团队的组成特征决定了成员不同的认知基础、技能、态度、价值观等，进而将直接影响组织的行为、战略选择以及企业绩效，这一理论开启了从团队异质性角度分析团队成员构成特征和公司绩效之间关系的研究先河。例如，一些研究分析了创业团队教育水平和教育专业异质性、性别和经验异质性、团队年龄异质性等与创业企业绩效的关系，发现创业团队异质性与创业企业绩效具有正相关关系。

此外，作为群体关系研究中极具影响力的理论，社会认同理论（social identity theory）也是分析创业团队异质性及其与绩效关系的重要基础。其基本观点是，个体对群体的认同是群体行为的基础，个体通过社会分类对自己的群体产生认同，进而产生内群体偏好和外群体偏见，并影响组织的行为和结果，团队的异质性特征会在团队内部产生沟通、信任、自我归类等一系列群体关系行为，从而影响组织的绩效。例如，基于该理论视角的一些研究发现，创业团队高年龄异质性会不利于沟通和开放式讨论，成员在性别、年龄与管理经历等方面的多样性不利于团队承诺的一致性，这些会阻碍新创企业的探索性创新和竞争优势获取等。

创业聚焦　　大学生创业团队的"花椒赋能"

走进西安外国语大学丝路青年众创空间，站在一处琳琅满目、设计精美的产品橱窗前，一位口齿伶俐的女大学生正在拿着土特产给客人详细介绍着。她就是西安外国语大学"红金团队"的负责人路亦舟。

该团队之所以选择花椒项目，纯粹源自一位陕西韩城籍同班同学李冰冰。她的老家盛产"大红袍"，随着种植规模的扩大，韩城大红袍花椒出现了滞销。为了探究原因，在指导老师党伊玮的带领下，她们几个同学深入陕西多个村庄展开调研。

她们在调研中发现，目前花椒产业发展存在的问题是种不好和卖不好，花椒树普遍长势弱、产量低，加上滞销，椒农种植积极性下降。"2015年，习近平总书记在云南看望慰问受灾群众时，就当地实情指出了'小小花椒树，致富大产业'的发展方向。这也促使我们萌生了以花椒开始我们的创业之路，希望能帮助老百姓找到更好的销路。"

路亦舟和李冰冰一琢磨，决定和4名有创业愿望的同学一起成立团队，利用自身的语言优势，寻找一个具有巨大消费潜力的新市场。2021年12月，一个由5名女生和1名男生组成的"红金团队"正式成立。

为了增强产品在国际市场的抗风险能力和竞争力，"红金团队"将高品质的花椒划分为四条各具特色的产品线产品。结合团队成员以英语、德语、法语和国际商务等专业知识打造的国际化优势，通过跨境电商的方式，在全球知名跨境平台上搭建了"陕西名优品馆"。

为了做到产品出海，团队成员在学校领导和老师的不断鼓励与支持下，通过查询资料、找专业人士咨询等方式，终于破冰，获得了8项出口相关资质资格证书。2022年年初，得益于韩城市政府的支持，"红金"花椒产品参加了在美国洛杉矶举办的华人工商大展，这让他们的产品获得了向全世界说"哈喽"的机会。

如今，"红金团队"成员还在不断扩大，其中包含商务英语、会计、医药学、视传等专业的志同道合者。他们共同用多种语言讲述一个精彩的中国故事，也让国外消费者的餐桌更添一份中国味道。

资料来源：党柏峰. 把"中国味道"端上"世界餐桌"：一个女大学生创业团队的"花椒赋能"[N]. 中国妇女报，2023-06-30.

4.2 创业团队的建立

4.2.1 创业者自我评估

创业者身份是指作为创业实体的创始人的一组身份主张，它不仅决定了创业者目前的感知、思维和行为方式，更对创业者未来想要实现的目标具有重大影响。在社会交往中创业者通过分类、比较和认同激发自身身份认同，而身份认同又会影响其在社会中的定位以及与社会的关联。社会认同理论认为，创业者以企业家的身份思考和展开行动，并肩负起相应的责任。也就是说，创业的行为不仅受自我利益驱使，还受到利他或者亲社会动机影响。

选择合适的创业伙伴，往往始于创业者的自我评估。为了选择与自己在知识、技能和特性方面具有互补性的合作者，创业者首先必须对自己的人力资本进行认真的自我评估。不过，这并非易事，因为人们通常意识不到自身行为的动因，而且在许多情况下，只能根据其他人对自己的反应来理解自己的特征。

创业者的自我评估主要考虑以下五个方面。一是知识基础。创业者所接受的教育以及经验可以表明创业者知道什么和不知道什么，以及需要从其他人（包括潜在的合作者）那里获得什么。二是专门技能。每一个人都有一系列独特的完成某些任务的能力，创业者应当去理解并列举出自身技能，并将其作为创建新企业的初始步骤。三是动机。思考创业动机有利于评判创业者和那些潜在合作者之间的动机差异，防止未来发生隐患。四是承诺。承诺是指创业者积极行动（即使逆境中也继续前进）以及实现与新企业相关的个人目标的意愿。五是个人特质。创业者要了解自身在责任感、外倾性、友好性、情绪稳定性、经历开放性这五大关键维度上处于什么位置。

⊙ 专栏

创业者身份的三个维度

维度一：基本社会动机。动机解释了创业者为什么想要创业。某些创业者创业纯粹是为了赚钱；另外一些创业者旨在通过向特定的群体提供产品或者服务以满足他们的需求，从而获得自我满足和价值提升；还有一些创业者出于社会的总体利益实施创业行为，秉承着"让世界更美好"的伟大信念，通过创业来推动特定事业的发展。

维度二：创业者对自我评估的标准。这些标准存在着较大差异，可能包括用管理相关的专业能力和业务水平来评价自己是不是一个称职的创业者；或者，以真诚待人为自我评估的基础，与社群成员之间关系密切，希望能够切实满足成员所需，提供对他们来说真正有用的产品；抑或是以社会责任感作为评价基础，致力于推动社会的发展。

维度三：参照对象。一部分创业者强调与其他企业的竞争、扩宽市场，并以能否从竞争对手中脱颖而出作为创业是否成功的标准；一部分创业者以基于人际关系的特定社群作为参考对象；还有一部分创业者以整个社会作为参照物。

基于社会认同三个维度的划分，三类创业者分别是：达尔文型创业者——因个人利益驱动的商业创业；社群型创业者——为其所属社会群体提供他们所需要的产品或服务而进行创业；使命型创业者——为追求宏大的政治或社会愿景而创业，以为社会谋求福利为己任。

资料来源：田莉，张劼浩，袁国真. 创业团队身份异质性对团队冲突过程与结果的影响：基于团队断裂带的多案例研究 [J]. 管理评论，2021（12）：324-338.

4.2.2 团队成员的评估

选择优秀的创业伙伴并发展与他们的良好工作关系是一项复杂的工作，企业的成功在很大程度上取决于所获取的人力资本，包括最初的、早期的核心员工所带来的人力资源。创业者需要考虑的重要问题是，应当选择那些在各方面与自己相似还是互补的合作伙伴？

相似性导向意味着创业者倾向于选择那些在许多方面与自己相似的人作为合作伙伴。根据"越相似越喜欢"的心理效应，不少创业者乐于结识在背景、教育、经验上与自身相似的人，许多新企业就是由来自同一领域或同一职业的人所组成的团队创建的。不过，相似性也存在隐患，最重要的就是冗余问题：相似的成员越多，团队在知识、培训、技能、动机和社会网络等方面重叠的程度就越大，越可能会造成认知偏见或茧房效应等情况。

互补性导向意味着创业者倾向于拓展和丰富创业团队中的知识、技术和经验，根据自身欠缺或不足来选择差异化的合作伙伴，以期整合团队成员的知识和专长。这就需要创业者在组建创业团队时，要警觉与自己相似的人一起愉悦工作背后的潜在陷阱，积极为创业提供多样性和立体化的人力基础。当然，互补性成员在团队协作中往往会表达不同的意见，从而容易造成观点分歧等冲突情况。因此，创业团队选择需要平衡相似性和互补性，对成员进行综合评估。

知识评估。科学技术是第一生产力，创新是第一动力，知识成为发展生产力的核心要素。初始合伙人团队的受教育水平一定程度上可以反映他们知识掌握的程度，具有较高受教育程度的初始合伙人团队往往具备与创业有关的重要技能，可能在研究能力、洞察力、创造力和计算机技术应用等方面表现略胜一筹，而这些素质是创业成功的关键性因素。

经历评估。具有创业经历的初始合伙人团队，无论曾经取得成功还是遭遇失败，都可以成为新企业成功经营的有利因素，甚至成为一种独一无二的优势。因为这样的团队要比初次接触创业过程的创业者更熟悉创业过程，并可以在新企业中应用以前的成功创业模式，或者有效规避导致巨大失败的错误。

经验评估。基于组织烙印理论，初始合伙人团队所拥有的相关产业经验，有利于更为敏锐地理解相关产业发展趋势，可以更加迅速地开拓市场和开发新产品。从职业流动视角看，先前的创业经验对战略决策具有明显影响，先前的创业过程中所经历的高度资源约束情境，可能影响创业者的信息处理机制，使他们偏好于新颖的资源配置决策。

关系评估。具有广泛社会网络关系的初始合伙人团队往往更容易获得额外的技能、资金和消费者认同。新企业应当善于开发和利用网络化关系，构建并维持与兴趣类似者或能够给企业带来竞争优势者的良好人际关系，这种网络化关系也是创业者社会资本的具体体现，在新企业创建过程中是经常采取并行之有效的方法。

能力评估。如何评估并培养团队成员的创业能力是目前创业实践中亟待解决的问题。经验并非等同于能力，创业学习有助于创业者将经验向创业能力转化，当创业者的信息获取和转化方式与自身先前经验类型相匹配时，这一类型的经验才能更好地转化为创业能力。同时，创业者自我效能感、创业认知也会影响创业者通过行动学习巩固和提升。

资质评估。具有较高知名度和地位的董事会成员能为企业带来即时的资信，创业团队成员的资质也有类似效果。如果没有可信资质，潜在消费者、投资者或员工很难认同新企业的高质量。当高资质成员同意加入创业团队时，也是在发出某种质量信号，即这个创业项目或新企业很有可能取得成功。

4.2.3　创业团队的行动原则

创业机会为线索。创业机会所伴随的不确定性越高，价值创造潜力越大，往往意味着创业过程中面临的任务越复杂，越具有挑战性，围绕创业机会组建创业团队可能会更好地聚焦和应对创业过程中的复杂任务。而如果创业机会所伴随的不确定性较低、价值创造潜力一般，创业团队成员之间的齐心协力和信任感则更加关键。

凝聚力为核心。创业团队中每个成员都是紧密相关、不可分割的，创业成功既是每位成员共同努力的目标，也能使成员从中获取精神和物质上的收益。优秀创业团队中的每位成员都会认为单纯依靠个人的力量不可能单独成功，任何个人离开企业的整体利益都不能单独获益。同样，任何个人的损失也将损害整个企业的利益，从而影响每位成员的利益。

合作精神为纽带。具有成长潜力的企业最显著的特点就是创业团队的整体协同合作能力，而不仅仅是培养一两个杰出人物的场所。优秀创业团队注重相互配合以减轻他人的工作负担，从而提高整体的效率。他们注重在创业团队的成员中树立榜样模范，并通过奖惩制度激励员工。

整体性为基础。任务的完成必须建立在保证工作质量、员工健康或其他相关利益不被侵犯的前提下，因此，创业团队进行选择和利弊权衡应综合考虑客户、企业利益以及价值创造，而不能以片面的功利主义为依据，或是狭隘地从个人或部门需求的角度来衡量。

长远目标为导向。和大多数组织结构一样，新企业的兴衰存亡取决于其团队的敬业精神，在一支持之以恒的团队中，成员会朝着企业的长远目标而努力，而不会只指望短期收益最大化。他们将在长远目标的指引下不断奋斗并取得一次又一次的胜利。

价值创造为动力。创业团队成员都致力于价值创造，即努力把蛋糕做大，从而使所有的人都能获利，包括为客户提供更多的价值，帮助供应商也能从团队的成功中获取相应收益，以及使团队的赞助商和持股人等相关利益者均能获益。

公正性为准绳。越来越多的成功创业者都关注共同分享收获，比如对关键员工的奖酬以及职工股权计划的设计，应与个人在一段时期内的贡献、工作业绩和工作成果相挂钩。由于意外和不公平的情况往往在所难免，因此，创业团队需要对奖惩机制等进行及时调整。

创业聚焦　　　找人要"三十次顾茅庐"

十年前，我和一群小伙伴创办了小米。作为一位手机发烧友，同时作为一个创业者，我有点不服气。虽然我从来没有做过手机，但我们有了这样的梦想："做全球最好的手机，只卖一半的价钱，让每个人都能买得起。"一个从来没有做过手机的外行，一个从零开始的中关村小公司，要做全球最好的手机，谈何容易。如何实现这个看起来不靠谱的目标？我有一个"脑洞大开"的想法：这些巨头都是硬件公司，假如我们用互联网模式来做手机呢？把软件、硬件和互联网融为一体，就可以另辟蹊径，"降维攻击"。

我也的确找到了一条"捷径"：当时硬件最好的是摩托罗拉，软件最好的是微软，互联网最厉害的是谷歌，假如我能把这三家公司的精英凑在一起，就有机会炼成"铁人三项"！

我找的第一个人是林斌，当时他是谷歌中国研究院的副院长。巧了，他正在考虑出来创业，想做一家在线音乐公司。我说，别做了，跟我一起干点大事。我在餐巾纸上画了这么一张图（"铁人三项"），他很快就答应了。这样，他成为小米第2号员工。

这么顺利的挖角只是一个偶然。接着我连续找了10个谷歌工程师，一个都没有搞定，真让人绝望，直到第11个。他就是洪锋，谷歌非常出色的工程师。

一上来，洪锋就问了我三个问题。第一个问题："你做过手机吗？""没做过。"第二个问题："你认识中国移动老总王建宙吗？""不认识。"第三个问题："你认识郭台铭吗？""郭台铭？我认识他，他不认识我。"

这三个问题下来，我估计没戏了，但出于礼貌，我还是坚持"尬聊"了很久。最后他做了一个总结："这事听起来，不靠谱……不过，可以试试。"

一瞬间，我长舒了一口气，终于搞定了！就像中了彩票。这是我搞定的第2个谷歌"同学"。一个外行来做手机，大家凭什么相信你？我在面试牛人的时候，牛人也在面试我。

在小米创办的第一年，我花了80%的时间招人。我记得印象最深的一个人，在2个月内我和他聊了超过10次，甚至有几次一聊就是10个小时。有很多企业家和创业者请教我如何找人，我也总听到有人抱怨找不到人。这是一个非常普遍的问题。找人肯定不是一件容易的事情，如果找不到人，其实只有一个原因，就是没有花足够的时间！

我的建议是：找人不是"三顾茅庐"，找人要"三十次顾茅庐"！只要有足够的决心，花足够的时间，就可以组成一个很好的团队。

资料来源：2020年8月11日小米创始人雷军的小米十周年主题演讲。

4.3 创业团队的冲突与管理

4.3.1 认知冲突与情感冲突

冲突的发生是内外部某些关系不协调的结果，表现为冲突行为主体之间的矛盾激化和行为对抗。有些学者把团队内的冲突分为两大类，即认知冲突与情感冲突。有效的团队知道如何进行冲突管理，从而使冲突对绩效改善产生积极贡献。在无效或低效的创业团队中，团队成员在一起总是极力避免冲突的形成，默认或者允许冲突对团队有效性和组织绩效的提高形成的消极影响。

1. 认知冲突

认知冲突是指团队成员对有关企业生产经营管理过程中出现的与问题相关的意见、观点和看法所形成的不一致性。通俗地讲，认知冲突是论事不论人。从本质上说，只要是有效的团队，这种团队成员之间就生产经营管理过程的相关问题存在分歧是一种正常现象，而且，在一般情况下，这种认知冲突将有助于改善团队决策质量和提高组织绩效。

当团队成员分析、比较和协调所有不同的意见或看法时，认知冲突就会发生。这一过程对于团队形成高质量的方案起着关键性作用，而且，经历过认知冲突的团队方案也容易被团队成员所理解和接受。由此可见，认知冲突有助于改善团队有效性。

认知冲突的积极作用在于它与影响团队有效性的最基本的活动相关，有助于审视被忽视的问题背后的假设。通过推动不同选择方案的坦率沟通和开放式的交流，认知冲突鼓励创造性思维，促进创造性方案，运用有效的冲突管理，认知冲突将有助于决策质量的提高。事实上，没有认知冲突，创业团队决策不过是一个团队里最能自由表达的，或者是最有影响力的个别成员的决策。

除了提高决策质量以外，认知冲突能够促进决策本身在团队成员中的接受程度。通过鼓励开放和坦率的沟通，以及把团队成员的不同技术和能力加以整合，认知冲突通常会推动对团队目标和决策方案的理解，增强对团队的责任感，从而也有助于执行团队所形成的创业决策方案。

2. 情感冲突

冲突有时候也是极其有害的。当创业团队内的冲突引发团队成员间产生个人仇恨时，冲突将极大地降低决策质量，并影响到创业团队成员在履行义务时的投入程度，影响对决策成功执行的必要性的理解。与那些基于问题导向的、不一致性相关的认知冲突不同，基于人格化、关系到个人导向的不一致性往往会破坏团队绩效，冲突理论研究者把这类不一致性称为"情感冲突"。通俗地讲，情感冲突是论人不论事。

由于情感冲突会在成员间挑起敌对、不信任、冷嘲热讽、冷漠等表现，所以，它会极大地降低团队有效性。情感冲突会阻止人们参与到影响团队有效性的关键性活动中，团队成员普遍地不愿意就问题背后的假设进行探讨，从而降低了团队绩效。情感冲突带来了隔阂、猜忌、回避甚至相互伤害，因此，将会阻碍开放的沟通和主动的合作。当它发生时，不只是方案质量在下降，而且团队本身的行动力也在不断地受到侵蚀，因为团队成员不再将自身与团队活动联系起来。

有效的团队能够把团队成员的多种技能结合起来。相反，那些彼此不信任或者冷嘲热讽的团队成员，就不愿意参与到那些必须整合不同观点的讨论中，结果势必会造成在集体创新、分享认知、共担风险、协作进取等方面的压制，从而使创业团队逐渐变得保守甚至僵化起来，创业决策质量也大受影响。

同样，那些敌对的或者是冷漠的团队成员不可能理解，也很少对那些他们并没有参与的决策履行相关的义务。因此，在多数情况下，团队成员也不会很好地执行决策，因为他们没有充分理解和认同创业决策。在最坏的情况下，这些团队成员甚至不愿意按照创业团队所设计的思路去执行决策，从而降低了团队在未来有效运作的能力。

> **创业聚焦　　　　团队不和谐？没关系**
>
> 美国口香糖大亨小威廉·瑞格利（William Wrigley Jr.）曾指出，商机是由提出不同意见的人发现的，"当两个人总是意见一致时，其中一个的存在就没有必要了"，成功的伙伴关系，其创造动力同样来自紧张或不和谐。
>
> 创造力和创新可以通过减少团队和谐而得到加强。例如，针对100个产品开发团队的研究发现，破坏团队和谐的两个常见因素——多样性和任务不确定性，对创造性表现有着正面的影响。同样，回顾基于理论和定量的结果表明，当团队拥有更少而不是更多的资源（例如时间、金钱和人）时，他们往往更有创造力。此外，能够参与生产任务冲突的团队（更倾向于表达不同意见，在不同观点之间进行谈判讨论，并在一定程度的紧张状态下工作）往往都更具创新性。
>
> 相反，当团队和组织享受太多的和谐时，他们会倾向于不作为和自满，正如克莱顿·克里斯坦森（Clayton Christensen）在《创新者的窘境》中指出的那样，这将导致衰退和灭亡。从柯达到黑莓，再到百视达，以这些例子来说，参与者的自满情绪使得他们在市场中的主导地位逐渐消失。对企业来说，成功和幸福比不适会产生更大的威胁。对现状感到满意是逃避创造力的一种形式。文明史上的任何重大创新都是不满思想的产物：成为对当前的事物秩序不满意并试图破坏现有和谐的人。

> 如果我们想看到创造性表现带来的改善，团队就必须具备应对冲突和不和谐的能力。这里有三条建议：确保团队的每个人具有各自的个性特征；增加心理安全；给团队一个机会，让他们感觉安顿下来。生产团队之所以能获得成功，是因为他们能够在紧张和困难的环境中茁壮成长，在保持关系和动力的基础不变的情况下，最大限度地利用分歧和冲突。
>
> 资料来源：《哈佛商业评论》，"团队不和谐？没关系，90%的创新都来自于想法不一致"，2018-08-14。

综合上述分析，对于团队绩效来说，冲突既可能是有益的，也可能是有害的，主要取决于它是认知冲突还是情感冲突。认知冲突可以通过改善决策质量和提高成功执行决策的概率，进而提高团队绩效。然而，情感冲突却降低了决策质量，破坏了团队成员对成功执行决策的理解，团队成员甚至不愿意履行作为团队成员的义务，进而导致团队绩效下降。

4.3.2 创业团队的所有权分配

在确定好创业团队成员之后，创业者面临的一个关键问题就是决策成员之间的工作分工与所有权分配方案。工作分工是对成员之间所承担任务以及协调方式的规划，而所有权分配则是对创业利益分配方式的约定，是维系创业团队凝聚力的基础。工作分工有助于在短期内维持创业过程以及新企业早期运营的有序性，而所有权分配则有助于在长期内维持团队稳定和新企业的稳定成长。

在现实中，创业者经常问的一个问题就是，该给谁分配多少股权？在所有权分配问题上，创业者要在公平和激励之间做出良好的权衡。一方面，所有权分配要在团队成员内部体现出公平性，符合贡献决定权利的标准，但另一方面又要让所有权分配对团队成员有一定的激励作用，让每个成员都感到所分配的股权比例超出了自己的预期。要做到这一点，并不是一件容易的事情，首先挑战的就是创业者自己的心胸和气度。在这里，一个重要的原则就是，要与帮助你创造价值和财富的人一起分享财富。一旦过了这一关，创业者就不会在持股比例的问题上斤斤计较了，关键在于如何把蛋糕做大。

如果创业者太贪婪，过分强调控制权，把公司大部分所有权都揽在自己手里，而不是与其他创业伙伴共同创造价值并分享利益，那一切都可能会成为泡影。蒙牛创始人牛根生对此深有体会，他在多个场合反复强调过"财聚人散，财散人聚"的道理。在企业经营过程中，他也始终注重与初始创业团队共分利益，甚至到了企业快速成长阶段，将利益分享从核心创业团队拓展到了高层管理团队，乃至普通的员工。但在现实中，仍有不少反例可鉴。

在确定所有权分配时，以下三个原则对创业者而言可能有助于避免后续的纠纷和冲突。第一，重视契约精神原则。在创业之初，创业者就要把确定的所有权分配方案以公司章程形式写入法律文件，权力与责任对等，以契约形式明确创业团队成员的利益分配机制，这有助于在长期内保障创业团队的稳定。第二，贡献与回报匹配。团队的目的是把创业蛋糕做大，而不是在蛋糕没有做大之前就吵着在未来怎么分家。在现实操作中，依据出资额来确定所有权分配是常见的做法，但对于没有投入资金但持有关键技术的团队成员，则需要认真考虑技术的商业价值，在资金和技术之间做出合理的权衡。第三，控制权与决策权统一原则。所有权分配本质上是对公司控制权的分配方案。创业初期股权比例最大的团队成员企业依赖度高，对其他成员决策的方向和偏差更为敏感，如果这类成员不拥有新企业的控制权，很有可能挑战决策制定者的权威，干扰方案的执行，因此更容易引发团队的矛盾和冲突。

4.3.3　团队内部的冲突管理

在一定范围内，冲突有助于团队成员激发和分享不同的观点，进而形成更好的决策，但如果冲突超越了认知的范畴，就可能会导致创业团队的决策失效，甚至会引发团队分裂和解散。因此，管理团队冲突是核心创业者必须具备的才干之一。

创业团队的结构优势在很大程度上可能有助于形成更具有创新性的进入战略选择，但这种优势的发挥则依赖于恰当的冲突方式与之匹配。具体而言，产业工作经验差异更大、注重营造合作式冲突氛围的创业团队更容易开发出面向顾客需求的创新性产品或服务，而职能背景差异更大、注重营造对抗式冲突氛围的创业团队则往往能设计出不同于产业内在位企业的市场交易结构，将产品或服务推向市场。

在冲突管理中，核心创业者首先要注意利用激励手段来鼓励正面冲突，让团队成员感受到在通过知识分享实现创业成功后，能获得相应的收益和价值。在制订激励方案时，创业者需要注意以下几个方面。

差异化。虽然整齐划一的方案可能行得通，但是与根据个人贡献价值不同而实行的差异化方案相比，它包含的风险更大，缺陷也更多。一般情况下，不同的团队成员很少会对企业做出同样大小的贡献。因此，合理的薪酬制度应该反映出这种差异。

关注业绩。报酬应该与业绩（而不是努力程度）挂钩，而且该业绩指的是每个人在企业早期生命的整个过程中所表现出来的业绩，而不仅仅是此过程中某个阶段的业绩。有许多企业，它们的团队成员在企业成立后几年内所做出的贡献程度变化很大，但报酬却没有多大变化，这种不合理的薪酬制度使企业很快会土崩瓦解。

灵活性。无论哪个团队成员在哪个既定时间段的贡献多大或多小，这种情况都很可能随着时间的改变而发生变化，而且团队成员的业绩也会和预期的有很大出入。另外，团队成员很可能会出于种种原因而必须被替换，这样就需要再另外招聘新成员并增补到现有团队中。灵活的薪酬制度包括年金补助，提取一定份额的股票以备日后调整等，这些机制有助于让人们产生一种公平感。

除了规划科学的激励机制之外，创业者还要保持开放的心态，要塑造创业团队是一个整体而不是特意突出某个人的集体印象，有助于把团队成员之间的观点争论控制在可管理的范畴之内，而不是演化为团队成员之间的矛盾。一旦发生情感冲突，创业者就应该理性地判断团队存续的可能性，吸纳新成员来及时化解情感冲突，比维持旧成员处理情感冲突可能会更加有效。

⊙ 专栏

创业团队的契约治理

在现代两权分离的企业中，所有者与经营者之间的利益一致性是影响公司发展的重要因素，因此其治理问题多垂直存在于企业所有者与企业经营者之间，即委托代理问题是这类企业需要关注的重点。在创业实践活动中，团队成员并不是由总经理组阁，获得董事会批准，然后按职能部门分工，各自独立向总经理汇报。创业团队是特殊的高管团队，他们既是企业的所有者也是经营者，是利益一致、激励相容的团队。因此，创业团队中的委托代理问题十分轻微，其治理的核心问题是如何激励和保证团队成员间的良性互动关系以发挥团队优势。

创业团队的契约治理是指用法律约束的书面形式界定其成员必须遵循的规范，旨在明确执行今后特别行动的承诺与义务。契约治理以正式制度和规则来开展激励与控制，从而确保创业团队成员的人力资本不会因人治的不良互动关系而流失，且使之在有利于企业发展的方向上发挥其优势，从而实现个人与团队的双赢。结合创业团队的权益特点，基于股东权益和公司治理机制将创业团队的契约治理界定为股份、收益权与自主权配置。

但是，创业团队的契约治理真的能促进新企业绩效吗？研究表明，创业团队的契约治理对新企业绩效有正向影响，这一过程的调节机制表现在：战略决策质量调节了收益权配置、自主权配置对新企业绩效的正向影响，其中收益权配置-战略决策质量-新企业绩效作用链受到敌对环境的调节作用。

另外，在敌对环境下，部分创业团队成员的态度可能相对正常环境更保守，更不愿意去冒险与面对不良结果可能性大大增加的局面，在此情况下，由于参与决策的充分性，由团队做出的最终决策可能相对保守，目的是熬过这段时间，而这些决策的质量可能不足以应对敌对环境，因此新企业的绩效并不能得到保障甚至提升。

资料来源：朱仁宏，周琦，伍兆祥. 创业团队契约治理真能促进新创企业绩效吗：一个有调节的中介模型 [J]. 南开管理评论, 2018, 21 (5): 30-40.

4.4 创业团队的领导

4.4.1 高度平衡的领导艺术

创业与战略管理的融合，使得创业团队的领导成为高度平衡的管理艺术。创业最终是关于创新的行为，而战略管理主要研究如何通过竞争优势实现超过平均水平的绩效。因此，创业团队领导者不可能只考虑创新，而不考虑创新所产生的结果，要从在什么层次进行领导的纠缠中解脱出来，要以平台的观点来看待创业和战略管理共同的边界问题。表 4-3 列示了基于创业与战略管理融合的领导主题。

表 4-3 创业与战略管理融合下的领导主题

交界面	领导主题
创业 – 大型公司	在大型公司中进行的革新；大型公司进行的新产品开发
创业 – 新企业 / 中等规模公司	新企业的创建；小企业革新和新产品开发
战略管理 – 大型公司	战略过程和内容，战略的形成、实施；多元化，兼并与收购，控制和薪酬体系；技术管理，联盟战略，公司绩效
战略管理 – 新企业 / 中等规模公司	新企业的绩效和战略；小企业的绩效、战略和成长；小企业的战略要素和资源

创业团队领导者的思考、推理和行动方法，不仅受机会的影响，还要求有完整缜密的实施方法和讲求高度平衡技巧的领导艺术。要实现创业成功，除了具有创业型领导者的素质外，通常还需要建立起一支拥有互补技能和才能、具有团队合作精神的团队。同时，这支团队要对商机有敏锐的嗅觉，当别人看到的是一片矛盾、混乱和疑惑时，他们要敏锐地发现其中隐藏的商机。还有，这支团队要有发现和控制资源（这些资源常常为他人所有）的技巧和智谋，这也是捕捉机会所不可缺少的。

创业团队的领导者会面临交响乐团指挥或教练所面临的类似挑战。他们必须协调好拥有不同技能、天赋和个性的一大群人，使之成为一个优秀的团体。在许多情况下，他们还需要具备像杂耍者那样的才能和敏捷度，必须在承受很大压力的情况下，让许多球同时保持滞空状态，并且必须做到，当球落下来的时候，正好落在另一个人的位置上。总之，创业团队的领导者将其想象力、动机、承诺、激情、执着、正直、团队合作与洞察力注入企业。在面临两难抉择时，即使有一些不确定因素，即使有相反意见，也必须当机立断。企业的目标不应只是简单地成为富有创业精神的组织，而是要从战略上具有创业属性，这就要求创业团队的领导者在创业和战略管理之间建立平衡和恰当的联结。

⊙ 专栏

激励每个创客成为"最美奋斗者"

新时代是奋斗者的时代。有一段时间，"最美奋斗者"频繁霸屏网络，他们秉持初心，不断超越自我，变不可能为可能，让我们相信奋斗的意义。社会发展离不开"最美奋斗者"，奋进新时代同样需要"最美奋斗者"。"最美奋斗者"如何涌现？如何激发创新创造的活力？这是企业和社会共同要去完成的一项时代课题。

海尔集团公司第七届职工代表大会（简称"职代会"）第七次会议释放了一个关于"奋斗者"重要的信号，那就是全员创客机制的进一步强化。海尔全员创客机制全称为"创客合伙人激励与约束机制"，它不同于上市公司的股权激励，也不同于委托代理的激励机制，而是通过高分享高增值，让每个员工通过创造用户价值来实现自己价值的最大化，这也意味着员工不仅能够实现劳动所得，还能分享资本利得。

在全员创客机制下，海尔的创客激励范围从最初的600人扩大到2018年年底的2 000人，而到2020年年底，这个数字将达到10 000人。也就是说，到2020年年底，海尔将实现"万人持股"，这对海尔企业本身来说是一个大事件，而对努力奋斗在海尔的员工来说，同样也是一个大事件。

从600人到10 000人，激励范围扩大了16倍，而这个数字在未来还将进一步提升。对于激励对象，职代会也做出了阐释：创造用户价值实现高分享高增值，打造生态品牌和生态场景，孵化创造物联网新物种，这三类优秀的链群创客都可以抢入到海尔的创客激励平台中，分享企业发展的红利。

从这个意义上来说，只要够努力、肯奋斗、敢创新，只要能在自己的岗位上创造出价值，就都有可能享有企业的股权。这从另一个侧面展现了一个企业的开放和包容，愿意把企业的收益让渡给员工，让大家共创共赢共享，同时，这也是海尔作为一个时代企业，在"最美奋斗者"这张时代答卷上的不断探索和实践。

进入新时代，面对全新的发展机遇，不仅需要奋斗者，同样需要创造奋斗者的土壤，释放创新活力。在这样的时代背景下，海尔通过充分发挥组织的价值，以全员创客机制探索激励员工成为"最美奋斗者"的管理模式，精准激活组织里的"人"——这个最具创新活力的要素，提供让每个人自我实现的沃土，让每个创客都成为"点燃的火把"，唱响新时代"最美奋斗者"之歌。

资料来源："瞭望"微信公众号，海尔：激励每个创客成为"最美奋斗者"，2019-11-01.

4.4.2 创业型领导

创业型领导是创业团队领导者的新角色。创业型领导是一种影响他人对资源进行战略性管理的能力，既关注寻求机会的行为，也关注寻求优势的行为。这种领导方式努力创造一个愿景，以此号召、动员下属，并使下属承诺对战略价值创造进行发现与探索。这个定义强调创业型领导面临挑战的有关价值创造的资源获取、下属承诺这两个问题，包括创造愿景以及拥有一个有能力实现愿景的支持者群体。同时，它也强调对创业采取战略性思路，以便创业主动性能够提高公司持续创造价值的能力，因此创业型领导能够为公司构建一个竞争优势和技术增长的基础。

创业型领导的理论框架包括2个挑战维度、5个创业型领导角色及20个特征（见表4-4）。2个挑战维度是情景扮演（scenario enactment）和任务扮演（task enactment）。情景扮演是指在当前的资源约束条件下，预想和创造那些一旦被抓住就可以对当前的处理方法进行彻底变革的机会。任务扮演是指使潜在的追随者和公司的股东确信在这个情景下，通过整合资源，转变当前的处理方法是可以成功实现预期目标的。

表 4-4 创业型领导的理论架构

维度	角色	特征	解释
情景扮演	构建挑战（描述一个具有挑战性但可以实现的结果）	●绩效 ●导向 ●雄心勃勃 ●消息灵通 ●拥有特殊的洞察力	●设置一个高标准 ●提供努力的方向 ●设置高目标，工作努力 ●有知识的，对信息敏感 ●直觉
情景扮演	不确定性吸收（承担未来失败的责任）	●愿景 ●远见 ●自信建立技能	●拥有愿景并对未来富有想象力 ●预测未来可能发生的事件 ●逐步灌输别人以自信
情景扮演	路径清晰（与反对者进行谈判，并澄清情景实现的路径）	●富有策略 ●有效的谈判技巧 ●令人信服 ●鼓励	●熟练的人际技巧 ●能有效地与人谈判 ●具有说服别人的非凡能力 ●通过消除疑虑，给予别人自信和希望
任务扮演	建立承诺（建立一个令人鼓舞的目标）	●有鼓舞力 ●热忱 ●团队建立能力 ●持续改进导向	●鼓舞他人的情绪、信仰、价值观、行为，鼓舞他人努力工作 ●呈现强烈、积极的工作情绪 ●使组织成员一起高效工作 ●寻求绩效的持续改进
任务扮演	阐明约束（明确什么事能做，什么事不能做）	●整合能力 ●促进思考 ●积极 ●果断	●使人和事有机地结合起来 ●鼓励他人思考 ●乐观并且自信 ●迅速、坚定地做出决策

资料来源：GUPTA V, MACMILLAN C, SURIE G. Entrepreneurial leadership: developing and measuring a cross-culture construct[J]. Journal of business venturing, 2004(19): 241-260.

创业型领导是一套与其他领导理论存在密切联系的领导理论。从相似之处分析，创业型领导理论与变革型领导理论的共同之处在于领导者都是通过号召下属拥有更高的自我实现的需要来产生最优的绩效；与魅力型领导理论的共同之处在于都具有远见、鼓励、积极、建立自信、果断这些特征；与团队导向领导理论的相似之处在于领导者都需要提高团队成员的参与和投入水平，还需要有效的谈判技能、团队建立技能；与以价值为本的领导理论的相似之处在于领导者都需要建立一个高期望的愿景，强调直觉的重要性，并对下属实现愿景的能力表现出信心。

同时，创业型领导理论还具有自身独特的属性。首先，创业型领导理论与变革型领导理论的不同之处在于创业型领导者号召下属实现最优绩效的能力是建立在公司对不确定性环境的适应性之上的。其次，与强调英雄式和非凡的个人特性的魅力型领导理论不同，创业型领导者需要拥有雄心勃勃的远见能力和模式认知能力来构建挑战和吸收不确定性，在这里，创业型领导者被看作反英雄主义者，他们更强调通过可控制的行动来取得成功，而不是依靠崇高的理想取得成功。再次，在不确定性环境下，创业型领导者必须不断地精心设计角色定义，而不像团队导向领导理论那样在静态的环境下协调相对稳定的角色交换。而且，团队导向领导理论强调有效地合作交流、双赢、成功地解决问题以及组织内的相互关系，创业型领导则强调通过路径清晰来进行机会探索和价值创造。最后，与以价值为本的领导理论的差异之处在于，以价值为本的领导者更多地通过思想意识领域来振奋人心，依靠下属对领导者价值观的坚定共享和强烈认同。而创业型领导者强调利用积极的、创造性的发现导向掌控环境所带来的机会，并且关注顾客、产品、取得预期的结果以及价值创造。

⊙ 专栏

与时俱进的企业家精神

新时代呼唤与时俱进的企业家精神。在 2020 年 7 月召开的企业家座谈会上，习近平总书记强调："企业家要带领企业战胜当前的困难，走向更辉煌的未来，就要在爱国、创新、诚信、社会责任和国际视野等方面不断提升自己，努力成为新时代构建新发展格局、建设现代化经济体系、推动高质量发展的生力军。"

我国已进入高质量发展阶段，人民对美好生活的要求不断提高，继续发展具有多方面优势和条件，但发展不平衡不充分问题仍然突出，创新能力还不适应高质量发展要求。国内外发展环境发生的深刻复杂变化，对我国企业发展带来了不小挑战、提出了更高要求。越是面临挑战，越要大力弘扬企业家精神，发挥企业家作用，推动企业实现更好发展，为我国经济发展积蓄基本力量。奋进新征程、建功新时代，广大企业家要厚植爱国情怀，带领企业奋力拼搏、力争一流，实现质量更好、效益更高、竞争力更强、影响力更大的发展；要做创新发展的探索者、组织者、引领者，勇于推动生产组织创新、技术创新、市场创新，重视技术研发和人力资本投入，有效调动员工创造力，努力把企业打造成为强大的创新主体；要做诚信守法的表率，带动全社会道德素质和文明程度提升；要真诚回报社会，切实履行社会责任，努力稳定就业岗位，关心关爱员工；要立足中国，放眼世界，提高把握国际市场动向和需求特点的能力,提高把握国际规则的能力,提高国际市场开拓的能力,提高防范国际市场风险的能力,带动企业在更高水平的对外开放中实现更好发展。进一步激发和弘扬企业家精神,还要依法保护企业家合法权益,依法保护产权和知识产权,构建亲清政商关系,为企业家干事创业创造良好环境。

资料来源:《人民日报》评论员.弘扬企业家精神,为国家作出更大贡献:论中国共产党人的精神谱系之四十六[N].人民日报,2021-12-06.

4.4.3 创业团队的创业精神延续

依据团队成员对创业决策的行为方式和影响能力,创业团队的创业精神通常由四个基本维度构成。

集体创新。一般地说,创业团队并不是一群散兵游勇式成员的简单集合体。它与群体的最大区别在于团队内成员间具有相互依赖和密不可分的联系,而群体则没有这种特征。但是,作为具有创业精神的创业团队组织还应当具备更高的标准,一是要求创业团队内部能够正确对待个体成员之间所发生的冲突,二是要求团队内部个体成员与组织之间能够在相互信任关系基础上形成有利于企业成长的心理契约关系。在此基础上,创业团队可以凝聚全体团队成员的力量,并通过这种团队成员对团队组织的向心力来推动创新方案的形成和创业决策方案的执行。

分享认知。创业机会可以视为创业的逻辑起点。这种创业机会可以理解为通过创业者对资源的创造性组合来满足市场需求,并为自己获得超利润的一种可能性。相较于个体创业来说,采用团队方式可以极大地提高对创业机会的认知水平。这是因为:首先,不同的个体成员具有不同的先前知识和多种个性特征,从而可以通过集体意义上的综合"警觉性",更为有效地保持对外部客观存在的创业机会的认知;其次,团队内具有异质性的成员可以选择不同的角度对创业风险和创业收益进行更为科学的评价,从而获得更为理想的创业租金(表现为组织建立、配利行为、企业成长等多种方式);最后,不同个体创业者所具有的社会关系间的整合,将有助于形成复杂的社会网络系统,从而为团队接近创业机会和获得所需创业资源奠定基础。

共担风险。作为一支富有企业家精神的创业团队,在共担风险维度上至少具备以下特征。一是具有异质性的创业团队成员可能具有不同的风险偏好,创业团队中既可能有极端的风险爱好者,也有可能存在极端的风险厌恶者,更多的创业团队成员可能处在风险连续统一体中的某一点。如果不同的团队成员能够就同一事件发生的风险偏好最终达成共识,那么冒险成功的可能性就会加大。二是利用团队成员的异质性,不同的团队成员可以从自身的知识视野认知、分析和评价风险,如果就不同的风险感知能够得到有效整合,那么对风险正确感知的可能性就会得到提高,进而可以做出更为有利可图的冒险行为。总体而言,团队创业精神要求具有异质性的创业团队成员能够以一种积极的姿态共同判断事件发生的可能性风险,并采取共同承担风险的方式以减缓由个体成员独自承担风险所带来的巨大的精神压力和经济损失的压力。

协作进取。创业团队创业精神的进取力量建立在协作基础上，主要体现在三个方面。一是团队成员在知识、能力、角色等方面的互补性。具有异质性特点的团队可能会形成仁者见仁、智者见智的观点分歧，但协作进取的愿望能够使大家通过有效的观点争辩来达成共识，最大限度地避免在不确定环境下的创业决策失误。二是团队内充满学习型氛围，个体成员之间愿意就创业决策过程的不同观点进行深度会谈，进而在团队功能最大化的过程中达到个体团队成员的价值实现。三是团队内具有创业型的组织文化。不会因为团队规模的扩大或者团队成员的进进出出而影响到团体协作进取的愿望和行为。

延续创业团队的创业精神，是创业型领导的重要使命。创业团队也是一个有生命的组织，伴随团队出生、成长、成熟甚至衰退的发展阶段，创业团队的创业精神有可能出现退化现象。表 4-5 是对创业团队的创业精神强化和创业精神退化两种情况进行的比较分析。

表 4-5 创业团队的创业精神强化与退化的比较

项目	创业团队的创业精神强化	创业团队的创业精神退化
对待风险的态度	创业团队的成功源于风险承担	创业团队的成功源于对风险的回避
预期与成效的关系	创业预期超过创业成效	创业成效超过创业预期
功能与形式的关系	团队功能重于团队形式	团队形式胜于团队功能
对待问题的态度	视问题为机会	视机会为问题
创业关注的重点	创业行为的原因和内容	做事的方式和过去是由谁完成的
团队与企业关系	创业团队驱使企业发展	企业驱使创业团队发展
创业团队作用方式	团队协作和积极的组织承诺	由群体思维陷阱所引发的组织惯性，心理契约关系破裂所引发的违背性行为
对创新的支持	支持创业团队的价值创造	组织惰性和路径依赖左右创业决策

为此，创业型领导要注重愿景和领导力并重。愿景是企业前景和发展方向的凝练表述，是企业存在的意义和价值所在。明确的愿景有助于应对不确定性的环境，确保创业企业在大方向上不会有太大偏差。应对不确定性，个人单枪匹马往往行不通、走不远，需要一个团队，需要一支志同道合而又具有高度互补性的队伍。在高度资源约束、发展前景并不清晰的情况下整合团队，只靠物质性激励或者股权无法达到立竿见影的效果，对创业者来说也难以支撑，愿景此时就能发挥重要的引领作用。

与大公司和资源丰富的组织机构不同，创业团队的创业型领导力不能主要来自权力。现实中权力更多地表现为依赖关系，是对资源的依赖。领导者往往掌握资源的配置权力，下属能否获得资源、得到晋升，在较大程度上取决于领导者，进而对领导者产生依赖，依赖程度越大，领导者的权力也就越大。创业受到资源的高度约束，创业者所掌控的资源不会让团队成员产生很强的依赖，甚至需要大家共同创造资源谋求发展，因此，创业型领导要更多地依靠自身的魅力、高度的事业心以及优良的品质带领团队在不确定性中发展壮大，创业者更需要具备领导力，从而让创业精神在团队中延续和强化。

本章要点

- 团队中成员所做的贡献是互补的，而群体中成员的工作在很大程度上是互换的。
- 创业团队成员以开创新事业作为共同努力的目标，通过共同创新、分享认知、共享收益、共担风险、协作进取的过程创造新价值，相较于一般团队在诸多方面存在独特之处。
- 创业团队对创业成功起着举足轻重的作用，是新企业通向成功的桥梁。
- 创业团队的组建过程应当妥善处理相似性与互补性的统一以及认知冲突与情感冲突的关系。
- 创业团队的管理要突出四个重要任务：核心创业者的领导才能、核心成员所有权分配机制、团队内部的冲突管理、实现团队创业精神的传承。
- 创业型领导的理论框架包括2个挑战维度、5个创业型领导角色及20个特征。
- 创业团队的创业精神的评价包括四个基本维度：集体创新、分享认知、共担风险、协作进取。

重要概念

群体　　团队　　创业团队　　相似性与互补性　　认知冲突与情感冲突　　创业型领导

复习思考题

1. 什么是创业团队？
2. 创业团队与一般群体相比有什么独特之处？
3. 创业团队通常包括哪些成员？
4. 组建创业团队应该注意什么？
5. 创业团队的异质性是不是越高越好？为什么？
6. 创业团队的冲突都是破坏性的吗？为什么？
7. 作为创业团队的领导者，应该具备哪些素质？
8. 在企业成长不同阶段，创业团队有什么异同之处？

实践练习

实践练习4-1

《三国演义》《西游记》《水浒传》等古典名著都详细刻画了创业团队，请选择其中的几个团队，从团队的组建、角色扮演、冲突解决、团队演化等多个方面认真剖析比较，总结创业团队组建和管理所涉及的关键要素和一般规律。

实践练习4-2

2023年11月17日，研发聊天机器人ChatGPT的美国人工智能公司OpenAI的董事会发布公告，鉴于个人履责能力以及与董事会的沟通问题，联合创始人兼CEO萨姆·奥尔特曼（Sam Altman）被解雇。对OpenAI治理危机的关注很快超越科技界，成为媒体和公众热烈讨论的话题之一，有投资人甚至感叹："奥尔特曼要成为下一个乔布斯？"

请以小组为单位，搜集OpenAI等公司创始人与董事会的冲突案例，通过比较异同之处，提炼创业团队管理的动态规律和关键要点，面向科技创新实践分析创业团队领导者面临的机遇和挑战。

> 创业者在企业成长的各个阶段都会努力争取用尽量少的资源来推进企业的发展，他们需要的不是拥有资源，而是要利用这些资源。
>
> ——哈佛大学前教授霍华德·史蒂文森（Howard Stevenson）

第 5 章
整合创业资源

【核心问题】

- ☑ 创业者为什么难以获取资源？
- ☑ 创业者如何利用好有限的自有资源？
- ☑ 创业者有哪些进行资源管理的方法？
- ☑ 创业者可以从何处获得资源？
- ☑ 如何确定资源的需求量？

【学习目标】

- ☑ 了解创业者资源整合的独特性
- ☑ 熟悉创业者资源整合的机制和技能
- ☑ 运用相关资源理论解释创业活动
- ☑ 理解创业资源整合难的根本原因
- ☑ 掌握资源整合的一般原则与过程

引例　　整合研发资源，橙色云助力客户创新创业

橙色云互联网设计有限公司（以下简称"橙色云"）成立于2015年，研发了具有自主知识产权的橙色云协同研发平台，创立了协同创新、研发上云、研发商品化三种全新业态，助力客户创新创业。

橙色云聚合不同地域、不同领域、不同专业的工程师，在不同时间、不同地点、不同终端上多快好省地为发布研发需求的企业创造云上协同研发产品新业态。山东某企业负责人单先生表示："我们公司隔几年就会有产品升级的需求，公司体量小，难以吸引到高端人才。公司自己组建研发团队的成本非常高，对研发质量也很难把控。登录橙色云CDS系统发布产品升级需求后，CDS平台为我们组建产品升级团队，只用两个月就为我们研发出了迭代升级产品的设计，并提供了样机。后续项目经理和博士跟踪服务，不仅研发效率高，而且比我们自己招聘人员研发的质量高。"橙色云协同研发平台项目经理表示："2022年2月，客户在CDS平台上发布了智能档案机器人的设计需求。我经过和客户技术人员的线上线下沟通，完全掌握了客户的需求，并在CDS平台上与客户签订了技术协议和研发合同。我组织橙色云的大脑团队分析设计需求，把设计需求拆分成视觉识别、整体结构、行走机构、软件控制4个部分。大脑团队厘清了对4个专业设计工程师的技能要求，并在CDS的设计工程师招募栏目中公开发布。我们随后接到了50多名工程师要求加入项目组的响应，经过公司大脑团队的评审，最终选择了5名工程师和我一起组成了协同研发团队。"

橙色云协同研发平台在CDS云协同系统的基础上开发了CRDE云研发系统，支持企业内部研发团队云上完成研发工作全过程的业态。CRDE云系统在云端部署了多款工程产品研发设计的必备软件，比如CAD绘图建模、EDA电子电路设计、CAE仿真分析、PDM产品数据管理、标准件库、三维图库、三维可视化工具等，搭建了比传统企业线下研发设计模式更加高效、快捷、优质的云系统。济南某科技公司董事长表示："我们公司目前的研发团队有60人，公司要建自己的研发系统，光软硬件的初期投入就需要3 000多万元，此外还需要专门组建运维团队负责日常的服务器机房维护、软件升级、数据安全等工作，对企业来说压力非常大。橙色云是开箱即用、按需收费的语音研发平台，省去了企业的软件和硬件投入，且企业不再需要组建运维团队，按使用时间收费也消除了企业研发工作量波动的无效投资。我们没有理由不选择研发上云。"烟台某自动化设备有限公司工程师表示："我有5年研发经验，我在之前的公司常用的一款CAD软件，目前所在的公司没有，只有一种我不熟悉的CAD软件，我不得不花费很多时间与精力重新学习和适应这款软件。在登录橙色云平台之后，我发现平台上有很多CAD软件供我们工程师选择使用。另外，我也喜欢橙色云平台上的标准件库，再也不需要花时间和精力画这类标准件了，从库里拿过来使用，效率高多了。"

为帮助工程师创业、中小微企业发展，橙色云打造了研发商品化业态，支持创业者将图纸创意、方案变成产品，并通过橙色云研发生态链旗下品牌和渠道使销售工程师享受产品销售分成，实现老板梦。工程师和中小微企业的创意图纸或方案可

在 CDS 平台产品合伙人栏目中提报，经选研评审后，橙色云将对符合条件的创意、图纸或方案采用产品利润分成的模式，深度赋能产品。经平台协同研发完成后，依托橙色云完善的质量管理体系和质量检测中心，保证产品品质。橙色云还利用成熟的 OEM 完成生产，并通过自有品牌和网络销售体系主导产品量产及销售，同时提供知识产权保护、资金助力等服务，从而赋能中小微企业成长，帮助工程师实现创业梦想。创业工程师董工表示："我是一名智能家电产品结构设计师，一直想打造一款属于自己的作品。自己创业后，我开始做智能扫地机器人的相关设计，但是没有资金和研发团队，项目始终无法落地，更别提之后的供应链和销售。在橙色云平台发布创意后，平台项目经理很快联系我，通知我的创意符合平台的选研条件，与我签订了橙色云生态链合同。橙色云通过平台帮我建立了研发团队，并建立了部件测试和产品测试中心，助力我研发的产品实现高质量量产。橙色云在产品品牌、OEM 制造、知识产权、渠道和资金方面支持我从产品研发到产品销售的全过程，最终产品上市。简约、科技、品质可靠，我们的产品在平台销量很不错，我也得到了我的第一桶金。"

资料来源：根据橙色云公司网站相关资料整理，https://www.orangecds.com/works/list/isLatest-2。

从引例中可以看到，随着数字化经济的发展，创业者可以借助数字化平台整合创业企业所需资源，提升创业能力。创业活动的显著特点之一是在高度资源约束的情况下开展商业活动，大多数创业者在创业之初资源都相当匮乏，因此，资源整合能力必然成为创业者开展创业活动的必修课程。在现实生活中，优秀的创业者在创业过程中所展现出的卓越的创业技能之一便是创造性地整合资源。那么，创业者该如何整合资源，如何培养与提升其资源整合能力呢？

5.1 相关资源理论与创业资源

5.1.1 资源基础理论

资源基础理论（resource-based theory，RBT）的基本观点是将企业概念化为一系列资源的集合体。该观点可较早地追溯到英国管理学家伊迪丝·彭罗斯（Edith Penrose）1959 年出版的《企业成长理论》(The Theory of the Growth of the Firm)。[一] 该书把企业看成由一系列具有不同用途的资源相联结的集合，关注企业内部资源对实现企业成长的重要性，以及企业在其成长战略中如何利用不同的资源。在前人研究的基础上，Barney 对形成企业持续竞争优势的战略性资源属性进行了分类，为资源基础理论的实际应用提出了一个分析框架，如图 5-1 所示。企业有不同的资源起点（被称为"资源的异质性"），而这些资源是其他企业难以仿效的（被称为"资源的固定性"），创业者在创业过程中形成的有特色的创意、创业精神、愿景目标、创

[一] 彭罗斯. 企业成长理论 [M]. 赵晓，译. 上海：上海三联书店，2007.

业动力、创业初始情境等，就是属于这类具有异质性和固定性的资源。持续竞争优势是指某企业目前的潜在竞争对手不仅无法同步执行该企业现在所执行的价值创造战略，同时也无法复制并取得该企业在此项战略中所获得的利益；竞争优势之所以能持久，是因为在企业拥有的异质性和固定性资源中，有部分资源尚具有价值性、稀缺性、不可模仿性与不可替代等特性。

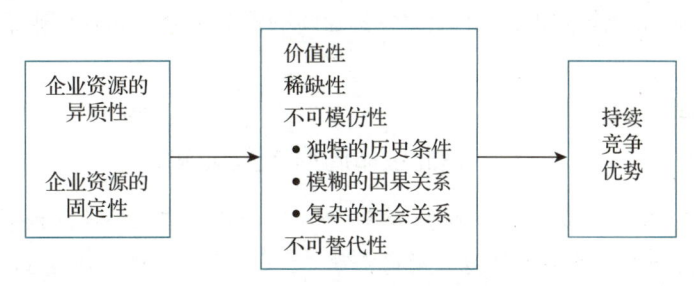

图 5-1 资源特性和竞争优势

资料来源：BARNEY J B. Firm resources and sustained competitive advantage[J]. Journal of management，1991, 17(1): 99-112.

资源基础理论从企业的内部寻找企业成长的动因，用资源与能力来解释企业差异的原因。其基本假设是，企业具有不同的有形和无形资源，这些资源可转变成独特的能力；资源在企业间是不可流动的且难以复制；企业内部能力、资源和知识的积累是企业获得超额利润和保持企业竞争优势的关键。

对新企业来说，一般都不具有资源优势。然而，在实践中，初始资源相同的企业，其发展结果却大相径庭。根据资源基础理论的观点，说明在新企业里一定存在异质性的资源。Sharon A. Alvarez 和 Lowell W. Busenitz 两位教授于 2001 年在《管理学研究》杂志上刊发的题为《基于创业的资源基础理论》一文，认为创业者的认知能力是新企业获取竞争优势的异质性资源，这种能力包括如何获取价值被低估的资源，以及配置和开发这些资源的一种抽象的概念思考能力。[⊖]

5.1.2 资源编排理论

资源基础理论认为，竞争优势源于企业的异质性资源，但拥有异质性资源本身并不能保证企业一定能够获取持续的竞争优势，创业者需要协调其资源以实现资源的充分开发与利用，发挥任何潜在优势。因此，仅从静态角度分析，并不能解释拥有相似资源的企业，为什么其绩效存在较大差异。在资源基础理论和动态能力理论的基础上，Sirmon 等提出了资源编排理论（resource orchestration theory），该理论强调对资源进行协调和组合的竞争优势，并将资源重新配置出的竞争优势转化为创新产出。[⊜]

资源编排理论认为，企业竞争优势的来源除了自身拥有资源的异质性，更依

⊖ ALVAREZ S A, BUSENITZ L W. The entrepreneurship of resource-based theory[J]. Journal of management, 2001, 27(6): 755-775.

⊜ SIRMON D G, HITT M A, IRELAND R D. Managing firm resources in dynamic environments to create value: looking inside the black box[J]. Academy of management review，2007(32): 273-292.

赖于企业对自身资源的编排组合，即通过科学合理的资源编排，发挥资源的最大价值。从过程角度看，资源编排主要包括资源结构化、资源捆绑和资源利用三部分。资源结构化是指通过获取外部资源、内部积累资源、剥离非生产性资源等行为实现资源的重整；资源捆绑包括对组合后的资源开展稳定化、丰富化、开拓等活动，实现资源优化；资源利用则是通过对现有资源的开发和能力转换，改进、丰富、扩展现有能力，并开创出新的能力，构建新的资源组合，提升企业竞争优势。

调查研究

企业生命周期与资源编排

资源编排在企业成长的不同阶段具有不同特征。南开大学的许晖教授等根据艾默生电气集团与奥的斯电梯公司的纵向案例研究，从资源编排视角探讨了制造业企业如何通过资源动态编排构建服务创新能力及其演化路径。研究发现之一就是，制造业企业资源编排的三个过程在企业不同的发展阶段呈现不同的表现形式。例如，艾默生电气集团的资源编排在不同成长阶段的特征如下。

1. 构建资源组合（资源结构化）

探索阶段：通过外部招聘和兼并重组，公司储备了不少本土化技术人才。

成长阶段：与上下游核心产业链成员联盟，增强关系承诺，获取互补性资源。

深化阶段：与Meta合作，深入了解其需求，在此基础上通过团队合作开发出了一体化、具有成本效益的定制化解决方案。

2. 归拢整合（资源捆绑）

探索阶段：成立独立的服务部门，并设计矩阵式组织结构来做服务创新。

成长阶段：组建CMU客户服务中心，服务部门成为公司的基本核心部门，给予更多资源和技术支持。

深化阶段：将客户分成五大类，提供针对性的五大类解决方案，客户可选择最适合、经济的服务产品解决方案。

3. 转化利用（资源利用）

探索阶段：产品的专业性强，利用技术优势和当地渠道网络可以为客户提供交钥匙服务。

成长阶段：公司组织员工参加创新大会、到大学进修、参观标杆企业积累市场信息，开展精益服务，提高服务质量。

深化阶段：依托全球化的研发平台和先进技术打造一体化解决方案，满足行业用户的一体化需求。

资料来源：许晖，张海军. 制造业企业服务创新能力构建机制与演化路径研究[J]. 科学学研究，2016, 34（2）: 298-311.

5.1.3 创业资源的类型

对创业资源的分类有很多种。结合多方面的研究成果，根据资源性质可将创业资源分为六种，即物质资源、声誉资源、组织资源、财务资源、智力和人力资源及技术资源。[⊖]

⊖ GREENE P G, BRUSH C G, HART M M. The corporate venture champion: a resource based approach to role and process [J]. Entrepreneurship: theory and practice, 1999(23): 103-122. Dollinger, 在其出版的教材中对创业资源也做了很好的划分和阐述，参见：Dollinger M C. Entrepreneurship: strategies and resources[M]. 3rd ed. Upper Saddle River: Prentice Hall, 2003.

1. 物质资源

物质资源是指创业和经营活动所需要的有形资产,比如厂房、土地、设备等。有时也包括一些自然资源,比如矿山、森林等。

2. 声誉资源

声誉资源是一种无形资产,包括真诚、信任、尊严、同情和尊重等。在商业关系中,声誉资源已成为商业运营成功的决定性因素,比其他任何有形资产更为重要。

3. 组织资源

组织资源包括组织结构、作业流程、工作规范、质量系统。组织资源通常是指组织内部的正式管理系统,包括信息沟通、决策系统以及组织内正式和非正式的计划活动等。一般来说,人力资源需要在组织资源的支持下才能更好地发挥作用,企业文化也需要在良好的组织环境中培养。

4. 财务资源

财务资源包括资金、资产、股票等。对创业者来说,财务资源主要来自个人、家庭成员和朋友。由于缺乏抵押物等多方面原因,创业者从外部获取大量财务资源比较困难。

5. 智力和人力资源

智力和人力资源包括创业者与创业团队的知识、训练、经验,也包括组织及其成员的专业智慧、判断力、视野、愿景,甚至是创业者本身的人际关系网络。创业者是新企业中最重要的人力资源,因为创业者能从混乱中看到市场机会。创业者的价值观和信念更是新企业的基石。

人力资源中包含社会资源,主要是指由于人际和社会关系网络而形成的关系资源。社会资源对创业活动非常重要,因为它能使创业者有机会接触到大量的外部资源,有助于通过网络关系降低潜在的风险,加强合作者之间的信任和声誉。

6. 技术资源

技术资源包括关键技术、制造流程、作业系统、专用生产设备等。技术资源与智慧等人力资源的区别在于,后者主要存在于个人身上,会随着人员的流动而流失,技术资源大多与物质资源结合,可以通过法律手段予以保护,形成组织的无形资产。

5.1.4 创业者的可承受损失

相对于客观损失来说,创建不确定的新企业更需要创业者对模糊性表现出较低的厌恶感。创业者可能把承担风险等同于一种超乎寻常的意愿,即愿意面对不确定性,愿意忍受失败带来的社会与心理上的压力。

《卓有成效的创业》一书中提出了创业者需要仔细思考哪些损失可承受,哪些是"禁区"的方法。⊖

⊖ 瑞德,萨阿斯瓦斯,德鲁,等.卓有成效的创业:原书第2版[M].李华晶,赵向阳,等译.北京:机械工业出版社,2020.

时间。人们为创业投入的时间通常被认为是"汗水资本",绝大多数创业者长期以来都为创业孜孜不倦地付出心血。然而,这对他们来说合乎情理,因为时间是不同于金钱的另外一种"货币",因此他们为创业投入多少时间,这笔预算是比较模糊的。另外,因为时间是易逝的,所以人们对投入时间的感觉不同,毕竟无论如何他们都有可能浪费时间。因此,在创业中,损失时间比损失金钱更能让人接受。

意外之财。联邦快递(FedEx)得以成功,是因为一个不同寻常的因素。在弗雷德·史密斯(Fred Smith)构思自己的创业计划的时候,他的父亲去世了,联邦快递的创业资金就来自他和他姐姐共同拥有的 400 万美元遗产。在这个例子中,史密斯的可承受损失由于遗产的出现而瞬间发生很大改变,这可能是因为人们将遗产和自己赚来的钱放入了不同的心理账户,因此在使用这两类不同来源的钱创业时,对其风险也会有不同的感觉。意外之财还包括彩票中奖和资产价格(如股份和股票价格)的大幅上涨,二者都对个人的可承受损失有重要影响。

长期积蓄。研究表明,大多数人的经验法则都是预支或者花掉他们心理账户中自己生活的其他方面资源,比如为自己退休或者为家属(孩子和父母)攒的钱。

家庭住宅/房屋净值。用房屋抵押贷款创业的大有人在,但也有很多人不愿意用自己的房子冒险,因为这样的损失也许"不可承受"。

信用卡账户。有不少创业者用信用卡创业的例子。例如,美国电子数据系统公司(EDS)就是由罗斯·佩罗(Ross Perot)利用信用卡创办的。有证据表明,人们对于信用卡消费和其他消费的心理账户是不同的,因为使用信用卡时开销和支付的联系没有那么明显。

向亲友借钱。向亲友借钱一般没有明确的还款日期或还款日期比较宽松。例如,在家族企业中,亲戚的钱被称为"耐心资本"。这些资金似乎比那些严格要求还款日期的资金更能用得起、输得起。

一旦决定了能够承担的损失,接下来创业者就要考虑愿意为这家公司承受什么样的损失。解决这个问题主要取决于创业者的创业动机和强烈程度,还需要设定门槛,因为如果企业不利的情况低于预设的关键门槛,创业者就会颠覆原有的行动方案。最后,还要问自己:"是不是就算投资尽失也要创业?"

5.2 步步为营与资源拼凑

5.2.1 步步为营,节省使用

哈佛大学前教授史蒂文森致力于研究成功创业者利用资源的独特方法。他指出,创业者在企业成长的各个阶段都会努力争取用尽量少的资源来推进企业的发展,他们需要的不是拥有资源,而是利用这些资源。在实践中,关于人才的吸引和利用有这样的观念转变:"不求所用,但求所有"是早期落后的观念,之后逐渐演变为"不求所有,但求所在""不求所在,但求所用"。观念的变化与时代发展相契合,值得认真思考。

行动指引

缺乏资源是一种优势

专门研究创业与成长型中小企业的 Inc. 杂志在 2002 年 2 月刊上发表了题为《零起步》（Start with Nothing）的报道性文章，介绍了创业者格雷格·简福蒂（Greg Gianforte）的创业者对创业的认知。他认为，缺少资金、设备、雇员甚至产品，实际上是一个巨大的优势，因为这会迫使创业者依靠自有资源集中精力于销售，进而为企业带来现金。为了让公司坚持下去，创业者在每个阶段都要问自己：怎样才能用更少的资源获得更多的利益？

资料来源：EMILY B. Start with Nothing[J]. Inc., February 1, 2002.

缺乏资源是大多数创业者面临的初始条件，缺乏经营业绩、未来发展不确定等一系列因素都使得新企业与现存企业、大公司相比，在资源获得方面处于劣势。创业者可以创造条件积极争取获取资源，但可行的逻辑是充分利用已有的资源、身边的资源、别人不予重视的资源，发挥资源的杠杆撬动作用。

大多数创业者由于受到可用资源的限制而寻找创造性的方式开发机会、创建企业，并促使企业成长。学术界用"bootstrapping"描述这一过程中创业者利用资源的方法，主要是指在缺乏资源的情况下，创业者分多个阶段投入资源并且在每个阶段或决策点投入最少的资源，也被称为"步步为营"。从字面上看，bootstrap 是"靴子的鞋带"的意思，而一条鞋带之所以会延伸到创业，主要是因为作家拉斯伯和毕尔格写于 18 世纪的小说《吹牛大王历险记》。故事中，主角用一条鞋带把自己从沼泽的烂泥中拉了出来，这个过程完全没有依赖其他人的帮助。这个典故经过后人的传用，bootstrapping 渐渐变成了"自助、不求人"的意思。

美国学者杰弗里·康沃尔（Jeffrey Cornwall）在他的《步步为营：白手起家之道》（Bootstrapping）一书中指出，步步为营不仅是一种做事最经济的方法，还是在有限资源的约束下获取满意收益的方法；不仅适用于小企业，还适用于高成长企业、高潜力企业。[一]其启动和发展创业企业的基本逻辑如图 5-2 所示。

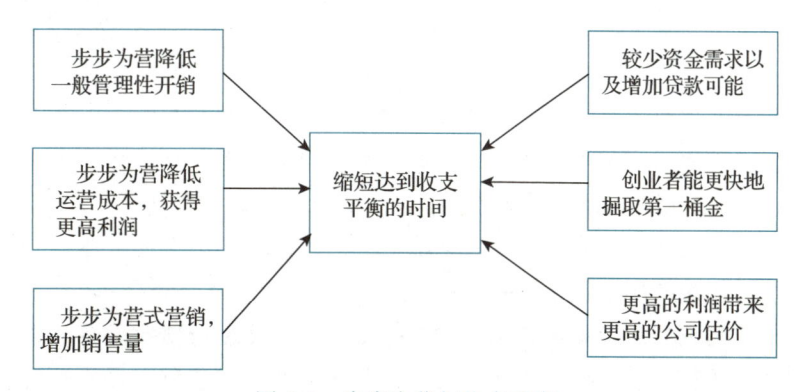

图 5-2 步步为营与收支平衡

[一] 康沃尔. 步步为营：白手起家之道 [M]. 陈寒松，等译. 北京：机械工业出版社，2009.

> **创业聚焦　　创业者为什么选择步步为营的方法**
>
> 至于创业者为什么选择步步为营的方法,杰弗里·康沃尔总结出9条理由,这些理由有助于读者更好地理解步步为营。
>
> (1) 企业不可能获得来自银行家或投资者的资金。创业者,特别是年轻的创业者,没有足够的工作经历积攒开办企业所需要的资金。没有足够的信用史,没有贵重的个人资产,所以难以从银行家或投资者那里筹措资金。
>
> (2) 新企业所需外部资金来源受到限制。大量有关初创资金来源的研究报告显示,创业者的初创资金主要来自创业者个人,或家庭成员、朋友。传统的外部资金来源,比如银行贷款,都不可能成为大多数创业者的选择。即使风险投资,也只是青睐少数的成长潜力大的企业。
>
> (3) 创业者推迟使用外部资金的要求。大多数创业者特别关注对企业的控制权,他们不愿意别人来分享创业的收益,他们希望通过自己的努力创造和占有价值。随着实力的增强,他们在获取外部资金和谈判等能力上也会增强。另外,在创业初期,从外部筹集资金也会耗费创业者大量的时间和精力,创业者感觉不如把这些时间和精力投入到销售等活动中。
>
> (4) 创业者自己掌控企业全部所有权的愿望。许多创业者不想去处理由于外部投资者期望以及银行施加的要求而给企业增加的复杂问题。外部融资有可能降低了创业者对企业所有权的份额,从而减少了他们分享企业所创造的财富和利润。此外,新的合伙人加入也容易带来人际关系的变化,许多创业者说他们与合作伙伴之间的关系甚至比婚姻还要复杂。
>
> (5) 使可承受风险最小化的一种方式。很多创业者因为偿还贷款的压力而尽可能不使用银行贷款,减轻债务负担。他们用自己的现金储备保持盈利。创业会面临大量的不确定性,创业者有创业激情,但抗风险能力弱,自己对未来发展也不是很清晰,所以希望承受的风险小一些。
>
> (6) 创造一个更高效的企业。在有些情况下,拥有很多资源并不是好事情,可能带来浪费和不必要的开支。相反,资源少会迫使企业更柔性,更能随机应变。
>
> (7) 使自己看起来"强大"以便争夺顾客。创业者常常会发现他们是在同那些大型的、已存在的公司争夺顾客,这要求他们看起来在产品和服务方面跟那些比他们大得多的竞争对手有同样的能力。比如,太太口服液一开始就请海外专业机构制作精美的广告,为此,创业者就需要在其他费用方面设法降低成本。
>
> (8) 为创业者在企业中增加收入和财富。通过步步为营的策略,创业者可以降低成本,尽量做到用最经济的办法做事,当然也就等于在增加企业和个人的收入与财富。
>
> (9) 审慎控制和管理的价值理念。习惯于步步为营的创业者会形成一种审慎控制和管理的价值理念。这意味着责任心,对投资者负责,让所占用的资源发挥更大的效益,但这种价值理念也可能演变成不好的结果。不少创业者在事业做大之后,仍然习惯于财物"一支笔"控制,事无巨细,谨小慎微,反而制约了发展。
>
> 资料来源:康沃尔.步步为营:白手起家之道[M].陈寒松,等译.北京:机械工业出版社,2009.

步步为营的策略首先表现为节俭，设法降低资源的使用量，降低管理成本，这与后面陈述的拼凑策略有很多相似之处。但过分强调降低成本会影响产品和服务质量，甚至会制约企业发展。为了生存和发展，有的创业者不注重环境保护，盗用他人的知识产权，甚至以次充好，给消费者留下很坏的印象。这样的创业活动尽管短期可能赚取利润，但从长期看，肯定没有发展潜力。所以，"保持节俭，但要有目标"的原则很重要，节俭重要，但更重要的是实现目标。

本着"保持节俭，但要有目标"的原则，创业者在实施步步为营策略时所采取的措施多种多样。为了降低运营成本，创业者可以采取外包策略，让其他人承担运营和库存的开支，减少固定成本的投资，防止沉没成本过高从而降低自身的灵活性。创业者可以利用外包伙伴已形成的规模效益和剩余能力为自己降低成本，有时甚至可以利用外国的低成本优势，比如牛根生在创建蒙牛之初就采取了几乎同样的策略。这些策略与单纯的节俭显然不同。

为了降低管理费用，创业者可以在孵化器或创业服务中心享受廉价的办公场所，与其他创业者共享传真和复印设备，同时结交更多的创业者。创业者还可以雇用临时工甚至租借员工，使用实习学生。为了实现创业目标，创业者可以想出各种有效的办法。

步步为营策略还表现为自力更生，减少对外部资源的依赖，目的是降低经营风险，加强对所创事业的控制，这和经常说的内涵式发展接近。步步为营是一种进取而非消极的策略，较少的资金需求反而有助于提高获得贷款的可能性。

5.2.2 资源拼凑

拼凑（bricolage）一词最早由法国人类学家克洛德·列维-斯特劳斯（Claude Lévi-Strauss）于1967年提出，说明早期人类对现实世界的理解是一个递进的过程，在已有的神话元素基础上，不断替换其中的一些要素，形成新的认识。这样的思维方式被称为"修补术"或"打零活"，中文翻译成"修修补补"。拼凑自提出后，被广泛运用于众多学科，比如文化人类学、法律、教育学、社会学、生物学、计算机软件科学等方面，描述在各个领域中创新概念或行为的实现过程。例如，生物学家认为，基因的形成就是拼凑的结果。生物进化就是"从腿上长出翅膀，或者从下颚生出耳朵"。长期存在的普通的基因组或者基因片段，作为拼凑的基础材料，在进化过程中产生了新的功能和物种。进化经常利用同样的元素，或者有所调整，在这儿或那儿改变，把不同的组件整合成新的对象，或者增加复杂度。

调查研究

"修补术"的来源

在我们的生活中仍然存在着一种活动，它可以使我们在技术的平面上很好地理解那种我们宁愿称作"最初的"而非"原始的"科学在理论思辨的平面上的情况。这就是通常被称作"拼凑"或"修补术"一词所表示的活动。

动词bricoler原指球戏和玩台球、狩猎和骑马，然而它总是在涉及某种附带的运动时使用：球的弹跳、狗的游荡或马的绕避障碍。在当代,"修补匠"(bricoleur)仍然是指用手干活的人,与掌握专门技艺的人相比,他们总运用一些拐弯抹角的手段。神话思想的特征是,它借助一套参差不齐的元素表列来表达自己,这套元素表列即使包罗广泛也是有限的;然而不管面对着什么任务,它都必须使用这套元素(或成分),因为它没有任何其他可供支配的东西。所以我们可以说,神话思想就是一种理智的"修补术",它说明了人们可以在两个平面之间观察到的那种关系。

正像技术平面上的"修补术"一样,神话思考可以在理智平面上获得出色的结果。反过来说,所谓"粗糙的"或"朴实的"艺术平面上的"修补术"所具有的神话诗意性,常常引起人们的注意,如在谢瓦尔修建的那种离奇的建筑物里或在乔治·米里埃的装饰里,又或者在狄更斯的《远大前程》的不朽的描绘中,但无疑这种描绘最初是由下述观察激起的:文米克先生的郊区"城堡"有小型吊桥,每天9点的炮鸣,以及成堆的生菜与黄瓜,这些东西可使城堡的占有者在必要时抵御围攻……

我们应当加深这种比较,因为这可以使我们看清加以区别的两类科学知识之间的真正关系。"修补匠"善于完成大批的、各种各样的工作,但是与工程师不同,他并不使每种工作都依赖于获得按设计方案去设想和提供的原料与工具:他的工具世界是封闭的,他的操作规则总是就手边现有之物来进行的,这就是在每一个有限时刻里的一套参差不齐的工具和材料,因为这套东西所包含的内容与眼前的计划无关,另外与任何特殊的计划都没有关系,但它是以往出现的一切情况的偶然结果,这些情况连同先前的构造与分解过程的剩余内容,更新或丰富着工具的储备,或使其维持不变。因此,"修补匠"的这套工具就不能按一种设计来任意确定其内容(此外,像工程师的例子所表明的,有多少不同种类的设计就有多少套不同的工具和材料组合,至少理论上说是如此)。它只应按其工具性确定,换言之,用"修补匠"的语言说,因为诸"零件"(即元素或成分之意)是根据"它们总归会有用"的原则被收集或保存的。这些零件都没有什么太专门的性能,对于并不需要一切行业的设备和知识的"修补匠"来说,是足以敷用的,但对每一种专用目的来说,零件却不齐全。每一种"零件"都表示一套实际的和可能的关系,它们是一些"算子",但可用于同一类型题目中的任何运算。

资料来源:列维-斯特劳斯.野性的思维[M].李幼蒸,译.北京:商务印书馆,1997:22-24.

拼凑还包含了以下几层意思:一是通过加入一些新元素实现有效组合,结构会因此改变;二是新加入的元素往往是手边已有的东西,也许不是最好的,但可以通过一些技巧或窍门组合在一起;三是这种行为是一种创新行为,会带来意想不到的惊喜。

特德·贝克(Ted Baker)和里德·纳尔逊(Reed Nelson)拜访及记录了40家独立的中小企业,进行了757小时的田野调查和167次访谈,发现总有一些企业能够在很少的资源下运营并获得成长。于是他们挑选出20家特别的企业和9家对照企业进行了为期两年的跟踪研究,发现拼凑能够很好地描述创业者资源利用方面的独特行为。[一]学者发现,创造性拼凑有三个关键要素,分别如下。

[一] BAKER T, NELSON R.Creating something from nothing: resource construction through entrepreneurial bricolage[J]. Administrative science quarterly, 2005, 50(9): 329-366. 南开大学创业管理研究中心对国外有关拼凑方面的研究成果进行了研究,并撰写了多篇文章介绍拼凑方面的研究成果,本书这一部分的内容主要来自团队成员发表的文章:龙丹,田新.资源束缚下的成功之道:创造性拼凑 创业从拼凑开始[J].企业管理,2009(5): 4-11.

1. 利用手边的已有资源

善于进行创造性拼凑的人常常拥有一批"零碎",它们可以是物质,也可以是一门技术,甚至是一种理念。这些资源常常是免费的或廉价处理品。手边的已有资源经常是通过日积月累慢慢积攒下来的。当时创业者也许并不十分清楚它们的用途,只是基于一种习惯,或是"也许以后用得着"的想法。而那些根据当前项目的需要,经过仔细调研而获得的资源,不属于手边资源的范畴。很多创业者都是拼凑高手,将手边"破铜烂铁"妙手回春,改造为早期的设备。

很多高新技术企业的创业者并不是科班出身,他们出于兴趣或其他原因,对技术略知一二,但后来往往就是凭借这个"一二"敏锐发现机会,并将这一手边资源迅速转化成生产力。联想集团公司的掌门人柳传志毕业于军校,所学专业是和计算机没有丝毫关系的雷达系统,但在中国科学院计算机研究所工作期间耳濡目染的一些相关知识,成为他今后掌舵联想的重要基石。

2. 整合资源用于新目的

拼凑的另一个重要特点是为了其他目的重新整合已有资源。市场环境日新月异,对企业是挑战也是机遇,环境的变化使得一些闻所未闻的问题层出不穷,但同时机会也接踵而来。机会稍纵即逝,任何企业的资源结构不可能适合于所有情况,也没有企业总是能够在第一时间找到合适的新资源。于是,整合手边的已有资源,快速应对新情况,成为创业的利器。拼凑者有一双善于发现的眼睛,洞悉手边资源的各种属性,将它们创造性地整合起来,开发新机会,解决新问题。这种整合大多不是事前仔细计划好的,往往是具体情况具体分析、"摸着石头过河"的产物。

3. 将就使用

出于成本和时间的考虑,拼凑的载体常常是手边的一些资源。这种先天不足从一开始就注定了拼凑出的东西品质有限。特德·贝克和里德·纳尔逊在他们的文章中使用英文"making do"指代将就使用,意味着经常利用手边的资源将就。拼凑者需要突破固有观念,忽视在正常情况下人们对资源和产品的常规理解,坚持尝试突破。这种办法在资源使用上经常和次优方案联系在一起,也许是不合适的、不完整的、低效率的、不全面的、缓慢的,但在某种程度上是我们能够唯一理性选择的。这种方案的产出是混杂的、不完美的半成品,也许看上去不精致,有很多缺陷、阻碍和无用的成分,但是,它们已经尽到职责,并且还可以改进。拼凑的东西会事故频发,需要一次次尝试,然后才能满足企业的基本需求。拼凑有时就是在一个个不完美中逐渐蜕变出辉煌。

5.2.3 全面拼凑和选择性拼凑

所谓全面拼凑,是指创业者在物质资源、人力资源、技术资源、制度规范和顾客市场等诸多方面长期使用拼凑方法,在企业现金流步入稳定后依然没有停止拼凑的行为。这种行为导致企业在内部经营管理上难以形成公正有力、符合标准的规则章程,在外部拓展市场上也会因为采用低标准资源遇到阻力,使企业无法走上正轨。

此外，全面拼凑的企业还表现出如下特点：往往过分重视"零碎"，经常收集储存各种工具、材料、二手旧货等；偏重个人技术、能力和经验；不太遵守工艺标准、行业规范、规章制度；不遵守在社会网络中的传统角色，顾客、供应商、雇员、亲戚、朋友等角色都是可以互换的，并且形成了一种"互动强化模式"。创业者在每个领域都采用拼凑手段，久而久之容易被大众认定成标准低、质量次的"拼凑型企业"，一旦拼凑型企业定位形成，企业往往在同一群人际关系圈中打转，很难拓展新的市场，因而也丧失了更有利润的顾客群，阻碍了企业进一步成长。

与全面拼凑的表现和效果大不相同的是另一种方式：选择性拼凑。顾名思义，选择性拼凑是指创业者在拼凑行为上有一定的选择性，即有所为、有所不为。在应用领域上，他们往往只选择在一两个领域内进行拼凑，以避免全面拼凑的那种自我加强循环；在应用时间上，他们只在早期创业资源紧缺的情况下采用拼凑，随着企业的发展逐渐减少拼凑，甚至到最后完全放弃。由此使得企业摆脱拼凑型企业的阴影，逐步走向正规化，满足更广泛的市场需求。

5.2.4 拼凑策略

受到资源限制的创业者一般有三个选择。首先，应对环境的限制，企业可以从外部寻找并获得符合标准的外部资源，以满足新挑战的需求。其次，另一些企业（包括那些尝试资源搜寻但失败了的企业）转而逃避新挑战，比如拒绝新挑战，或者某些极端的例子，缩减规模或者解散。最后，就是采用拼凑，通过整合手边的资源将就去应对新的问题或者开发新的机会。之后，创业者又面临了两种选择，即全面拼凑和选择性拼凑。

⊙ **专栏**

毕克畏巧卖八爪鱼

这是 2008 年 7 月 11 日中国中央电视台《致富经》栏目中的一则创业故事。

2004 年，30 岁的毕克畏接管了父母创办的企业，主营鱼、贝和虾等产品的加工出口，年销售额 2 000 多万元。随着原料及生产成本不断上涨，公司利润越来越低。于是毕克畏在大连的公交车上打出招商广告，寻找更多机会。

2006 年 9 月，某日本企业代表于洋找到毕克畏，想以成品章鱼每吨 6 000 美元的价格与他签订一个 50 万美元的订单，因为毕克畏有一条位于单独车间的闲置生产线符合日方生产要求。但毕克畏没有接下这笔生意，因为大连本地的章鱼 8 条腿长短不均、肉质厚，不是客商需要的品种。如果从福建和浙江购进符合要求的原料，则增加了企业的风险。同年 10 月，于洋送上一张 50 万美元的信用证，催促他尽快寻找原料。11 月，毕克畏南下福建，找到曾炳东收购章鱼。

章鱼含水量大，一斤鲜章鱼加工出 4 两以上的成品才有利润。为了防止收购商做手脚，需要对原料做出成率试验。毕克畏之前没做过，他假装自己懂行，过来就直接做试验，但使用的盐分比例和时间都不对。曾炳东担心毕克畏的外行会失去这笔生意，无奈之下，亲自帮助毕克畏做出成率试验。于是毕克畏顺利在福建收购了 150 吨的章鱼原料，按照日本客户的要求进行加工。这单生意，毕克畏赚到 4 万多美元。更重要的是，以后每月他都有 20 万美元的订单。其他的海产品加工还照常生产，一下子工厂产值就翻了一番。

出口到日本的是章鱼头和章鱼爪，剩下的脖子和爪尖成了规格外的产品，丢了可惜又卖不出去，只好积压在仓库里。2007 年 4 月，毕克畏在逛街时发现当地有人卖章鱼丸子。他买了两盒品尝，发现是用鱿鱼爪子做的。代理商称，章鱼原料难找，只好用鱿鱼替代。于是毕克畏将规格外的产品卖给销售商，每年增加了 20 万元利润。同时，毕克畏了解到章鱼丸子一盒卖 3 元，而成本不到 3 毛，这给他很大触动。毕克畏希望摆脱单纯靠加工产品挣加工费的经营方式，想做自己的产品，直接销售。

2008 年春节，针对市民春节采购的需要，毕克畏把鱼虾类产品装进礼品盒子组合销售，在推销礼品盒时他认识了大连的海参经销商王振东。经过协商，毕克畏以 40% 的销售利润作为回报，进入王振东的 10 家海参专卖店。王振东卖高档海参、鲍鱼，毕克畏销售低端海鲜休闲食品，一小袋卖 2 元，利润率为 20%，与海参产品互相弥补，丰富店里的产品。不到一个月，毕克畏的销售额突破 10 万元。

毕克畏在创业的过程中，不断利用手边的各种资源寻找新的机会。从毕克畏的三大主营业务——传统鱼虾出口加工、章鱼出口加工、国内海鲜休闲食品中都可以看到拼凑策略的影子。

突破习惯思维方式。毕克畏试图开辟新的市场和机会，但他并没有天马行空，而是利用现有的基础寻求突破。在传统概念中，出口加工企业一般两头在外，只是专注控制成本，很少去考虑市场和销售的问题；考虑产品组合、渠道，是内销企业的事情。毕克畏却突破了这一观念，一脚伸进了另一个行当。而利用出口章鱼的下脚料卖给章鱼丸子经销商的过程，刺激了毕克畏开发国内市场的想法。

手边资源的再利用。为日本客商出口章鱼，利用的是剩余的生产加工能力；卖给章鱼丸子经销商的产品，利用的是堆放在库房无用的下脚料。也许换作其他人，去除章鱼头、章鱼爪之后的废料早就丢弃了。但毕克畏硬是在日常生活中寻找到机会，变废为宝，而且，也正是这次机会让他看到国内市场的广阔天地。

将就。将就不是凑合，而是在一个并不十分完美的情形下积极行动，并随着事情的进展不断改进。在开始探索国内市场初期，毕克畏并不知道利用海参专卖店的可能性，所以最早的产品是礼盒包装。只是在推销海鲜礼盒的过程中他结识了王振东，于是形成销售海鲜休闲食品的概念，才变成最后 2 元一小袋的产品形态。最终确定的产品、包装、渠道、定价，都是尝试和改进的结果。

资源整合。毕克畏和王振东合作的过程，就是典型的整合双方资源实现"1+1>2"的效益的过程。毕克畏缺乏的渠道对王振东来说是现成的，他提供的产品和王振东原有的品种形成良好的互补，吸引更多顾客。双方都没有损失，反而收获更多。

不是所有的领域都在拼凑。通常，创业企业能够在多个领域拼凑，比如利用种种现成的物质资源；通过自学获得技巧和能力；利用现成的人际关系网混淆员工、朋友和顾客的界限，以获得更多订单和市场；突破标准制度和规范的限制等。但是，我们在前面提到，全方位的拼凑往往形成互动强化模式，使得企业不断陷入新项目中，不利于建立稳定和标准化的日常程序，企业难以成长。在这个例子中，我们发现毕克畏在所有的新市场中，对新客户都没有采用拼凑策略，而是通过正常的商业交往建立合作关系。这种关系更利于建立纯粹的、稳定的商业关系，合作的双方不会因为所谓的"人情"降低对产品品质的要求，在此基础上，也容易让企业建立基于需求的规范和流程，使得这种合作是长期的。

资料来源：田新，王晓文. 如何实施拼凑策略[J]. 企业管理，2009（5）：9-11.

5.3 整合外部资源的机制

受资源约束的限制，创业者要依靠自有资源，分阶段投入资源，用拼凑的策略用好资源，探索最经济的方式开展工作，自力更生，这些必要也有效。但优秀创业者绝不会停留在这样的水平上，他们会关注外部资源。创造性地整合外部资源是优秀创业者所具有的关键技能之一。

> **创业聚焦　　借力修建天桥背后的资源整合逻辑**
>
> 在天津生活的人都知道国际商场——天津市第一家上市公司。国际商场紧邻南京路，这是一条十分繁忙的主干道，道路对面就是滨江道繁华的商业街。在国际商场刚开业时，门口并没有过街天桥，行人穿越南京路很不方便也不安全。修建天桥是很正常的事情，估计经过那里的人都会很自然地想到这点，但是绝大多数有这种认识的人会觉得天桥应该由政府来修建，所以想想、发发牢骚也就过去了。有一天，一位年轻人同样也产生了这样的想法，他没有认为这是政府该干的事情，而是立即找政府商量，提出自己出钱修建过街天桥，希望政府批准，前提是在修建好的天桥上挂广告牌。不花钱还让老百姓高兴，而且天桥也不注明是由谁出资修建的，政府觉得不错，就同意了。这个年轻人拿到政府的批文后立即找可口可乐这些著名的大公司洽谈广告业务，在这么繁华的街道上立广告牌，当然是件好事情。就这样，这位年轻人从大公司那里拿到了广告的定金，用这笔钱修建好了天桥之后还略有剩余。天桥修建好了，广告牌也挂上了，年轻人从大公司那里拿到余款，这就是他的第一桶金。
>
> 资料来源：根据创业者口述整理。

这是一个真实的例子，也是一个无中生有的故事，更是一个"空手套白狼"的创业案例。故事中的主角（年轻人）看到了修建天桥的客观需求，但这位年轻人自己没有钱，也没花自己的一分钱，就把天桥修建起来了。修建天桥的钱是大公司出的，为什么大公司愿意出钱？因为它们要做广告。这位年轻人是怎么把各方资源撬动起来的呢？

5.3.1　识别利益相关者及其利益

埃克森美孚石油公司（标准石油）创始人、超级资本家约翰·D. 洛克菲勒曾经有句名言："建立在商业基础上的友谊永远比建立在友谊基础上的商业更重要。"资源是创造价值的重要基础，资源交换与整合显然要建立在利益的基础上，要整合外部资源，特别是对缺乏资源的创业者来说，更需要资源整合背后的利益机制。利益相关者及其相关理论也许有助于我们分析资源整合背后的利益机制。

> **关键概念**
>
> **利益相关者**
>
> 1984年，弗里曼出版了《战略管理：利　益相关者方法》一书，明确提出了利益相关

者管理理论。利益相关者管理理论是指企业的经营管理者为综合平衡各个利益相关者的利益要求而进行的管理活动。与传统的股东至上主义相比较，该理论认为任何一家企业的发展都离不开各利益相关者的投入或参与，企业追求的是利益相关者的整体利益，而不仅仅是某些主体的利益。这些利益相关者包括企业的股东、债权人、雇员、消费者、供应商等交易伙伴，也包括政府部门、本地居民、本地社区、媒体、环保组织等方面的压力集团，甚至包括自然环境、人类后代等受到企业经营活动直接或间接影响的客体。这些利益相关者与企业的生存和发展密切相关，他们有的分担了企业的经营风险，有的为企业的经营活动付出了代价，有的对企业进行监督和制约，企业的经营决策必须考虑他们的利益或接受他们的约束。从这个意义上讲，企业是一种智力和管理专业化投资的制度安排，企业的生存和发展依赖于企业对各利益相关者利益要求的回应的质量，而不仅仅取决于股东。这一企业管理思想从理论上阐述了企业绩效评价和管理的中心，为其后的绩效评价理论奠定了基础。

资料来源：弗里曼.战略管理：利益相关者方法[M].王彦华，梁豪，译.上海：上海译文出版社，2006.

既然资源与利益相关，要整合外部资源显然要关注有利益关系的组织或个人。利益相关者是组织外部环境中受组织决策和行动影响的任何相关者。要更多地整合到外部资源，首先要尽可能多地找到利益相关者，同时这些组织或个体和自己以及想要做的事情有利益关系，利益关系越强、越直接，整合到资源的可能性就越大，这是资源整合的基本前提。创业者之所以能够从家庭成员那里获得支持，就是因为家庭成员之间不仅是利益相关者，更是利益整体。

资源整合原则一：尽可能多地搜寻出利益相关者。

在修建天桥的故事中，年轻人利用的利益相关者有政府部门、可口可乐等著名的大公司、行人。这个故事中的利益相关者可能还会有许多，比如附近的商场、公交车等，多个利益相关者的参与更需要有效的利益机制设计。

利益关系者之间的利益关系有时是直接的，有时是间接的；有时是明显的，有时是隐含的；有时还需要创造出来。这与机会识别有很多相似之处。在修建天桥的故事中，年轻人和政府、大公司之间的利益关系显然没那么强，否则天桥可能早就被修建起来了。把相对弱的利益关系变强在大多数情况下会有利于资源整合。

利益相关者是有利益关系的组织和个体，有利益关系并不意味着能够实现资源整合，还需要有共同的利益或者说利益共同点。为此，识别到利益相关者后，逐一认真分析每一个利益相关者所关注的利益非常重要。在修建天桥的故事中，年轻人和公司关注的是经济利益，政府部门关心的是百姓的安全、方便和政绩，修建天桥成为实现各方利益的共同载体。

资源整合原则二：识别利益相关者的利益所在，寻找共同利益。

5.3.2 构建共赢的机制

有了共同的利益或利益共同点并不意味着就可以合作，只是意味着具备了前提条件。资源整合是多方面的合作，切实的合作需要各方利益能够真正实现作为保证，这就必须寻找和设计出使大家共赢的机制。

对于在长期合作中获益、彼此建立起信任关系的合作，双赢和共赢的机制已经形成，进一步的合作并不很难。但对于首次合作，特别是对受到资源约束的创业者来说，建立共赢机制需要智慧。

让我们还是先看看前面的例子。在修建天桥的故事中，年轻人打算修建天桥的主要目的当然是挣钱，他的技巧是把挣钱的目的隐藏起来，而是从满足对方的利益入手，修建天桥不让政府出钱还说是政府做的，拿着政府的批文找企业又增强了可信度，让大公司享受在黄金地段做广告的好处。

资源整合原则三：共同利益的实现需要共赢的利益机制做保证，共赢在大多数情况下难以同时赢，更多的是先后赢，创业者要设计出让利益相关者感觉到赢而且是优先赢的机制。

让对方看到潜在的收益，为了获取收益需要投入资源，这是基本规律。创业者在设计共赢机制时，既要帮助对方扩大收益，也要帮助对方降低风险，降低风险本身也是扩大收益。

5.3.3 维持信任长期合作

共赢机制的背后是博弈问题，囚徒困境是很经典的博弈案例。囚徒困境描述的是甲、乙两个犯罪嫌疑人作案后被警察抓住，分别关在不同的屋子里接受审讯。警察知道两个人有罪，但缺乏足够的证据。警察告诉每个人：如果两个人都抵赖，各判刑1年，因为警察拿不到证据；如果两个人都坦白，警察拿到证据后各判8年；如果两个人中的一个人坦白而另一个人抵赖，坦白的放出去，抵赖的人判10年。在这种情况下，甲、乙二人的不同行为带来的结果如图5-3所示。

		犯罪嫌疑人乙	
		抵赖（合作）	坦白（背叛）
犯罪嫌疑人甲	抵赖（合作）	甲、乙双赢	甲输；乙赢
	坦白（背叛）	甲赢；乙输	甲、乙双输

图 5-3 囚徒困境博弈模型

于是，每个犯罪嫌疑人都面临两种选择：坦白或抵赖，他们各自会如何选择呢？在没有其他信息的情况下，从理性的角度分析，最容易出现的结果是不管同伙选择什么，每个囚徒的最优选择是坦白。这显然是双输而不是双赢。如果两个犯罪嫌疑人是长期合伙作案，彼此之间建立了牢固的信任关系，情况会怎么样？没有牢固的信任关系，如果不把甲、乙单独关在不同的房间，让两个人可以交流的话，情况又会怎样？他们的行为结果还一定是双输吗？

资源整合也是这样，资源整合的机制首先要有利益基础，同时还要有沟通和信任来维持。沟通往往是产生信任的前提，信任成为社会资本的一个重要因素。

卢曼（Luhmann）将信任区分为人际信任和制度信任，认为人际信任建立在熟悉度及人与人之间的感情联系的基础之上；制度信任是用外在的，利用诸如法律一类的惩戒式或预防式的机制来降低社会交往的复杂性。福山等学者进一步认为人际信任是存在于人际关系中的保障性的信任，而制度信任是由对外的社会机制的信任而产生的一种对人的基本信任，这两种信任共同构成了社会的信任结构。

过去，很多西方学者认为中国社会的信任度比较低或相当有限。韦伯在关于中国宗教的研究中涉及信任问题时就明确指出，儒家文化强调表面的"自制"，对他人普遍不信任，这种不信任阻碍了中国信贷和商业活动的发展，一些中国人的信任建立在血缘共同体的基础之上，即建立在家族亲戚关系或准亲戚关系之上，是一种难以普遍化的特殊信任。福山认为诸如中国、意大利和法国这样的国家，有一些社会组织建立在以血缘关系维系的家族基础之上，因而对家族之外的其他人缺乏信任，通常阻碍了公司的制度化，家族企业一般不会让专业经理人担当管理重任，宁愿勉强让公司分裂成几家新公司，甚至是完全瓦解。

而近期研究，尤其是国内学者展开的调查结果都显示中国人际间的信任水平并不低下，比如张建新等的调查表明中国大学生对熟人和陌生人的信任程度高于美国大学生。彭泗清从根本上挑战了华人信任缺失的观点，他认为"对外人不信任"有两种情形：一是起点上的不信任，即由于对外人缺乏了解而产生的不信任；二是永远的不信任，即对外人不信任状态的不可改变，即使已充分了解并认识外人。从逻辑上讲，只有第二种才会导致低信任度社会的产生，而由于对外人的信息了解不多而产生的不信任是合乎情理的，西方社会也是普遍如此，因此，起点上的不信任可以通过交往互动中的关系运作达到了解，从而建立信任关系。

儒家文化和农耕文化的交互作用，决定了中国社会关系网络的亲疏有序，形成了所谓的差序格局特征。在这样的关系网络特征背后，隐藏的就是华人对外信任预期的差序格局，即对血缘关系为纽带的家族成员形成了"起点上的信任"。个体对其家族成员的信任预期是与生俱来的，尽管这种信任水平可能随着时间的推移，相互作用次数的增加而发生改变，但毫无疑问，这是以情感认同为出发点的信任，正因为此，才决定了华人家族企业创立成长初期运营的高效率，储小平把它叫作家族信任。然而，对家族成员以外的其他人，华人在交往互动过程中不断地将与其有着地缘（如老乡）、业缘（如同事）、学缘（如同学）等联系的外人予以"家人化"，变成"一家人不说两家话"，信任边界在不断扩展着，储小平称其为泛家族信任。这种信任的产生主要来自两个方面：一是双方过去交往的经验，如你来我往，礼尚往来，通过长期交往来形成对他人行为的主观预期，从而产生信任；二是由于社会相似性而产生的信任，因为相似的社会背景往往意味着相近的行为规范，容易相互理解，在交往或交流中容易达成共识，从而形成信任关系。

创业者要区分不同的信任关系，充分认识信任的重要性。作为创业者，要尽快从早期的家族信任过渡到泛家族信任，进而建立起更宽广范围的信任关系，获取更大规模的社会资本。

资源整合原则四：沟通是创业者与利益相关者之间相互了解的重要手段，信任关系的建立有助于资源整合，降低风险，扩大收益。

5.4 外部资源整合的过程

5.4.1 资源整合前的准备

在现实生活中，有些人虽然有很好的创意，但整合不到实现创意所需的资源。有些人虽然自己没有资源，但凭借自己的专业、信息和技术优势，以及自己的个人信任和人脉关系，总能一次次幸运地找到资源实现自己的创业梦想，成就自己的财富人生。"机会总是眷顾有准备的人"，创业资源整合不只是技术问题，还是社会问题。在创业前或资源整合前做好以下工作，有助于创业资源整合的成功。

（1）建立个人信用。市场经济是一种信用经济，信用对国家、企业和个人来说都是一种珍贵的资源。在整合创业资源时，信用有很重要的作用。人都生活在一定的社群中，创业者也不例外。创业者因为具有创业精神、创新意识，在思维方法和行为方式上会有不同之处，显示出异质型人才资本的特征，但信任是一种市场规则，谁违背了，信息都会在社群内通过口碑传播，而创业最初的资源往往来自自己的亲人、朋友和同事，如果口碑太差、信任度太低，资源整合难度就会加大。

（2）积累人脉资源。创业者的关系网络形成了新企业的社会资本。边燕杰等认为，企业社会资本是指企业通过社会关系获取稀缺资源并由此获益的能力。许多研究表明，创业者的人脉关系对创业融资和创业绩效有直接的促进作用。我们不应该把人脉关系等同于所谓的"拉关系""走关系"等寻租行为，而是基于正常的社会经历建立的诸如师生、同学、朋友、同事等的人际关系，这些关系在创业过程中会带来有用的信息、资源。因此，在校大学生要善于建立良好的同学关系和师生关系，勤于参加社团活动和社会实践，建立健康、有益的人脉关系，创造和积累基于师生关系、同事关系与亲友关系的社会资本，为创富人生、实现自我奠定好基础。

调查研究

生意帮：通过云工厂实现协同制造

数字平台能够联结大量企业、产线、设备、仓库和员工等，形成巨大产能池，按需匹配各种资源，能够迅速组织起以产品为中心、在一定区域范围内的分布式制造产线。[⊖] "云工厂"通过平台接单，拆解制造过程分派给不同企业，针对每个订单组建个性化"云产线"的分布式协同生产模式，宁波的协同制造平台"生意帮"即为典型案例。

浙江生意帮云科技有限公司（以下简称"生意帮"）是一家专业提供结构件（塑料件和五金件）完整生产解决方案的专业生产组织者，企业独创"E联-生意帮"自主品牌，利用物联网、大数据、云计算等前沿技术赋能传统制造业，打造国内最大的"云工厂"，为"新经济"提供更高效、更敏捷的"新制造"服务。企业曾获得浙江省行业云应用示范平台等多项荣誉，并被国家发展改革委认定为首批国家级产能共享示范平台。

⊖ 江小涓，靳景.数字技术提升经济效率：服务分工、产业协同和数实孪生[J].管理世界，2022，38（12）：9-26.

在电商渐渐风生水起的时代，工业原料采购领域有了找煤网、找塑料网，成品销售领域有了阿里巴巴、京东……而唯独中间的工业加工领域却始终和互联网绝缘。

2015 年 1 月，纪鸿聪与几位北大同学创办了生意帮，搭建了生意帮平台，他要用互联网重新定义制造业。

经过多次尝试和不断努力，纪鸿聪将无偿撮合模式变成"虚拟工厂"模式，其中，生意帮扮演生产组织者角色，拿到订单后再分包给工厂，生意帮从此明确了自己的定位——网络化协同生产平台。对结构件生产加工企业来说，通过网络化协同生产平台可以缩短生产周期，降低生产成本。一般来说，一家企业开发一个新产品需投入 200 万元，平均周期 9 个月。而与生意帮合作，只要 3 个月就能实现产品的量产导入，产品开发平均投入 60 万元就能完成一个产品的开发周期。此外，通过专业技术服务，生意帮还能帮助企业降低试错成本。例如，生意帮与北京某儿童玩具开发企业联合开发的一款新玩具，从设计到量产只用了 45 天，比第一代产品的研发周期缩短 80%。

目前，生意帮已经成为真正意义上的云工厂，一头联结 17 000 多家合作工厂，涉及 23 个大行业、131 个细分行业；一头联结大量有创意的"产品定义者"，为双方提供工艺研发和生产组织的专业服务。

资料来源：本刊记者.生意帮"帮主"：纪鸿聪 [J].宁波经济（财经视点），2019（4）：60-61.

生意帮有着全流程的工程师专家资源，既能满足个性化的制造需求，又能有效地为新品开发避开结构件生产环节中的许多"坑"，提高生产效率，降低生产成本，提升产品品质。

5.4.2 测算资源需求量

每个创业者在整合资源前都需要明确资源需求量，换言之，资源需求量的测算是整合资源的基础。

（1）估算启动资金。企业要开始运营，首先要有启动资金，启动资金用于购买企业运营所需的资产及支付日常开支。对启动资金进行估算，需要具备足够的企业经营的经验，以及对市场行情的充分了解。创业者在估算启动资金时，既要保证启动资金足够企业运营，也要想方设法节省开支，以减少启动资金的花费。在满足经营要求的情况下，可以采用租赁厂房、采购二手设备等方法节约资金。

（2）测算营业收入、营业成本、利润。对新企业来说，预估营业收入是制订财务计划与财务报表的第一步。为此，企业需要立足于市场研究、行业营业状况以及试销经验，利用购买动机调查、推销人员意见综合、专家咨询、时间序列分析等多种预测技巧，估计每年的营业收入。之后，要对营业成本、营业费用以及一般费用和管理费用等进行估计。由于新企业起步阶段在市场上默默无闻，市场推广成本相当大，所以营业收入不可能与推动营业收入增长所付出的成本成比例增加。因此，对于第一年的全部经营费用都要按月估计，每一笔支出都不可遗漏。在预估第二年及第三年的经营成本时，应该先关注那些长期保持稳定的支出，如果第二年、第三年销量的预估是比较明确的话，则可以根据营业百分比法，即根据预估净营业量按固定百分比计算折旧、库存、租金、保险费、利息等项目的数值。在完成上述项目的预估后，就可以按月估算出税前利润、税后利润、净利润以及第一年利润表的内容，然后进入预计财务报表过程。

（3）编制预计财务报表。新企业可以采用营业百分比法预计财务报表。这一方法的优点是，能够比较便捷地预测出相关项目在营业额中所占的比率，预测出相关项目的资本需求量。但是，由于相关项目在营业额中所占比率往往会随着市场状况、企业管理等因素发生变化，所以，必须根据实际情况及时调整有关比率，否则会对企业经营造成负面影响。

预计利润表是应用营业百分比法的原理预测可留用利润的一种报表。通过提供预计利润表，可以预测留用利润这种内部筹资方式的数额，也可以预计资产负债表，为预测外部筹资额提供依据。

预计资产负债表是应用营业百分比法的原则预测外部融资额的一种报表。通过提供预计资产负债表，可以预测资产和负债表及留用利润有关项目的数额，进而预测企业需要外部融资的数额。

预计现金流量表。大量的事实证明，现金流是新企业面临的主要问题之一。一家可以盈利的企业也会因为现金的短缺而破产，因此，对新企业来说，逐月预估现金流是非常重要的。与预估利润表一样，如何精确地算出现金流量表中的项目是一个难题。为此，在预计财务报表时需要预设各种情境，比如最乐观的估计、最悲观的估计以及现实情况估计。这样的预测既有助于潜在投资者更好地了解创业者如何应对不同的环境，也能使创业者熟悉经营的各种因素，防止企业陷入可能的灾难。

（4）结合企业发展规划预测资源需求量。上述财务指标及报表的预计是创业者必须了解的财务知识，即使企业有专门的财务人员，创业者也应该大致掌握这些方法。需要指出的是，融资需求量的确定不是一个简单的财务测算问题，而是一个将现实与未来综合考虑的决策过程，需要在财务数据的基础上，全面考察企业经营环境、市场状况、创业计划以及内外部资源条件等因素。

5.4.3　编写商业计划

证据表明，无论企业的规模大小，有计划的企业比没有计划的企业表现得要好。商业计划是融资的重要工具，这在前面已经论述过了。很多优秀创业家，比如李彦宏（百度）、马化腾（腾讯）、张一鸣（字节跳动）、王传福（比亚迪）、曾毓群（宁德时代）、黄峥（拼多多）等，他们创业成功，都得到了创业资本的支持，而提供一份有说服力的、体现创业前景的创业计划书，都曾是他们及其团队的重要工作。

5.4.4　确定资源来源

测算完资源的需求量之后，接下来的工作就是确定资源来源，即资源的渠道和对象。此时，创业者需要对自己的人脉关系进行一次详尽的排查，初步确定可以成为资源来源的各种关系。同时，需要搜集各方面的信息，以获得银行、政府、担保机构、行业协会、旧货市场、拍卖行等各种能够提供资源支持的对象的资料。现在政府出台了很多的政策，其中有一些好的政策，但是由于一些创业者不了解，而失去了获得有关支持的机会。同时，创业者也应对企业股权和债权的比例安排进行考虑。

5.4.5　资源整合谈判

无论商业计划写得有多好，在与资源提供者谈判时表现糟糕的创业者都很难完成交易。因此要做好充分准备，事先想想对方可能提到的问题；要表现出信心；陈述时抓住重点，条理清楚；记住资源提供者关心的是让他们投资有什么好处。这些原则对资源整合至关重要。

创业聚焦　　　　波迪商店的资源整合

"为了取得进一步的发展，我必须获得一部分资金。戈登和我计算过，要创办一家企业，需要 4 000 英镑。我想，将我们的旅馆作为抵押是没有什么问题的。遗憾的是，我采用了错误的方式。在约见银行的经理时，我穿了一件 Bob Dylan 牌的 T 恤以及 Justine 牌的牛仔裤。我没有意识到我应该穿得更正式一点。我充满热情地阐述着我的很多伟大的想法，述说着我如何在旅行中发现了这些自然成分，并为之起了一个很伟大的名字：波迪商店，但我需要 4 000 英镑来创办这家企业……当我说完的时候，这名银行经理往椅子上靠了靠，说他不会借给我任何钱，因为我们已经有了很多的债务了……"

"我已经准备放弃了，但是戈登比我更为顽强。他说他能够得到这笔钱，但是我们要按照他们的游戏规则与其进行周旋。他让我先出去买一套工作礼服，然后再找一个懂会计的朋友，做一份好看的、吸引人的商业计划，包括各项预计的损益数字以及各种各样的文字说明。最后，把这些东西都放在一个塑料袋里。"

"一个星期后，我们回到同一家银行，并约见了同一名经理。我们都穿着礼服。戈登递上了我们的资料。这位经理翻看了几分钟，就批准了我们的贷款计划，而且，正如我所预计的，以我们的旅馆作为抵押。我如释重负，同时也为我第一次被拒绝而感到愤懑。毕竟，我还是我，还有着同样的想法。显然，这位银行经理不愿意与婆婆妈妈的人打交道。"

资料来源：切尔.企业家精神：全球化、创新与发展[M].李欲晓，赵琛徽，译.北京：中信出版社，2004.

此外，找有谈判经验的人士咨询，阅读相关书籍学习谈判技巧，对谈判的成功都会有所帮助。

本章要点

- 创业活动是在高度资源约束的情况下开展的商业活动，大多数创业者在创业之初资源都相当匮乏，因此，资源整合能力必然成为创业者开展创业活动的必修课程。
- 优秀创业者在创业过程中所展现出的卓越的创业技能之一就是创造性地整合资源。

- 学术界用"bootstrapping"描述创业者利用资源的方法,主要是指在缺乏资源的情况下,创业者分多个阶段投入资源并且在每个阶段或决策点投入最少的资源,所以也可以称为"步步为营"。
- 拼凑能够很好地描述创业者资源利用方面的独特行为。
- 建立在商业基础上的友谊永远比建立在友谊基础上的商业更重要。
- 创造性地整合资源需要设计出共赢的利益机制,利益机制在各类资源整合中的作用是相近的。
- 通过数字化平台整合资源,是创业者创业借力的重要途径。
- 创业资源整合不只是技术问题,还是社会问题,不可能一蹴而就,创业者至少应从四个方面做好准备:建立个人信用,积累人脉资源,测算资源需求量,编写商业计划。

重要概念

资源基础理论　　资源编排理论　　步步为营　　拼凑　　信任　　资源整合
数字化资源　　　平台资源　　　　资源共享　　利益相关者　双赢　资源博弈

复习思考题

1. 在本章引例中,橙色云为创业者创业提供了便捷的条件。如果你是一位创业者,当缺少创业资源时,你如何利用橙色云这一类平台来实现创业?
2. 创业者一般会拥有哪些资源?创业者为什么经常受到资源匮乏的约束?
3. 创业者需要仔细思考哪些损失可承受,哪些是"禁区"?
4. 有人说创业者是赌徒,而实际上创业者将风险控制在可承受范围内。分析其原因。
5. 依赖自有资源与拼凑之间存在什么异同?
6. 比较资源基础理论与资源编排理论的差异。
7. 本章在讨论整合外部资源时强调共赢机制的设计,而且提醒创业者要优先考虑利益相关者的收益。你同意这样的观点吗?为什么?
8. 人们常说创业是白手起家、无中生有,对此你怎么看?
9. 数字化平台发展对创业者整合资源带来了哪些影响?

实践练习

实践练习 5-1　资源整合谈判

开展《如何教创业》(机械工业出版社,2015 年 5 月,120-124 页)一书中的体验式练习"资源整合谈判",体验资源谈判过程,掌握如何在谈判中超越纯粹的财务资源目标,寻找创造性方案获得对早期阶段创业者至关重要但并不明显的非财务资源。

实践练习 5-2　通过付出构建网络资源

完成《如何教创业:基于实践的百森教学法(第二卷)》(机械工业出版社,2023 年 3 月,129-133 页)一书的练习 5-3"资源获取背后的付出"。通过本练习,学会向他人寻求帮助,建立新关系并加强现有关系,从而获取外部资源。

实践练习 5-3　寻找资源

观看视频:《共富经》20230718 乡村合伙人 第 2 集 虾田里隐藏的秘密(央视网,2023-07-18)。

讨论并回答问题:
1. 案例里的创业资源有哪些?
2. 七井村的创业者是如何将过去没有价值的小龙虾变成乡村最大财富的?

> 商业模式是一个相互依存、相互关联的交互系统，旨在捕捉和服务市场需求，同时为所有利益相关者创造价值。
>
> ——沃顿商学院教授拉菲·阿密特（Raffi Amit）

第 6 章
设计商业模式

【核心问题】

- ☑ 为什么商业模式非常重要？
- ☑ 商业模式的基本问题是什么？
- ☑ 商业模式的核心逻辑是什么？
- ☑ 商业模式包括哪些关键要素？
- ☑ 商业模式设计的流程是什么？
- ☑ 商业模式为何需要动态调整？
- ☑ 商业模式调整的类型有哪些？

【学习目的】

- ☑ 了解商业模式的内涵与逻辑
- ☑ 熟悉商业模式的核心构成要素
- ☑ 掌握商业模式的设计方法
- ☑ 体验商业模式的设计过程
- ☑ 分析商业模式中的关键假设
- ☑ 认识调整商业模式的科学方法

引例　　共享经济热潮下的部分典型失败案例

所谓"按需实时响应的分享经济",指的是科技公司打造一个连接供需双方的平台,在这个平台上通过商品"临时性租借"的方式,将供需双方连接起来。供方,往往是资源闲置的那一方;而需方,往往是在某一个时间节点上特别需要这方面资源的一方。平台在这个交易过程中获取一定的利润。

这样的商业模式听起来棒极了,科技公司从无到有地构建出一种全新的商业关系,省却了中间的各个环节,效率得到优化,一切都很完美,不是吗?问题到底出在哪里呢?让我们看看几个案例你就多多少少能窥出真相了。

1. Homejoy

创业思路:实时响应的家政服务平台。一方面连接着消费者,另一方面连接着家政服务独立承包商。

第一处致命伤口:客户只选择在第一次打折促销时进行消费。Homejoy在创业前期特别依赖于那些团购网站来获取客户。第一次的促销是很便宜,但是在接下来的一个月的时间里,只有15%~20%的客户愿意发起第二次订单。

第二处致命伤口:扩张得太快。2013年,Homejoy获取到了3 800万美元的B轮融资,投资人对其寄予厚望,希望能够看到投资额相对应的增长势头。为了满足投资人的期待,Homejoy快速扩张,在6个月的时间里在30座城市同时开展业务。而Homejoy的客户全是靠"赔本赚吆喝"的方式得来的,所以它扩张的速度越快,赔的钱也就越多。

第三处致命伤口:没有在培训"独立合同承包商"上多下功夫。Homejoy的家政服务人员都是所谓的"独立合同承包商",在人员服务素质、水平上面存在参差不齐的现象,而公司本身也没有下大力气去培训他们,最终导致提供给消费者的服务质量难以让人满意。这也是它留不住人的重要原因。

最后结局:倒闭。

2. HelloParking

创业思路:停车位分享业务。

第一处致命伤口:它的创始人在接受采访时是这么说的,"作为联合创始人,我们在一开始坐下来探讨这个创业思路的时候,大家都拍案叫绝,接下来开发原型产品,将销售人员散布出去,但是老实说,到最后我们还是没搞明白为啥不见订单出现。最后我们想明白了,我们并没有一个非常清楚的客户定位,也没有做什么实验,甚至连与终端目标客户的对话都没展开过一次。虽然在'汽车停泊'领域中,我们找来了几个专家,但是这不足够,我们应该跟每一个客户进行面对面的聊天才可以。"

第二处致命伤口:供需双方不成比例。现在确实有很多人都在找停车位,但车位所有人并不是那么热衷于将自己的车位"临时租借"出去。这就是一个非常棘手的问题,虽然说这个问题背后存在解决方案,但是就算找到了,整个商业模型也无法实现规模化增长。

最后结局:倒闭。

3. Cherry

创业思路：实时响应的洗车服务。客户只要把车停好，上网预约，很快就有人前来给客户洗车。

致命伤口：没有办法让收入更上一个台阶。客户不会天天洗车，最多一个星期洗一次。因此，如果想让收入变得可观起来，只有两条路，一是扩大订单量，让车主都来洗车；二是在洗车的过程中，推销其他与车有关的服务和产品，或者两个方式同时做。但是很遗憾，Cherry 在这两个方向上都没有取得太大的进展。

最后结局：倒闭。

4. Prim

创业思路：实时响应的洗衣服务（上门取衣，洗好之后再送回来）。

第一处致命伤口：单位经济效益太差。Prim 要做的事情有什么呢？首先得找个愿意提供干洗服务的洗衣店，然后让那里的服务人员去客户家里取衣服，回到洗衣店洗完之后，折叠整齐，打包，然后再送回客户家里。这里面的工序实在是太多了！这项服务的成本非常高，想要在市场上获取客户，就不得不推出便宜的价格，到头来每一个订单都是在赔钱。

第二处致命伤口：无法处理好"供应商"和"外包公司"之间的关系。开始时，Prim 选择把所有订单交给 Laundromat 这家公司来做。后者其实就是前者的"服务供应商"。但是 Prim 后来发展成为一个平台，大大小小的洗衣店进驻之后，Laundromat 意识到自己的生意越来越不好做了，最终 Prim 和 Laundromat 的合作关系破裂。

最后结局：倒闭。

资料来源：花满楼. 从五具创业公司"尸体"，看清共享经济现状. 微信公众号"创事记"，2016-07-15.

随着时代的发展，类似于共享经济这样的风口热潮还会不断出现。在共享经济热潮之下，很多创业者都试图把握机会，各种领域的共享创业项目层出不穷，比如共享单车、共享充电宝、共享按摩椅、共享出行、共享童车、共享雨伞等，但真正成功的共享创业项目是比较少见的。共享经济这阵风吹过之后，大多数人对共享经济的直观印象就是一地鸡毛。但是，如果只看上面几家创业公司的创业思路，你觉得它们的创业想法对你而言有吸引力吗？其实国内有很多创业公司都在模仿上面引例中的做法。例如，2016 年登陆新三板进行挂牌交易的 e 家洁就是一家家庭保洁服务平台，模仿对象就是 Homejoy。你觉得引例中这些创业公司的失败是因为创业者识别到的机会不是真正的好机会还是执行力不够？其实，根本原因在于商业模式存在缺陷。在现实中很多看起来引人入胜或者逻辑严谨的创业思路或创业想法并不一定会实现经济上的成功。创业的根本目的不是要开发某种产品或服务，而是要发展一项可持续成长的业务，关于产品或服务的创意只是创业的起点，将其展开为一项业务才是关键所在，而驱使创业者做出此类思考的重要概念就是商业模式。

按照精益创业的观点，创业企业是一个临时性的组织，必须找到可重复、可升级的商业模式才能开始蜕变，逐渐化身为一个生生不息的伟大事业体。创业者意图开发的创新产品或服务能否为顾客、合作伙伴、企业创造价值，更多取决于他对商业模式关键变量的选择取舍，而不仅取决于产品或服务本身的内在特征。许多创业企业的成功，并不是因为产品创新性有多强，而是因为开发出了一套切实可行的商业模式。商业模式不仅能使初始创业资源得到最好的利用并让机会背后的价值得到最好的开发，还有助于潜在的投资者充分理解初创企业的商业逻辑并对是否投资做出快速决策。此外，围绕产品或服务开发商业模式的过程也迫使创业者更为深入地思考产品或服务本身是否能够真正满足用户需要及具有经济上的可行性。因此，认真设计并深入了解自己商业模式中的每个要素，并且不断去分析、精进，必然是身为一个创业者需要掌握的最基础的功课。

6.1 商业模式

6.1.1 商业模式的重要性

我们在现实中会发现，尽管大量创业者识别到了绝佳的市场机会，形成了新颖的创业思路，组建了才干超群的创业团队并开发了独一无二的产品，但仍然难以获得市场和投资人的认可，成长乏力或快速进入衰退阶段，其中一个可能的重要原因便是没有建立起驱动健康成长的正确的商业模式。因此，创业者的重要任务之一就是探索并建立与机会相适配的商业模式。

需要说明的是，尽管商业模式创新目前已成为创业者或既有企业高管都极为重视的一种创新类型，但如果缺乏有真实顾客需求的机会、创造性的解决方案以及相关配套资源的支撑，商业模式创新所带来的高速增长也只能是昙花一现。商业模式不是一种简单易得的配方，而是由相互依存的各种活动构成的一个系统，针对顾客需求的鲜明价值主张、切实可行的解决方案、实现解决方案的关键资源和活动，都是这个系统的关键组成部分。

为了实现创业成功，创业者必须围绕机会设计商业模式，充分整合资源并高效利用资源，与利益相关者建立合作伙伴关系并且与顾客进行有效的交流互动。在此过程中，一个深思熟虑、缜密设计的商业模式是至关重要的，原因如下：

- 商业模式迫使创业者进一步从业务系统视角思考机会的可行性；
- 商业模式将创业者的注意力聚焦于业务系统的构成要素及各要素之间的适配机制；
- 商业模式解释了利益相关者愿意参与创业者的机会开发活动的动因；
- 商业模式向所有的利益相关者明晰诠释了业务运转的内在逻辑。

许多创业者误以为商业模式对科技型创业企业来说不重要，实际上并非如此。只有技术创新不能保证企业持续盈利，早年的"硅谷悖论"也说明了这一点。当时在硅谷有许多高科技企业的财务绩效不尽如人意，原因之一就在于这些企业把大量资源放在了研发上，却忽略了如何利用所研发出的技术打造可持续的商业模式。[一]很多创业失败就是因为商业模式存在问题，典型如柔宇科技（参见创业聚焦）。这个案例充分说明科技创业者不能只是重视技术创新。首先，商业模式是技术价值的显示器。技术价值本身往往很难评估，结合特定的商业模式可以提高评估精度。其次，商业模式还是技术创新的助推器。企业技术创新活动需要持续投入，而借助有效的商业模式获取持续盈利可以为技术创新投入提供资金保障。当然，脱离了技术创新，商业模式创新也就失去了护城河。这更加说明在创业早期思考和设计商业模式的重要性。过去，人们往往认为先进的技术能力和卓越的产品质量可以保证企业持续盈利。今天，依靠技术创新和商业模式创新双轮驱动，企业发展才能领先一步，有利于形成产业话语权和掌控力。这也是风险投资公司在挑选投资标的时通常将商业模式纳入考虑因素的原因（其他因素还包括市场规模和管理团队等）。

创业聚焦　　柔宇科技：自主开发手机还是做手机企业的供应商

2012年5月，"80后"斯坦福大学博士刘自鸿从美国归国创业，和他的另外两名清华大学兼斯坦福大学校友魏鹏、樊俊超共同出资10万元创立了柔宇科技。创立不久，柔宇科技便获得数千万元融资。2018年8月9日，柔宇科技获得E+轮融资，估值高达50亿美元。2020年，柔宇科技在《2020胡润全球独角兽榜》排名第70位，同时位列《中国企业家》杂志发布的2020年度"中国科创企业百强榜"榜首。同年5月，柔宇科技获得F轮融资，金额为3亿美元。

柔宇科技主营业务为柔性显示面板的研发、生产和销售，并为客户提供柔性电子解决方案，主要应用于智能移动终端、智能交通、文娱传媒、智能家居、运动时尚和办公教育等行业。它的全柔性显示屏和全柔性传感器可反复折叠、卷曲，拥有轻、薄、柔、透的特性，可为用户提供创新的人机交互体验，具有丰富的应用场景。

柔性显示面板企业的商业模式无非两种：一是面向个人用户的智能终端；二是为产业提供柔性产品，充当供应链企业。

柔宇科技坚持自研生产柔性屏手机，在无形中把华为、小米、三星等列为对手。这非但不利于与这些大手机厂商的合作，也导致其商业模式过重。从产业现状来看，目前折叠屏手机用户接纳度并不高，尤其是对开折叠产品并未实现功能性突破。

从供应链角度来看，京东方6代线面板覆盖包括华为、OPPO、vivo等中国主流手机品牌，维信诺也成为小米、中兴、LG、传音等多个品牌客户的供应商，柔宇科技在智能手机产业柔性OLED屏应用中所占份额极小，盈利空间十分有限。柔宇科技试图将柔性屏应用于消费、体育赛事、会议等B端行业客户也收效甚微，在行业并未引起较大反响。

结果，无论是面向个人市场的柔性终端还是面向行业的供应链水平，柔宇科技都未打开市场。

截至2023年年初，柔宇科技被曝已6个月发不出工资，经营陷入困境。

资料来源：根据网络相关资料整理。

[一] 王安宇. 商业模式设计，小心四类"坑". 复旦大学管理学院微信公众号，2022-09-26。

创业者需要不断构思自己的商业模式并将其记录下来，时时对自己进行追问：顾客愿意购买我们的产品吗？如果顾客愿意购买，我们能生产出这样的产品吗？如果凭我们的能力无法生产出这样的产品，应该寻求谁的帮助？我们的商业模式是否能真的吸引利益相关者？如果合作伙伴的参与动力不足，如何激励他们？我们的利益相互一致，还是相互背离？我是否能吸引足够数量的合作伙伴？收入能弥补成本吗？……如果针对部分问题的回答令自己不满意或者信心不足，那么该就需要修改甚至放弃目前的商业模式。

虽然商业模式这个术语非常流行，但究竟什么是商业模式，却没有一个一致认同的严格的定义，结果，人们对商业模式的理解存在着很大差异，具体讨论相关事宜时似乎也是各说各话，甚至存在着很多错误的理解。虽然大量资金确实投向了有缺陷的商业模式，但问题不出在"商业模式"概念本身，而是对这一概念的曲解和误用。① 下面是一些常见的关于商业模式的错误认识。②

错误认识 1：商业模式就是企业战略。尽管商业模式与企业战略紧密相关，企业战略的构思离不开对其商业模式的思考，且这两个概念本身都有泛化的色彩与趋势，但商业模式和企业战略是两回事。商业模式事关构建业务系统而非主要考虑随后或相伴的竞争行为，后者应是企业战略回答的问题。可见，虽然可以认为商业模式是企业竞争优势的支撑性来源之一，但商业模式与企业战略的概念与功能不同，各自侧重于不同的关注点。

错误认识 2：商业模式就是盈利模式。商业模式重在价值创造，而盈利模式是通过构建商业模式来体现的，盈利模式事关效益的输出。商业模式本身无关效益、利润、盈利，它只关注是否为相关各方添加新价值，即价值驱动是其出发点。价值创造与价值驱动是一个问题的两个方面，或者说，商业模式的构建是价值（创造）驱动下的结果，至于盈利与否，则是另外一个隐含的逻辑，而这个逻辑应该由盈利模式来表达。从这一点不难理解互联网行业中许多公司"烧钱"成长背后的逻辑：虽然盈利无疑是其最终的落脚点之一，但在大量投资支撑下高速成长现象的背后，其推动力量与关注点主要是商业模式性因素而非单纯的盈利模式——如果属于一种全新的商业模式，则意味着包含了丰富的价值创造成分，投资的逻辑便隐含其中。许多互联网企业尽管创业并上市若干年，也许拥有巨大的市值，但在尚未实现盈利的情况下仍持续受到热棒，其逻辑或许就在于此。

错误认识 3：商业模式是企业内某一功能领域可以完整实现的概念。商业模式究竟是为对接企业的什么功能或职能而服务？这是一个值得讨论的问题。商业模式应该告知企业，为了交易活动的展开需要哪些资源与能力。从这个意义上来理解，商业模式中的参与各方是一个开放的集合，包括了众多的相关者，既包括了客户、供应商、合作者，也包括了投资者、相关的政府部门等，凡是影响企业资源与能力的相关者都是商业模式应该考量的因素。因此，商业模式虽然可以简洁地以一种模

---

① Magretta J. What management is[M]. New York：Free Press，2002.
② 姚小涛. 理解商业模式：不是什么，又是什么？[J]. 外国经济与管理，2017（06）：125-128.

型图来勾画，但在日常运转中有机地解构于不同的职能领域或部门操作之中，很难说哪一个功能领域是其主要的承担者，它与企业中的市场、客户关系、财务、战略规划、人力资源、研发、生产等都相关。

6.1.2 商业模式的内涵

究竟什么是商业模式呢？很多学者尝试对这一概念做出定义或解释，表 6-1 列出了一些代表性的观点。例如，Magretta（2002）认为商业模式就是一个企业如何赚钱的故事。与所有经典故事一样，商业模式的有效设计和运行需要人物、场景、动机、地点和情节。为了使商业模式的情节令人信服，人物必须被准确安排，人物的动机必须清晰，最重要的是情节必须充分展示新产品或服务是如何为顾客带来了价值和利益，同时又是如何为企业创造了利润。Amit 和 Zott（2001，2002）着重强调了"活动体系"（activity system）的概念：商业模式的参与者之间如何分工、谁进行什么活动、活动之间如何连接、应该采用什么样的治理机制、如何为每一位利益相关者创造价值，等等。Teece（2010）认为商业模式是关于企业价值主张、企业的成本与回报之间的联系，它关系到企业向客户传递什么价值、如何组织以实现这种价值以及如何从这种价值创造中获取收益等。

表 6-1 有关商业模式的定义

学者（时间）	定义或解释
Magretta（2002）	商业模式的本质是解释企业如何运营的故事
Amit 和 Zott（2001，2002）	商业模式描述了为了通过开发商业机会而创造价值所设计的交易内容、交易结构和交易治理，是跨越企业边界的一套相互依赖的活动体系
Teece（2010）	商业模式清晰地展示了支持顾客价值主张、为企业传递价值的不同成本和盈利结构的逻辑、数据和证据
Cavalcante 等（2011）	商业模式是一个强调商业过程的抽象概念，个人认知在商业模式的动态变化中起到了关键作用
Verstraete 等（2012）	商业模式是企业将其可理解的商业概念传达给利益相关者的方式，商业模式通过建模的实践来创造意义
Casadesus-Masanell 和 Zhu（2013）	商业模式是企业如何运营以及为利益相关者创造价值的逻辑，是企业既定战略的反映

资料来源：王迎军，韩炜. 新创企业成长过程中商业模式的构建研究[J]. 科学学与科学技术管理，2011，32（9）：53.

需要指出的是，以上观点主要产生于对既有企业或电子商务企业的研究，大部分研究对象或是大型企业，或是经营内容复杂的企业。创业企业只具有简单的组织结构和经营内容，当商业模式的界定过于复杂时，反而不易透析出创业企业的核心特征。鉴于此，我们可以从商业模式要解决的问题的视角来理解商业模式。迄今为止，在管理学国际主流研究社区的文献中，依照基本的共识，商业模式由三个主要部分构成：价值主张与创造、价值提供与交付，以及价值捕捉与收获。[一]也就是说，

[一] 马浩. 战略管理：商业模式创新[M]. 北京大学出版社，2015.

商业模式一般涉及三个基本问题：如何为顾客创造价值？如何为企业创造价值？如何将价值在企业和顾客之间进行传递？说得更加简约直白一点，商业模式就是要搞清楚如何通过为顾客创造价值从而为自己收获价值。下面将依次探讨这三个基本问题。

（1）**如何为顾客创造价值？** 这里谈的实际上是顾客价值主张的问题，即在一个给定价格上向其顾客提供能够帮助其完成任务的产品或服务。所有的企业得以运行都有自己的商业模式，哪怕是一个街头小店？当你创建这样一个小店时，你首先要回答的问题是：顾客为什么偏偏进我的而不是别人的店？如果街上只有你这一家店（这种情况几乎不可能），问题的答案就很简单；如果街上已经有了很多店（实际情况常常是这样），这个问题的答案就不那么简单了。提供与众不同的产品或服务当然是一种答案，但这个答案常常不那么管用，因为在产品升级换代加速发展以及快速模仿并不存在显著障碍时，产品和服务货品化和同质化的速度越来越快。这时，你有什么理由让人偏偏买你的而不是别人的产品？你必须向顾客提供同类产品难以模仿的价值，增加顾客的转换成本，让顾客对你的产品形成"成瘾性依赖"。遗憾的是，通过法律保护、技术和设计能力设置的模仿障碍在今天变得越来越脆弱。举例来说，滴滴出行在初创时至少为顾客创造了以下价值：大量节省乘客等车的时间成本、司机找乘客的时间成本，同时减少了汽车无目的行驶的能源消耗（滴滴出行为平台模式，乘车人和司机均为其顾客）。因此，滴滴出行很快就抢占了出租车的很多生意，并且将出租车司机吸引成为其顾客。饿了么在初创时瞄准校园里的大学生，为其创造的价值包括：快（快速配送）、多（食物种类多，任意选择）、好吃（诱人的食物图片）和便宜（商家的满减活动），这对每餐必须得到食堂去解决的大学生是非常有吸引力的。

（2）**如何为企业创造价值？** 这里谈的实际上是盈利模式问题，即在为顾客提供价值的同时又为自己创造价值。例如，携程通过与众多酒店、各大航空公司合作以规模采购大幅降低成本，同时通过消费者在其平台预订客房、机票积累客流，客流越多，携程的议价能力越强，其成本就越低，客流就会越多，最终形成良性增长的盈利模式。腾讯则是在一个巨大的便捷沟通平台上影响和改变数以亿计网民的沟通方式和生活习惯，并借助这种影响嵌入各类增值服务。早期的阿里巴巴则是通过在自己的网站上向国内外供应商提供展示空间以换取固定报酬，将展示空间的信息流转变为强大的收入流并强调增值服务。

企业要想从创造的价值中获得价值，必须考虑以下问题。[1]

- 收入模式：营业收入＝价格×数量，数量可以是市场规模、交易规模、购买频率、附加性产品的销量。
- 成本结构：成本是如何分配的，包括主要工资的成本、直接与间接成本、规模经济等。成本结构主要取决于商业模式所需要的关键资源的成本。
- 利润模式：为实现预期利润，每笔交易所应产生的净利。

---

[1] JOHNSON M W, CHRISTENSEN C M, KAGERMANN H. Reinventing your business model[J]. Harvard business review, 2008(December).

- 资源利用速度：为了完成目标数量，该以多快的速度来利用企业的资源？这涉及库存周转率、固定资产及其他资产的周转率，并且要从整体上考虑该如何利用好资源。

再次强调，商业模式不同于盈利模式，盈利模式只是商业模式的其中一小部分。基本上，商业模式是你的企业在市场上创造并留下价值的方式。举例来说，如果你开的是早餐店，把原来价值5元的面包、火腿、鸡蛋做成一个可以卖25元的三明治，那你主要创造价值的方式就是"把食材变成食品"的这个过程。至于三明治做好之后，你是想要：①一个直接卖25元；②采用会员制，会员每个月支付500元就可以每天早上吃到一个新鲜的三明治；③吃白面包不用花钱，但是想要加火腿、鸡蛋，每多一项食材便多收10元；④通通不要钱，但是你必须一边吃早餐，一边看广告……这些才是所谓的盈利模式。[一]

（3）**如何将价值在企业和顾客之间传递？** 为顾客和企业都设计了良好的价值后，这种价值如何在二者之间进行传递呢？从逻辑上讲，只有拥有了独特的顾客价值主张和企业价值主张，才可能去谋求实现这种价值主张的资源和能力。创业想法往往是无视自身资源与能力的局限，它可能确实包含着机会，但也很可能是别人（具有与机会相匹配的资源和能力的人）的机会。顾客价值主张和企业价值主张如果没有相应的资源（顾客资源、产品渠道）和能力作为支撑，就难以形成商业模式，尤其是难以实现可持续、可盈利的收入流。

> **创业聚焦　　　　生鲜超市商业模式比较**
>
> 盒马鲜生、永辉超级物种和美团掌鱼生鲜[二]均为最近几年出现的新零售业态，主要提供生鲜零售配送服务。
>
> 在目标群体方面，盒马鲜生的核心顾客群体是25~35岁围绕家庭的互联网用户，35岁以下的客户群体占比64%，该消费群体更注重商品品质，注重购物体验和服务，价格敏感度较低。永辉超级物种更关注青年白领，以"80后""90后"消费群体为主，该类消费群体蕴含巨大的消费潜力。美团掌鱼生鲜的目标顾客群体同样为对价格不太敏感的年轻群体，除此之外还包括周边居民。在价值主张方面，盒马鲜生围绕"吃"这个场景为消费者提供线上为主、线下为辅的定制化服务和全品类供应。同时，盒马鲜生提供一站式生鲜购物，出售的商品种类达到3 000种。永辉超级物种作为多重餐厅的结合体，依据"80后""90后"这一消费群体的显著特点，为消费者提供新鲜、可靠、时尚和高性价比的全球优质食材，打造超级美食梦工厂。美团掌鱼生鲜的标语是"掌鱼生鲜，便捷品质生活"，注重"便捷"和"品质"，希望利用线上线下融合、外卖配送的优势来实现消费升级。
>
> 新零售生鲜超市的盈利模式主要有三种。第一种是商品销售溢价。溢价商品来自

一　Jamie Lin，商业模式≠收费模式，http://mrjamie.cc/2012/05/21/business-model/2012-05-21。

二　品牌升级后已更名为小象生鲜。

自有品牌和国外品牌。盒马鲜生自营品牌偏少，国外品牌商品数量较丰富。永辉超级物种坚持以自营为主的盈利模式，通过不同自营餐饮品牌组成各个超级物种。掌鱼生鲜餐饮日料、海鲜加工、中餐、水吧构成的轻餐饮业务板块等都为美团掌鱼生鲜自营品牌。第二种是商品预售。盒马鲜生的预售模式，可以解决传统线下即时型消费高损耗的问题，便于降低仓储成本。第三种是为消费者定制一些高端餐饮，收取相应的代加工费用。新零售生鲜超市成本结构基本相同。第一，场地成本。例如，盒马鲜生仓店一体的模式带来巨额成本，如经营门店的租赁费用、门店装修费用等。第二，商品采购和货运成本。生鲜进口商品大部分都是从原产地直采直供，经过全程冷链运输到超市专柜。第三，人力成本。例如，配送人员、供应链采购人员、IT人员成本等。

盒马鲜生作为阿里巴巴孵化出的新业态，关键资源主要来源于阿里系。首先，盒马鲜生的海鲜、冷鲜产品、冻品和海外直采与天猫共享强大的供应链，并自建仓储和物流，物流配送能力较强。盒马鲜生还具备淘宝app首页独家流量入口，巨大的线上流量为其带来线上流量资源。在技术方面，盒马鲜生与中国领先的智能物联网平台特斯联科技合作，致力于打造全数字化的业务流程IT系统。永辉超级物种拥有四大关键资源优势。永辉超级物种作为永辉超市子公司，拥有整个永辉的平台支撑，具备一定的品牌优势。同时，永辉超级物种拥有永辉多年打造的全球垂直的、高效完善的供应链支持。再者，永辉超级物种采用的合伙人制度将员工变成企业合伙人、公司主体经营者，人力资源方面优势明显。美团掌鱼生鲜背靠美团在餐饮商家方面积累的资源优势，共享美团巨大的线上流量资源和完善的供应链资源。美团外卖庞大的线上流量资源是美团掌鱼生鲜的关键资源之一。在物流配送方面，美团掌鱼生鲜具有美团外卖团队的资源优势。

新零售生鲜超市商业模式下的企业关键流程是基于"餐饮＋超市＋O2O"模式，通过线上线下协同，实现价值创造的过程。盒马鲜生的业务流程是，基于消费者线下购物体验为起点，消费者通过盒马鲜生app线上下单，再使用支付宝结算，然后盒马鲜生从门店备货，并在以门店为中心的3公里范围内30分钟内快速送达，最后以门店和盒马鲜生app为核心，建立起会员网络，获取消费者数据，实现大数据C2B管理。永辉超级物种的业务流程在线上下单、支付、配货和物流配送方面更多样化。消费者不仅可以通过永辉生活app下单，还可以通过微信小程序和饿了么app下单。支付方式不仅可以通过支付宝也可以通过微信和银行卡结算；结算之后，提供两种消费方式——到店自提和门店快速配送，永辉超级物种可以从大仓配货以及从附近永辉精标店调货。为了提高配送品质，永辉自建社区合伙人团队同时接入饿了么平台，提供30分钟快速送达的精准配送。最后永辉通过大数据深挖顾客需求，并根据顾客需求研发和设计全新的产品，实施商品定制，实现C2B＋OEM管理。美团掌鱼生鲜业务流程也遵循新零售生鲜超市一般业务流程，但智能化程度低于盒马鲜生。与盒马鲜生拥有悬挂链系统不同，美团大多数是人工对接拣货和配送，但美团掌鱼生鲜的优势在于拥有专业的美团外卖团队。

资料来源：王凤霞，陈亚娟，夏爽."新零售"背景下生鲜超市商业模式研究：基于多案例比较[J].商业经济研究，2018（22）：35-37.

从上述三个基本问题可以看出，商业模式本质上是要回答彼得·德鲁克早就提出的一些问题：谁是你的顾客？顾客看重什么？它同时还回答了每个创业者都会问及的一些基本问题：如何从业务中赚钱？潜在的经济逻辑是什么？如何以合理的价格为顾客提供价值？

我们对商业模式要解决的问题做个总结。首先，创业者要选择为谁创造价值，创造什么样的价值，为此创业者必须准确清晰地定位目标客户群体，了解客户亟须完成的任务或者最强烈的需求（即所谓的"痛点"），并提供相应的解决方案。新东方最初的商业模式就是建立在大量的学生对出国英文考试成绩提升的需求，而不是英文水平本身的提高上。其次，创业者要通过一系列的资源配置和活动安排来创造及交付价值，包括如何构建和管理自己与生态系统内其他成员的关系。新东方有别于常规学校的教学方法和轻松愉悦的课堂气氛，夹杂着励志鼓动的宣讲和集体学习的相互激发作用，使得大多数学生觉得上课很值。最后，创业者必须拥有清晰明确并且可以不断持续的盈利模式，来保证创业企业在整个价值创造过程中收获属于自己的经济价值。从成本结构到收入模式，从收入流量到赢利空间，这些都是企业价值收获的关键考量。俞敏洪当年用麻袋装现金的经历，形象地说明新东方的商业模式找到了用户的"痛点"，比较成功地为用户创造并交付了他们所需要的价值，并且自己也从中收获了很高的价值。[⊖]

需要指出的是，价值创造、价值传递和价值获取这三个部分在逻辑关系上貌似是顺序递进、按部就班的，而实际上它们是环环相扣、密不可分的有机整体。在商业模式的实践应用中，三个部分往往齐头并进、同时发生。任何一个部分受阻，都会影响整个商业模式的顺畅运行。

6.1.3　商业模式的逻辑

商业模式体现了企业创造价值的核心逻辑。商业模式的这一逻辑性主要表现在层层递进的三个方面（见图6-1）。

价值发现 → 价值匹配 → 价值获取

图6-1　商业模式的逻辑

价值发现：明确价值创造的来源。这是对机会识别的延伸。创业者通过可行性分析所选定的创新性产品和服务，只是创建新企业的手段，企业最终盈利与否取决于它是否拥有顾客。创业者在对创新性产品和服务识别的基础上，进一步明确和细化顾客价值所在，确定价值主张，是商业模式开发的关键环节。

绕过价值发现的思考过程，创业者很容易陷入"如果我们生产出产品，顾客就会来买"的错误逻辑，这是许多创业失败的重要原因之一。

⊖ 马浩. 战略管理：商业模式创新 [M]. 北京：北京大学出版社，2015.

> **创业聚焦**   **电动平衡车**
>
> 电动平衡车赛格威由美国发明家迪恩·卡门（Dean Kamen）领导的团队发明设计。在平衡车上市前，坊间传闻这将是一款革命性的都市人群代步工具，风险投资家约翰·杜尔（John Doerr）预测它会成为历史上最先取得10亿美元销售业绩的公司，并且赛格威会"比因特网影响还要巨大"。上市时，一台平衡车定价大约为5 000美元（也就是一台像样的二手车的价格）。在这种平衡车上，驾驶人只需要改变自己身体的角度，车辆就会根据倾斜的方向前进或后退。只要运行正常并且有充足的电力，驾驶人在上面就没有跌落的可能。不过，叫座不一定叫卖。赛格威公司的平衡车于2001年12月开始量产销售，迪恩·卡门希望产品能在2002年结束以前，每周卖出1万台，这样一年内的销量就有50万台，但在之后的6年里，平衡车总计只卖出3万台。
>
> 资料来源：车云网．电动平衡车没火，不是技术原因，而是社会原因，2016-02-26。

    从赛格威公司惨败的教训中我们看到，电动平衡车设计的初衷是在上下班高峰为代步所用，它控制人体平衡的能力比人体还要卓越。比起汽车，它更加节能高效，并且你不需要担心加油与停车的问题，从这几方面来看，它的出现简直就是个奇迹，所以，导致平衡车没有大举成功的原因并非产品或技术，而是没有吸引足够多的顾客成为它的用户。

    相反，许多创业实践成功的重要原因在于发现了具有潜力的顾客需求。他们为了最大限度地开发和满足这些顾客需求，往往改变了创新产品或服务的发展路径，而使其更加接近顾客的需求，比如李彦宏创建的百度搜索。1999年，李彦宏采用向门户网站授权网络搜索技术的方式创业。2001年，网络泡沫破灭，门户网站自身的生存开始面临严峻考验。这时，百度决定从后台走向前台，设立自己的网站，并且采用"企业竞价排名"概念向企业收取费用，使其在搜索结果页面上优先排序，这样可以帮助企业的潜在顾客直接进入企业网站，增加企业赢得新顾客的可能性。虽然搜索技术本身没有变化，但百度利用搜索技术为顾客服务的方式发生了很大的转变，并在2003年年初开始盈利。

    价值匹配：明确合作伙伴，实现价值创造。创业企业不可能拥有满足顾客需要的所有资源和能力，即便创业企业愿意亲自去打造和构建需要的所有能力，也常常面临着很大的成本和风险。因此，为了在机会窗口期内取得先发优势，并最大限度地控制机会开发的风险，几乎所有的创业企业都要与其他企业形成合作关系，以使其商业模式有效运作。在戴尔公司创业初期，与供应商、配送企业、顾客以及其他许多商业伙伴的密切合作，促使戴尔公司直销和定制化的特色商业模式落地生根。假如供应商不愿意在即时原则基础上向它供应新式零部件，戴尔公司就要付出很高的库存成本，也就不可能向顾客供应高品质产品或进行价格竞争。戴尔公司与供应商密切合作，不断激励它们参与进来。通过与戴尔公司合作，这种方式也有助于供应商获利，因为戴尔公司的订单规模占了供应商很大部分的生产份额。

    价值获取：制定竞争策略，占有创新价值。这是价值创造的目标，是创业企业能够生存下来并获取竞争优势的关键,因此是有效商业模式的核心逻辑之一。许多创业企业是新产品或服务的开拓者,但不是创新利益的占有者。[⊖]这种现象发生的根本原因在于这些企业忽视了对创新价值的获取。

价值获取的途径有两方面:一是为新创企业选择价值链中的核心角色,二是对自己的商业模式细节最大可能地保密。对第一方面来说,价值链中每项活动的增值空间是不同的,哪一个企业占有了增值空间较大的活动,就占有了整个价值链价值创造的较大比例,这直接影响到创新价值的获取。对第二方面来说,有效商业模式的模仿一定程度上将会侵蚀企业已有利润,因此创业企业越能保护自己的创意不被泄露,越能较长时间地占有创新效益。

例如,谷歌通过以下几种方式赚取收入:①巧妙地安排随同搜索结果一起出现的广告;②向门户网站(如美国在线)许可搜索技术;③向企业许可搜索技术,以建立企业内部搜索引擎;④即使有见识的观察者也难以觉察的其他获利途径。谷歌严守它的商业模式秘密,避免其他企业成功复制其运作方式。谷歌对有效商业模式的细节向其他企业保密的时间越长,它越能长时间地获得巨额投资回报。

总体来看,价值发现、价值匹配和价值获取是有效商业模式的三个逻辑性原则。在商业模式设计过程中,每一项思考过程都不能忽略。创业企业只有认真遵循了这一原则,才能真正开发出同时为自己、顾客以及合作伙伴都创造经济价值的商业模式。

需要再次说明的是,对很多人来说,非常容易混淆商业模式和战略这两个概念,因为战略也极为强调价值发现、价值匹配和价值获取。毋庸置疑,二者之间是相互关联的。但是,商业模式指的是企业如何在市场竞争中运作,并为股东创造和获取价值;战略指的是通过规划为企业设定一个独特而有价值的定位,包括一系列差异化的行动。以滴滴出行为例,其战略是将自己打造成现代化出行行业的新巨头,而制定的新的运营逻辑,即为股东创造和获取价值的方式,则是滴滴出行的商业模式。

◉ 关键概念

商业模式、战略与战术

我们可以把商业模式想象为一辆汽车。不同的车辆有不同的功能——传统引擎与混合动力引擎的运作方式就有很大不同,标准变速器和自动变速器的运作也不相同,这就为驾驶员创造了不同的价值。车辆的制造方式决定了驾驶员可以做什么,不可以做什么,也决定了他可以采用的战术。例如,要

在巴塞罗那哥特区蜿蜒的小巷中自由穿梭,低能耗紧凑型轿车绝对比大型SUV越野车更能为驾驶员创造价值,因为大型越野车在这里几乎毫无用武之地。如果驾驶员对车辆进行合法改装,那么这些改装都不是战术性的,而是构成了战略变化,因为这包含了对车辆("商业模式")本身的变更。简言之,

---

⊖ TEECE D.Profiting from technological innovation[J].Research policy,1986(15):285-305.

战略关乎设计和制造汽车，商业模式是汽车本身，而战术则是如何驾驶汽车。

资料来源：马萨内尔，里卡特. 在竞争中设计商业模式 [J]. 哈佛商业评论（中文版），2011（7）：121-130.

6.2 商业模式的设计框架

长期从事商业模式研究和咨询工作的埃森哲公司认为，商业模式至少要满足两个必要条件：①必须是一个整体，有一定结构，而不仅仅是一个单一的组成因素；②组成部分之间必须有内在联系，这个内在联系把各组成部分有机地关联起来，使它们互相支持，共同作用，形成一个良性循环。因此，商业模式实际上是一种包含了一系列要素及其关系的概念性工具，用以阐明某个特定实体的商业逻辑，描述了公司能为顾客提供的价值以及公司的内部结构、合作伙伴网络和关系资本等用以实现（创造、营销和交付）这一价值并产生可持续、可盈利收入的要素。[⊖]按照这种观点，商业模式应具备五个特征：①包含诸多要素及其关系；②是一家特定公司的商业逻辑；③是对顾客价值的描述；④是对公司的构架及其合作伙伴网络和关系资本的描述；⑤产生可盈利和可持续的收入流。

◉ 关键概念

商业模式是一个活动体系

商业模式是同时能为企业的利益相关者创造价值的相互依存的各种活动构成的体系。举例来说，苹果公司以前只设计硬件，之后把用这些硬件生产和组装完成后形成的产品卖出。所以，它的价值等式就是硬件的销售。iPod 的推出大大改变了苹果公司的商业模式，因为公司认识到，自己不仅能通过销售设计精良的电子设备为利益相关者创造价值，而且还能通过人们对这些设备的使用为利益相关者创造价值。通过与音乐产业建立关系，iPod 的推出显著改变了苹果公司的商业模式。音乐产业是各类歌曲作品的知识产权所有者，苹果公司让这些唱片公司确信它们可以销售歌曲，而不只是销售 CD。随后，苹果公司通过一个电子商店——iTunes——让人们下载自己选中的音乐作品。人们每下载一首歌曲，苹果公司就能从中获得一些收益，因此该公司既为顾客创造了价值，也为公司的利益相关者创造了价值，很显然，也为公司员工创造了价值。

商业模式是企业如何开展业务的方略，它是一个各种活动的体系。当苹果公司推出 iPod 时，新的商业活动就此出现，通过改进的商业模式创造出的价值也得到了提升，因为有了新的利益相关者。需要注意的是，利益相关者群体跨越了企业和产业的边界。谁会想到一家计算机公司会进入音乐产业领域呢？可突然之间，苹果公司就进入了音乐产业领域。

资料来源：沃顿知识在线对沃顿商学院管理学教授拉菲·阿密特的访谈，最近的创新：重新设计商业模式，2014-12-02.

⊖ 奥斯特瓦德，皮尼厄. 商业模式新生代 [M]. 王帅，毛心宇，严威，译. 北京：机械工业出版社，2011.

若要很好地回答商业模式涉及的三个基本问题：价值创造、价值传递和价值获取，可以把商业模式分为 9 个关键要素：顾客细分、价值主张、渠道通路、顾客关系、收入来源、核心资源、关键活动、重要伙伴以及成本结构（见图 6-2），参照这九大要素就可以描绘分析企业的商业模式。

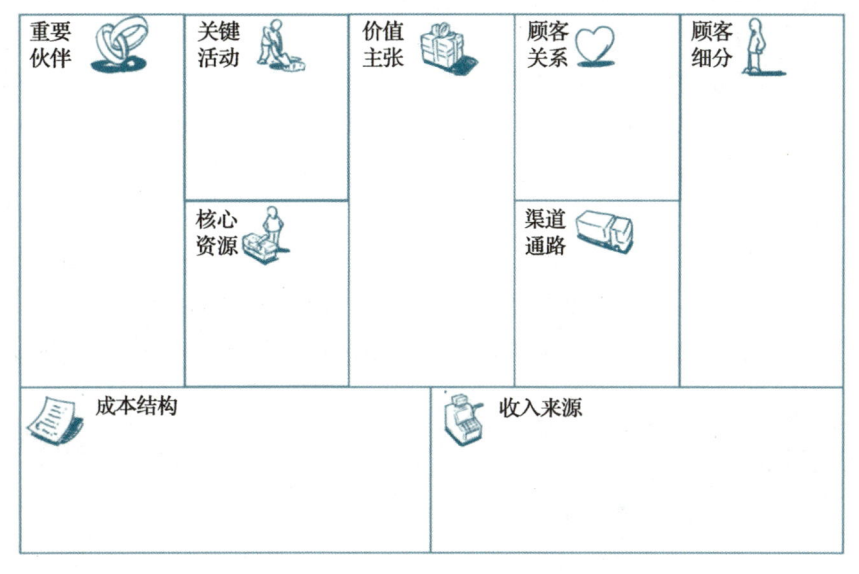

重要伙伴	关键活动	价值主张	顾客关系	顾客细分
	核心资源		渠道通路	
成本结构		收入来源		

图 6-2　商业模式的设计框架

资料来源：奥斯特瓦德，皮尼厄. 商业模式新生代 [M]. 王帅，毛心宇，严威，译. 北京：机械工业出版社，2011.

下面依次对 9 个要素进行说明。

（1）顾客细分，用来描述想要接触和服务的不同人群或组织，主要回答以下问题：

- 我们正在为谁创造价值？
- 谁是我们最重要的顾客？

一般来说，可以将顾客细分为 5 种群体类型。①大众市场：价值主张、渠道通路和顾客关系全都聚集于一个大范围的顾客群组，顾客具有大致相同的需求和问题。②利基市场：价值主张、渠道通路和顾客关系都针对某一利基市场的特定需求定制，常可在供应商-采购商的关系中找到。③区隔化市场：顾客需求略有不同，细分群体之间的市场区隔有所不同，所提供的价值主张也略有不同。④多元化市场：经营业务多样化，以完全不同的价值主张迎合完全不同需求的顾客细分群体。⑤多边平台或多边市场：服务于两个或更多的相互依存的顾客细分群体。

（2）价值主张，用来描绘为特定顾客细分创造价值的系列产品和服务，主要回答以下问题：

- 我们该向顾客传递什么样的价值？
- 我们正在帮助顾客解决哪一类难题？

- 我们正在满足哪些顾客需求?
- 我们正在提供给顾客细分群体哪些系列的产品和服务?

价值主张的简要要素主要包括:①新颖,产品或服务满足顾客从未感受和体验过的全新需求;②性能,改善产品和服务性能是传统意义上创造价值的普遍方法;③定制化,以满足个别顾客或顾客细分群体的特定需求来创造价值;④把事情做好,可通过帮顾客把某些事情做好而简单地创造价值;⑤设计,产品因优秀的设计脱颖而出;⑥品牌或身份地位,顾客可以通过使用和显示某一特定品牌而发现价值;⑦价格,以更低的价格提供同质化的价值,满足价格敏感顾客细分群体;⑧成本削减,帮助顾客削减成本是创造价值的重要方法;⑨风险抑制,帮助顾客抑制风险也可以创造顾客价值;⑩可达性,把产品和服务提供给以前接触不到的顾客;⑪便利性或可用性,使事情更方便或易于使用可以创造可观的价值。

(3)渠道通路,用来描绘如何沟通接触顾客细分而传递价值主张,主要回答以下问题:

- 通过哪些渠道可以接触我们的顾客细分群体?
- 我们如何接触他们?我们的渠道如何整合?
- 哪些渠道最有效?
- 哪些渠道成本效益最好?
- 如何把我们的渠道与顾客的例行程序进行整合?

企业可以选择通过自有渠道、合作伙伴渠道或两者混合来接触顾客。其中,自有渠道包括自建销售队伍和在线销售,合作伙伴渠道包括合作伙伴店铺和批发商。

(4)顾客关系,用来描绘与特定顾客细分群体建立的关系类型,主要回答以下问题:

- 我们的每个顾客细分群体希望我们与他们建立和保持何种关系?
- 哪些关系我们已经建立了?
- 这些关系成本如何?
- 如何把他们与商业模式的其余部分进行整合?

一般来说,可以将顾客关系分为6种类型:①个人助理,基于人与人之间的互动,可以通过呼叫中心、电子邮件或其他销售方式等个人助理手段进行;②自助服务,为顾客提供自助服务所需要的全部条件;③专用个人助理,为单一顾客安排专门的顾客代表,通常是向高净值个人顾客提供服务;④自助化服务,整合了更加精细的自动化过程,可以识别不同顾客及其特点,并提供与顾客订单或交易相关的服务;⑤社区,利用用户社区与顾客或潜在顾客建立更为深入的联系,如建立在线社区;⑥共同创作,与顾客共同创造价值,鼓励顾客参与全新和创新产品的设计与创作。

（5）收入来源，用来描绘从每个顾客群体中获取的现金收入（需要从创收中扣除成本），主要回答以下问题：

- 什么样的价值能让顾客愿意付费？
- 他们现在付费买什么？
- 他们是如何支付费用的？
- 他们更愿意如何支付费用？
- 每个收入来源占总收入的比例是多少？

一般来说，收入来源可分为7种类型：①资产销售，销售实体产品的所有权；②使用收费，通过特定的服务收费；③订阅收费，销售重复使用的服务；④租赁收费，暂时性排他使用权的授权；⑤授权收费，知识产权授权使用；⑥经济收费，提供中介服务收取佣金；⑦广告收费，提供广告宣传服务收入。

（6）核心资源，用来描绘让商业模式有效运转所必需的最重要的因素，主要回答以下问题：

- 我们的价值主张需要什么样的核心资源？
- 我们的渠道通路需要什么样的核心资源？
- 我们的顾客关系需要什么样的核心资源？
- 我们的收入来源需要什么样的核心资源？

一般来说，核心资源可以分为4种类型：①实体资产，包括生产设施、不动产、系统、销售网点和分销网络等；②知识资产，包括品牌、专有知识、专利和版权、合作关系和顾客数据库；③人力资源，在知识密集产业和创意产业中，人力资源至关重要；④金融资产，金融资源或财务担保，如现金、信贷额度或股票期权池。

（7）关键活动，用来描绘为了确保其商业模式可行，必须做的最重要的事情，主要回答以下问题：

- 我们的价值主张需要哪些关键活动？
- 我们的渠道通路需要哪些关键活动？
- 我们的顾客关系需要哪些关键活动？
- 我们的收入来源需要哪些关键活动？

一般来说，关键活动可以分为3种类型：①制造产品，与设计、制造及发送产品有关，是企业商业模式的核心；②平台或网络，网络服务、交易平台、软件甚至品牌都可看成平台，与平台管理、服务提供和平台推广相关；③问题解决，为顾客提供新的解决方案，需要知识管理和持续培训等活动。

（8）重要伙伴，是指让商业模式有效运作所需的供应商与合作伙伴的网络，主要回答以下问题：

- 谁是我们的重要伙伴？
- 谁是我们的重要供应商？
- 我们正在从伙伴哪里获取哪些核心资源？
- 合作伙伴都执行哪些关键活动？

一般来说，重要伙伴可以分为4种类型：①在非竞争者之间的战略联盟关系；②在竞争者之间的战略合作关系；③为开发新业务而构建的合作关系；④为确保可靠供应的购买方－供应商关系。

（9）成本结构，是指商业模式运转所引发的所有成本，主要回答以下问题：

- 什么是商业模式中最重要的固有成本？
- 哪些核心资源花费最多？
- 哪些关键活动花费最多？

一般来说，成本结构可以分为两种类型：①成本驱动，创造和维持最经济的成本结构，采用低价的价值主张、最大程度自动化和广泛外包；②价值驱动，专注于创造价值，增值型的价值主张和高度个性化服务通常以价值驱动型商业模式为特征。

创业聚焦　　　　一分钟诊所

1999年7月的一个周末，美国人里克·克里格的儿子咽喉痛。由于家庭医生已经下班，克里格只好带着儿子去紧急护理诊所。在检查是否患有链球菌咽喉炎时，检查程序异常烦琐，他们进行了漫长的等待。在回家后的思考过程中，克里格突然想到是否能够建立一种像便利店那样相对简单的医疗模式？毕竟大部分就诊患者只需要一个合格的医生进行常规检查，并能针对结果做出扼要处理即可，而非每次都要电话预约专家门诊、联系外科大夫、进行全身详细检查。

在这个突发奇想的启示下，克里格创办了一家诊所，以最快的方式治疗18个月以上的儿童和成人的常见疾病。他为诊所取了一个很有张力的名字——Minute Clinic，即一分钟诊所。这是一个能够使人们联想到快捷医疗服务的名字，向客户清晰、快速传达价值主张和新的服务概念。诊所服务时间和地点力求方便。时间上，诊所力求一周7天24小时营业。选址则着重于民众常去的地方，比如沃尔玛、家乐福这样的大型超市内，方便人们购物时就诊；比如政府机关和私人企业附近，方便上班族利用午休时间看诊；又比如各大连锁药店旁，方便患者看诊完毕可以直接到药店拿药。

患者到诊所后，诊所采取随到随诊的做法，大幅缩短患者排队等候的时间。患者抵达诊所时，若已有其他患者在看诊，可以选择留在现场等候，或者拿着诊所特制的呼叫器，到旁边的超市购物。轮到患者看诊时，护士会通过呼叫器通知。即使等待的时间不过十几分钟，诊所还是提供给忙碌的患者利用空当的机会。

每家诊所在相应时段都有一名驻诊护士，护士对患者当场进行检查，然后结合患者陈述的病史和病情进行诊断治疗。诊所的系统可以对患者进行快速登记、快速治疗并自动生成病例。为了保证快速、便宜和高效，诊所治疗方案只针对易于诊断的病症，护士只需要根据既定的"自动诊疗方案"就可以自行处理这些病症。如果遇到复杂的病案，则会以最快的时间及时转到建立"绿色通道"的专业医护人员那里。诊所的所有治疗均不超过15分钟，患者随治随走。

治疗服务的各项费用就像麦当劳的菜单一样清楚、透明又低价，价格低至30～110美元。除了常见病痛之外，一分钟诊所也提供健康检查及其他医疗相关服务，包括注射流感疫苗、验孕、耳垢清除等。由于民众接受度高，美国大多数保险公司都已将一分钟诊所纳入给付范围，即使全额自费也很便宜。

就像连锁零售店一样，一分钟诊所力求标准化，收费虽然不高，利润却相当可观。诊所的设备只需基本的检测仪器，投入成本不高。在规模效应和低成本运作下，每个月固定的大笔支出只是一两个驻诊护士的薪水。

一切都在向诊所的核心目标发展：向大众提供快速、便利的医疗保健服务。一个时间成本、人力成本、设备成本均降低到极致的医疗服务模式就此形成。

一分钟诊所已经发展为集团化运营，在美国已有350多个连锁经营的诊所，在大小卖场，都存在这样便捷的医疗服务系统。它有效地填补了传统医疗保障体系的缺失，"Minute Clinic"也不再仅是一家集团的名称，而已经形成了一种高效、便捷的医疗连锁模式。

资料来源：薛家鑫.小诊所的"工业革命"[J].商界讨论，2011（1）.

其实，任何一种商业模式都少不了上述9个要素，任何新型的商业模式都不过是这9个要素按不同逻辑的排列组合而已。每个人的定位、兴趣点和视角都不一样，向各个要素中添加的内容当然也就不一样，于是就有了不同的商业模式。根据上面案例提供的素材，你能按照9个要素勾勒出一分钟诊所的商业模式吗？

需要注意的是，商业模式并不是企业的全部，商业模式描述的是企业的各个部分怎样组合在一起构成一个系统。但是，商业模式没有把影响业绩的一个重要因素纳入考虑，那就是"竞争"。每一家企业都会遇到竞争对手，这只是早晚的问题（经常是很早就会遇到），而应对竞争则是"战略"的任务。竞争战略说明的是如何比竞争对手做得更好，其全部内容就是如何通过与众不同来做得更好。因此，创业者不能认为有了商业模式就万事大吉，它充其量只是创业成功的一部分而已。此外，还有人混淆商业模式与管理模式，其实二者之间的差异更大。

关键概念

商业模式与管理模式

商业模式是企业的基础结构，类似于一艘战舰的构造：不同种类战舰的发动机、船舱、夹板、炮塔、导弹等的结构和配置不同，在舰队中的位置和功能也不同。而管理模式类似于驾驶战舰的舰队官兵：舰队的最高长官，既需要组织分配好官兵的工作，制定出相应的管理控制流程，建立官兵的选拔、培养和激励等制度，也需要有能够凝聚舰队战斗力的舰队文化。只有先确定好了整个舰队的配置，构造好每一艘战舰，才能确定需要招募什么样的官兵以及如何提高官兵的战斗力。从这个角度来说，商业模式设计必须先于管理模式设计，商业模式重构的重要性也必然凌驾于战略、组织结构、人力资源等的调整之上。

资料来源：魏炜，朱武祥. 发现商业模式[M]. 北京：机械工业出版社，2009.

6.3 商业模式设计的一般过程

在了解了商业模式的构成要素之后，就需要设计商业模式了。下面是商业模式设计的一般过程，需要说明的是，这个过程并不是线性的，可能会经历各种反复。

6.3.1 分析并确定目标顾客

商业模式设计的第一步也是最重要的一步就是确定你的顾客是谁。不知道顾客是谁，几乎是创业新手最常犯的错误，因为大多数人往往是从自己想要提供的产品或功能出发，而不是从顾客想要什么出发。但创业归根到底经营的是市场而不是技术，出售的是价值而不是专利，所以你必须清楚地知道顾客是谁，顾客为什么要购买你提供的产品。在识别目标顾客时，可以参照以下几个步骤。

（1）描述顾客的轮廓。对顾客的轮廓必须有一个大致的描述，一开始不用精准，因为进入市场后，还可以再调整，但一定要从这个步骤开始。描述的方式包括他们的年龄、性别、婚姻状况、居住地区、收入水平、兴趣、嗜好、习惯，以及其他常用的服务等。

📋 调查研究

用户画像的 7 个条件

用户画像又称用户角色（persona），作为一种勾画目标用户、联系用户诉求与创新方向的有效工具，用户画像在各领域得到了广泛的应用，尤其是创业领域。一个令人信服的用户画像要满足 7 个条件，即 PERSONA：

- P 代表基本性（primary research），是指该用户画像是否基于对真实用户的情境访谈。
- E 代表移情性（empathy），是指用户画像中包含姓名、照片和产品相关的描述，该用户画像是否引发同理心。
- R 代表真实性（realistic），是指对那些每天与顾客打交道的人来说，用户画像是否看起来像真实人物。
- S 代表独特性（singular），每个用户是不是独特的，彼此很少有相似性。
- O 代表目标性（objectives），该用户画像是否包含与产品相关的高层次目标，是否包含关键词来描述该目标。
- N 代表数量（number），用户画像的数量是否足够少，以便能记住每个用户画像的姓名，以及其中的一个主要用户画像。

使用用户画像作为一种实用工具进行决策。

- A 代表应用性（applicable），是否能

（2）详细列出顾客的问题。接着，必须一项项地列出顾客可能有的问题。这些问题可能有几十个，要把有可能成立的，逐一列出来。

（3）确认并厘清重要问题。接着，开始去跟符合顾客轮廓描述的人访谈，确认每一个顾客问题的存在。在这过程中，会删掉很多其实不存在的问题，也会增加很多他们真正有的问题。最少要跟3~5个人聊天，最好能够跟20~30个人访谈。完成之后，你就会有一个初步的、精简版的问题清单。接着，可以做更大规模的问卷调查，再去确认这个精简后的问题清单中，哪些问题普遍存在，哪些问题其实也没那么重要。另外，也要针对顾客解决每个问题的支付意愿做调查。

（4）调查市场。当经历了上面的步骤后，理论上应该会产生一个重点问题的清单（如果没有的话，那就得退回到访谈的步骤，或是重新选择另一个目标群体）。接着，需要做一些自上而下的有关市场规模的调研。去看看类似、即将被你取代的产品在市场上的表现，有哪些可能的竞争性产品、市场够不够大、上下游关系会不会难以切入等。当然，对大多数的市场而言，这些信息的准确度往往很差，因此导致很多大企业了解一点相关信息就放弃了，否则也很难有创业企业的机会。所以，即便这个步骤的调查结果非常不理想，除非存在明显的不可逾越的进入障碍，否则调查结果应该只应作为行动的参考点。㊀

完成了以上这些步骤，就对顾客的基本情况、他们有哪些问题和相应的市场规模有了初步的理解。

6.3.2 定义并检验价值主张

价值主张是商业模式的基础，它说明了我们向选定的目标顾客传递什么样的价值或者帮助顾客完成了什么样的任务。任何类型的企业都有价值主张，因为企业都需要提供产品或服务来满足其目标顾客需要完成的任务。创业团队可以利用头脑风暴方法思考可能的价值主张。

⊙ 专栏

头脑风暴的基本方法

（1）明确主题。首先必须对主要问题进行清晰的描述，这就要求在头脑风暴之前有充分的准备，特别要花些时间建立一个明确的讨论主题。讨论的主题不能是泛泛的方向性描述，而应是具体的发问。

（2）制定规则。避免在一开始就拒绝或是批评某些创意，这样会过早消耗能量，影响大家的积极性。

（3）创意数量。统计每次头脑风暴产生的创意数量，一方面可以激发参与者的积极

㊀ Jamie Lin. 搞清楚客户是谁，http://mrjamie.cc/2012/05/25/bmc-customer-segments/，2016-01-15。

性，检验讨论的流畅性；另一方面可以在创意间进行往复比较。

（4）建设和跳跃。头脑风暴主持者在开始时要"建设"一种"轻松、舒缓的交流气氛"；当讨论积极性缓慢上升时，主持者把握"跳跃"机会，让创意顺利通过能量曲线的陡峭部分；当讨论的能量沿曲线方向逐渐进入高峰平稳期后，主持者的目的就达到了。

（5）空间记忆。将不断涌现的创意写在纸上，贴在墙面上有助于记忆和对问题的深入讨论。尽管计算机技术越来越发达，但传统的方法有时能取得更好的效果。比如写字板、巨大的记事贴、成沓的厚纸等，当大家忙于写写画画时，主持人会迅速记下创意，让大家看到进展。

（6）精神热身。这是让所有参与者净化大脑，进入一种更轻松友好的氛围的方法。尽管耽误一点时间，但能使人们忘掉手头的烦心事，并专注在当前的会议上。精神热身的方式不限，可能是快节奏的文字游戏，或是集体的身体运动。

（7）具体化。除了文字记录、画草图、列图表以外，其他更为具体、形象的方法对开阔思路更有帮助。比如用纸张、卡片、一次性筷子等随手能找到的物品制作一些模型，来表达你的创意思路；或者干脆用身体表演，模拟人们的消费行为，从中找到灵感。

当头脑风暴得出价值主张后，需进一步检验价值主张是否可行。检验价值主张是否符合顾客需求，可以从三点来看。㊀

（1）真实性。价值主张不应停留在构想阶段，必须具有真实性，在某一特定期间可以让顾客看到所提供的附加价值。顾客所期望的价值可以区分为3个层次，一是解决当前问题，二是解决竞争者无法解决的问题，三是满足未来的需求。

（2）可行性。具有可行性的价值主张，才是好的价值主张。可行性包括可以执行、可以评估效果，最好是竞争者没有的，这样的价值才符合大多数顾客的期望。

（3）与顾客的关联性。在定义价值主张之前，必须用心研究顾客需求、购买行为、当前满足情形、不满意原因等，据此发展和顾客息息相关的产品与服务，缩小产品供给与顾客需求的落差。

根据检验过的价值主张，发现可以提供的产品、服务或解决方案。

6.3.3 设计营收模式

根据所预定的目标市场及价值主张，进一步设计可能的收费来源、收费模式及定价。

设计营收模式的第一步在于确认此商业模式所有的营收来源，以及了解此商业模式如何创造营收及营收模式为何。营收模式基本上是"价格×销售量"。价格的制定，应依照价值主张而变。对于低成本的商业模式，目标价格点可能是整个营收模式的关键点。在溢价商业模式中，其价格可能是需要传递独特价值所需的资源成本。而销售量的部分，则依照先前所预估的市场规模而定。

成本结构大多由直接成本、人力成本组成，并考虑规模经济。成本结构主要来

㊀ 刘基钦. 商业模式创新：创新方法研析报告 [R]. 2012-06-30.

自传递价值主张所需的关键活动与关键资源。

毛利源自营收模式及成本结构，许多公司会将毛利作为获利与判断创意是否适当的指标。然而，商业模式设计的目的，不只是协助维持至某个毛利水平，而是着眼于建立可获利的成长平台。

创业的最终目标当然是让收入大于成本，当一个商业模式做到了这件事情，并且有高度可规模化的潜在顾客时，我们则称这是一个可升级、可扩展的商业模式，也是所有创业者追求的目标。

6.3.4 设计关键活动与资源

在目标顾客、价值主张及营收模式确定后，就需要考虑哪些要素必须到位才能支撑这三者。通常我们需要考虑三大块：关键活动、关键资源和关键伙伴。

关键活动也就是身为一名创业者必须完成的工作项目。如果你连产品都还没有，那开发产品当然就是你的关键活动，但开发什么产品绝不能完全从个人兴趣出发。你要开发的产品，是基于前面研究了目标顾客后得到的信息，也就是目标顾客共同面临的问题，因而决定提出的价值主张，然后据此得出来的一个产品。而当产品开发完成，并且发现产品与市场之间存在适配关系后，你的关键活动就会开始变多。市场推广、顾客服务、商务发展、质量控管，只要是能够帮助公司发展的，都必须放入商业模式中加以追踪，并且想办法不断优化。

关键资源是根据前面所有的设定，思考这个商业模式需要什么资源。如果你是提供消费者在线折扣酒店预订的软件系统，那你的关键资源当然是"空房间"，而且不是一般的空房间，是消费者真正想入住的酒店的空房间。因为少了这些"空房间"，那无论你开发多么完美的预订系统也没用，这也是过去十多年来无数个尝试类似商业模式的创业者的共同问题，总是等到预订系统做好了，才发现根本没有空房间可供预订，或者仅仅是酒店不想跟你合作。同样的道理，在线预订系统的开发要求你必须拥有掌握娴熟IT技术的人力资源，若你的团队成员都是不懂相关技术的，那么这个想法可能也只能停留在想法阶段。当然，发展到了某个程度，资金也会是非常重要的关键资源，尤其当你想要加速成长的时候。

关键伙伴就是提供给你关键资源的那些伙伴。例如，上面提到的在线折扣酒店预订，你可能需要与一些酒店建立战略合作伙伴关系，同时可能需要找到一家专业的IT技术公司，将软件系统的开发外包给对方。

通过一些问题的引导，可以帮助我们思考可能需要的关键活动、关键资源和关键伙伴。下面是一些可供参考的问题。

- 人员：传递价值主张所需的技能、人才及专家如何？
- 品牌：我们有能力建立一个新品牌吗？还是可以借助现有品牌的知名度？
- 供应商：我们现在的供应商是否可以满足商业模式在能力上的缺口？
- 技术：我们的技术与竞争对手有何差异之处？
- 渠道：我们是否有能力激励渠道？

- 研发/产品开发：需要什么样的经验与技术？是否有这样的技术？
- 制造：多大产量可以达到规模经济？我们有这种制造能力吗？
- 信息：什么样的 IT 系统与工具是必需的？

商业模式是一个系统，拥有所有系统应有的特征。商业模式系统的要素之间是互相影响的，没有绝对从属关系。商业模式这个系统存在的目的是长期、可发展、可重复的价值产生，然而没有一个要素是因为那样的目的而存在，所以要素间必须巧妙、和谐地共生，才能够达到系统的目的。也因此，只优化其中一个要素，往往无法达成系统的目的。

6.4　商业模式的调整

在开始按照前面提到的 9 个要素以及一般流程开始设计商业模式之前，必须牢记一点：商业模式是动态的，它存在的目的就是被更新改造，从而让创业团队里的每个成员了解今天、本周我们正在执行的计划是什么。一旦执行的过程发现有问题，那就要回头修改相对应的商业模式要素，并且确认这个改动不会影响其他的要素。[一]一分钟诊所当前的商业模式也不是从创业伊始就明确确立的，而是随着创业征程的前进，与各种利益相关者频繁的交互过程中，逐步调整迭代而成的。

现实中，几乎所有充满激情的创业者都曾经觉得自己最初设计的商业模式必然完美无缺，这毕竟是经过深思熟虑以及与众人讨论的结果。但实际上，绝大多数的初始商业模式最终都以失败告终，最终赖以成功的商业模式则是经过不断修正甚至重大调整的。例如，YouTube 最初的概念是作为一个约会相亲平台上线的，而它目前已经成为美国最大的视频网站，与最初的创业思路大相径庭。因此，明智的做法是在实践中检验初始商业模式，并根据所得到的相关反馈信息，对其做出优化、调整甚至变革。但不能由此否定初始商业模式设计的重要性，否则调整或变革便没有了基础。

创业聚焦　　　　　　　YouTube

在 YouTube 成立之初，几位创始人的想法是让人们通过 YouTube 发布自我介绍的视频，包括他们的兴趣、喜欢和不喜欢的事物等，然后让兴趣相投的用户对此予以回应。但想法提出不久，YouTube 的几位联合创始人就发现，人们可能并不想把自我介绍的视频上传到一个约会网站上，因为这些信息都太过私密了。为了让人们接受这个想法，他们去了在线分类网站 Craigslist，试图挖掘可以上传视频到 YouTube 的人，他们甚至向上传视频的女性支付 20 美元，鼓励她们参与网站建设。但根本没有人参与，市场对此纷纷提出了质疑。几位联合创始人意识到"约会"这个主题并不是可取之

[一]　虎嗅网. "获利世代：写计划书，步入发展一个伟大的模式"，2012-12-18.

> 道，于是他们决定改变网站的侧重点，让所有人都可以把视频上传到互联网上。在取消这些主体限制的过程中，人们对 YouTube 的兴趣也越发高涨。经历了十几年的沉浮，YouTube 已迅速发展成为今天的互联网巨头。
>
> 资料来源：雨果跨境. 成立初衷竟是相亲网站？值得一看的 13 条 YouTube "冷知识"，2020-10-04.

6.4.1 商业模式调整的步骤

创业者不需要一个完美的想法，但需要一个可以形成反馈通道的方法，这种方法使创业者能够持续地收集和整合反馈信息，不断地学习和改进。Eisenmann、Ries 和 Dillard（2013）融合敏捷开发、设计思维、精益创业的思想，提出了假设驱动型创业（hypothesis-driven entrepreneurship）的概念，其基本要义是：创业者把创业想法转化成一系列可被检验的商业模式假设，然后使用一系列具备基本功能的最简可行产品（MVP）检验商业模式假设的有效性，进而创业者能够从顾客反馈中进行学习，决定是否坚持、调整或是放弃原有的商业模式假设。[①] 创业者持续地重复这一过程，当所有的商业模式假设通过检验时，就意味着企业实现了产品与市场的匹配，就可以实施规模化扩张了。假设驱动型创业能够为创业者提供系统、规范和科学的实践指导，这种创业方法论很快成为风靡全球的创业宝典。

🔍 关键概念

产品市场匹配

产品市场匹配（product market fit，PMF）的概念在 2007 年被网景公司的联合创始人马克·安德森（Marc Andreessen）提出，用一句话简单概括则是：一家创业公司找到了一大群能与产品产生共鸣，认可并理解产品价值的用户。这个关键的时间点，被称为 PMF。

基于假设驱动型创业的思想，商业模式的调整可以划分以下几个步骤。

第一步：把创业想法转化成商业模式假设。基于第 3 章中识别到的创业机会或构思的创业想法，创业者围绕其设计商业模式，设计工具可以采用前面提到的商业模式画布，设计流程可以遵循前面提到的一般过程。在初始商业模式基本成型后，创业者需要围绕商业模式中的每个构成要素思考其成立的前提条件，进而开发商业模式假设。商业模式假设一般需要满足两个条件：一是可证伪性。如果商业模式假设不能被证伪，那么，创业者就无法从假设验证中有效地学习。二是综合性。商业模式往往体现为一系列相互关联的决策，具有内在的一致性。因此，在提出商业模式假设之前，创业者需要识别商业模式各要素之间的联系。例如，如果创业者还没有形成有关目标顾客的假设，那么有关获客成本的假设也就无从谈起。

[①] EISENMANN T, RIES E, DILLARD S. Hypothesis-driven entrepreneurship: the lean startup [DB/OL]. https://www.hbs.edu/ faculty/ Pages/ item.aspx? num = 41302，2013-07-10.

⊙ **专栏**

使用 XYZ 假设：把含糊的市场观点转化为可验证假设

XYZ 假设的基本格式是"至少 X% 的 Y 将会 Z"，X% 代表了你目标市场 Y 的一个百分比，Z 则代表了那部分市场将对你的新产品创意采取何种反应。

X：我们能在目标市场占据多大地盘，即份额占比是多少？

Y：我们的目标市场是什么？

Z：目标市场将对我们的产品做何反应以及具体表现如何？

注意，X、Y、Z 等初始值只是起点，是根据我们心目中创意可行所必需的最小市场规模做出的猜测。可能 10%、100、120 美元都不是合理的数字，我们可以通过后续的进一步验证来了解真实的市场是否如此。而通过粗略的 XYZ 假设，我们将创意有效地去模糊化，将宽泛且不精确的表述替换为精确的表述，将具有模糊意味的表述换成具体动作。

举个例子：

创意 1：类似 Uber 的衣物收洗服务。

模糊市场假设：大多数使用投币洗衣机的人都很讨厌那种体验。很多人都更愿意多花几美元，来购买可以将衣物进行收取、洗涤、烘干并在合理时间内送返的服务。

XYZ 假设：至少 10% 的投币洗衣机用户会愿意多花 5 美元享受衣物收洗并于 24 小时内送返的服务。

创意 2：适用于无空调汽车的使用冰块的空气冷却器。

模糊市场假设：没钱修复或购买车内空调的驾驶员可能会愿意购买一个便宜的使用冰块的小玩意儿来给他们的汽车降降温。

XYZ 假设：当平均气温超过 38℃ 时，车内没有安装空调的人至少有 5% 会愿意花 20 美元购买一个冷却空气的小玩意儿。

资料来源：索维亚. 做对产品 [M]. 徐毅，译. 天津：天津科学技术出版社，2021.

第二步：制定对商业模式假设进行测试的 MVP。对于面临高度不确定性和资源约束的创业者来说，用最少的时间和资源投入实现最多和最快的学习至关重要。加速学习的重要方式就是"提前并经常性推出新产品"。MVP 是创业者开展学习行动的载体，创业者需要用最快的速度和最少的资源推出 MVP 进行测试，然后根据用户的反馈持续地进行迭代优化。

开发 MVP 需要遵循的原则包括：放弃对学习目的没有直接助益的一切功能、流程或努力。[一]因此，作为创业者用于学习的"测试产品"，MVP 需要精简、再精简，只需要具备最必要的产品功能或价值活动即可。例如，对于一个软件产品来说，MVP 可能只是一个简短的演示视频；对于一家餐馆来说，MVP 可能只是一个摆放着新式菜品的流动餐车；对于一家电商公司来说，MVP 可能只是一个简单的实验性网站。最简单的 MVP 采取冒烟测试：产品能实现真正意义上的最简化是因为它们并不真实存在。

[一] 莱斯. 精益创业：新创企业的成长思维 [M]. 吴彤，译. 北京：中信出版社，2012.

🔑 关键概念

冒烟测试

"冒烟测试"是指人们使烟雾通过新管道以寻找管道泄漏处的做法。推而广之，现代电气工程师用这个术语形容系统初期组装后的第一次测试，以确定电路是否会真的"冒出烟雾"。

在开发任何产品功能或配置任何操作功能之前，互联网创业公司经常使用登录页面进行冒烟测试，登录页面提供了关于一个拟定的在线服务的简要说明。他们要求，若页面访问者希望在服务启动时收到联系，则需要留下一个电子邮箱。在直接向企业销售的情况下，通过等效性冒烟测试，要求潜在顾客签署一份购买尚未完成新产品的意向书，这样的意向书并不具备法律约束力。

如果查看登录页面后，大多数页面访问者注册了网站，那么创业者可以推断，他们对拟定的服务有一定兴趣。当然，简单的注册并不需要购买投入，因此这个测试并不能最终证明需求，但可以提供足够的证据来保证以准确性更高的 MVP 进行额外测试。相反，如果查看登录页面后注册网站的页面访问者微乎其微，那么创业者必须衡量当前的状况。测试失败是因为对拟定的新产品需求不大吗？还是因为创业者仍对如何描述吸引潜在顾客的可能方案这个问题了解甚少？

视频形式的 MVP。通过提供更详细的产品说明，初创公司可以提高登录页面测试的可靠性。例如，在线文件存储和共享服务公司 Dropbox 联合创始人德鲁·休斯敦（Drew Houston）通过发布一个时长 3 分钟的在线视频即可估算需求。视频通过一个有操作性但并未经过完全调试的原型展示了 Dropbox 拟定的产品功能，之后要求顾客注册进行产品公开测试。休斯敦的这一视频形式的 MVP 代表了冒烟测试适用的另一种情况：如果产品适用于一项至关重要的活动，如备份用户所有的计算机文件，那么创业者邀请一位不知情的顾客现场测试可能存在严重缺陷的早期版本产品的行为是不负责任的。

冒烟测试收费。初创公司获取更可靠需求数据的另一种方式是：要求登录页面访问者在查看产品说明后做出购买投入。数十年来，杂志发行商都采用了这一方法，他们直接寄送邮件促销尚未发布的新杂志。同样地，为创意项目实现在线融资的平台 Kickstarter，要求潜在项目赞助商在观看视频形式的 MVP 后做出融资投入。在一个典型的 Kickstarter 提案项目中，一位艺术家展示她过去作品的图片，说明下一个项目的目标，并提出项目融资水平的需求。只有当吸引到的融资投入到达临界值时，项目方可继续；若融资投入未到达临界值，那么赞助商无须支付资金。

作为一个一般性原则，创业者应尽可能地向参加冒烟测试的顾客收取费用。当然，若产品的目的是为最终用户提供免费服务，那么向顾客收取费用是不可能的，同样不可能收费的还有支持广告的媒体网站。此外，如果顾客清楚了解由于技术困难，初创公司可能无法开发出拟定的新产品，那么向顾客收取费用也是不可行的。

资料来源：EISENMANN T，RIES E，DILLARD S. Hypothesis-driven entrepreneurship: the lean startup [DB/OL]. https://www.hbs.edu/ faculty/ Pages/ item.aspx? num = 41302，2013-07-10.

MVP 测试有两大优势：一是缩短产品开发周期，加快顾客反馈速度；二是小批次的产品特征调整使测试结果易于解释，帮助创业者快速诊断问题所在。创业者可以通过设计和实施一系列的 MVP 测试，以不断迭代的方式改进产品并验证关键的商业模式假设。

第三步：确定 MVP 测试的优先级。形成商业模式假设并确定好用于测试的 MVP 后，创业者需要对测试进行优先级排序。一个基本原则是，创业者应该优先选择那些能够以较低成本消除较大风险的环节进行测试。当商业模式假设在顺序上相互关联时，需要采取顺序测试的方式，反之，则可以采取并行测试的方式。例如，进入市场的行动假设有赖于顾客价值主张假设，因此需要先测试后者，再测试前者；而对于渠道假设与顾客关系假设则可以并行进行。

第四步：从 MVP 测试结果中进行学习。创业者从 MVP 测试中获得反馈后，应对反馈的真实性与有效性做出进一步识别，考察测试结果是否存在假阴性和假阳性的情况。此外，创业者还需要考察另外两个潜在的错误来源：一个是顾客真实的偏好可能与其表述的偏好存在不一致，另一个是创业者自身的认知偏差，比如盲目乐观、计划谬误、证实偏误等。这些都会对测试结果产生干扰，从而影响决策质量。

📋 调查研究

空想之地的假阴性和假阳性

做过深度市场调研仍然失败的产品有很多，对它们进行"解剖"检查后，可以发现一个反复出现的问题模式：针对这些失败的产品所做的所谓的市场调研大多数都不是在真正的市场中进行的，而是在"空想之地"（一种虚构环境）中进行的，比如焦点小组。

空想之地产出假阳性结果的意思是：新产品创意收集到的肯定意见和相关预测足以让你信服该创意值得跟进，甚至值得赶在他人行动之前迅速跟进并全力以赴。一项创意在空想之地听起来很棒，但若将其推向市场却有很大概率遭遇惨败的结果。大多数市场失败都是假阳性。

假阴性的效果则恰恰相反，它会说服你放弃一个后来被证明是"正确的它"的创意。假阴性是指一项创意在空想之地毫无成功可能，但若推向市场却有很大概率能够取得成功的现象。

空想之地和真实世界有时候也能碰巧观点一致。虽然假阳性和假阴性是常态，但"真阳性"和"真阴性"有时也会出现。

资料来源：索维亚. 做对产品 [M]. 徐毅，译. 天津：天津科学技术出版社，2021.

在测试过程中，创业者应该学会拥抱意外，因为这样有可能发现一些重要的新机会。例如，PayPal 的初衷是让奔迈掌上电脑（Palm Pilot）用户通过电子方式交易货币，为了引起人们的兴趣，PayPal 做了个演示网站，该网站很快变得大受欢迎。于是，PayPal 很快抛弃了原来的设想，专注于网站建设，并在此基础上开发了新的商业机会。

第五步：做出坚持、调整或是放弃初始商业模式的决策。对 MVP 的测试结果和市场信息进行评估后，创业者需要做出决策。如果商业模式假设通过测试，那么创业者应该坚持当前路径，继续检验剩余的假设，直至所有的假设通过验证，就可以规模化地投入生产。如果 MVP 测试拒绝了商业模式假设或是揭示了更好的商业机会，创业者应该进行调整。当然，创业者更有可能坚持最初的想法而对行动路径进行调整。最后，如果 MVP 测试完全拒绝了某个关键的商业模式假设，创业者又无法找到可行的替代方案，那么他应该果断地放弃该创业想法。

第六步： 在经验证的商业模式基础上开展规模化。如果所有关键的商业模式假设都得以验证通过，这意味着产品与市场是匹配的，产品能够满足市场的需要。同时，这也意味着产品有了稳定的早期用户和盈利条件，并表明企业具备了向利益相关者传递价值的实力。此时是创业企业扩大规模的最好时机。当然，创业者仍旧可以采用假设驱动的方法持续地改进和优化其商业模式，从而提升其竞争优势。

上述做法在某种程度上可以有效地解释为何有的创业企业能够成功，有的却失败了。答案很简单：运用这套方法和流程，成功创业者在资源耗尽之前做出了足够的改进。对于创业者而言，"这个产品能够开发出来吗？"不是个好问题，他更应该思考和探求如下两个问题的答案：第一，"我们需要开发这个产品吗？"第二，"围绕这个产品，我们能够建立起可持续的业务吗？"换言之，通过更小和更快的迭代流程验证创业想法和商业模式，创业者能够有效地避免浪费和应对不确定性，提高创业成功率。

从某种意义上说，商业模式调整过程无非是科学方法在创业中的应用——从一个假设开始，在实施过程中检验，并在必要时加以修订。商业模式行不通，或者是因为没有通过数字检验（如损益与预期不符），或者是因为没有通过叙述检验（如故事没有意义，或者说不符合经济逻辑，业务本身不能为顾客创造价值）。因此，图 6-2 所示的商业模式设计框架并不是让你从一开始就设计出一个无敌的商业模式，它的用途是帮助你追踪目前为止的所有"创业假设"。例如：我认为 18~30 岁年轻宠物主（目标顾客）应该会喜欢购买宠物衣服打扮自己的宠物（价值主张），接着开始试着执行这样的计划，在最低成本的状态下想办法验证这些假设。如果事实证明年轻宠物主的确喜欢购买漂亮的宠物衣服精心装扮自己的宠物，你就可以接着尝试不同的销售渠道，建立不同的顾客关系，等等。如果发现他们不喜欢，那就要改变目标顾客，或是改变价值主张——60 岁以上的宠物主呢？每尝试一次，就让你得到更多关于市场的信息，然后再回来调整你的商业模式，这样一直不断地循环下去，永远没有停下来的一天。

因此，重点不是在会议室里头脑风暴，"想"出最棒的商业模式，重点是在真实的世界中不断地试错，试出符合市场现实的商业模式，如此无止境地追寻下去。

> **创业聚焦**　　　　　　　　**创业的快速试错**
>
> 早期创业公司的首要任务之一，就是对它的商业模式进行试错。人算不如天算，预先想得再好的商业模式，一旦付诸实践，也常常问题百出，甚至根本行不通，这对于创业公司来说，可能是致命的。没有一个切实可行的商业模式，创业公司就像汪洋大海中的一条小船失去了方向，弄不好就会触礁沉没。创业公司能否生存下来，很大程度取决于它的试错速度，幸运的公司能够赶在弹尽粮绝之前，根据试错实践迅速调

整、修改、改进、磨炼出可行的商业模式，找到生财之道，这样创业公司才能成活，才有发展的前提。试错，是创业公司的生死考验，是创始人的一场意志和智慧的较量。

资料来源：查立. 创业的快速试错[J]. 创业家，2011（10）：28.

6.4.2 商业模式调整的类型

调整有各种各样的形式。《精益创业》一书中提出了10种调整类型，下面分别进行介绍。

（1）**放大**。在这种情况下，之前被视为产品中单独的一个功能特性，成为产品的全部。例如，2002年，斯图尔特·巴特菲尔德（Stewart Butterfield）和他当时的妻子卡泰丽娜·费克（Caterina Fake）在加拿大温哥华开始创业，做的是一款叫Game Neverending 的大型网络游戏。这款游戏最终没能发布，但在测试的时候，游戏里一个叫作 Flickr 的交换图片的功能颇受欢迎。于是他们开始全力完成 Flickr 这个在线照片分享服务，于2004年2月正式建立 Flickr 网站，并于2005年被雅虎收购。虽然 Game Neverending 没有成功，但是巴特菲尔德一直没有放弃自己的游戏梦。2009年，他又投身游戏行业，并在2011年成功发布了一款名为 Glitch 的多人在线游戏。可惜，这款游戏虽然发布了，但没有人玩，一年后这款游戏就停止运营了。但是，在开发 Glitch 的过程中，巴特菲尔德的团队做了一个内部沟通和项目管理工具。游戏失败后，这款名为 Slack 的工具得到了发扬光大。2014年2月，巴特菲尔德正式对外发布了 Slack，之后 Slack 迅速发展成为独角兽企业并成功上市。

（2）**缩小**。与放大调整相反，有时候单独的一个功能不足以支持整个产品。这类调整就是把原来的整个产品转化为一个更大型产品中的一项单独的功能特性。例如，大疆以前是做飞控系统的，但后来发现只做飞控系统会受上下游的局限，赚不到高利润，而且当时无人机也做得不够好。于是大疆决定做全套，从飞控到图传到云台，几乎每一项无人机的核心技术，大疆全都自己来做，获得了非常大的成功。⊖

（3）**顾客细分**。在这类调整中，公司意识到它们开发的产品确实解决了真实顾客的真实需求，但这类顾客并非公司原来打算服务的顾客。换言之，产品的前提假设得到部分证实，解决了相关问题，但针对的是与原本预期不同的顾客。例如，民宿领域的龙头企业爱彼迎初期目标顾客定位为只追求便宜价格的沙发客，这一顾客群体不要求舒适的住宿环境，更多的是追求价格便宜，但这一顾客群体并不够广泛，不能满足公司更多的盈利诉求。后来，爱彼迎通过为房东提供出租房间的专业拍照服务来包装自己的产品，提升房屋的预订量，扩大用户群体，将顾客目标定位到中端短期租住顾客。

（4）**顾客需求**。随着对顾客了解的深入，有时候我们可以清楚地看到，我们想要解决的问题对顾客而言并不那么重要。但是，由于这种密切的顾客关系，我们常

⊖ 程浩. 精益商业思维[M]. 北京：机械工业出版社，2020：110.

常发现其他一些重要的相关问题，而且我们的团队也能解决这些问题。这种调整也是基于产品的前提假设得到部分证实的情况，目标顾客有一个需要解决的问题，只不过它不是我们事先预计的。例如，你原本打算解决男性的皮肤保养问题，但调查研究显示，很多目标顾客并不在意这一问题，而是更关注自身精力不足的问题。结果，你从开发皮肤护理产品转向了开发增强体力的保健品。

（5）**平台**。平台调整指的是从应用产品转为平台产品，或反方向的转化。例如，很多知名公司在初创时是从产品起步的，但后来转向了平台。亚马逊1994年上线时是网络零售商，6年后推出亚马逊市场；谷歌在创业之初只提供搜索引擎技术，2000年引入搜索引擎广告；苹果2001年做出了iPod，在2003年开发出iTunes商店和2008年推出苹果应用商店后，才发展成平台。

（6）**商业架构**。这个调整的概念借用了杰弗里·摩尔（Geoffrey Moore）的理论。他观察到公司一般会在两种主要的商业架构中选择其一：高利润低产量（复杂系统）模式，或低利润高产量（规模运营）模式。前者经常和企业对企业（B2B）或企业销售流程相关，而后者则与消费类产品相关。在商业架构调整中，新企业会转变其架构。有一些公司通过进入大众市场，从高利润低产量架构中调整；另一些原本计划服务大众市场的公司，却发现它们需要长时间的、昂贵的销售周期。

（7）**价值获取**。有很多方法获取公司创造的价值，这些方法通常被称为货币化模式或收入模式。在现实中，获取价值是产品前提假设中的固有部分。通常，公司获取价值方式的转变，会对业务的其他部分、产品和市场营销战略造成深远的影响。例如，由于很多健身房经营者出现"跑路"现象，为了打消顾客的担忧和疑虑，因此健身房的收费模式开始由年卡收费转向按次收费。

（8）**增长引擎**。带动新企业成长的增长引擎主要有三种：病毒式、黏着式和付费式。在这类调整中，企业为寻求更快速、更高利润的增长而改变其增长战略。例如，你的企业最初可能通过广告和补贴的方式吸引用户，但后来发现由此获取的用户的流失率过高，而且每个用户的获取成本远远超过其带给企业的价值，因此后来转而通过病毒营销的方式来获取用户。

（9）**渠道**。在传统销售术语中，把产品交付给顾客的途径被称为销售渠道或分销渠道。例如，消费品在食品杂货店内销售，汽车通过经销商销售，很多有大量定制要求的企业软件由咨询或专业服务公司销售。渠道调整认为，可以通过不同的渠道实现相同的基本解决方案，而且效率更高。只要公司放弃了过去复杂的销售流程，转向针对终端顾客"直接销售"，那么渠道调整就发生了。正是因为互联网对销售渠道的破坏式效果，才使它对以前那些需要复杂的销售和分销渠道的行业，比如报纸、杂志和书籍出版业，产生了颠覆性影响。

（10）**技术**。有时候，企业会发现运用一种截然不同的技术，也可以获得相同的解决方案。技术调整在成熟的企业业务中更加常见。也就是说，它是一种用来吸引并保留现有顾客群的可持续创新，一种递增式的改进。成熟企业极擅长这类调整，因为很多东西并没有改变：顾客细分市场相同，顾客的问题相同，价值获取模式相同，渠道合作方也是相同的。唯一的问题是，新技术是否能比已有技术提供更优越的价格和产品性能。

调整在任何成长型企业发展过程中都是一个永恒的主题。即使企业取得了最初的成功，它也必须不断调整。调整并非仅仅是一种改变。要记住，它是一种有组织、有条理的特殊改变，用以测试一个关于产品、商业模式和增长引擎的新的基础假设；它是精益创业的核心所在，让采用精益创业的企业在错误面前百折不挠：如果转错了弯，企业有工具可以发现错误，并能迅速找到另一条道路。

本章要点

- 商业模式创造价值的逻辑性主要表现在层层递进的三个方面：价值发现、价值匹配、价值获取。
- 任何新型的商业模式都不过是9个要素按不同逻辑的排列组合而已。每个人的定位、兴趣点和视角都不一样，向各个要素中添加的内容当然也就不一样，于是就有了不同的商业模式。
- 商业模式设计过程并不是线性的，可能经历各种反复。
- 绝大多数初始商业模式最终都以失败告终，最终赖以成功的商业模式则是经过不断修正甚至重大调整的。
- 商业模式的成功往往有赖于创业者是否有能力在模式实施中对其进行调整，甚至进行全面改革。

重要概念

商业模式　商业模式设计　商业模式调整　顾客细分　价值主张　渠道通路
顾客关系　收入来源　核心资源　关键活动　重要伙伴　成本结构
最简可行产品　产品市场匹配

复习思考题

1. 商业模式所要解决的核心问题是什么？
2. 商业模式的逻辑是什么？
3. 商业模式的关键构成要素是什么？
4. 商业模式的要素如何配置为一个系统？
5. 为何要对初始商业模式进行调整？
6. 商业模式调整的步骤有哪些？
7. 商业模式调整的类型有哪些？
8. 读完本章，你认为创业者能在一开始就找到好的商业模式吗？

实践练习

随着社会的发展和人们生活水平的提高，宠物已经成为越来越多家庭的重要成员。然而，由于工作、生活等原因，很多人在照顾宠物方面面临困难。因此，提供宠物寄养服务成为一个备受关注的市场。宠物寄养服务为忙碌的人们提供了一个安全、可靠的寄养环境，让宠物在主人无法照顾的情况下得到照顾。一方面，随着宠物数量的增加，寄养服务的需求在不断增长，尤其是在节假日、主人出差或旅游期间，很多家庭需要将宠物寄养在专业的宠物寄养机构。另一方面，相比于宠物日常护理、美容等服务，宠物寄养的利润空间更大，这是因为寄养服务需要提供宠物的住宿、饮食、医疗等全方位服务，成本相对较高，但收费也相应较高。

根据上面的材料，似乎宠物寄养服务是一个不错的创业机会。如果你打算开一家宠物寄养服务店，请用商业模式的 9 个要素来为其设计一种相对完整的商业模式。你将如何验证该商业模式在现实中是否真的行得通？

创业实战

1. 描述你打算创办的企业的价值主张。
2. 运用图 6-2 所示的商业模式的设计框架，刻画你打算创办的企业的商业模式。
3. 比较你的商业模式与竞争对手的商业模式的差异。
4. 剖析你的商业模式中的关键假设并设计对其进行测试的 MVP。

> 不要只是坐在办公室里，要走出去，和你的用户交流！
> ——创业专家史蒂夫·布兰克

第 7 章
明确目标市场

【核心问题】

- 新企业如何进行目标市场定位？
- 传统的产品开发方法的适用条件有哪些？
- 顾客发展方法的适用条件有哪些？
- 如何设计创业营销方案？
- 创业营销有哪些渠道或方式？

【学习目标】

- 了解市场定位的基本方法
- 熟悉传统的产品开发与顾客开发
- 区分瀑布型开发与敏捷迭代开发
- 掌握创业营销的基本工具和方法

引例　马化腾的产品观

2008年10月，马化腾在腾讯公司的产品技术峰会上做了一个演讲，系统性地阐述了他的产品观。

1. 关于"核心能力"

任何产品都有核心功能，其宗旨就是能帮助到用户，解决用户某一方面的需求，如节省时间、解决问题、提升效率等。核心能力要做到极致。要多想如何通过技术实现差异化，让别人做不到，或通过一年半载才能追上。

很多用户评论说用QQ邮箱唯一的理由是传文件快、有群，那这就是腾讯的优势，腾讯要将这样的优势发挥到极致。比如发送离线文件，以邮件方式体现就是一个中转站，即使是超大的文件也不困难，关键是要去做。虽然真正使用的用户并不一定多，但当用户找了半天找不到可以发送大文件的地方时，万般无奈之下用了QQ邮箱，居然行了，于是腾讯的口碑就来了。

谈到核心能力，首先就是要有技术突破点。腾讯不能做别人已有的东西，否则总是排在第二、第三，虽然也有机会，但缺乏第一次出来时的惊喜，会失去用户的认同感。这时候，腾讯第一要关注的就是产品的硬指标。在设计和开发的时候，腾讯就要考虑到外界会将它与竞争对手做比较。

要做大，腾讯首先要考虑的就是如何让别人想到也追不上。腾讯这么多年在互联网数据中心上的积累不能浪费，比如高速上传和城域网中转站。腾讯的目的是要让用户感到超快、飞快，让用户体验非常好，这些都需要大量技术和后台来配合。

产品的更新和升级需要产品经理来配合，但腾讯的产品经理做研发出身的不多，而产品和服务是需要大量技术背景支持的，腾讯希望产品经理是非常资深的，最好是由做过前端、后端开发的技术研发人员晋升而来。好的产品最好交到一个有技术能力、有经验的人员手上，这样会让大家更加放心。如果产品经理不合格，让很多兄弟陪着干，结果发现方向错误，这会非常浪费时间和精力，以及挫伤团队士气。

2. 关于"口碑"

个性化服务并不是大众化服务，也是要取得口碑的。一个产品在没有口碑的时候不要滥用平台。腾讯的产品经理的精力好像分配得很好——50%产品、50%营销，当然，如果你在基础环节控制得好，这样当然可以，但大多数情况下第一点都做不好。如果你的实力和胜算不到70%、80%，那么就把精力放在最核心的地方。当你的产品已经获得良好口碑且处于上升期后再考虑前面的精力分配比例。

产品经理要关注最核心、最能够获得用户口碑的战略点，如果这块没做透，结果只能是让用户失望，然后再花更多的精力弥补，这是得不偿失的。当用户在自动增长时（用户会主动推荐朋友来使用腾讯的产品），就不要去打扰用户，否则可能是好心办坏事。这时，每做一件事情、每加一个东西都要很慎重地考虑，真的是有建设性地去增加产品的口碑。当用户口碑坏掉后，再将用户拉回来很难。

在管理功能上也要有技巧。在核心功能做好后，常用功能是要逐步补齐的，局部、细小之处的产品创新应该永不止步。作为一个有良好口碑的产品，每加一个功能都要考虑清楚，这个功能给 10% 的用户带来好感的同时是否会给 90% 的用户带来困惑。有冲突的时候要学会辨别。每个功能不一定要用得多才是好，而是用过的人都觉得好才是真正的好。

开发产品的时候需要有较强的研发机制做保证，这样可以让产品开发更加敏捷和快速。就算是大项目也要灵活，不能 3 个月后才看到产品，这个时候竞争对手已经跑出去不知道多远了。

产品口碑要关注高端用户、意见领袖关注的方向。以前，腾讯的思路是抓大放小，满足大部分"小白"用户的需求。但是现在来看，满足高端用户的感受才是真正可以赢得好口碑的。

3. 关于"体验迭代"

产品经理要把自己当成一个"最挑剔的用户"。腾讯做产品的精力是有限的，交互内容很多，所以要抓最常见的一块。流量、用量最大的地方都要考虑，要规范到让用户使用得很舒服。要在感觉、触觉上都有琢磨，有困惑要想到去改善，如鼠标少移动可快速点到等。

开发人员要用心思考产品，要知道用户、同行会关注你的产品，在这种驱动下有责任心去主动开发。不能等到别人的产品都做好了，流水线一样送到你面前去模仿。40%～50% 的产品的最终体验应由开发人员决定。产品人员和开发人员共同参与才能做出好产品，否则做出来的产品一定会"慢半拍"。

4. 关于"细节美学"

例如，邮箱的"返回"按钮放在哪儿，放右边还是左边，大家要多琢磨，怎么放更好，想好了再上线测试；用户有多个邮箱的情况下如何默认选择最近用的一个账号……这些需求都很小，但你真正做出来了，用户就会说好，虽然他未必能说出好在哪里。

开发的产品要符合用户的使用习惯，如更多人在写邮件的时候习惯用键盘操作来拷贝东西，虽然实现起来有些技术难度，但也是可以解决的。还有对鼠标反馈的灵敏性、便捷性等方面也是一样。

在设计上，腾讯应该坚持以下几点。

- 不强迫用户。
- 不为 1% 的需求骚扰 99% 的用户。
- 淡淡的美术，点到即止。
- 不能刻意地迎合低龄化。

在产品的总体构架及运营上，腾讯可以采用下述策略。

- 交互功能：别让用户思考。
- 美术呈现：尽可能简单。
- 产品设计：让功能存在于无形之中。
- 运营要求：不稳定会功亏一篑。

- 总体要求：快速，稳定，功能强，体验好。
- 发现需求：勤看论坛和博客。

资料来源：吴晓波. 腾讯传：1998—2016 中国互联网公司进化论[M]. 杭州：浙江大学出版社，2017：223-227.

从上面的引例中可以看到，腾讯公司在开发产品时，通过强调用户体验、口碑效应和持续迭代，不断开发出好的产品，满足顾客的需求。然而，很多创业者将自己的需求当成了顾客的真实需求，认为自己喜欢的就是顾客想要的，当产品开发完成后再与顾客沟通时，却发现开发的产品并不是顾客的真正所需。尽管花了很多时间，浪费了大量人力、物力、财力，却错失了发展的大好机会。因此，对创业者来说，如何准确定位市场、最大限度地降低产品开发成本，并运用有效的方法营销企业产品，是创业者必须解决的关键问题。

7.1 目标市场定位

要想成功创业，创业者必须回答如下重要问题：谁是我们的顾客？该如何吸引他们？一般按照以下 3 个步骤来回答上述问题：市场细分、选择目标市场、建立独特定位。

7.1.1 市场细分

尽管市场细分非常重要，但它常被创业者忽视。忽视这项重要活动可能会导致创业者对新产品或服务的潜在市场规模的错误评估。许多初期创业者往往自认为发现了一个巨大市场，找到了顾客的需求。他们的逻辑是这样的：这是一个万亿级的市场，我哪怕只占其中的 1%，就足以让我的公司生存与发展！而实际上，创业者往往没有找到真正的市场，没有发现顾客的真实需求，在折腾一段时间后关门退出。这可能是因为，万亿级的市场已经变成红海市场，竞争异常激烈；1% 的占有率，说明在这个行业中你没有足够的话语权，处于竞争劣势。反之，尽管某产品市场容量并不大，但如果公司处于垄断地位，所占市场份额很大，并参与行业规则制定，则该公司就可能很好地生存并发展起来；或者，能够在一个大市场的细分市场取得领导地位，也是很有价值的。

市场细分的过程包括识别细分市场的重要特征，然后勾勒细分市场的轮廓，通常使用人口特征和消费模式特征相结合的方式来定义细分市场。但是，很多创业者进行市场细分时往往忽视了西奥多·莱维特（Theodore Levitt）很早就提出的警告：顾客不是想买一个 1/4 英寸①的钻孔机，而是想要一个 1/4 英寸的钻孔。虽然很多人对莱维特的洞见无不称是，但同样是这些人，根据钻孔机的类型和价位对市场进行

---

① 1 英寸 =0.025 4 米。

细分；他们衡量钻孔机的市场份额，却没有衡量钻孔的情况；他们与竞争对手进行比较的，也只是钻孔机的特点和功能，而不是钻孔的效果；他们总是忙于增加产品的特色与功能，认为这将改善产品定价，增加市场份额。殊不知，此举往往是南辕北辙，因为他们的产品改进与顾客毫不相干。[一]

我们可以用更好的方法来思考市场细分问题。在顾客眼里，市场的结构十分简单：正如莱维特所说，顾客不过是希望把自己手上的事情做好。顾客若发现自己需要完成某项工作，他们基本上会借助某些产品来实现这一目的。因此创业者的任务就是：了解顾客生活中不时会出现并可能借助本企业产品来完成的各项工作。创业者若能了解这些工作，设计出能帮助完成这些工作的产品，并在产品宣传中强化产品的特定用途以及相关的用户购买和使用体验，那么顾客一旦发现自己需要完成此项工作，便会去购买这一产品。

创业聚焦　　人们为什么买奶昔

我们来看一下某些快餐店是如何提高其奶昔销售额的。公司营销人员首先根据产品（奶昔）细分市场，然后再按照经常购买奶昔的顾客的人群特征及性格特点对市场做进一步细分。接着，营销人员便邀请符合这些特征的消费者，就是否提高奶昔的浓稠度、增加巧克力味、降低价格、加大水果块等问题征询他们的意见。参与者给出了明确的回答，公司也据此改进了产品，但销售仍毫无起色。

后来，一位新的市场研究员在快餐店内待了一整天，试图弄清顾客为什么会买奶昔。每当顾客买奶昔时，这位研究员便记录下顾客同时还买了哪些产品，是独自一人还是结伴而行，是堂食还是带走，等等。他惊奇地发现，40%的奶昔是在清晨售出的。清晨出现的顾客常常是孤身一人，通常不买其他任何产品，而且往往是在自己车里享用奶昔。

这位研究员于是又去采访那些手拿奶昔、正欲离开的顾客，问他们为什么要买奶昔。大多数顾客的购买动机都大同小异：他们都是独自开车，将有一段漫长而无聊的车程，需要一些东西解闷。他们此时并不饿，但上午10点后肚子就会饿了，所以想先吃些东西，以免到中午时饥肠辘辘，同时他们也面临一些不便之处：时间仓促，身着正装，而且要开车，最多只能腾出一只手来。

这位研究员进一步询问顾客："能不能谈谈你在相同情境下却没买奶昔的经历？你当时买了什么？"他得知顾客有时会买硬面包圈，但硬面包圈太干了，若抹上奶酪或果酱，会把手指和方向盘都弄得黏糊糊的。这些驾车人有时会买一根香蕉，但是香蕉很快就吃完了，不足以打发无聊的车程。若吃甜甜圈，到了上午10点还是会饿。结果表明，奶昔的效果胜过所有其他食品。用一根细吸管把黏稠的奶昔喝完，得花20分钟时间，从而可以打发无聊的车程。人们只需单手便可干净清爽地享用奶昔；到了上午10点，也不像吃其他食品那样容易饿。奶昔不是健康食品，但这并不重要，因为人们喝

[一] 克里斯坦森，库克，霍尔. 为营销模式纠偏[J]. 哈佛商业评论（中文版），2006（1）：108-121.

奶昔的主要目的不是强身健体。

这位研究员注意到，在一天中的其他时段，父母常常会给孩子买奶昔，作为正餐之外的饮品。父母为何这么做呢？原来他们已疲于总是向孩子说"不"，于是就将买奶昔作为一种无伤大雅的安抚孩子、显示爱心的方法。这位研究员发现，奶昔在这方面的效果并不理想。他注意到，一旦父母自己用餐完毕，等着孩子费劲地从细吸管中吸入浓稠的奶昔时，父母会显得不耐烦。

顾客购买奶昔有两种截然不同的目的。可是，当初营销人员就需要改进哪些产品特性询问个别顾客的意见时，有的是出于上述两种目的，有的则是出于其中一种目的，营销人员将这些意见与目标人群细分市场中其他顾客的意见进行综合考虑，结果就得到了一个谁也不适合的产品。

不过，一旦营销人员弄清楚顾客希望达到何种目的之后，哪些改进可使奶昔效果更佳、哪些改进没有必要就一目了然了。对于打发无聊车程的顾客，如何改进奶昔？提高奶昔的浓稠度，这样就能消磨更多的时间。加入一些小的水果块，可以让人们在周而复始的单调的早晨获得一份惊喜。同样重要的是，快餐连锁店还可以提高奶昔购买过程的效率，比如将奶昔售货机移到柜台前，向顾客提供预付费卡，以便顾客快速跑进店里买好后，一踩油门便走人。当然，中午和晚间的顾客则需要一种全然不同的产品。

资料来源：克里斯坦森，库克，霍尔.为营销模式纠偏[J].哈佛商业评论（中文版），2006（1）：108-121.

7.1.2 选择目标市场

选择目标市场包括比较不同细分市场的吸引力，然后选择最具吸引力的市场作为目标市场。即便某个细分市场具有一定规模和发展特征，并且其结构也很有吸引力，创业者仍须将其自身的目标和资源与该细分市场的情况结合在一起考虑。有些细分市场虽然有较大吸引力，但不符合创业者的长远目标，因此不得不放弃。这是因为这些细分市场本身可能具有吸引力，但是它们不能推动创业者完成自己的目标，甚至会分散创业者的精力，使之无法完成主要目标。即使这个细分市场符合创业者的目标，创业者也必须考虑新企业初创阶段是否具备在该细分市场获胜所必需的技术和资源。无论哪个细分市场，要在其中取得成功，必须具备某些条件。如果在某个细分市场中创业者在某个或某些方面缺乏必要的能力，并且无法获得必要的能力，创业者就要放弃这个细分市场。即使创业者具备必要的能力，也还不够。如果创业者很有可能在该细分市场取得成功，也需要建立优势，从而压倒竞争对手。如果创业者无法在细分市场创造某种形式的优势，就不应贸然进入。

新企业在选择目标市场时面临的最大挑战是，如何选择一个具有足够吸引力和差异性的市场，从而避免使自己与其他企业拥挤在一起。企业选择的目标市场还必须与其商业模式、创业者及其他人员的背景与技能相一致。此外，企业还要持续地监测目标市场的吸引力。尽管企业自身没有犯错，但由于社会偏好不断发生着变化，目标市场仍然可能失去吸引力。

7.1.3 建立独特定位

市场定位并不是对一件产品本身做些什么,而是在潜在顾客的心目中做些什么。从营销的角度说,这可以看成企业想让顾客感知企业的方式,以及回答目标市场顾客购买我们的而非竞争对手的产品和服务的原因。市场定位的实质是使本企业与其他企业严格区分开来,使顾客明显感觉和认识到这种差别,从而在顾客心目中占据特殊的位置。

价值曲线是一种非常有帮助的市场定位工具。它的核心不是把主要精力放在打败竞争对手上,而是主要放在全力为顾客与企业自身创造价值飞跃上,并由此开创新的"无人竞争"的市场空间,彻底甩脱竞争,开创属于自己的一片"蓝海"。若要通过价值曲线来进行企业的市场定位,必须重点回答4个问题:哪些行业中被认为理所当然的因素应该被剔除?哪些因素的含量应该降低到行业标准以下?哪些因素的含量应该提升到行业标准以上?哪些行业中从未提供过的因素应该被创造?下面的 QB 美发店就是应用价值曲线方法的一个很好的例子。

> **创业聚焦**　　　　　**QB 美发店**
>
> 在日本,成年男子理发通常要 1 小时左右。为什么呢?因为理发包含了一系列活动,使得理发变成了一种仪式。在这个过程中,要用到许多热毛巾,有人会帮你按摩肩膀,顾客可以喝点茶和咖啡,理发师按照一定的仪式进行,包括对头发和皮肤进行特别护理,如吹干头发和剃胡须,结果造成理发的时间在总的时间中只占很少一部分,而且,这些过程也造成了顾客排队的现象。
>
> QB 美发店改变了这一切。它意识到,许多人,特别是职业人士,不愿意花 1 小时在理发上。因此,QB 美发店去掉了那些情感性的因素,比如热毛巾、按摩肩膀、茶和咖啡。它还大大地简化了对头发的特殊护理,专注于最基本的理发过程。然后,QB 美发店采取了进一步的举措,去掉了耗时较长的传统洗吹过程,引入了"空气清洗系统",每次剪完头发,理发师只须将头顶的一个软管拉下即可完成清洗。这一方法更快、更好,不需要把顾客的头发弄湿。这些变革将理发的时间由原来的 1 小时缩短到 10 分钟。而且,在每一间 QB 美发店门口都有一个交通灯系统,向顾客提示是否有空位。这种方法消除了等候时间的不确定性,也不需要接待员了。
>
> 通过这种方法,QB 美发店将理发的价格从原来的 3 000~5 000 日元降到了 1 000 日元,同时将每个理发师每个小时的收入提高了 50%,这样,每个理发师分摊的人力成本和营业面积都降低了。QB 美发店还创造了卫生标准更好的"无多余"理发服务。它不仅为每个顾客提供一套卫生设施,而且还采用一次性原则,即为每个顾客使用一套新的毛巾和梳子。
>
> 资料来源:金,莫博涅.蓝海战略:超越产业竞争 开创全新市场 企业如何启动和保持获利性增长[M].吉宏,译.北京:商务印书馆,2005.

一旦企业以某种方式进行市场定位后,必须能够坚持到底,实践最初的梦想。

然而，若顾客试用了企业的产品或服务后不甚满意的话，没有完全进行市场定位则是有益的，因为这样还有调整的余地。

7.2 产品开发模式

市场定位与产品开发紧密相关，准确的定位利于成功开发产品，而适合的产品开发模式也利于市场的准确确定和细分。

不同的产品开发模式导致了不同的结果和绩效。传统的产品开发模式将未来看成确定的，新产品开发只是完成规定的任务。该方法适合于在稳定环境下，任务已知和可控制条件下的产品开发。当环境的不确定程度越来越高时，则需要采用新的产品开发模式，从而取得高绩效。

7.2.1 传统的新产品导入模式

过去人们开发新产品，主要采取一种被称为以产品为中心的开发模式（见图 7-1）。这种模式先是出现在制造业，然后不断向其他行业或领域扩散与发展，并逐步成为初创企业新产品开发的主导模式。

概念形成 → 产品开发 → 内部/外部公开测试 → 产品发布（首次顾客交付）

图 7-1　以产品为中心的开发模式

资料来源：布兰克，多夫. 创业者手册：教你如何构建伟大的企业 [M]. 新华都商学院，译. 北京：机械工业出版社，2013：5.

以产品为中心的开发模式包括从新产品的概念形成，到交付至顾客手中的整个过程。首先，新产品从开发阶段进入顾客测试阶段（内部/外部公开测试）；其次，产品工程师根据测试得到的反馈修正技术问题；最后，进入产品发布和首次顾客交付阶段。史蒂夫·布兰克和鲍勃·多夫在《创业者手册：教你如何构建伟大的企业》一书中对此进行了详细阐述。

第一阶段：概念形成。

在这一阶段，创业者往往会抓住灵光一现的奇思妙想，有时甚至将创意写在一张餐巾纸上，然后将其转变成一组核心理念，以此作为实施商业计划的大纲。接下来，他们要弄清楚围绕产品而来的一系列问题，包括：产品或服务理念、产品特征和价值分别是什么？产品能否开发？是否需要进一步的技术研究？顾客群体有哪些？怎样才能发现这些群体？

在这一阶段，创业者会确定一些关于产品的基本假设，包括对竞争差异、销售渠道和成本问题的讨论，以及如何更好地向风投资本家或企业高层介绍公司情况及其带来的利益。此时的商业规划包括市场规模、竞争优势和财务分析等。通过统计市场研究和顾客评论，推动问题评估和商业规划。

第二阶段：产品开发。

在这一阶段，产品进入开发流程。这时公司各职能部门相继成立，相关的开发活动被分配到各团队实施。营销部门负责确定商业计划中描述的市场规模，开始定位产品最初的顾客。在组织机构分明的初创企业（即热衷于流程开发的企业）中，营销部门甚至会针对目标市场进行一两次焦点小组测试，和产品管理团队一起制定市场需求文档，以便工程部门确定产品的最终特征和功能。营销部门开始设计销售演示内容，编写销售材料（包括网站、演示词和数据表），聘请公关公司。在产品开发阶段或内部测试阶段，企业通常会聘请一位销售副总监。

与此同时，工程部门开始忙着明确特征和开发产品。产品开发通常会扩展为"瀑布型"的几个相互关联的步骤，每个步骤都强调最小化已定义产品特征组的开发风险（见图7-2）。这一流程源自创业者的愿景，随后被扩展为市场需求文档以及产品需求文档，然后进一步扩展为详细的工程技术规范。接着，工程部门便开始夜以继日地加班工作。

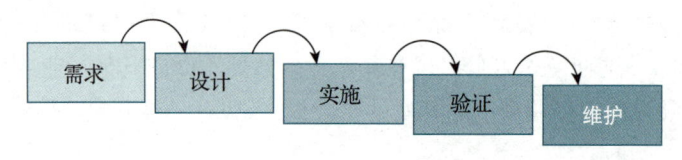

需求 → 设计 → 实施 → 验证 → 维护

图7-2　产品瀑布型开发模型

资料来源：布兰克，多夫．创业者手册：教你如何构建伟大的企业[M]．新华都商学院，译．北京：机械工业出版社，2013：7．

瀑布型开发流程一旦启动就无回头之路，产品即使出了问题也不可能再进行修改。在通常情况下，这一流程会持续不断地进行18~24个月甚至更长，中间即使出现任何有利于企业的变化或新创意，该流程也不会中断。

专栏

瀑布型开发与敏捷迭代开发

瀑布型开发是将产品开发（诸如软件生存周期的各项活动）规定为按固定顺序连接的若干阶段工作，形如瀑布流水，最终得到完整产品。其核心思想是按工序将问题简化，将功能的实现与设计分开，便于分工协作，即采用结构化的分析与设计方法将逻辑实现与物理实现分开。软件等产品的生命周期被划分为制订计划、需求分析、软件设计、程序编写、软件测试和运行维护六个基本活动，并且规定了它们自上而下、相互衔接的固定次序，如同瀑布流水，逐级下落。瀑布型开发的生命周期、大致的前期规格说明、估算、推测性计划等适用于预见性制造，预见性制造与新产品开发如表7-1所示。

敏捷迭代开发是一种建构产品或软件的方式，产品的整个生命周期依次由几个迭代组成。每个迭代都是一个独立的迷你项目，它们由一系列活动组成，如需求分析、设计、编程和测试。每次迭代的最终目标是产生一个迭代发布——一个稳定的、集成的、经过测试的部分完成的系统。部分完成的系统通常会在一次又一次的迭代过程中伴随着新特性的出现而逐渐成长，即增量开发。通过迭代来增长系统的概念被称为迭代和增量开发（iterative and incremental development，IID），通常简称为"迭代开发"。

表7-1 预见性制造与新产品开发

预见性制造	新产品开发
可以先确定规范，后制造	不可能在前期创建不变的详细规范
在开始阶段就能可靠地估算出工作量和成本	在开始阶段估算不出工作量和成本，随着经验数据的出现，计划和估算的可能性才会相应增加
有可能识别、定义、调度和安排所有的详细活动	在开始阶段无法识别、定义、调度和安排所有的详细活动，需要通过构建反馈周期来推动自适应步骤
一般情况下，不去适应没有预定义的变动，改动率相对较低	一般情况下会主动适应没有预定义的变动，改动率比较高

相比于瀑布型开发，迭代开发的风险比较低，并具有以下优点。

（1）风险早缓解，早发现。风险驱动的迭代开发要求首先解决最困难、最具风险的问题，比如架构、集成等。此外，早期的开发迭代训练和展示了团队与个体的真实能力、工具及第三方软件的真正本质。最后，风险出现的真理是：能够感知到的风险很可能不是风险，没有料到的问题才可能导致真正的风险。

（2）允许甚至引发早期的变化，与新产品开发保持协同一致。IID方法能够顺应软件项目高变化本性，而不是形成对抗。

（3）可管理的复杂性。对于复杂性较高的软件项目，失败率会更高一些，生产力也会更低一些。迭代开发将复杂的项目或者阶段分解为小型的、有边界的迷你项目，而这些迷你项目的复杂性是可管理的。

（4）从前期反复的成功中获得信心和满足。短迭代就是一种快速、重复性的完成、胜任与结束，这些心理学因素对于个人满意度和构建团队信心很重要。短迭代同时也构建了团队中顾客的信心——他们看到了早期的可视化过程朝着他们关心的方向发展。

（5）提供早期的部分产品。随着经过集成和测试的部分产品的介入，早期的可视化过程不仅增加了顾客的信心，还提供了新的商业机会。通过提供更早一些的演示版产品，不管什么原因，产品都能发布得更早一些——只是特性要少一些。

（6）对相关过程进行跟踪，具有更好的预见性。运用瀑布型方法时，是在早期比较容易的阶段对后期阶段的进度进行预测，但后期阶段的进度可能会发生大的变化，所以这种预测的可靠性较差。因而，通过这种方法给出的往往是个错误的过程。而采取IID方法，每次迭代过程都会提供一种更有意义的过程指示器——被测试的软件，这就是敏捷原则（可以工作的软件是进度首要的度量标准）。由于每次迭代工作沿袭了绝大多数规程，同时每次迭代就是一个迷你项目，能够得到更早的、更具代表性的过程数据，所以对将来的推断和评估很有用。

（7）质量更高，缺陷更少。IID方法要求尽早经常性地进行实际测试，测试的维度包括所有可能的方面：负载、可用性等。同时，测试本身也能够在迭代中被评估和精化。

（8）最终产品能更好地满足真正的顾客需求。通过从顾客或潜在用户那里得到早期的评价和反馈，产品才更有可能获得成功。这就是"更高质量"的精化。

（9）尽早并定期进行过程改进。IID方法中的一个普通实践就是每次迭代的评估。例如，IID会用15分钟的时间讨论下一次迭代要解决的某个问题或者要改进的过程，来找出一些具体的行动。许多规程工作（编程、需求、测试等）在每次迭代中都会出现，因而IID可以进行全方位的过程改进。

（10）需要沟通和参与。失败研究表明：缺乏顾客或者最终用户的参与是软件项目失败的主要原因。同样，成员或者团队之间协同不好或者合作有问题也是失败的因素。以迭代方式开发要求开发团队成员之间尽早整合、协调和沟通，每次迭代的演示需要顾客到场并提出反馈意见，以此提高他们的参与度。同样，在每次迭代的计划会议上,他们也要提出下次迭代的需求意见。

(11)需要 IKIWISI。在软件规格说明中,尤其是面向用户界面的软件中,有一个著名的与人相关的问题——IKIWISI,即"我要看到才知道我要什么"(I'll know it when I see it)。由于解决方案的复杂性、自由度比较大,而且软件也没有具体形状,因而需要人们根据原型或者构建的部分系统提出具体的周期性的反馈,从而厘清和精化他们的认识。

资料来源:LARMAN.敏捷迭代开发:管理者指南[M].张晓坤,译.北京:人民邮电出版社,2013.

第三阶段:内部/外部公开测试。

在这一阶段,对产品进行内部测试和外部测试。工程部门继续按照传统的瀑布型模型开发产品,以首次顾客交付日期为目标安排开发进度。进入外部测试阶段,与少数外部用户一起测试产品,确保产品满足既定的设计目标。营销部门负责开发完整的营销沟通方案,建立企业网站,为销售人员提供各种支持材料,开展公关和演示活动。公关机构负责调整定位,联系知名媒体和博客,营销机构负责展开品牌塑造活动。

销售部门和第一批外部顾客(他们可能自愿付费享受新产品测试)签约测试,开始建立选定的销售渠道,扩充总部之外的销售机构并为之配备员工。销售副总监负责实现商业计划中规定的营收方案,投资者和董事会成员开始按照首次顾客交付的订单数量衡量销售进度,首席执行官负责推广产品或联系总公司以寻找新的投资。

第四阶段:产品发布(首次顾客交付)。

产品投入运营后,企业进入"烧钱模式"。产品和企业开始经营,企业举行大型新闻发布会,营销部门推出一系列活动以引导最终用户需求。在销售部门的参与下,企业会聘请一家全国性销售机构,为销售渠道设定配额和销售目标。董事会根据销售执行情况和商业计划的对比来衡量企业表现,从根本上考虑这些计划是否适合时宜,因为计划是在一年之前企业寻求初始投资时制订的。

建立销售渠道和支持营销活动需要耗费大量现金。如果企业不具备早期资产变现能力,势必要筹集更多的资金支持运营。首席执行官会检查产品发布活动以及销售和营销团队的发展规模,再次向投资者募集资金(比如在互联网泡沫经济期间,投资者在产品发布时利用 IPO 吸引投资,但此时尚无迹象表明企业经营会取得成功)。

过去,无数初创企业选择基于以产品或流程为中心的开发模式,把自己的第一款产品推向市场。而这种模式更适合那些已明确顾客群体、产品特征、市场范围和竞争对手的成熟企业。

7.2.2 顾客开发模式

面对剧烈变化的外部环境,以及由此产生的高度不确定性,创业者并不清楚自己的顾客群体是谁,也不清楚产品特征和市场范围,是在没有成形的商业模式下开始创业的。因此,创业者需要采取一种不同于传统产品开发模式的产品开发流程。

图 7-3 所示的是一种新的产品开发模式，我们称之为顾客开发模型，是由 4 个步骤构成的流程。其中，前两个步骤构成商业模式的"调查阶段"，后两个步骤经过开发、测试和验证之后构成商业模式的"执行阶段"。

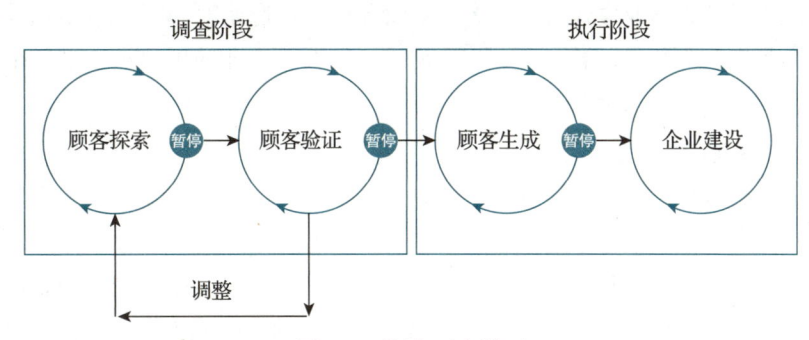

```
调查阶段                          执行阶段
┌─────────────────────┐  ┌─────────────────────┐
│ 顾客探索 →暂停→ 顾客验证 │  │ 顾客生成 →暂停→ 企业建设 │
└─────────────────────┘  └─────────────────────┘
         ↑         ↓
         └──调整───┘
```

图 7-3　顾客开发模型

资料来源：布兰克，多夫.创业者手册：教你如何构建伟大的企业 [M].新华都商学院，译.北京：机械工业出版社，2013：20.

4 个步骤的具体内容如下。

1. 顾客探索

在这一阶段，通过顾客探索活动，创业者将企业的愿景转变成商业模式相关要素的假设，并创造一组实验对每个假设进行测试。为实现这一目标，创业者需要丢弃主观猜测，走出办公室，真正倾听顾客的想法，了解他们的问题，了解他们认为哪些产品特征能够解决这些问题，了解他们的企业是如何推荐、批准和采购产品的，从他们的反馈中获取真知灼见，然后对假想的商业模式做出调整。

在顾客探索这一阶段，可能会出现反复调整，也可能失败。对商业模式的误解或错误假设会经常出现，例如，顾客群体是谁，他们需要解决什么问题，哪些产品特征可以真正解决这些问题，有多少顾客愿意付钱解决这些问题，等等。

2. 顾客验证

顾客验证这一步旨在证明，经过顾客探索后，测试和迭代过的业务具备可重复和可升级性的商业模式，可提供大量所需顾客信息，从而建立具有盈利能力的企业。在验证过程中，企业须利用新一轮测试，针对更大规模顾客的业务升级能力（如产品、顾客获取、定价和渠道活动），采取更为严格且定量的方法。在这一过程中，初创企业要回答一个问题，即投入 1 元的销售和营销资源，能否创造 2 元以上的收入（或是用户、访问量、点击率以及其他衡量指标）。

顾客验证过程要利用最简可行产品在顾客面前测试产品的主要特征。顾客验证可证明顾客群体的存在，确认顾客会接受最简可行产品，验证顾客具备真实且可衡量的购买意图。

如何实现这些目标？验证可通过"试销"的方式来衡量，即让顾客掏钱购买（或积极参与产品互动）。在单边市场（用户即支付者的市场）中，稳定的顾客采购对产品产生的验证结果比简单的调查更有效。在双边市场或广告支撑型商业模式中，以 10 万为基数呈几何级增长的顾客规模，往往意味着企业可以寻找那些愿意付费接触这些用户的广告商。

顾客开发模式的前两个步骤，即顾客探索和顾客验证，能发挥提炼、巩固和测试商业模式的作用。只有在具备足够规模的顾客群体，以及可重复式销售流程能够形成可盈利商业模式时，顾客验证阶段的"逃逸速度"（即在确定商业模式过程中积累足够的可衡量改善之后）才会出现。这时，企业才可以进入下一个步骤，即顾客生成，也称扩张阶段。

3. 顾客生成

顾客生成建立在企业首次成功销售的基础上，是企业加速发展、花费重金扩张业务、创造终端用户需求和推动销售渠道的阶段。

顾客生成过程因初创企业类型不同而不同。有些企业进入的是已有市场，需要与竞争对手展开竞争；有些企业需要开发新的产品或机会，开拓竞争对手还不存在的新市场；还有些企业通过重新细分现有市场或建立利基市场的方式开发低成本的混合模式。

4. 企业建设

当创业企业找到可升级和可重复的商业模式时，便进入顾客开发流程的最后步骤。此时，它已不再是以调查探索为目标的临时性组织，而是变成真正意义上的已建成企业了。

在这一转变过程中，企业建设的关注点要把团队精力从"调查"模块转移到"执行"模块，将非正式的以学习和探索为导向的顾客开发团队转变成正式的结构化部门，比如销售部、营销部、商业开发部等，部门主管要关注组建各自的部门，从而实现公司业务规模的扩张。

▲ 行动指引

市场类型与顾客开发方法

市场类型决定市场大小、产品定位、发布产品的方式。

现有市场：如果你打算生产市场上已有的产品，而又不打算对它们进行大的改良和创新，只是有限地提高产品的性能或者性价比，那么你可以选择现有市场。选择现有市场有利的一面是顾客和市场是"现成的"，不利的一面是竞争对手也是"现成的"。

细分市场：大多数创业公司选择进一步细分现有市场。通常有两种方式——低成本策略和小众策略。顾名思义，低成本策略的目标是显著降低产品成本，向低端用户提供更高性能的产品。高端市场利润最大，因此低端市场常常被人遗弃，如果创业公司在保证赢利的前提下能有效降低产品成本，那么通常会出奇制胜。

全新市场：全新市场是指公司开发了一种新的产品或服务，让用户做以前无法做到的事，或者以前所未有的方式大幅提高可用性和便利性，解决空间障碍问题等。开拓全新市场有利的一面是没有竞争对手，因而产品性能是次要因素；不利的一面是市场情况不明朗。开拓全新市场面临的困难不是与同类产品竞争，而是要说服顾客接纳产品。开拓全新市场的要求很多，比如，发现待解决的用户问题，说服顾客接纳产品，寻找有耐心和有实力的投资者，长时间有效控制现金流，等等。

资料来源：布兰克.四步创业法[M].七印部落，译.武汉：华中科技大学出版社，2012.

顾客开发模式会受到市场类型的影响。例如，在顾客探索阶段，无论市场类型如何，所有人都要离开办公室，寻找顾客，了解需求；在顾客验证阶段，市场类型开始明显影响产品的销售和定位策略；在顾客生成阶段，不同类型市场的销售策略则大相径庭。

顾客开发模式的4个阶段的执行时间也与市场类型有关。即便是同一种产品，进入不同类型市场所需的时间也不同。向现有市场推出产品相对容易，所需的时间从几个星期到几个月不等，而向新市场推出产品要解决的问题很多，这4个阶段也许需要一两年或更长的时间。

延伸阅读
腾讯公司与金山公司在开发产品上的差别

2003年唐沐离开金山进入腾讯，2006年被任命为腾讯用户研究与体验设计中心总经理，成为腾讯用户研究与体验设计中心的创建者和负责人。他描述了金山与腾讯在产品开发上的不同。

"金山的软件开发常以年为单位。年初由产品经理写好一份大需求，各方评估后启动项目。设计、开发各做几个月后进行提测，之后缓慢迭代。虽然听起来一年的时间很长，但到最后项目截止日期时，所有人仍喊时间不够用。最终，项目经理卡死时间、编版本、压盘，所有残念在压盘的一瞬间烟消云散。这样，一个历经了一年开发出的被我们称为软件的东西，夹杂着未竟的功能点、待解决的漏洞、需调整的界面设计，被压入盘中大规模生产，包装起来送到消费者手里。

而互联网企业的生产，则是完全不同的一番景象。2003年进入腾讯之初，我就被这家公司的敏捷震惊了——一个月一个版本！我只有一到两周的时间做界面设计，并且大部分进度是与开发重合的。产品经理（如果有的话）根据用户反馈和竞争对手的情况做需求，界面设计和开发同步进行，测试时间更是若有若无。就这样，一个历经了一个月开发出的被我们称为互联网软件的东西，夹杂着更多未竟的功能点、待解决的漏洞、需调整的界面设计，被打包放在服务器上，在网页上提供链接，开始供用户下载。"

唐沐所描述的场景便是腾讯应对流变的策略：随变而变，永无定法。

马化腾把腾讯的渐进式创新解释为"小步快跑，试错迭代"。在他看来，也许每一次产品的更新都不是完美的，但是如果坚持每天发现、修正一两个小问题，不到一年基本就把作品打磨出来了。

资料来源：吴晓波.腾讯传：1998—2016中国互联网公司进化论[M].杭州：浙江大学出版社，2017：217-218.

在顾客开发模式中，每个步骤都用单向循环箭头组成的圆圈表示，以表明每个步骤都可迭代。实际上，大部分创业都是无法预测的，而且肯定会多次犯错，直到最后才找到正确途径。与此相反，传统产品导入模式根本不提供回头审视的机会，如果这样做，则会被认为是一种失败。对初创企业来说，必须不断重复顾客开发流程中每个步骤的循环，直到达到"逃逸速度"才能顺利进入下一个步骤。

7.2.3 产品开发与顾客开发结合

顾客开发模式与产品开发模式不是截然对立的，两种模式可以并行不悖。顾客开发团队在公司外尽力发展顾客，产品开发团队在公司内全力开发产品。

延伸阅读

什么时候忽视顾客是正确的选择

许多行业分析师和商业顾问认为，花在小组讨论和市场调研上的精力远远超过了它们发挥的作用（Christensen，1997；Francis，1994；Martin，1995）。的确，传统的新产品开发过程包括市场调研、市场细分、竞争分析和预测以及把信息结果传递给研发部门，一般会产生比较普通的新产品，这主要是因为这一过程抑制而不是促进了新思维和创造力。此外，更值得关注的是，这种方法广为人知，并且几乎被消费者市场中所有的经营者采用。在大部分这样的市场中，企业都过度地致力于产品的微小变化，这样会导致价格竞争。事实上，新产品开发市场导向方式的批评者认为，品牌化、广告、定位、市场调研和消费者研究等传统的营销方法极大地阻碍了产品开发，而不是有利于新产品开发。

对那些生产多种产品的大型企业来说，市场调研的使用似乎是以公认的实践为基础的，是作为一种保险策略存在的。许多大企业并不缺乏新产品构思创意，问题在于决定把大量的资金投放到哪个项目上（Cooper，2001；Liddle，2004），并要向高层管理人员证明这个决策的合理性。在这种情况下，你会明白为什么人们会如此频繁地、毫不犹豫地使用市场调研，就是为了支持或否认某个决定。通常，小型企业，特别是小型的单一产品制造企业的情况就不同。对它们来说，新产品创意通常是稀缺的，因此这类企业会支持建立在直觉和个人产品知识上的产品创意。

不连续新产品的重要性经常被忽视。Morone（1993）研究了美国成功的产品创新案例。结果表明，成功来自不连续的产品开发和渐进式的提升之间的有效结合。此外，在竞争激烈的、技术密集型的行业中，成功来自创造全新的产品和不连续产品创新，而产品线的扩展和渐进式的提升对维持企业的领导者位置来说也是必要的（Lynn等，1997）。然而，后者只有在通过不连续产品的开发确立了领导者地位之后才有效。对于日本在20世纪80年代通过模仿并改进美国和欧洲的技术取得成功这一观点，很多人的看法不同。通过仔细分析，这种论点很难成立。最成功的日本企业也是研究与开发领域的领导者。另外，就像Cohen和Levinthal（1990，1994）坚持认为的那样，技术的利用取决于对那种技术的理解。

资料来源：特罗特.创新管理与新产品开发：原书第7版 [M].焦豪，陈劲，等译.北京：机械工业出版社，2023.

顾客开发团队与产品开发团队必须通力合作，企业才能取得成功。两个团队的相互作用在大公司和创业企业可能完全不同。在大公司里，产品开发团队的任务是为现有市场开发后续产品。开发后续产品具有以下优势：顾客已知、需求明确、市场类型确定、竞争对手都在明处。产品开发团队与顾客开发团队的配合主要体现在以合理的成本为现有顾客提供新功能和新特性，借此扩大市场，实现利润最大化。

而对创业企业来说，它们只能猜测顾客是谁，面对的市场是哪种类型。创业企业手中唯一的砝码是产品创意。顾客开发团队的目标是为产品寻找市场，而不是根据已知市场优化产品。在顾客开发模式的每个阶段，产品开发团队和顾客开发团队都要召开正式的沟通会议。除非双方达成一致意见，否则就不能进入下一个阶段。在顾客探索阶段，顾客开发团队的首要任务是检验产品创意的价值，而不是为产品增加新功能。除非潜在顾客认为产品要解决的问题没有意义，或者产品没能解决问题，产品开发团队和顾客开发团队才能协商增加或者调整产品功能。在顾客验证阶段，产品开发团队的关键成员要承担产品的售前技术支持工作，直接与顾客打交道。在企业建设阶段，产品开发团队除了要负责产品的安装和技术支持外，还要组织培训，培养技术支持人员和服务人员。

延伸阅读

目标导向思维与非目标导向思维

有时候，实现"宏图大志"的最佳方法，便是"不刻意追求某个特定志向"（因为越是刻意追求，越是事与愿违）。换句话说，如果你愿意停止追求特定的"伟大功绩"，那么便有可能实现伟大的事业。尤其是发现对目标的讨论似乎会引发一个又一个悖论后，停止追求明确的"伟大目标"更应该被视为正理。生命中最伟大的时刻和顿悟，不都是出乎意料或计划之外的吗？机缘巧合在生活中所扮角色的分量往往超乎我们的想象，这并非毫无道理。虽然说起来像是一场意外之喜，但也许不全是偶然。事实上，正如我们所说的，除了纯粹依靠看不见摸不着的运气之外，我们还可以做很多事情来主动吸引"机缘"的傍身。

资料来源：斯坦利, 雷曼. 为什么伟大不能被计划：对创意、创新和创造的自由探索[M]. 彭相珍, 译. 北京：中译出版社, 2023: 22.

两位 OpenAI 专家斯坦利和雷曼在《为什么伟大不能被计划：对创意、创新和创造的自由探索》这本书中对目标导向思维和非目标导向思维进行了详细分析，认为目标导向对创新发明等造成了许多障碍和限制，而基于非目标导向的新奇性探索则促进了创新发明。这一观点同样适用于产品开发，通过新奇性探索发现新产品，满足顾客的需求，甚至是未被顾客感知到的需求。

7.3 设计创业营销方案

创业营销方案主要包括定价、营销渠道和创业营销队伍三方面。㊀

㊀ 辛德胡特, 莫瑞斯, 皮特. 创业营销：创造未来的顾客[M]. 金晓彤, 等译. 北京：机械工业出版社, 2009.

7.3.1 定价

1. 价格及其特征

决定如何收取费用是创业者面临的众多问题中最重要的一个问题。然而，长久以来，定价问题却是战略问题中最不受重视的一个，创业者或公司管理者都想当然地对产品或服务进行定价，认为价格的主要作用就是弥补成本并得到一个合理的回报。目前，一些企业开始采取更为复杂的、更具创造力的价格管理模式，同时也更加注重价格因素的重要战略地位。它们认为公司对其提供的某种特殊产品或服务制定的价格具有以下5个方面的关键特征。

价格是有价值的。顾客最终愿意支付的价格是他们对某项产品或服务价值的估计。例如，根据自身得到的价值，他们愿意在一家咖啡厅为一杯咖啡支付20元，而在另外一家咖啡厅仅仅愿意为同样的咖啡支付10元。

价格是可变的。顾客为获得一种已有产品或服务支付的费用是可变的，或可以运用不同方式进行管理。这些方式包括：绝对支付额、支付构成、支付对象、支付时间、支付形式、支付条款以及全部或部分支付等方面的改变。

价格是多样的。公司一般销售多种产品或服务，它们可能通过一些产品或服务的价格来影响其他产品或服务的销售，或者在制定价格时实行捆绑（或单独）销售，或者通过提高产品或服务的边际利润来制定价格。

价格是可见的。价格的可见性表现为价格向顾客传达的产品或服务的价值、形象、供给和需求状况、独特性等信息。虽然顾客有时并不能估计出需要支付的全部费用，但他们会考虑和关注他们购买的大多数商品的价格。

价格是虚拟的。在营销决策变量中，价格被认为是最容易也是最快被改变的，特别是在数字经济时代，有些公司甚至能即时针对市场情况调整价格。

如果创业者没有意识到并利用价格的这些特征，反而依赖于相对固定的、被动的定价方法，则可能带来定价方面的失误。而改变这种状况的第一步，就是更为全面地审视企业的定价决策。

2. 创业型定价

几乎在所有行业中，企业的成功越来越依赖于它们基于市场、承担风险、主动和灵活进行定价的能力。具有这种特征的定价被称为机会型或创业型定价。这种定价行为包括4个关键维度。

一是基于成本定价，还是市场定价。基于成本的定价方式，更注重自身成本的弥补。基于市场的定价方式，则更趋向于以顾客为中心，价格的主要目的是反映顾客从企业提供的所有产品中得到的价值量。

二是趋向于风险厌恶，还是风险偏好。风险厌恶定价是一种保守型的定价方式，价格在必须变化时才做调整，其水平与竞争者极其接近，其重心在于对成本的弥补，而结构会尽可能简单。在风险偏好定价中，创业者或管理者会采取新颖的、未经证实的、评估收益损失、混淆与疏远顾客或其他可能产生负面影响的定价计划。

三是采取主动方式，还是被动方式。被动定价是对竞争者定价行为的模仿，对顾客信息的反应，只有在规则发生变化或一项新技术的突破很快影响了产品成本的情况下，价格才会改变。当企业在调整价格、提出革新性的定价结构和支付计划方面处于领导地位时，会采取主动的定价方式。

四是重视标准化，还是灵活性。标准化定价趋向于为某类产品或服务制定相同的价格，而不考虑顾客、市场情况或环境变化（包括竞争者）的突发事件等因素。灵活性定价则是根据不同的市场和顾客、购买的时间和地点、产品或服务捆绑销售的机遇，以及根据实际或预期的竞争者行为等因素，为产品制定不同的价格。

以上 4 个维度之间相互作用。例如，如果定价行为更为主动，那么可能承担更大的风险。类似地，采用更灵活的定价方式则更可能以市场为导向。

3. 创业型定价的具体形式

创业型定价自身有不同的表现形式，更多地采取实验、试验和小范围测试的方式。以下是创业型定价在 7 个行业的不同表现形式。

软件业：传统的定价方式要求顾客对软件产品进行一次性支付，而现在的公司却采取租赁、发放许可证以及基于使用情况的收费方式。另一种新颖的定价方式与点数系统有关，在这种系统中，价格与点数所在的范围相连，而点数可以根据软件管理的对象（台式机或服务器）进行设定。

通信业：一些企业基于预期的顾客回报制定价格。根据顾客对网络输入端的期待以及此期待对企业经济的影响，企业对不同的通信系统制定了不同的价格。

化工业：其定价比较注重能给顾客带来的整体经济价值。例如，一种管道密封的垫片的定价主要考虑购买者可能节省的清理费以及可能避免的潜在责任。

公用事业：通过捆绑销售的方式提供不同价值的产品或服务组合。这包括以低价为顾客去除产品或服务中的某些成分。公用事业针对不同的顾客群体提供不同的物价清单，而且它们试图将注意力转移到顾客能源管理方面。

金融服务业：为不同借款人提供不同的按揭产品，由于贷款费用是基于借款人的情况单独制定的，所以金融机构开始采取风险型的定价方式。

建筑业：通过减少房屋设计的标准模板，并将减少的模板作为顾客进一步选择的对象，公司为这些模板预先制定价格，通常能得到高于其作为标准模板的边际利润。另外，在工程接近尾声的时候，通过改变原计划也可以提高整体价格。

服务业：服务供应商使用一种新的收益管理系统来限制服务供应量（如滑雪场、航空公司、主题公园），这样就要求服务供应商进行有效管理，主要方式有基于时间的定价、早期折扣、早期销售限制、需求分配等。

以上定价方式表明，基于成本和固定价格的定价方式也许会成为即将消失的工业时代的文物，用标准化价格来支撑规模经济、大规模生产、产品标准化、大众营销和密集型分销的时代将会被取代，一组新的力量将主导现代定价行为。

4. 以创业导向制订企业定价方案

企业定价导向的 4 个关键要素可用以表达价格目标、价格战略、价格结构、价格水平与价格提升方面的信息。例如，从目标来考虑，价格绝非仅仅是形成可以接受或者较高的收益回报率，而应从更具创业精神的视角来看待。价格的目标应在于鼓励一部分顾客的某种特殊行为，在新市场建立自己的立足之地，加速竞争者退出市场，利用经验曲线，拟制某些顾客群体，在企业投资组合中利用一种产品线带动其他产品线产品的销售。

同样地，创业型定价反映在诸如此类的战略上：基于价值并通过寻找独特的市场和顾客群体来把握预期的整体价值观念。企业根据市场情况的可能发展多种战略。面对不同的市场，同一家企业可能会同时采取溢价和平价的定价战略；另外，根据产品情况，这家企业可能成为价格领导者，也可能沦为价格追随者。

7.3.2 营销渠道

营销渠道是指为使产品或服务变成对使用和消费有价值的与流程相关的独立组织模式。简单地说，营销渠道的目的就是使恰当数量的恰当产品或服务出现在恰当的时间、地点。在零售商之间流传着一个古老的说法：成功的3个关键就是"3个L"——位置、位置和位置（location）。

互联网技术对营销产生了三个重要影响，解决了距离问题，使时间平均化，而且使地理位置变得无关紧要。距离的消失、时间的同质化及地理位置的无关性在营销渠道的过程中产生了多方面和复杂的长期影响。未来，我们大部分时间谈论的很可能是服务或产品的营销媒介而不是营销渠道。

媒介可能被定义为下面的一种形式：占据了一个位置或是代表了两个极端之间的一个中间变量的中介行动方针，完成、转达、转让某种东西的代理，某物在其中起作用并蓬勃发展的周边环境。

渠道和媒介的区别在于互动。例如，互联网电子媒介、智能手机、iPod音乐播放器都是内置的互动。渠道通常是产品营销渠道，互联网技术有潜力改变被动消极的营销方式，从而变成一种在产品或服务中发挥积极作用的元素。它们能创造虚拟市场、虚拟社区或者虚拟世界。因此，这个媒介就是中心元素，可以让消费者共同创造一个属于他们自己的服务或产品的虚拟世界。

更重要的是，在每个实例中初级关系不在消费者之间，而是在消费者互动的媒介环境中。在交互式电子媒体的例子中，媒介即信息，在某些情况下，媒介就是产品。

7.3.3 创业营销队伍

目前，很多企业将营销看作一系列活动中的摆设，在营销部门中按照惯例安排营销人员的工作并对其进行培训，规定他们的权限、配额，适当地给予激励，密切监护营销人员的工作绩效，实施奖惩制度，通过奖励和制裁的组合来激励他们销售。而管理工作的内容就是确保营销人员针对正确的目标进行一定数量的兜售，并在一个合理的价位上推出正确的产品，此外就是完成预定的销售额。

在当今竞争日益激烈的生存环境下，企业需要对这一销售模式进行改革，挖掘真正有潜力的销售组织，有效地创建和管理一支销售队伍。

营销管理的工作领域要处理相当数量的不确定性，这一点与创业者非常类似。最终的营销可能实现，也可能无法实现，但顾客的需求和购买行为确实是千变万化的。对于创业企业来说，要把公司的部分所有权给予营销人员，并让其充分理解该做法的战略意义。营销人员通过利用公司资源（生产、物流、信息技术、市场营销、顾客服务等）来支持其业务运营，具体包括营销现场管理、产品取样、量身定制解决方案、顾客奖励等活动来为创业企业创造价值。

营销经理在某种程度上像风险投资家那样投资感兴趣的企业，其总体销售增长率类似于一种风险投资基金，在该领域投入资金的多少取决于该领域营销人员现有和潜在的努力，因为营销人员进场会出现创新的想法和意识，这些对创业企业来说都是非常宝贵的。

例如，思科公司给予营销组织高度的授权，在公司中给予营销人员很高的职位。职位直接和报酬挂钩，因此其营销人员很多都是身家百万。营销人员希望与顾客紧密联系，创造性地为顾客解决具体的问题。于是，有很多创新性的方法都是在其营销组织中产生的，如营销中科学技术的应用。网页定制使得每个营销经理及其团队能够与顾客紧密联系，并处理所有的账户交易，监控目前的绩效水平，评估培训的视频和文件，以及进行有效的内部沟通。

7.4 创业营销策略

7.4.1 变顾客为销售力量

"口碑营销"简单定义为：所有能让人开口谈论一家企业之事。口碑营销是创业者在创业初期常用的一个营销战略。最新调查显示，有82%的创业者都运用口碑营销这种手段来扩大业务，更有15%的创业者几乎完全依赖于此。创业者可以通过以下几种常见的方法，强化口口相传的促销。

激发顾客谈论你的优质服务。 创业企业如果能为顾客创造截然不同的服务体验，便可能脱颖而出，激励顾客将之与他人分享。有效的服务应当是持久的、真诚的和充满热情的。通过提供独特的顾客服务，让老顾客自愿推荐产品与服务给新顾客。

通过"感谢"推荐人计划形成扩大口碑相传的机制。 当顾客推荐其他人来光顾企业时，创业者可以通过"感谢"这名老顾客来建立忠实度，培养口碑相传。例如，通过送打折优惠券、一份表达谢意的小礼物（如一张贺卡），或仅仅是一张手写的感谢便签，以感谢那些介绍新顾客来企业的人。这样做会使早期顾客有自豪感，让他们知道创业企业的成功正需要他们来帮忙吸引新顾客。

营造"热议活动"。 创业者可以通过朋友、家庭以及雇员积极营造关于公司的"热议活动"（buzz campaign）来模仿口碑相传，比如通过向一个用户群体提供免费服务、支持或训练等，可以成为创业企业的"销售力量"。

病毒营销。互联网为口碑相传创造了一种新的促销方式，我们称之为病毒营销。传统的口碑相传在一个人与另一个人之间进行由此到彼的传递，而病毒营销借助网络的力量，通过网站、博客、电子邮件、微信群、公众号、视频号、抖音等将公司信息进行指数级的传播。

竞争对手。除运用顾客口碑营销外，许多创业者也应学会利用另一个群体，即自己的竞争对手。许多创业者填补的利基市场正是大的竞争对手不愿服务的市场，因为来自利基市场顾客的销量对大公司来说并不划算。

7.4.2 参加会展

参加会展是新企业推销产品、了解客户需求、开发市场的一种重要手段与方法。首先，参加会展的，无论是供应方还是需求方，都是有备而来的，所以达成交易的可能性大大提高；其次，参加会展可以了解客户的需求，面对面听取客户对自己产品的意见和建议，促其不断改进和完善；最后，参加会展还可以发现新的商机，通过学习其他参展商的先进产品和技术，提高企业创新产品的能力。

在早期广交会上，因为没有入场券而发生了很多有趣的故事。例如，没有展位的创业者，有时会带着样品守在同行的展位旁边，太近了会被赶走，一般都在10米开外，等到展位上的客商准备离开时赶紧尾随，递上名片，拿出样品。"那时候来广交会的都是想做成生意的'真客户'，我们没有展位，没有地方坐下来聊，就会问他们晚上住哪里、有没有空，趁势带上所有样品，利用价格优势，攻下一个个客户。"方太厨具有限公司董事长茅理翔为进入广交会，上演混进广交会的喜剧故事，参见下面的创业聚焦。

创业聚焦　　摆地摊的点火枪大王

我们的第一支电子点火枪诞生于1986年，真正打开外销局面是从1989年开始的。当时，社会上还瞧不起乡镇企业，认为它们是资本主义的杂牌或者是稀稀拉拉的作坊，想拿到一张广交会进馆证都十分困难。我急中生智，上演了一场混进广交会的喜剧。

我开着轿车轻松地进了第一道大门，然后西装革履，提着高级皮箱，与外商"哈罗哈罗"几声，装得像老朋友似的，挤在他们中间混入第二道大门，进了展区。这里有几千个摊位、几十万种产品，布局是那么整齐，走廊是那么畅通，外贸人员像机器人一样坐在摊位前等候客人询价。我观察了一下情况后，悟出了一点道理，觉得这样挤在人家当中等待太被动了，小小的点火枪放在橱窗上很不引人注意。我等了一天，还是无人问津。我急了，这时想起了茅台酒的故事——在巴拿马国际博览会上，茅台酒也是无人问津，挨到最后一天，销售员干脆将茅台酒有意在大堂里一摔，酒香扑鼻，外商均感到如此好酒为什么没被评上？结果重新评审，茅台酒被评为国际金奖。如此几十年下去，茅台酒年年被评上国际金奖。受这个故事的启发，我立即从橱窗里拿下一支喷火枪、一支脉冲枪，双手舞动，"嗒嗒嗒，啪啪啪"，口里高呼"哈罗！

哈罗！"

外商很幽默，你"哈罗"，他也"哈罗"，纷纷靠拢来了，围了一大帮人，还争着看我的商品。

结果惹恼了旁边一家钟表进出口公司的副总经理。他的钟表生意本来就不太好，这么一搞，他摊位的人更少了，而他又是轻工展销团的团长。他叫我立即停止吆喝，我说，这就是做生意。他说，吵吵闹闹的，这算什么做生意，还问我是从什么地方来的个体户（当时个体户与资本主义是同义词，被人瞧不起），说这样做有损中国人的形象。再加上我没有进馆证，于是他把保卫科的人叫过来，把我的点火枪箱子没收，并把我叫到保卫科，罚了300元钱。

我并没有气馁，又到商场里买了一只箱子，到旅馆里拿了点火枪，干脆到广交会外面的大门口，堂而皇之地摆起地摊来了。我"哈罗哈罗"地招来外商，终于签下了第一张合同，对方是一个马来西亚的华人。这一招儿还真灵，没人来干涉，我当天就被订了1.2万美元的货。第二天，宁波家电公司在自己的摊位给我腾出一张桌子，我又请了一名外销员做翻译，我就这样大模大样地做起生意来了。我还是边演示边吆喝，摊位上的客户越聚越多，等待订货的外商排起了长队。这一届广交会，我们有8万美元的生意成交。我真的高兴极了！毕竟，我们从内向型企业转向外向型前进了一步。

资料来源：茅理翔. 学会什么苦都吃："我的第一桶金"系列创业故事④[J]. 宁波经济（财经视点），2009（04）：56-57.

在互联网经济高度发达、网络营销越来越被供需双方接受的今天，会展的作用依然没有被弱化。例如，今天的广交会，虽然其面积和规模有了显著增加，但展位依然是一票难求。因为，参展可以与客户以及潜在客户面对面、深度交流，及时捕捉客户反馈的信息，还可以及时了解国内外同行的技术、发展态势，知己知彼，有利于企业不断提高自身水平。

7.4.3 互联网营销

1. 在线销售

通过建立企业自身的电商平台或利用第三方电商平台实现在线销售。例如，社交电商、直播电商和内容电商等，因方便、快捷、生动、直观、性价比高等优点备受消费者喜爱。

2. 移动营销

企业利用移动互联网技术和智能设备收集与分析消费者数据，实现移动营销，从而为客户提供定制化、精准的服务。

3. 新媒体营销

企业利用社交网络分析工具了解用户的偏好和行为，与目标受众建立联系并提高品牌知名度。近年来涌现出众多新媒体营销平台，比如微博、微信、抖音、快手、小红书、哔哩哔哩等。

延伸阅读

新电商的特点与价值

2021年10月9日,以"新经济 新业态 新发展"为主题的首届中国新电商大会在吉林长春举行。会上发布了《新电商研究报告》,对新电商的特征和价值进行了详细阐释。

与传统电商相比,新电商主要呈现以下特征:一是从功能型消费向体验式消费转变;二是从以产品为中心到以用户为中心;三是从单一场景到多场景融合。主要形式包括社区电商、直播电商、社交电商等。

新电商的价值主要体现在以下四个方面。

(1)新电商通过将人工智能、大数据、区块链、物联网等新一代信息技术应用到商品产供销的不同环节、不同流程,实现多主体组织的互联互通,推动商产融合渠道由单一链条向数字化网络化方向变革,提升流通效率。主要表现为:形成以用户为中心的网状渠道;网状渠道助力更高效、智慧的匹配与对接;新电商进一步缓解获取信息、知识的差距。

(2)借助互联网和信息技术,新电商能够优化市场资金、人才、信息、数据等生产要素的匹配模式,优化要素供给及配置,释放要素资源和产业需求的迅速对接,强化实体价值,释放应用数据虚拟价值。主要表现为:数据、信息等要素的应用释放虚拟价值;融通资源、技术、资本等多要素,促进产业创新。

(3)新电商依托自身的技术优势、资源等能力,重构中小企业采购、销售、生产等重要环节的价值链,重塑产业竞争优势,助力中小微企业培养和提高数字化生产运营能力。相对于中小企业自己摸索转型,新电商平台的经验、技术和资源能更快助力其数字化、智能化转型。主要表现为:从采购、营销端切入,助力数字化转型;低成本获取各类数字化转型工具产品。

(4)新电商以新的组织方式和体系,将产业链上下游、供应链全网络以及生产、流通、服务、消费等各环节,运用新技术、新业态、新模式集成,形成流通便捷、服务高效、资源配置优化、融合共生的产业生态圈,实现资源共享、集约经营的"抱团式"发展。主要表现为:产业服务生态的构建推动分工更细、执行更专业;产业服务生态的构建向更多服务领域延展渗透。

资料来源:根据中国日报网、澎湃新闻、光明网等的相关资料整理。

调查研究

短视频迈向存量市场呈现垂直生产

根据中国互联网络信息中心发布的第51次《中国互联网络发展状况统计报告》,截至2022年12月,短视频用户规模首次突破10亿,用户使用率高达94%。随着移动化的深入,智能化、数字化技术赋能新媒体创作,短视频内容不断丰富,带动用户规模扩大、黏性增强,短视频成为主流内容传播的形式之一。目前,我国移动短视频行业仍呈现"两超多强"格局,抖音的"两超"地位仍旧稳固,头部平台持续聚集流量,微信视频号、微博视频号等依靠已有优势平台异军突起,跻身短视频行业的第一梯队。同时,多平台对内容和用户类别进行更加精细的垂直划分,以达到精准传播的效果。大数据运营、算法推送等技术为短视频平台发展赋能,视频内容边界不断延展,已经不再局限于娱乐范畴。时政、影视、生活等多样态内容逐渐兴起，日益融入公共社会生活，成为互联网时代重要的底层应用。此外，短视频平台还积极开拓社交功能，扩大其"强社交、高互动"的运行模式，提升运营优势，增强市场竞争力，串联多方力量，进一步增加短视频内容的市场占有率。

我国短视频发展并非"单打独斗"，而是形成以"短视频+"为范本的合作模式，其中"短视频+直播"在技术、形态和内容等日趋融合的当下应运而生，成为热门传播样态。截至2022年12月，我国网络直播用户规模达7.51亿，占网民整体数量的70.3%，其中电商直播用户规模占网民整体的48.2%。可见，商业变现成为"短视频+直播"模式下的主要盈利渠道，不仅是短视频平台的发力点，也是2022年年各类媒体重点布局的领域。以快手为例，其不断扩大直播内容供给，拓展内容边界，推动直播多元化发展，增加非遗传承、助农惠农等多种直播类型。截至2022年年底，快手已有近400种类型直播，其中助农扶农、科普教学等五类直播最受用户欢迎。在该模式下，直播媒介化、产业化、泛在化趋势日益凸显。

资料来源：2023年7月21日，中国社会科学院新闻与传播研究所与社会科学文献出版社共同发布的《新媒体蓝皮书：中国新媒体发展报告 No.14（2023）》。

7.4.4 其他简便方法

1. 免费模式

一些知名科技企业通过免费增值模式获得了巨大成功。在这种模式下，顾客一开始不需要付费，可以免费试用产品。其核心是，先吸引用户"上钩"，然后由用户决定是否付费或继续使用产品或服务的增值功能。免费服务模式有两种：一是顾客可以在试用期间免费使用产品的完整功能，但之后如果想继续使用，就需要付费；二是企业的基础产品（可能是仅供一两个人使用的个人版本）免费，但是如果顾客想要继续使用产品的增值功能或包含商务功能的高级版本或更多功能，则需要付费。

免费模式的风险在于，顾客对免费试用的产品感到满意，却认为其不值得付费使用。企业可能会吸引大量的免费试用顾客，但付费用户寥寥无几。顾客对产品持批评态度或不愿意付费使用，会消耗企业的成本并影响企业利润。另外，企业还需要投入大量的时间和资金为这些用户提供支持。如果这些用户量过多，那么企业所实施的无异于"梦想增值模式"，而非免费增值模式。

2. 零成本顾客开发

零成本顾客开发模式由消费型网络公司，特别是Meta之类的社交网络公司所倡导，其字面意思为开发新顾客而不需要投入任何成本，它是所有模式中最具有灵活性、最为高效的一种。

当用户本身成为企业的产品，即企业将用户的照片、文字、文档与活动作为产品内容时，零成本顾客开发就变得异常简单。企业的产品为用户提供了一个基本框架，而用户以及相关的数字媒体及其行为就是其中的内容。

当用户充当内容的成分越来越多时，他可从分享和互动中获得的益处就越多，企业的顾客开发成本就越接近于零。这是由于用户乐意邀请朋友与同事使用这一产品，因为邀请的人越多，他能够享受的服务也就越多。

3. 合作

企业可以同已拥有高效营销渠道的大型企业建立合作，以推动自身的销售。但是这一方式常为人所忽略，因为这伴随着一定的成本。首先，与大型企业建立合作关系并非易事；其次，建立了合作关系，企业必须向合作伙伴让渡一部分收益。

4. 反复从顾客身上获利

企业最好的收入来源是从现有的顾客身上创造利润。如果某顾客正在使用你的产品，就表明你已经支付了获取该顾客的成本。企业可以说服他们购买较为昂贵的商品，向他们出售具有新功能的产品，或者向他们收取产品使用费等。这是经营现有的顾客。对于以广告为主要业务的企业，可说服顾客花费更多的时间浏览企业网站，这样他们就可看到并点击更多的广告。但是这种方法使用过度，也会导致顾客屏蔽所有广告。因此，企业必须找到平衡点。

本章要点

- 目标市场定位需要通过市场细分、选择目标市场、在目标市场中建立独特定位来实现。
- 以产品为中心的开发模式包括从新产品的概念形成，到交付到顾客手中的整个过程。这种模式更适合那些已明确顾客群体、产品特征、市场范围和竞争对手的成熟企业。
- 顾客开发模式是一个由4个阶段形成的流程。其中，顾客探索和顾客验证两个阶段构成商业模式的"调查阶段"，顾客生成和企业建设两个阶段在经过开发、测试和验证之后构成商业模式的"执行阶段"。
- 顾客开发模式不是产品开发模式的替代品，而是并行不悖的。
- 创业型定价行为包括有4个关键维度：基于市场定价，趋向于风险偏好，采取主动方式，重视灵活性。
- 销售渠道的目的就是使恰当数量的恰当产品或服务出现在恰当的时间、地点。
- 互联网技术对营销产生了三个重要影响：距离消失、时间同质化和地理位置无关性。
- 口碑营销是创业者在创业初期常用的一个营销战略。
- 新电商是以用户为中心，对传统电商"人""货""场"进行链路重构产生的电商新形态新模式。

重要概念

目标市场定位　市场细分　价值曲线　敏捷迭代开发　创业型定价
渠道产品开发　顾客开发　瀑布型开发　媒介　口碑营销
免费增值模式　新电商

复习思考题

1. 对创业者来说，谁是真正的顾客？该如何吸引他们？
2. 如何使用价值曲线进行市场定位？
3. 传统的新产品导入模式包括哪些内容？

4. 顾客开发模式包括哪些阶段?
5. 为什么需要将产品开发与顾客开发结合起来?
6. 如何设计创业营销方案?
7. 创业型定价有哪些特征?
8. 创业者面临的营销挑战有何独特性?
9. 为什么会展营销依然受到企业重视?
10. 传统企业如何利用互联网技术和方法实现转型发展?

实践练习

实践练习 7-1　细分市场

1. 寻找某个消费热点,模拟创建一个细分市场,回答以下 4 个问题。

(1) 客户的痛点是什么?问你自己,"他们为什么会有这个问题",从而深入下去。

(2) 解决问题会对客户产生什么影响?如果影响很小,说明你没有市场,你必须找到一个更大的痛点。你的产品如何改变客户的生活?

(3) 客户在哪里逗留?在线上,从哪里找到他们?在线下,又从哪里找到他们?

(4) 谁影响他们?

2. 为理想客户创造一个人物画像。请提供尽可能多的细节描述。

3. 创建一个反细分市场——乍一看是理想客户,却从来不买这个产品的人。他们为什么不买?

实践练习 7-2　客户访谈

联系一位直播电商的创业者,围绕其客户定位和销售方式制定访谈提纲,开展半结构化访谈。

实践练习 7-3　讨论分析

快时尚跨境电商品牌 SHEIN(希音)是增长速度最快的跨境电商巨头之一。查找相关资料,以小组为单位,从市场定位和创业营销角度,讨论 SHEIN 是如何从名不见经传的小电商成长为全球最受欢迎的线上购物零售商的?

> 任何时候做任何事,订最好的计划,尽最大的努力,做最坏的准备。
>
> ——理想汽车创始人李想

第 8 章
撰写商业计划

【核心问题】

- [x] 为什么要撰写商业计划?
- [x] 商业计划的基本要求是什么?
- [x] 商业计划的核心内容是什么?
- [x] 风险投资家如何评价商业计划?
- [x] 高度不确定环境中的商业计划有什么作用?

【学习目的】

- [x] 了解商业计划的基本格式、规范
- [x] 掌握商业计划的主要组成部分
- [x] 掌握撰写商业计划的基本技巧
- [x] 规避撰写商业计划的错误做法
- [x] 熟悉探索导向计划方法的基本构成
- [x] 认识环境不确定性对商业计划作用的影响

引例 今日头条创业阶段的商业计划

张一鸣于 2012 年 3 月创建的今日头条如今横跨资讯分发和短视频两大赛道，已经发展成为中国新的互联网巨头。

1. 今日头条最早的商业计划书：一张餐巾纸

王琼是海纳亚洲创投基金的董事总经理，2012 年大年初七，当时还在九九房担任 CEO 的张一鸣与她见面，双方约在距离张一鸣办公室很近的一家咖啡厅里。

张一鸣告诉王琼，他想在九九房之外再做别的有意思的事情，抓住当时移动互联网的浪潮。但做什么，张一鸣还没完全想好，只有一个大致的构想，于是在咖啡厅的一张餐巾纸上画线框图，跟王琼讲解他构想中的产品原型，大体上就是现在今日头条的样子。

王琼虽然似懂非懂，但觉得这件事很新鲜，当即就敲定了对今日头条天使轮和 A 轮的融资。

为什么在商业模式和产品逻辑都没搞懂的情况下，仅凭一张餐巾纸，王琼会投资张一鸣呢？其实，王琼认识张一鸣是在 2007 年，也就是投资张一鸣的 5 年前。彼时还在酷讯网担任技术委员会主席的张一鸣，向整个董事会讲解房产搜索的布局。那时，张一鸣对技术的理解与驾驭，以及他的视野和格局，就已经得到了王琼的认可。

2. 今日头条最用心的商业计划书：一份 26 页的商业计划书

不过，虽然凭借个人魅力和私人交情，今日头条很顺利地拿到了早期投资，可一旦公司达到数千万美元的估值，就必须让接下来的投资者能够看懂公司实实在在的商业逻辑了。

在今日头条完成 A 轮融资后，一个很现实的问题是，整个资讯内容市场基本上已经被瓜分殆尽。网易、搜狐、腾讯、凤凰这些新闻客户端，已经覆盖了几乎全部用户。投资者会问："已经有门户了啊？新浪、网易、搜狐都号称自己有几亿用户了。此外，还有很多垂直媒体客户端，如鲜果、无觅、ZAKER，今日头条到底还有没有空间？"

2012 年 10 月，张一鸣带着产品出去转了一圈，不是很顺利，这个时候，必须有一份更详细和更有说服力的商业计划书了。

而这份商业计划书，可以说是今日头条最用心也是最重要的一份商业计划书。毕竟，那个时候今日头条虽然业务有些起色，但内容创业并不是当时的投资风口，而今日头条相比其他名义上的竞争者，也似乎没有什么优势。因此，必须有一份商业计划书，能够把自己的投资价值，以及与竞争者的差异化优势，清晰而有说服力地给投资者讲明白。

凭借这样一份商业计划书，今日头条拿到了非常重要的 B 轮投资，而再往后，就是一马平川了。

此后，上了轨道的今日头条即便没有商业计划书，或者在商业计划书中不再对投资亮点进行详细解释和反复阐明，也已经能够让后来的投资者很清晰地看到方向，并做出投资决策了。

资料来源：微信公众号科技荟萃.今日头条的融资历程：一张餐巾纸和一份 26 页的商业计划书，2019-11-20.

之所以要撰写商业计划，很可能是因为有人要求你提供商业计划。关于某些创业者凭借一份商业计划就能筹得大笔资金的奇闻轶事，不断在满怀激情的潜在创业者之间流传，如引例中的张一鸣。当然，我们从中也可以看出，张一鸣最开始靠一张餐巾纸就能赢得天使轮和 A 轮的投资，关键是基于投资者对创业者能力与认知的认可，投资者可以不懂他要做的方向，但相信他具备选择正确方向的能力，而商业计划显得就不是那么重要了。有些创业者可并不会这么轻松地靠一张餐巾纸就能赢得投资者的认可。例如，1999 年腾讯成立刚一年，由于 QQ 发展飞快（不到一年就有 500 万用户），导致公司因大量下载和暴增的用户不堪重负，资金出现了严重的缺口。在第一届中国国际高新技术成果交易会（简称"高交会"）上，马化腾拿着改了 66 个版本、20 多页的商业计划跑遍了高交会馆推销 QQ、推销腾讯，最终才引起了 IDG 和盈科数码的重视，拿到了腾讯发展史上最为关键的第一笔风险投资。

很多人认为商业计划是成功创业的必备利器，甚至有"创业导师"建议，"创业就是炮制好一份计划书，然后去'找钱'"。不少创业者抱着强烈的创业梦想，并把商业计划作为吸引资金的"敲门金砖"。随着创业热潮的兴起，社会上涌现了各种各样的商业计划和创业计划大赛。但现实是，大量驰骋大学生创业计划赛场、在商业计划中表达出创业雄心壮志的选手均未选择创业。

那么，我们应该如何理性看待商业计划？商业计划的真正用途是什么？商业计划包括哪些核心内容？撰写商业计划应该掌握哪些技巧？本章的主要目的就是帮助你理解什么是商业计划，以及如何撰写一份有助于获得所需财务支持或其他支持的商业计划。

8.1 商业计划的目的和用途

一旦创业者（创业团队）选定了一个既有吸引力又有可行性的机会，同时设计了初始的商业模式之后，他们通常会撰写一份详细的商业计划，用来描述创业企业的机会、产品、环境、战略、团队、所需资源、预期财务收益等创业相关事项。

关键概念

商业计划

商业计划是一份全面说明创业构想以及如何实施创业构想的文件，用商业语言讲述所要创立的企业是什么以及将成为什么的故事，指出创业企业所面向的市场，并且提供细节说明企业如何利用所识别到的机会。

不少创业者在创业时并没有一份规范的、几十页的商业计划，有时计划只是在头脑中，非正式的计划可能比正式的计划还有效。实际上，有许多大获成功的企业根本就没有正式的商业计划，在筹集资金、吸引人才和合作伙伴时，可能一个内容详尽的幻灯片就够用了。[1]那么，为什么还要撰写正式的商业计划呢？

8.1.1　商业计划的目的

撰写商业计划有两个主要目的：迫使创业者系统地思考创业，以及向其他个人或组织介绍创业项目。[2]

首先，撰写商业计划可以迫使创业者系统地思考创业企业的各个要素，在创立企业之前梳理自己的思路，迫使创业团队一起努力工作，全力以赴解决创业过程中的各个细节。许多人都会有这样的感受：自认为想清楚了，写出来不一定能写清楚；觉得写清楚了，讲给别人听，别人不一定听清楚。创业也是这样，一旦将计划写到纸上，那些希望改变世界的天真想法就会变得实实在在且冲突不断。计划本身远不如形成这个文件的过程重要。所以，即使并不试图去创业，也应准备一份商业计划。当创业者决定把自己的创业想法或技术通过创办企业实现商业化后，一般都会进入撰写商业计划的工作阶段。总之，撰写商业计划本身会促使创业者思考清楚初创企业得以发展的所有主要因素，一份坚实的商业计划是创业者在创业初期经营企业的蓝图，可以提升创业成功的概率。

其次，商业计划是企业的推销性文本，可以为企业向潜在的投资者、供应商、重要的职位候选人和其他人介绍创业项目和创业企业提供一种方法。这和宣传手册、公司介绍、网站等的作用是相似的。此外，阅读商业计划的值得信赖的有经验的外部专业人士还可以帮助创业者发现弱点、遗失的机会、无法得到支持的假设和过于乐观的预测。在纸面上发现和解决这些问题可以提高整合外部资源的概率，并且会降低未来经营失败的概率。

在实践中，创业者会更加重视商业计划的推销目的，结果经常是为了获得一份漂亮的商业计划书而撰写商业计划，自己却并不会遵循商业计划中所写的行动步骤采取行动。这是本末倒置的行为，也容易产生欺骗。即使这样做能够募集到资金，也难以很好地利用资金，结果对创业不利。创业面对大量不确定性，内外部环境可能经常发生快速变化，不能因为变化而不制订或不需要计划，相反，越是处于快速变化的环境，越需要认真地计划，越需要依据客观事实周密分析。当然，要注意计划的弹性，避免僵化、刻板的计划。

撰写商业计划不能保证创业成功，但的确可以提高成功的概率。创业是一段漫长的旅程，一段不熟悉且充满风险的旅程，商业计划更像是一个路线图，当然这个路线图必须是正确的。

---

[1] BRINCKMANN J, DIETMAR G, DIANA K.Should entrepreneurs plan or just storm the castle? A meta-analysis on contextual factors impacting the business planning-performance relationships in small firms[J]. Journal of business venturing, 2010（25）: 24-40.

[2] 巴林杰.创业计划书：从创意到方案[M].陈忠卫，等译.北京：机械工业出版社，2016：3-10.

⊙ **创业者说**

火箭发射与汽车驾驶

太多的商业计划看上去更像是火箭发射，而不是汽车驾驶。火箭发射必须依据最精确的动作指令发射，包括每次推进、每次助推器点火，以及每次改变航向，在发射时哪怕最微小的失误，也会导致日后远在千里之外的灾难性结果。如果能有这样精确的计划指引创业当然最好，可惜没有。商业计划应该有助于创业者"驾驶汽车"。创业者要知道目的地和通往目的地的路线，在行驶过程中通过不断调整方向盘，坚持在事先知道的路线上行驶，遇到情况甚至需要改变路线。

资料来源：莱斯. 精益创业：新创企业的成长思维[M]. 吴彤，译. 北京：中信出版社，2020：8-11.

8.1.2 商业计划的用途

商业计划的第一个用途是募集外部资金。创业活动起始于创意而不是资源，这也是它与传统商业活动的最大区别。正因为此，某人拥有了创意并决定要成为一名创业者，却不具备相应的资源，也就成为一种常态。撰写一份简明易懂又能够准确表述市场潜在价值和创业激情的商业计划十分必要。这是外部投资者，尤其是风险投资家了解创业项目的第一途径。创业企业在进行外部融资时，绝大多数投资者都会要求审阅企业的商业计划。实际情况是，现在越来越多的大学或其他社会团体主办的众创空间或商业孵化机构也要求创业者撰写商业计划。即使对基于利基市场的创业活动（如便利店、服装专卖店、课外培训等项目），利用商业计划来募集亲戚朋友等的外部资金，也是个好办法。

商业计划的第二个用途是让创业团队成员对企业发展形成共识。创业团队通常要花费数周或数月的时间，经过不断调整和修改，让商业计划逐渐成形。商业计划描绘了创业企业未来的发展蓝图，帮助创业团队成员明晰行动计划并理解行动背后的逻辑。在共同撰写商业计划的过程中，团队成员经过不断的讨论协商，可以对发展目标和发展方向达成一致的看法。

商业计划的第三个用途是向现有员工、潜在员工、资源提供方、供应商等利益相关者传播和沟通创业企业的愿景和使命。商业计划重在研究和介绍如何把具有可行性的市场机会转变成赢利的产品和服务，包括产品开发、市场营销和发展战略的各个层面的计划。创业者利用商业计划向各利益相关者传达企业的经营理念和发展思路是一种有益的做法，可以帮助他们评判这家企业是否有发展前景，或者是否值得供职于它。

为了实现这些目标，创业者在撰写商业计划的过程中需要认真、全面地处理许多复杂问题，这些问题围绕如何把创意和愿景转化为现实的过程而展开，例如，产品如何生产，产品如何定价，产品如何营销以及销售给哪些人，企业如何与现存的及潜在的竞争对手展开竞争，需要何种融资，资金来源于何处，资金如何使用，这些事情由谁负责，等等。可见，对创业者来说，认真准备一份论证合理的商业计划，是一次很好地了解、学习市场的机会，对于确定业务概念、提出企业发展目标都很有帮助。

总体来看，商业计划的主要用途包括：寻求外部投资；确保整个团队（包括新的、潜在的成员）明确组织目标；厘清业务概念、近期目标和所提议的战略。

研究发现

书面计划提高创业成功率

一项新的研究显示，书面计划比我们认为的更有价值。研究人员在6年之间考察了1 088位刚开始创业的美国创业者。他们根据有无书面计划把创业者分成两组，并根据教育和经验等特点，从两组里各选一人出来两两配对，从而单独呈现有书面计划的效果。研究人员的结论是："制订计划会带来收获。相较于其他条件相同、没有书面计划的创业者，写下正式计划的创业者，事业成功的可能性高出16%。"这项研究显示，书面计划会让创业者聚焦在达成目标上，而且能支持创业者做出更好的分配和协调资源决策。

资料来源：GREENE F J，HOPP C. Research: Writing a business plan makes your startup more likely to succeed[J]. Harvard business review，2017.

越是精心准备的商业计划，越能够说明新企业尽力想完成什么目标，以及为达到这些目标将如何去做。商业计划是一种书面文件，它解释了创业者的愿景，以及愿景如何被转变为一家盈利的、可行的企业。这些信息正是风险投资家和其他可能支持新企业的人所要搜寻的。因而，创业者撰写商业计划，不仅仅是为了说服别人给他们的新企业进行投资，也是为了让自己能更清晰地理解进一步发展的最佳方式，这些信息异常宝贵。

为了有序、简洁、具有说服力地解决以上提到的创业发展问题，准备一份有效的商业计划并不是一蹴而就的事情，这往往需要花费200~300个小时。如果把工作只留在晚上和周末来做，这一过程将持续3~12个月。商业计划的撰写尤其需要清晰明确，论之有据。比如，为了筛选商业机会和想法，只要指出某新产品的目标市场规模在3 000万~6 000万美元、市场成长率在10%左右就可以了。但是，撰写商业计划要求对市场的了解更加细化，需要说明10%的市场成长率的持续时间，明确说明实际成长率是多少，并解释该成长率的形成原因。⊖

另外，新市场的快速变化，也会使商业计划相关信息的获取表现为一种过程。因为无法预知新企业将如何发展，人们在做计划时会受一定的局限。对于新颖技术和市场的开发，这一问题尤为突出。实际上，这时创业者的计划只是先将企业创办起来，再利用从实际经营过程中收集的信息修改他们的计划：先制订一个基本的、简单的商业计划，然后创办企业，接着根据经营企业所获经验去修改商业计划，必要时使用这些信息获取融资支持，如图8-1所示。

⊖ 蒂蒙斯，斯皮内利. 创业学 [M]. 周伟民，吕长春，译. 北京：人民邮电出版社，2005.

图 8-1　商业计划开发的动态过程

📖 学者观点

内部创业也需要撰写商业计划

商业计划通常被视为创业者的工具。但事实上，新企业经常是在成熟的企业内发起的。这些新企业需要商业计划吗？如果需要，是否与创业者撰写的商业计划有所不同？

第一个问题的答案是非常肯定的"是"，第二个问题的答案是非常肯定的"否"。无论是由风险投资家提供资金，还是作为企业内部创业项目由股东提供资金，新企业同样需要经过严峻的考验。毕竟，产品或服务的市场不会因为谁在幕后提供资金而有所区别。

事实上，企业内部创业项目需要经过详尽的分析，但这恰恰是这些企业所缺少的。相反，在大企业里，新企业以资本预算编制请求的形式提出。在项目通过一连串的审批过程中，这些细节不详的文件需要经过详细的财务审查和共识构建过程。但是，在以往的此类建议书中，提交的商业计划所承诺的回报率永远都高于企业的最低回报率。只有当新企业开始运营后，这些数字才会在组织中被推翻。

企业内部创业项目的商业计划应从所有相关人员的简历开始。该团队在过去的哪些业绩能够证明未来会成功？此外，应针对商机和环境对新企业的产品或服务进行全面分析。这个过程有助于建立一种及早识别弱点和强项并帮助管理者采取相应措施的规则。

当专业风险投资家投资新企业时，他们自然会跟踪绩效。但在大企业里，对新企业的审查往往不能始终如一。这种情况不应该发生，而且可以避免。商业计划有助于管理者提出这样的问题：新企业的表现是否与预期相符？面对新信息，团队做出了哪些决定？是否有必要因为环境的改变而投入更多资金？团队是否曾预测到这些变化？这些问题不仅可以保持新企业的平稳运行，而且有助于企业从错误和成功中汲取经验教训。

很多成功的企业是在风险投资家的帮助下建立起来的。大企业本可以利用很多潜在商机。可它们为什么没有呢？或许，它们可以通过研究大量独立企业，汲取有用的经验教训，其中之一便是：撰写出色的商业计划。

资料来源：SAHLMAN W A. How to write a great business plan[J]. Havard business review, 1997(4)：98-108.

创业者往往是自我驱动的人，习惯于为自己制定目标并决定自己的任务。他们所做的努力不仅仅是为了取悦他人（比如投资者），而是他们已经明白了撰写商业计划在实现他们全局目标中的重要性。如果仅仅是为了外部目的而撰写商业计划，这

一过程就更像是负担而非机会了。[一]

8.2 商业计划的基本结构与核心内容

商业计划形成了相对固定的格式、规范，同时也形成了广为采用的基本内容框架。

8.2.1 商业计划的基本结构

1. 商业计划的一般格式及编写规范

首先，商业计划应按照如下顺序及格式来编排。

- 封面（包括公司名称、地址以及主要联系人名字、联系方式等）。
- 目录表（概括了商业计划的各个主要部分）。
- 概要及计划书的各个主要部分（每个部分都应清楚地列示标题并要易于识别）。
- 附录（比如详细的财务计划、公司创建人和核心员工的完整简历，附在正文后面，经常是分开单独装订）。

其次，一份有效的商业计划应该尽可能地简短明了。商业计划一般不要超过50页，而且越短越好。那些阅读商业计划的人工作繁忙并且经验丰富，很清楚如何识别商业计划所涉及的核心问题。

应该说，整个商业计划看上去像一份规范的商业文件，而不应使用太过艳丽的图例，或过分夸张的文字描述。商业计划是创业者留给风险投资家、银行家及其他有可能给予创业企业支持的人的第一印象，应该以十分认真负责的态度来编写，同时要睿智地展示创业企业的价值和优势。

2. 商业计划的基本要素

商业计划的主要内容随撰写人不同或是行业不同而有很大差异。尽管如此，人们普遍认为，商业计划必须包含一些基本部分，便于投资者及其他相关人员了解企业的关键问题。

- 新产品或服务的基本价值是什么？为什么这是一个有价值的创业机会？
- 新产品或服务要卖给谁？
- 如何开发、生产、销售新产品或服务？应对现存和未来竞争的总体计划是什么？
- 创业者是谁？他们拥有开发机会并经营企业所需的知识、经验和技能吗？
- 如果商业计划是为了筹资，那么需要筹集多少资金，需要何种融资方式，资金如何使用，创业者和投资者如何实现投资收益？

[一] 艾布拉姆斯. 成功的商业计划：诀窍与战略 [M]. 张帏, 刘阳, 贺维平, 译. 北京：中国人民大学出版社, 2005.

这些问题都是投资者最感兴趣的核心问题，也是创业者在创业过程中必须直面的问题。一份精心准备的商业计划要回答所有这些问题，而且要以有序、简明、具有说服力的方式回答这些问题。要知道，风险投资家每年要看成百上千份的商业计划，但绝大多数商业计划在几分钟之内就被那些经验丰富的风险投资家给拒绝了。作为一个创业者，要尽全力做好这些最重要的事情，从而确保你的商业计划成为能得到风险投资家更多眷顾的少数计划之一。

8.2.2 商业计划的核心内容

撰写商业计划时应如何组织与上面提到的关键问题相关的所有信息呢？对此，目前还没有一个通用的内容结构。可以说，商业计划各个主要部分的顺序安排及其具体内容应该由创意的性质，以及创业者想在计划中尽力传达的信息来决定。本书提供一个被广泛采用的具有较强的逻辑性的基本框架。[⊖]

执行摘要：应对创业企业的总体情况做出简短、清楚、具有说服力的概括。

使命、愿景与核心价值观：陈述创业的动机、企业要做什么，以及所期望的宏伟蓝图。

新创意及产品的形成背景和预期目标：描述创意和产品能解决的核心问题、给顾客带来的价值，以及预期能实现的目标。

市场营销分析：描述谁打算使用或购买产品或服务、顾客为什么想使用或购买。

竞争者、竞争环境和竞争优势分析：描述有关现有竞争与如何克服的信息、定价以及其他相关事项（这部分内容有时是单独分开的，有时包含在市场营销中）。

开发、生产和选址：描述产品或服务所处的开发阶段、如何开始实际生产并提供产品或服务以及有关企业坐落于何地的信息。如果企业运营的有关信息对于理解企业做什么以及它为什么有巨大的经济潜力来说是重要因素的话，那么它也可能被包含在本部分内容之中。

管理团队：描述企业管理团队的经验、技能和知识，有关当前所有权的信息也应包括在这个部分。

财务部分：提供有关公司当前财务状况的信息，并预期未来需求、收入和其他财务指标，以及所需资金数量、这些资金什么时候需要、它们要被如何使用、现金流和盈亏平衡分析等。

风险因素：讨论企业将面临的各种风险，以及管理团队防范风险所采取的措施和步骤。

收获或退出：如果企业获得成功，投资者将如何取得收益（如企业何时以何种方式公开上市）。

⊖ 巴隆，谢恩.创业管理：基于过程的观点[M].张玉利，谭新生，陈立新，译.北京：机械工业出版社，2005.

时间表和里程碑： 包括有关企业的每个阶段将在何时完成的信息（如开始生产、初次销售、突破盈亏平衡点等）。本部分可以是独立的，在适当的情况下，也可以包含在其他部分中。

附录： 应提供详细的财务信息以及高层管理团队成员的个人简历。

接下来将逐一介绍每一项内容的写作目的，并提供一些具体的写作建议。每一份商业计划都是唯一的，关键在于把"故事"讲明白，即认真、睿智地描述创新产品的新颖性和价值，以及创业团队的商业化热情。

1. 执行摘要

执行摘要虽然位列商业计划的第一部分，但实际上在撰写过程中是在其他部分的内容完成后才开始准备的。也就是说，执行摘要可以被视为商业计划的简化版，是商业计划的精华，可以帮助读者快速建立一个有关创业者打算如何运作企业的清晰认识。执行摘要需要说明初创企业解决了什么未被解决的问题，或者机会的优势在哪儿，以及本企业为什么可能会成功。人们把执行摘要的作用比拟为"电梯推销"（elevator pitch），即要求在很短的时间内激起别人的兴趣，并使他们的兴趣足够浓厚以至于想要了解更多信息。

关键概念

电梯推销

电梯推销是指在搭乘电梯的大约 30 秒到 2 分钟时间之内，对产品、服务、机构及其价值主张进行简短介绍，向风险投资家和天使投资人推销自己的创业理念，以筹得资金。投资者最宝贵的就是时间，如果你不能在很短的时间内让对方产生想了解更多信息的冲动，你就失败了。

电梯推销可以采用三个步骤：步骤一，引入话题；步骤二，精华；步骤三，结束语。

步骤一与步骤三均可通过"7 词总结"方法，在短时间内给对方留下深刻印象。7 词总结是指用最简单易懂的语言概括公司的业务，最好不要超过 7 个词。要注意，这 7 个词需要起到帮助你打开一个话题的作用。如果你觉得 7 个词太少了，不能把你想要表达的东西表达清楚的话，那么加到 10 个词，让你的句子听起来更通顺。但是，越精简越好。

步骤一，简短述说公司的业务。

步骤二，需要思考三个点。

（1）为什么你要做你现在正在做的事情？举个例子：我们的目的是通过以往员工反馈的 17 种不同的测量方法改善女性的工作环境。

（2）谁是你的目标客户，为什么是他们？接上面的例子：正在寻找工作的人。通过我们的评分系统，她们可以选择她们最想要去的公司。

（3）你有什么优势，为什么要选择你们公司？接上面的例子：我们的 10 人团队已经使用大数据分析了十多年的数据，对用户的理解更全面、更高效。

步骤三，结束语。一定要把你的推销转换到行动层面，方便你与对方进行后续跟进。

一份好的执行摘要应该能够吸引读者的注意力，激发其想象力，令他们希望了解更多有关创业企业的相关信息。执行摘要的内容要非常仔细、深思熟虑地撰写，每句话甚至每个词不仅要传达丰富的信息，也要传递创业者的兴奋与激情。既要做到介绍足够多的信息以使读者对创业企业有一个清晰的认识，又要做到十分简洁。优秀的执行摘要要在第一时间吸引别人的眼球，而粗糙的执行摘要一般不能简洁地说明企业的价值。执行摘要的篇幅一般控制在1~2页，因为其目的是吸引读者阅读完整版的商业计划或约见创业者进行深度沟通。

◤ 行动指引

撰写优秀的执行摘要

优秀的执行摘要在任何好的商业计划中都是重要的组成部分。一流的执行摘要能抓住那些通常依据执行摘要做决策的潜在投资者的注意和兴趣，而他们也决定是继续将商业计划阅读下去，还是接着看下一份。因此，学会如何写出优秀的执行摘要对创业者来说是一项非常有用的技能。下述措施将提高你对于这项重要任务的技能。

（1）撰写创业企业的执行摘要，确保它的篇幅只有1~2页。

（2）邀请一些人读这份执行摘要，并对它进行评分。尤其，要请他们就下述方面对执行摘要进行评分（评分应采用5分制：1=很差；2=差；3=中等；4=好；5=很好）。

- 摘要提供了新产品或服务的清晰描述。
- 摘要解释了新产品或服务为什么在特定市场是有吸引力的。
- 摘要辨明了市场并解释了产品或服务如何在这些市场中促销。
- 摘要解释了产品或服务处于生产的什么阶段。
- 摘要解释了创业者是谁并描述了他们的背景和经验。
- 摘要解释了创业者要寻求多少资金以及资金的使用目的。

（3）得出每个方面的平均分。那些得分低（3分或更低）的部分，就是你应该改进的环节。准备一份改进后的执行摘要，并让另一群人给它评分。

（4）持续进行这个过程，直到所有方面的评分都达到至少4分。

2. 使命、愿景与核心价值观

创业的旅途要面对大量的不确定性，要克服很多困难，要得到多方面的支持和帮助，利益相关者会关心具体的创业项目和团队，也会关心创业者的理想和抱负，关心企业能做出什么样的经济和社会贡献。使命和愿景是创业者的内在动力，会反映出企业的核心价值观，对企业文化的形成也会起到决定性的作用。

使命（mission）是指企业在社会经济发展中所应担当的角色和责任，是指企业的根本性质和存在的理由，说明企业的经营领域、经营思想，为企业目标的确立与战略的制定提供依据。使命更多的是责任。例如，苹果公司创建时的使命是"让每人拥有一台计算机"。乔布斯的理念是，苹果的产品是个人工具，帮助个人解决问题。阿里巴巴最早的业务从中小企业之间的电子商务开始，设定的使命很简单，就是"让天下没有难做的生意"，让中国出口制造业企业更容易找到海外买家。为了让人们在网上放心交易，阿里巴巴建起了一套担保交易机制，开发了支付宝；创建网上互评机制，在网络世界搭建了一套信用体系。依靠这套体系和免费开店模式，阿里巴巴成长为世界最大的网购平台。

愿景（vision）是指企业长期的发展方向、目标、目的、自我设定的社会责任和义务，明确界定公司在未来社会是什么样子，其"样子"的描述主要是从企业对社会的影响力、贡献力、在市场或行业中的排位（如《财富》世界500强）、与企业关联群体（客户、股东、员工、环境）之间的经济关系来表述。愿景由愿和景组成，"愿"是发自内心的愿望，"景"是实现组织方向和目标时的状态，愿由景生。愿景是蓝图，是方向，甚至可以说是"信仰"。例如，阿里巴巴在2004年明确设定企业愿景为"成为一家活102年的公司"。为什么要活102年而不是103年也不是101年？因为阿里巴巴创立的时间是1999年，1999年是20世纪的最后一年，102年之后将跨入22世纪，因此要成为一个能够跨越3个世纪的公司，最少要活102年。这个愿景代表着阿里巴巴想做一家百年老店，要做一家基业长青的公司，要做一家随着时代科技发展而持续发展的公司。2019年9月10日，阿里巴巴在公司成立20周年之际公布了最新愿景：一是不追求大，不追求强，追求成为一家活102年的好公司；二是到2036年，服务20亿消费者，创造1亿就业机会，帮助1 000万家中小企业赢利。可以看出，阿里巴巴的愿景保持了长期连贯性。

企业核心价值观是指企业在长期的生产经营活动中逐渐形成的、组织成员或群体成员分享的同一价值观念。核心价值观是企业文化的精髓，表现为企业对企业宗旨、企业精神、经营理念、人员价值等的价值判断，是解决企业在发展中如何处理内外矛盾的一系列准则，如企业对市场、对客户、对员工等的看法或态度，它是企业表明企业如何生存的主张。企业常常通过谚语、口号、隐喻或其他形式的语言向企业成员传递这些价值观念。例如，阿里巴巴在2004年设定的企业核心价值观为"客户第一，团队合作，拥抱变化，诚信，激情，敬业"，2019年将核心价值观升级为"客户第一，员工第二，股东第三；因为信任，所以简单；唯一不变的是变化；今天最好的表现是明天最低的要求；此时此刻，非我莫属；认真生活，快乐工作"。

> **创业聚焦　　　造车新势力的使命、愿景、价值观**
>
> 特斯拉
>
> - 使命：加速全球向可持续能源的转变。
> - 愿景：通过推动世界向电动汽车的转型，打造21世纪最引人瞩目的汽车公司。
> - 价值观：唯快、为人所不能、持续创新、溯本清源、业主思维、全力以赴。
>
> 蔚来汽车
>
> - 使命：为用户创造愉悦的生活方式。
> - 愿景：致力于研发比燃油车更好的智能电动车。
> - 价值观：真诚、关怀、愿景、行动。

> **理想汽车**
> - 使命：用科技改变出行，让更多人受益。
> - 愿景：2030 年，成为全球领先的人工智能企业。
> - 价值观：不断成长，掌握主动权，结果导向。

3. 新创意及产品的形成背景和预期目标

这部分内容应该解释新产品提供了什么，即它为什么是独特和有价值的，将来是否具有产生利润的潜力，需要讨论你的企业所在行业的环境条件，因为正是这些环境条件显示出你现在正努力开发的创意的价值。比如，某创业者开发了一种新材料，比当前市面上出售的任何材料都更加环保和实惠。那么就需要回答：这种材料为什么是有用的？在当前低碳经济时期，为什么市场空间大？谁想要使用这种新材料，是家庭装饰，还是其他商业用途？如果你的创意是一种用于制造家用地毯的低碳新材料，那么就应该具体说明它的独特性。使得准投资者相信投资这种产品会得到潜在收益。

在这一部分当中，还应该包括企业的基本情况信息，即企业的法律形式、当前的所有权结构、目前的财务状况等。毕竟，没有人愿意向一个存在所有权纠纷或过高企业管理费用的企业投资。

本部分也应该说明企业希望完成什么目标。回到前面所描述的地毯用新材料的例子。本部分应该阐明这种材料是对所有地毯普遍有用，还是只对某些种类的地毯有用（例如家用），以及使用新材料将带来哪些利益。在这种情况下，这些潜在收益应该与企业成功所获财务收益一起被提及。

4. 市场营销分析

这部分内容应该包括以下要点。

- 解释企业解决了什么问题，或者实现了哪些未被满足的需求。比如设计一款供老年人使用的简单手机，有较大的按键，而且有直拨键拨给家人。很明显，清晰和简洁并不是不好，但根据经验，投资者更偏好具体化。[一]
- 说明存在适宜的目标市场。这不同于行业介绍，而是本企业预计选择的目标市场。回到老年人手机的例子，只表述手机的市场规模是不充分的，应该包括老人对手机的特有需求、社会老龄化情况等方面。
- 说明现实消费者很可能花钱买这种产品或服务。
- 设定基本的销售预期。大多数情况下，商业计划应该说明潜在的销售收入，这取决于详细的财务预算、竞争者分析，以及获取潜在消费者的相关信息。

商业计划的这部分内容应该表明，创业者已经为他们的产品或服务认真地调查过潜在市场，并且有证据显示，当这种产品上市时，会有消费者或其他企业打算购

[一] 乔治，博克. 技术创业：技术创业者的创新之路 [M]. 陈立新，译. 北京：机械工业出版社，2009.

买。当然，市场预期总是不确定的，甚至没有人确切地知道，消费者如何对新产品做出反应。但创业者至少应该尽最大努力来查明消费者为什么想购买或使用他们的产品。如果商业计划只是假定新产品或服务非常好，消费者会排着长队竞相购买，那么对经验丰富的投资者来说，这却是一个响亮的警报，他们会很快失去兴趣。

表 8-1 列出了每份商业计划都应该回答的 9 个关于机会的问题。

表 8-1　每份商业计划都应该回答的 9 个关于机会的问题

1	企业的客户是谁？
2	客户在考虑购买该产品或服务时是如何做出决定的？
3	该产品或服务对客户的诱惑力有多大？
4	产品或服务将如何定价？
5	企业将如何覆盖所有已确定的客户群体？
6	赢得一个客户需要多少（时间和资源上的）成本？
7	生产并交付产品或服务需要多少成本？
8	为一个客户提供支持需要多少成本？
9	留住客户的难度有多大？

资料来源：SAHLMAN W A. How to write a great business plan[J]. Havard business review, 1997(4): 98-108.

5. 竞争者、竞争环境和竞争优势分析

一般地，这一部分应提供如下内容。

- 通过识别当前竞争者、潜在进入者和评价竞争强度来构建竞争优势。
- 通过解释新产品和技术的竞争地位与当前市场动态的匹配性来展示管理团队的能力和知识。在这一过程中，存在两方面的挑战：一是商业计划必须说明企业在潜在顾客并未真正买单的情况下如何有效竞争，二是在现有企业用现有产品构筑竞争屏障的情况下如何参与竞争。
- 说明此类机会足以能够创造近期或长期优势的核心特征。

总之，基于上部分的市场分析，这一部分需要说明本企业与现有解决方案存在哪些差异。如果本行业存在大量的竞争者，可以运用简单的列表比较产品和技术之间的不同。但是，分析必须是客观的，包括准确评价企业的技术和运营能力与不足。否则，对关键的竞争者和竞争技术进行简要描述更能说明问题。

6. 开发、生产和选址

在任何有效的商业计划中，创业者必须认真解决的另一个问题是产品开发和生产。企业的产品或服务仍处于待开发阶段，还是已被充分开发正准备生产？如果正准备生产，那么预期成本以及制造产品或提供服务的时间表是什么？

有时，新产品的开发过程可能需要数月时间和可观的费用。对于这些问题，企业进展得越深入，它对潜在投资者就越有吸引力。这不仅仅是因为企业的发展已经跨越了最初的开办阶段，而且还因为这表明企业的运营方式有效率并且合理。如果

企业的每件事都处于合理状态，就可以确保企业快速向前发展。当然，只有时间才能具体回答这些问题。不管怎样，投资者一般都会在企业的商业计划中寻找有关这些问题的信息，如果此类信息没有被包括在商业计划中，或因范围太宽泛而没有信息价值，那么投资者将失去投资该企业的热情。

另外，如果企业的选址对于企业的生存和竞争有重要影响，那么就应该提供相关信息。比如，对于餐饮等服务行业企业来说，选址就很重要。

7. 管理团队

描述团队能力的优势与不足。研究指出，许多投资者一般首先阅读商业计划的这一部分。甚至有投资者说，宁愿投资于具有二流创意的一流团队，也不愿投资于具有一流创意的二流团队。尽管这有点夸张，风险投资家和其他投资者实际要关注许多不同问题，但上述陈述在很大程度上是真实的。实质上，投资者所说的意思是，创业企业中能干的、有经验的、上进心强的高层管理人员对于企业的成功极其重要。也就是说，管理团队是影响投资决策的首要因素。

具体来说，本部分应该包括以下内容。

- 确定高层管理者和核心顾问。应该包括相关人员的简要经历及其证明。很多情况下，要以附录的形式提供1~2页的个人简历。
- 识别管理团队能力的不足。应该包括企业是否希望增加新员工来弥补这些不足的有关信息。
- 确定董事会成员（如果有的话），并提供相关个人背景。
- 确定积极支持企业发展的顾问。

尤其需要指出的是，对大多数技术型创业企业来说，这一部分是对现实状况的直接描述。其管理团队一般由创建者、一两个顾问构成，有时候还包括第一批员工。这样做没有实质性的错误，但需要注意的是，技术型企业的优秀高层管理团队的特征应该是：具备先前（最好是成功）的创业经验，专职工作，具备处理特定行业市场和顾客事务的经验。

表8-2列出了每份商业计划都应该回答的14个"创业团队成员"问题。

表8-2　每份商业计划都应该回答的14个"创业团队成员"问题

1	创始人来自哪里？
2	他们在哪里接受教育？
3	他们曾就职于哪些公司？曾为哪些客户服务？
4	他们过去在事业和个人生活方面取得了哪些成就？
5	他们在业界的声誉如何？
6	他们有哪些与所追求的商机直接相关的经验？
7	他们掌握哪些技能、能力和知识？
8	对于创业成功的机会和企业将要面临的考验，他们是否抱有实事求是的态度？
9	团队还需要哪些其他人？

(续)

10	他们准备好招聘优秀人才了吗？
11	他们将如何应对逆境？
12	他们是否有勇气做出不可逃避的艰难抉择？
13	他们对这个创业项目有多大的决心？
14	他们的动机是什么？

资料来源：SAHLMAN W A. How to write a great business plan[J]. Havard business review, 1997(4): 98-180.

8. 财务部分

商业计划的财务部分应该为潜在投资者提供一份清晰的规划蓝图，即创业企业将如何使用它已经拥有的、持续经营所得的以及投资者所提供的资源，向财务目标迈进。

首先，财务部分应该提供创业企业拥有的资产和负债等方面的估价。这些信息概括在预编资产负债表中，以表明未来不同时期的公司财务状况；在最初3年内，这些信息应按半年进行预期。预编资产负债表可以显示权益负债率、营运资金、存货周转率和其他财务指标是否在可接受限度内，还可以证明对企业的初始和未来投资是不是合理的。

其次，用预编收入表说明基于损益的预期运营成果。这张预编收入表记录销售额、销货成本、费用、利润或亏损，并应该认真考虑销售预测、生产成本、广告成本、分销和储存成本与管理费用。简而言之，它应该提供运营结果的合理规划。

再次，现金流量表也应按未来一定年限来编制，它表明预期现金流入流出的数量和时间安排。通过突出某一特定时期的预期销售额和资本费用，这种现金流预测强调了进一步融资的需求和时机以及对营运资金的需求。

最后，盈亏平衡分析表明为补偿所有成本所需要的销售水平。这应该包括随生产量变化的成本（如制造、劳动力、原材料、销售额等），以及不随生产量变化的成本（如利息、工资、租金等）。

在大多数情况下，开发以上财务数据报表能帮助管理者思考影响销售和成本的关键要素。需要指出的是，对于大多数早期发展阶段的企业来说，详细的资金预算也许比形式上的财务计划更有价值，因为它们揭露了业务发展的现金需要（对于处于研发阶段的业务来说，现金需要取决于关键事件），而不是预测业务的盈利性（这也许是极度乐观的）。由于现金流分析更多反映的是现金周期的波动（取决于销售及其运营），而不是开发周期的波动（取决于研发及其运营），所以现金流分析对于早期发展阶段的企业并不是很适用。另外，现金流分析还可能造成对现金需要的保守估计，因为创业者一般都会低估成本而高估收入。

对于种子期高科技创业企业来说更是如此。当一家拥有技术许可和一些初始创意的创业企业在寻求资金支持时，大多数投资者不需要也不评价其用来说明未来3年营业收入的财务计划。此时最重要的财务要素而是：做出未来（通常8~16个月）实现两三项关键指标的预算，如果业务成功，做出长期潜在的收入。这些数据反映了种子期投资者所关注的核心问题：保证企业存活下来直至创造价值需要多少钱？因承担风险将获得多大的利益回报？

9. 风险因素

商业计划除了预测企业的良好发展的一方面，还要充分考虑发展的不利因素，或是新产品开发中容易发生错误的地方，如表 8-3 所示。实质上，当危机真正出现时，承认危机是面对问题并勇敢解决问题的第一步。

表 8-3　创业企业面对的潜在风险

1	不愿向创业企业"俯首称臣"的竞争对手所进行的削价
2	使创业企业产品或服务的吸引力降低或销售减少的不能预见的产业动向
3	由于各种原因没有完成销售计划，因而减少了现金流
4	超过预期的设计、制造或运输成本
5	产品开发或生产进度安排没能按期完成
6	由于高层管理团队缺乏经验而引起的问题（例如，缺乏与供应商或顾客进行合同谈判以争取有利条款的能力）
7	在获取零件或原材料方面，比预期的前置时间长
8	在获得额外且必需的融资方面遇到困难
9	不可预测的政治、经济、社会或技术趋势或发展（如新的政府立法或严重经济萧条的突然降临）

10. 收获或退出

任何创业企业发展到一定阶段，都存在创业者与投资者的退出及投资回报问题。这一部分需要描述创业者如何被取代，以及投资者退出战略，即他们如何收获资助创业企业所带来的利益。例如，出售业务、与其他企业的合并、IPO，或者其他的重新募集资金的事件，使得其所有者和投资者有机会套现先前的投资。

11. 时间表和里程碑

商业计划正文的最后部分应该说明主要活动何时实施、关键里程碑何时达到。从投资者观点看，这个部分表明创业者的确仔细关注了企业的运营，并且已经为企业的未来发展制订了清晰的计划。具体如下：

- 创业企业的正式组建（如果这还没有发生）；
- 完成产品或服务设计；
- 完成产品原型；
- 雇用最初的员工（销售人员或其他）；
- 在贸易展览会上做产品展示；
- 与分销商和供应商达成协议；
- 进入实际生产；
- 收到首笔订单；
- 初次销售与交付；
- 赢利。

当然，这个列表只是创业企业可以包括在商业计划内的众多里程碑的一小部分。重要的是，要选择那些从企业资源及所在产业的角度看都有意义的里程碑。

12. 附录

商业计划正文应该相对简短，足以提供所有重要信息，因此许多项目最好包含在单独的附录部分。在附录中，典型项目有详细的财务规划以及创建者与高层管理团队其他成员的完整简历等。

需要说明的是，为了节省时间和金钱，成功的创业者会尽量减少在商业计划上的资源投入。睿智的创业者通常对完整性不感兴趣，他们明白，额外分析的回报将很快消失。他们避免使用电子表格软件对盈亏平衡点、资金需求、回收期、净现值进行详细但缺乏远见的分析。在决定有限的分析对象时，创业者必须意识到，即使有更多的研究也无法解决某些关键的不确定因素。比如，深度访谈及调研在预测全新产品需求时作用往往不大。但创业者同样也要避免实施那些自己根本无法依照其结果行动的调研。

大部分创业者撰写的商业计划都至少存在一两个大的漏洞。表 8-4 列出了商业计划中的 10 个常见漏洞，创业者可以参照该表审视自己的商业计划，查找缺陷并改进。

表 8-4　商业计划中的 10 个常见漏洞

1	缺乏解决问题的方案或技术
2	商业模式和价值主张不清晰或不完整
3	竞争分析和市场计划不完整
4	对不确定性和风险的描述不足
5	创业团队存在严重的能力不足
6	对收入和利润的驱动因素的描述不充分
7	对业绩评价标准的描述较少甚至缺失
8	缺乏重点突出且令人信服的使命陈述
9	太多主观假设，如"我们将获得 1% 的市场份额"
10	对客户需求和痛点的认知不足

资料来源：拜尔斯，多尔夫，尼尔森. 技术创业：从创意到企业 [M]. 汪涛，译. 北京：机械工业出版社，2022：135.

8.3　商业计划的撰写原则与技巧

我们鼓励创业者撰写商业计划，但一份优秀的商业计划的确需要花费创业者很多时间和精力。它是潜在投资者接触创业项目的第一步，因而值得努力去做好。不幸的是，很少有创业者掌握撰写商业计划的原则与技巧。

8.3.1　撰写原则

针对不同的读者对象，商业计划应有所不同。商业计划的一个重要目的是募集风险投资,下面从风险投资家的视角分析撰写商业计划应注意的问题。

1. 商业计划必须一开始就吸引人

风险投资家富有远见又经验丰富,其投资决策往往会迅速做出,而且很少出现逆转的情况。这意味着,提供给他们的商业计划必须一开始就吸引人,并且能一直吸引住他们。

商业计划从执行摘要开始,执行摘要是商业计划的第一个主要部分,从某种程度上说,也是最重要的部分。它必须能够简洁而又睿智地说明企业的价值(即解决了哪些未被解决的问题,或者机会的优势在哪里),以及本企业为什么可能会成功(即独特资源将创造竞争优势)等问题。具体来说,这一部分既要能传达创业者高涨的创业热情,又要能充分展现创业企业创意的价值以及有效整合开发创意的创业团队。

2. 管理团队以及市场机会的价值是两项关键的投资要素

调查表明,风险投资家和天使投资人都认为管理团队以及市场机会是两项关键的投资标准。这并不是说产品特征、财务预期等不重要,而是在评审商业计划的过程中,投资者注重对各种要素间的复杂作用关系进行考察。有时候,甚至在对产品和技术本身进行评价之前,由于管理团队或市场机会存在明显问题,从而停止某项投资交易是很容易的。投资者似乎相信,管理团队、市场机会作为评价指示器,要比产品特征等更容易做出快速的评价。

也就是说,归根到底,创意的质量以及整合创意的人或人们的素养才是至关重要的。如果创意不合理或没有什么经济上的潜力,那么不管商业计划表面看来写得多精彩、多有说服力,有经验的投资者都会立刻识别出它。所以,在决定投入大量时间和精力去准备一份令人印象深刻的商业计划之前,创业者首先必须获得有关创意的反馈。如果创意本身价值不大,创业者应立即停下来,因为继续下去几乎肯定是在浪费时间。同样重要的是,本创意及其开发必须与创业者或团队的追求和能力相互匹配。

3. 商业计划要体现真实性

商业计划本质上是创业者对如何将创业意愿及创意转化为一种盈利事业的一种规划。不可否认,人们本来不可能完全预知未来,而且快速变化、不确定性很强的新奇技术和市场预测更加会受到信息获取的限制。事实上,即使创业活动面临很大的不确定性,创业者也应该努力确保商业计划信息的相对真实性。否则,潜在投资者怎么会把自己的真金白银投给你呢?

所谓真实性,是指市场预测必须建立在对目标市场的现有信息进行分析的基础上。当然,现实情况是许多(尽管不是大多数)早期发展阶段的技术型企业最终将定位于完全不同的市场。但是,创业者需要把当前能够获得的真实信息记录下来,同时时刻保持对环境变革的警觉。如果目标市场非常不确定,创业者应该直接说明这一不确定性。这就是睿智的投资者总是更愿意投资于可靠的、具有竞争力的团队的原因,因为他们能够及时识别正确市场中的正确产品,不管计划书中事先是如何

写的。具体来说，商业计划的真实性表现在以下几方面。[脚注]

（1）顾客分析的真实性。创业者应尽力根据潜在顾客反馈的信息来撰写商业计划。一家创业企业还没有确定目标顾客并没有什么，而如果企业从未尝试获取潜在顾客（不管是终端用户、分销商还是中介）的信息反馈，则是不应该的。人们往往把这一过程混淆于"市场研究"。市场研究是指对市场规模大小的分析，而顾客研究则是对真正的顾客需求是什么以及特定的产品或服务能否满足这些需求的分析。

研究认为，创业者应该至少与 10 位潜在顾客进行沟通，这样才能提出相对可信的收入模式。当然，具体访谈人数会因行业不同有所差异（尤其是在行业细分的情况下）。而一般来说，10 位受访者基本上能够满足顾客如何应用新技术的需要。在访谈中涉及的问题主要有：

- 你们在生产产品或提供服务的过程中，尚未解决的最大问题是什么？
- 你们现在使用的技术是否限制性很大？
- 如果你们拥有这种新技术，将会如何使用？
- 什么样的技术创新能够满足你们的价值需要？

（2）市场分析的真实性。对一项新颖、具有市场变革意义的新技术来说，进行市场分析存在极大的难度。而创业者又往往相信未证明的市场，投资者却确信创业者容易对事情过度乐观。持有怀疑态度的投资者从来都不会相信创业者对市场的预测，无论提供多少研究细节。现实性市场分析应该恰当描述市场规模，从而帮助投资者个人进行相关决策。

一些公开的市场调研信息以及网络搜索都能够提供这种快速的市场规模评价。例如，我们发现，通过搜索恰当的关键词（如 ××"10 亿"），能够很快获取相关行业的统计信息。与行业人士以及顾客就真正的目标市场进行讨论的时候，我们需要集中在目标市场的特征方面，如这种技术的具体应用是什么？能为使用者创造什么价值？依据这些方面的信息，基本可以推断出市场的规模。

（3）竞争分析的真实性。竞争者分析一般会面临这样的困境：一是现有竞争者不可能与新技术进行竞争，二是由于保密或规避竞争的原因，真正的竞争者不可能很容易地被识别出来。可是，优秀的商业计划既要识别明显的竞争者，又要识别潜在竞争者。这样做的好处在于：提醒创业者不应该开发存在过度竞争的市场，同时使得投资者相信创业者为评估竞争环境做出了相应努力。快速识别竞争者的过程如下：

- 在百度或其他网站搜索特定产品或服务关键词；
- 利用国家专利数据库搜索相关专利（及其应用）；
- 与著名的行业专家进行探讨。

㊀ 乔治, 博克. 技术创业：技术创业者的创新之路 [M]. 陈立新, 译. 北京：机械工业出版社, 2009.

（4）收入分析的真实性。在商业计划中，经常会发现这样的描述：根据××，××市场规模是××元。如果我们能够捕捉到5%的市场，那么我们的年收入将是××亿元。这种分析一方面忽视了把技术投放市场的定价因素，另一方面回避了顾客购买决策是如何做出的，以及为什么5%的顾客会转向接受新技术等重要问题。问题是，如果创业企业的技术比其他现有技术更有优势，那么企业为什么不努力拥有50%或者75%的市场份额呢？

一种更有效的评估需求的方法叫"自下而上"法。这种方法首先识别具体的可能接受新奇技术的顾客，叫作"早期接受者"。一些情况下，可以给出基于当前市场评估的价格范围和顾客目标数量。可见，顾客研究（而不是市场研究）是合理信息的起点。建立在潜在顾客信息基础上的收入计划要好于基于市场的分析计划。了解顾客如何购买产品是进行合理收入规划的第一步。

8.3.2 撰写技巧

根据以上撰写原则，为了使商业计划脱颖而出，并最终获得风险投资人的青睐，创业者应认真做到：①确保创意的价值性，并拥有高素质的管理团队；②认真负责、睿智地按适当的商务格式进行编排和准备计划；③执行摘要简洁，论之有据。既充分描述创业热情，又不失规划的真实性。

商业计划撰写技巧要求同时满足以下条件：①以最佳的方式描述企业；②避免把令人激动的机会埋藏在成堆的数据中；③吸引阅读；④给可能的投资方提供决策所需的信息。这些技巧具体表现在以下两个方面。

1. 结构体例方面

多年来，商业计划的结构和体例相对固定下来。尽管对此没有硬性规定，但创业者不要单纯为了创新而偏离一般结构和格式太多。同时，又不能直接套用一些商业计划软件包所提供的样板文件。即便这样的确能够使商业计划书变得更加专业化，但是计划书必须基于特定市场调研数据和事实来撰写，以充分表明创业企业的可预测性以及创业者的激情。

创业计划的体例也需要努力做到更好。看上去比较讲究，又不能给人浮华浪费的印象。可以采用透明的封面和封底来包装计划书，不要过度使用文字处理工具，如粗体字、斜体字、字体大小和颜色等，否则会让商业计划显得不够专业。而一些体例上的用心却可以显示出创业者的细心。例如，如果企业有设计精美的徽标（LOGO），应该把它放在计划书封面页和每一页的书眉上。一些图表颜色与徽标的匹配设计也会充分显示创业者的用心，同时容易吸引人的眼球，给读者留下深刻印象。

按照上面提到的商业计划一般格式逐项检查，不能有任何遗漏和错误。例如，有些商业计划竟然在封面上漏掉了联系方式、缺封面页，或是有明显的排印错误等。这样一些小疏漏会使得投资者认为准创业者是粗心、不负责任、准备不充分的，进而影响其投资决策。

2. 内容设计与组织方面

根据上面提到的真实性撰写原则，商业计划的内容应该建立在市场调研或其他间接来源的真实数据的基础上。因而在撰写正文的过程中，可以先组织撰写顾客和市场营销分析这一部分，再结合企业发展目标撰写产品开发以及财务等信息。而在实践中，创业者经常对财务部分花费大部分时间，描述详细的财务计划，恰恰忽略了市场调研，这是不可取的。

商业计划的内容撰写体现为一种过程，随着撰写工作的深入，创业者能够获取的新市场、潜在顾客等相关信息越来越多，或是越来越具体，这时候的商业计划也要做出相应调整。甚至随着掌握越来越多的相关信息，创业者的个人目标和追求都会随之改变，这些都会影响到企业所有权方式、销售预期、盈利预期以及融资方式等方面的决策。所以商业计划的内容设计是动态的过程，随时都需要进行调整。因此，在这一过程中，需要以坦诚的态度、开放的心态，不断修改、完善商业计划。

商业计划相关信息的获取有很多方式，如市场调研、行业数据、专家咨询等。根据技术和市场的新颖性采用的具体方式有所差异，比如针对新市场和技术，没有现成的行业信息，这时就需要花费精力和时间进行市场调研。

此外，内容设计与信息组织过程中需要多考虑准投资者的看法与感受。毕竟商业计划在反映实际情况的同时，还需要说服别人。尤其是高科技企业编写财务计划时要表达一种"有益于投资者"的良好态度，即表明企业理论上具有创造 10 倍回报的潜力。比如，内部投资报酬率分析表明，国外风险投资一般寻求的是 4～6 年成长为年收入 5 000 万美元的投资机会。因此，许多国外的商业计划一般都标明第 5 年的营业收入将达到 5 000 万～1 亿美元。

最后，商业计划内容需要尽全力规避不应有的错误，如表 8-5 所示。

表 8-5　商业计划不应有的错误及解释

错误	解释
概要太长而且松散，未能说准要点	简明扼要又全面
没有清楚回答"人们为什么想购买这种产品"	只说产品有价值，却忽视了潜在顾客的调研
没有对管理团队资格给予清晰的陈述	管理团队的个人简历须用附录具体说明，否则准投资者会认为管理团队没有经验
过于乐观的财务预期	盲目乐观会失去可信度，须根据实际调研做出合理预期
界定的市场规模过于宽泛	企业的市场规模应是目标市场，而不是产业市场
隐藏和回避不足与风险	准投资者会认为计划不够深入
没有清晰回答产品所处的阶段	说明产品开发工作没有真正开展或不具有合理性
认为没有竞争者	说明缺乏深入、认真的市场调研
任何形式上的错误	排版、语句错误以及资产负债表的不平衡等

无论商业计划的其他部分有多好，都必须绝对避免这些使计划注定被拒绝的错误。哪怕你只犯了其中一个错误，都会使从老练的投资者那里获得帮助的可能性降到最低。

> 专栏

成功撰写商业计划的几点建议

- 一定要自己做。没有人可以代替你制订你的计划。
- 投资者关心财务状况，但更关心能够实现预期财务目标的战略。
- 要清楚地显示出与竞争对手的明显差异，不要陷入"我也是"的境况。
- 明确目标市场，提供顾客真实存在的证据。
- 认真校对，不要有错别字和语法错误。
- 要有现金流预测，这对新企业的生存至关重要。
- 保持计划书的整洁，简明扼要，篇幅不要太长。
- 陈述事实，尽量避免"我认为""我估计"等主观判断和猜测。
- 给计划书设计一个有吸引力的封面。

在商业计划主体内容撰写完成后，需要为其设计封面和标题页，以便于装订和打印。封面应注明公司名称、地址、联系电话以及商业计划发布的日期。令人吃惊的是，很多提交给潜在投资者的商业计划并未注明联系地址或电话。感兴趣的投资者希望能方便地与公司取得联系，以获取进一步的信息，或表明他们对公司或商业计划中的某些方面的兴趣。封面之后应当是精心设计的标题页。应在此页重复封面信息，并在上方或下方的角落注明"复印数量 _____"。将复印数量控制在一定范围内（通常不超过20份）除了能帮助创业者记录已发出的商业计划数量之外，还能提供心理学上的优势。毕竟，没有投资者希望看到他们的潜在投资项目是无人问津的"陈年旧货"。

撰写一份卓有成效的商业计划不仅是一门科学，也是一门艺术，虽然我们可能并不希望如此。像律师使用模板来撰写遗嘱或房地产协议一样，企业管理人员只需填补寥寥空缺便能生成一份商业计划这样的想法听上去虽然诱人，却是不切实际的。每家企业在销售、生产和财务方面的主要问题各不相同。商业计划应体现出这种差异，着重强调重要问题，对次要问题则可一笔带过。谨记，在投资者眼中，商业计划是公司目标、业务特点和管理团队的缩影。填充范本空白之处或用计算机生成商业计划这样的做法只会将投资者拒之于千里之外。在撰写商业计划时，应侧重于与公司密切相关的外在关键要素，而非关注自身的内在需求。这样，你将节约宝贵的时间和精力，而且赢得投资者及客户支持的概率也会大增。[一]

8.4 商业计划的反对之声

大量创业教育培训机构把撰写商业计划视为创业活动的核心所在，大学课堂也将其作为培养学生创业技能的重要手段。实际上，对于创业者是否应该撰写商业计划的争论一直广泛存在，也出现了一些专门针对创业者应该如何制订计划的新方法。

[一] 里奇，甘佩特. 如何撰写制胜商业计划书 [J]. 哈佛商业评论，1985年5-6月.

> **学者观点**
>
> **不要浪费时间写商业计划**
>
> 一份制作精良、措辞严谨、内容详尽的商业计划，看起来是帮助你的创业点子扬帆起航的完美利器。然而，卡尔·施拉姆（Carl Schramm）却觉得，你该烧掉它。作为经济学家、雪城大学（Syracuse University）教授、专注于创业扶持项目的考夫曼基金会前主席，他认为写商业计划是在创业初期最大的误解之一。
>
> 他在《烧掉你的商业计划书：不按常理出牌的创业者才能让企业活下去》（Burn the Business Plan: What Great Entrepreneurs Really Do）中指出，成功真正的秘诀在于创新理念、实战经验和敏锐的判断力。施拉姆在接受沃顿知识在线节目专访时，解释了投资者和创业者为何应该把商业计划烧掉。
>
> **沃顿知识在线**：为什么您说其实没有必要写商业计划？
>
> **施拉姆**：第一，在教人如何开公司的课上，写商业计划是最基本的内容，但其实你学到的东西大多是臆测。我的书源自在考夫曼基金会工作长达10年的研究。看一看那些老牌大企业，比如美国钢铁、通用电子、IBM、泛美航空；然后再看看新兴企业，比如亚马逊、苹果、Facebook、微软。上述公司没有一家在创业之前写过商业计划。从实战角度来看，你似乎并不需要商业计划。
>
> 第二，写作商业计划一般都是为了吸引风投。从实践研究角度，有机会面见风投家的初创企业远远不到1%。每年能够争取到各类风投支持的新公司也远远不到1%。因此，我认为写商业计划基本上就是浪费时间。
>
> 第三，写商业计划会让人觉得创业和照着菜谱做菜是一回事。先这样，然后这样，再然后这样，蛋糕就做好了。其实才不是这样呢！
>
> **沃顿知识在线**：一些知名公司最初都没有做过商业计划，比如微软、苹果、Facebook，但现在它们却在做着各种各样的计划。
>
> **施拉姆**：是的。这个社会一直都有这种趋势。这就是人性，大家不相信那么重要的东西竟然是在无序中发生的，人们相信秩序。看看周围，有很多专家学者一而再再而三地尝试以一种富有逻辑、按部就班的方式创建公司，那就是所谓的菜谱式创业。
>
> 其实，你不可能从一开始就找到答案，而且永远不会有所谓的正确答案。市场、技术、客户喜好、价格、竞争对手都在不断变化。很多时候，我们都在假设，创业者应该一击即中，然后就能直接去银行提款，买一架飞机，在IPO之后赚得盆满钵满，30岁之前功成身退。
>
> 然而事实根本不是这样。你创办了一家公司，这只是开始。从此刻起，你要努力把公司做大，因为增长很重要，规模是关键。而你要做到这一点的唯一途径就是不断响应变化的市场，响应那些需求所释放出的信号。
>
> 资料来源：沃顿商学院知识网：不要浪费时间写计划书，烧掉它！2018-06-09.

8.4.1 商业计划不一定有用[⊖]

以创业者和中小企业主为目标群体的美国杂志 *Inc.* 每年都会出版一个包括美

⊖ 薛红志. 创业者如何做商业计划 [J]. 中外管理，2011（11）：102-103.

国成长速度最快的500家私人企业的专刊，这些高成长企业绝大部分都是成立时间较短的创业企业，例如2004年评出的500家企业中，48%的成立时间不到6年，84%的成立时间不到10年。有些学者对这些高成长企业的创业者是否制订商业计划做了分析研究，结果却发现了与我们的常识完全不同的结论。例如，针对1989年 Inc.500 创业者的分析显示，41%的企业根本没有商业计划，26%的企业有一个粗略的计划，只有28%的企业有正式的商业计划；针对2002年 Inc.500 创业者的分析则显示，只有40%的企业曾经撰写了商业计划，这其中又有65%的企业承认后来的行动远远偏离了最初的计划，在发展的过程中不断修正计划。

以前人们说硅谷创业者在餐桌上拿一张餐巾纸写商业计划，其实现在很多创业者连餐巾纸的商业计划都没有了。既然商业计划如此重要，为什么大部分实现了快速成长的创业企业没有撰写商业计划呢？这的确值得我们深思。有人可能会质疑分析样本的局限性，但分析样本即便发生变化，也发现了类似的结论。例如，针对美国创业教育排名第一的百森商学院1985—2003年毕业的校友所创建的116家企业的研究显示，创业时撰写了正式的商业计划的企业与那些没有撰写商业计划的企业在成功指标（包括年销售收入、员工数量和净利润）上并无任何显著差异。

有人可能会反驳，商业计划虽然不会直接有助于创业者取得较好的财务业绩和快速成长，但它是创业者向风险投资家融资的必需工具，有助于创业者整合外部资源。但事实也并非如此。2009年，美国《战略管理》杂志一项针对1 063个风险投资案子的研究显示，商业计划充其量在融资中扮演了微弱的象征性角色，不会对风险投资家的决策产生任何影响。其实，这与风险投资从业者的观点正好一致，他们并不会花费大量精力对商业计划进行系统的评估，不被花哨的商业计划影响投资决策过程反倒是成功风险投资家的重要技能之一。曾任《哈佛商业评论》编辑的戴维·冈普特（David Gumpert）在《烧掉你的商业计划书！什么是投资者真正想从企业家那里得到的》（Burn Your Business Plan! What Investors Really Want from Entrepreneurs）一书中更是大胆指出：撰写商业计划纯粹是没必要的浪费时间，反而会产生不良后果。创业者应该转而关注更可能让风险投资家产生深刻印象的关键的手头任务，如准备有效的口头报告、清晰且给人印象深刻的提纲以及经得起推敲的财务方案，系统性的计划反而是次要的。

本质上，投资者不会因为商业计划而决定投资。投资者为有利的环境和条件而投资，有利的环境和条件也就是优秀团队及实际市场需求。当然，有些时候你还必须撰写商业计划，因为有些投资者会要求你递交商业计划。还有一种情况是，你的公司虽然拥有强大的团队和卓越的商业理念却无法找到推荐人，因为你们是市场上的新手，太缺乏市场经验。这时，要想引起投资者的注意，唯一的选择就是撰写商业计划。即便如此，你的商业计划也只不过是一份产品宣传手册——一种销售手段，拓展你在融资演讲中精简、强调的产品特征和可获取的利益。它为投资者提供更深入、全面的资料。在你开始撰写商业计划之前，先做其他工作，比如组建团队，找到顾客的痛点，调动所有资源开展市场验证，等等。做完那些工作之后，撰写商业计划要用的时间不会超过一周。如果撰写商业计划的时间超过了一周，你应该知道，你的团队的工作重心可能有问题。[1]

调查研究

成功创业者如何做计划

所有企业都应该进行一些分析和计划。成功创业者看似会盲目地冒险，其实不然。他们会采用一种快速而且省钱的方法——一种介于贻误时机的过度计划与根本不做任何计划之间的方法；他们并不追求完美，因为即便是最精明的创业者，一开始也可能会犯错误。然而，与大公司的通常做法相比，创业者的方法更为经济、及时。

成功创业者所采取的方法有哪些关键要素？我们的调研结果为有创业抱负的人士提供了三条指导原则。

（1）快速筛选各种机会，剔除没有前景的创意。

（2）对创意只做有限的分析，重点关注少数几个重要事项。

（3）将行动与分析结合起来，不要等一切有了答案才行动，而且要随时准备调整行动方向。

资料来源：毕海德.创业者如何制定有效的战略[J].哈佛商业评论（中文版），2005（9）：146-160.

8.4.2 商业计划的作用受制于不确定性

商业计划的作用与不确定性密切相关。正如战略学者所指出的："当不确定性是零时，计划是日程表中的一种必需方式；当不确定性极高时，计划是没有任何用途的。"不确定性是指我们在预测未来或预期某种行动的结果时所表现出来的困难程度，创业者面临的不确定性大体上可以分为两类：一是外部不确定性，与创业企业的价值创造过程相关联，来自企业运营所处的市场或产业的动荡性，所有竞争对手都面对这种不确定性；二是内部不确定性，与创业企业选择的目标市场及其产品满足市场期望的概率相关联，是每个创业企业所特有的。

外部不确定性起源于各种不可知因素，如顾客对新产品和服务的需求偏好、竞争对手的报复性行动、供应商的原材料价格波动，以及产业演进和变革导致新技术或新商业模式的出现等。当创业企业处于新兴产业或市场时，这种不确定性会变得更加显著。由于商业计划必然涉及对外部环境未来变化趋势的预测，而创业者又经常提供新颖的、质量不可知的产品、服务或技术，所以预测很可能是错误的，基于这种错误预测数据所做出的决策也必然是错误的。

内部不确定性与创业者识别到的具体创业机会相关。创业机会虽然是客观存在的，但其价值潜力和开发方式存在很高的不确定性，往往机会的创新程度越高，潜在需求或市场反应越难以预测，因此创业者很多时候只能摸着石头过河，没有必要自寻烦恼提前制订计划。此外，由于时间窗口的问题，创业机会往往稍纵即逝，当创业者为了全面考察机会的可行性而制订商业计划的时候，可能机会已经不复存在

---

[1] 亚当斯.避开创业大陷阱[M].刘昊明，谢楚栋，连晓松，译.北京：机械工业出版社，2005：117.

了，因此快速进入市场并开展营销活动吸引客户可能是最紧迫的任务，而制订商业计划则会大大分散创业者宝贵的时间资源。

计划还可能会使创业企业丧失其相较于成熟企业的灵活性优势。创业企业本来在资源配置和行动方案上有较高的灵活性，因为他们不用受既有程序、流程和政策的制约，而商业计划却限制了它与既有企业相比而拥有的这种灵活性，因为商业计划给创业者施加了太多的束缚，特别是当他们开展有悖于计划内容的行动时。

因此，商业计划没必要一开始就以正式且完整的形式呈现。事实上，在那些快速变革的行业中，尤其是技术密集型高科技行业，保持灵活性是成功的关键，刻板地按照计划行事反倒有害无益。因此，创业者要随着环境的变化适时更新商业计划。

学者观点

完美商业计划的误区

依照传统智慧，每位公司创始人必做的第一件事就是撰写商业计划：用一堆静态的文字描述当前机会的大小、待解决的问题以及公司可提供的解决方案。商业计划通常会预测公司在未来5年内的收入、利润和现金流。实质上，商业计划就是"纸上谈兵"的演练，因为此时连产品开发都未开始。这个演练假定，在筹集资金和真正执行想法之前，创始人能提前预知未来业务中的绝大多数"未知领域"。

创业者用令人信服的商业计划打动投资者。在获得注资后，他们就会投入到闭门造车式的产品开发中。产品开发者在产品发布前要投入成千上万小时的人工，但消费者根本没有介入整个过程中。只有当产品开发和发布完成后，销售人员尝试进行销售时，公司才会获得消费者的反馈。然而，在历经数月甚至数年的开发后，创业者不得不面临残酷的现实：产品的大部分功能常常是多余的，消费者不想要也不需要。

几十年来，我们观察了上千家初创企业，它们都曾遵循这样的创业流程。对此，我们总结了三条经验。

（1）绝大多数的商业计划在与消费者的第一轮接触中就会被推翻，就像拳王泰森曾经评论其对手的赛前策略道："每个人都有一套计划，直到一拳打在他嘴上。"

（2）除了风险投资家，没有人会要求做一个商业计划来预测完全未知的东西。这些商业计划一般是虚构的，凭空想象它们就是浪费时间。

（3）初创企业并非大企业的微缩版：制订一个宏大的计划，然后按图索骥地行动。最终成功的初创企业是那些在失败中不断向用户学习、不断调整、迭代和改进其最初想法的公司。

资料来源：布兰克.精益创业改变一切[J].哈佛商业评论（中文版），2013（5）.

8.5 探索驱动型计划法

按照上面的逻辑，难道创业者不该做计划吗？答案当然是否定的。环境的快速变化使得计划跟不上变化，这是客观事实，但以此否定计划的作用是绝对错误的。

一份设计合理的计划不仅代表着创业者对成功的强烈愿望与充分准备，而且代表了创业者对利益相关者的负责态度。问题的关键在于创业者要采取正确的方法制订商业计划。

从目前来看，大部分创业者制订计划的方法更像是大企业的传统计划方法，这种方法要求计划内容十分详细，并且过分关注细节。麦格拉思和麦克米伦进一步指出，传统计划背后隐藏的假设被看作事实，而不是被看作有待检验和质疑的推测。当面临的不确定性较低时，这些假设往往是显而易见的，细节意味着精确和谨慎，因此出错的可能性较低。但是，创业者通常面临的是高度不确定性，因此很多假设就是大胆的猜测而已。不难想象，这些往往是创业者一厢情愿的想法罢了，因此他们不可避免地会经历对最初计划的偏离，需要根本性的重新定位。

学者观点

传统计划方法中一些危险的隐含假设

1. 顾客会因为我们认为某产品好而购买该产品。
2. 顾客会因为产品技术较好而购买我们的产品。
3. 顾客会同意我们认为产品"很好"的看法。
4. 顾客不再继续购买原供应商的产品，转而购买我们的产品，不会有什么风险。
5. 产品本身会宣传自己。
6. 分销商急于囤积和经销我们的产品。
7. 我们能够按时并在预算之内开发出产品。
8. 我们能成功地吸引到合适的员工。
9. 竞争对手会对我们的行动做出理性的反应。
10. 我们能使自己的产品免受竞争。
11. 我们能在快速获得市场份额的同时抑制价格的上升。
12. 公司的其他人会乐于支持我们的战略，并在需要时提供帮助。

资料来源：MCGRATH. R G, MACMILLAN, I C. Discovery driven planning[J]. Harvard business review, 1995, 73(4): 44-54.

上面这些假设没有任何的数据支撑，仅仅是空想而已，而建立在这些空想上的战略或者计划，绝大多数都注定会夭折。为此，麦格拉思和麦克米伦开创性地提出的探索驱动型计划法（discovery-driven planning method）也许更适合于创业企业，这种方法承认在创业开始阶段所做的判断几乎都是假设，并且将假设的"证伪"视为计划的关键所在。探索驱动型计划法主要包括制定以下四个文件。

（1）逆向损益表。反映创业项目的基本经济情况，要求创业者首先明确打算实现的利润是多少，然后据此推导出需要多少收入以及允许的成本是多少，而不是从估计收入以及现实的成本推导出能够实现的利润。

（2）运营情况预测说明书。用来展示创业过程中研发、生产、销售、配送和售后等所需的全部关键活动及相应的成本结构，这些活动一起构成了可允许创业成本。

（3）重要假设检验表。列出一份创业要取得成功的假设清单，只有这些假设成立了，运营情况预测说明书中的数字才可能是可行的。清单上的条目顺序按重要性排列，关乎创业成败的假设和不用花多少钱就能检验的假设排在最前面。

（4）重大事件计划。详细说明每个重大事件发生时有待检验的相关假设，识别关键假设可以被检验的检查点，只要有可能，就检验假设。这里需要说明的是，没有任何假设是不应该检验的，对于最关键的假设要设置多个检查点。

探索驱动型计划法将创业视为一个持续性的计划过程，承认高度不确定性会导致计划与执行之间出现落差，因此要求创业者随着创业进程的推进，不断收集新信息验证之前所做出的各种假设，不断修订行动方案，调整经营思路与发展目标，直到计划所依据的各种假设都被验证。当然，有时创业者所做的假设过分荒诞，无论如何调整活动都不能保证假设成立，这时创业者要有勇气做出终止创业活动的决策。

正如哈佛商学院创新大师克里斯坦森所指出的："很多时候，新业务的失败不是因为得出了错误的答案，而是因为没有提出重要的问题。"因此，创业者必须清楚认识创业设想中哪些是亟待验证的问题或假设，采取一切可能的手段检验潜在假设，并根据由此得出的新信息对创业计划不断进行完善和修正，否则就会陷入自我欺骗的困境。胡适先生提出的"大胆假设，小心求证"不仅是一种治学方法，更是一种创业哲学。

本章要点

- 商业计划既是对创业的指引，也是对创业机会识别和开发的再论证。
- 商业计划是一种书面文件，它解释了创业者的愿景，以及愿景如何被转变为一家盈利的、可行的企业。
- 许多成功创业者制订很简单的商业计划，随后他们依据从实际经营创业企业所得来的信息，再修改该计划。
- 所有商业计划均应以执行摘要开始。这个部分对"创业企业价值是什么"以及"为什么能成功"提供了简短、清晰、具有说服力的概括。
- 商业计划正文的其他部分应该包括：使命、愿景与核心价值观，新创意及产品的形成背景和预期目标，市场营销分析，竞争者、竞争环境和竞争优势分析，开发、生产和选址，管理团队，财务部分，风险因素，收获或退出，时间表和里程碑，附录。
- 风险投资家评价商业计划的视角和标准就是：商业计划必须一开始就吸引人；管理团队以及市场机会的价值是两项关键的投资要素；商业计划要体现真实性。
- 商业计划的真实性是指市场预测必须建立在对目标市场的现有信息进行分析的基础上，表现在顾客分析、市场分析、竞争分析和收入分析的真实性。
- 商业计划可以是一系列的假设，但一定要是后续可以检验的假设，以便不断修正，使商业计划真正成为指导创业的工具。无法进行检验的假设一定是空想。

重要概念

商业计划　电梯推销　执行摘要　使命　愿景　核心价值观　探索驱动型计划法

复习思考题

1. 关于创业者是否需要撰写正式的商业计划或者说正式的商业计划到底是否有用的争论还是不少，你认为争论的原因是什么？
2. 撰写商业计划要做大量辛苦的工作和调研，但为什么创业者应该撰写呢？如果直接去创建企业，会有什么不好？
3. 商业计划起始部分的执行摘要为什么如此重要？它的首要目标应该是什么？
4. 为什么解释新产品或服务处于生产过程的哪个阶段很重要？（例如，是创意阶段、原型阶段还是生产阶段？）
5. 为什么充分描述创业企业管理人员的经验和专业技能对商业计划是如此重要？
6. 有人说商业计划还只是一系列的假设，不能指望按部就班地执行就能获得成功。怎样才能使商业计划有用？
7. 在商业计划中全面揭示和讨论潜在的风险因素会阻碍还是有利于投资者提供金融支持？
8. 撰写商业计划应如何平衡创业热情与保持分析的真实性？
9. 如何利用探索驱动型计划法为企业制订计划？
10. 传统商业计划中常见的关键假设是什么？

实践练习

餐饮行业需要高频跑腿，但是，如今重复、没有技术含量的工作越来越不被人青睐，而人员的不稳定性也是餐饮行业的一大困扰：服务不稳定将直接影响口碑和客流。传统的服务模式已然成为餐饮行业的发展阻力，"送餐机器人"是近年来餐饮行业的热词，也是未来的趋势。越来越多的餐饮企业不再考虑如何大肆扩张，而是努力控制成本，提高效率，使利润回升。送餐机器人具有不会疲惫、可以24小时工作、全年无休的优势，无疑是餐饮企业的最佳选择。

擎朗智能作为送餐机器人领导品牌，自2010年创立至今，已深耕送餐行业及送餐机器人10余年。第一代送餐机器人诞生到目前，擎朗智能送餐机器人市场占有率达到70%以上，因为它解决了送餐机器人在餐厅传菜工作的过程中的四大难题。一是场景：送餐机器人需要解决商家的问题，因此产品一定要跟场景深度结合，才能满足用户需求。二是运行：餐饮行业的一个挑战就是机器人需要与人共存。首先要保证它在餐饮场景中不会给人带来伤害，其次它还要稳定，不能出现软硬件故障。三是价值：送餐机器人要为用户带来收益。四是成本：送餐机器人的成本要低于人力成本。

擎朗智能已从国内餐饮市场走向世界餐饮市场，成为送餐机器人行业领军者。此外，擎朗智能送餐机器人的使用场景进一步被扩展到酒店、展馆、4S店、KTV等。

请你为擎朗智能的送餐机器人业务撰写一份执行总结（你可以访问该公司官网以获得更多信息）。

创业实战

1. 为你打算创办的企业撰写一份商业计划。
2. 如果你有30秒的时间向一位陌生投资者介绍你的创业项目，你打算如何陈述？

> 说服投资者最好的办法就是打造一家真正优秀的创业公司,实现快速增长,只要简单直接地告诉投资者这一点就可以了。
>
> ——风险投资家保罗·格雷厄姆

第 9 章
开展创业融资

【核心问题】

- ☑ 新企业为什么融资难?
- ☑ 创业者从哪里能获得资金?
- ☑ 如何确定融资的需求量?

【学习目标】

- ☑ 了解创业融资难的原因
- ☑ 掌握创业融资的主要渠道
- ☑ 了解不同融资方式的差异
- ☑ 了解融资的一般过程

引例　　向未来科技公司的创业融资之路

向未来（山东）智慧科技有限公司（以下简称"向未来科技公司"）成立于2018年，是退役大学生士兵扈忠臣基于计算机视觉研发并应用于青少年体适能培训的军创企业。

扈忠臣深刻了解到地方国防教育师资力量短缺以及退役士兵就业难的问题，为此他决心开启创业之旅，通过培训退役士兵成为国防教育师资力量，为青少年传递国防知识。

创业初期，公司运营主要依靠扈忠臣的个人储蓄和家人的资金支持。在当地退役军人事务局、人民武装部和团市委的大力支持下，他吸收高校退役大学生士兵，共同投身国防教育事业，将他们在部队学到的知识与技能传授给地方青少年。

随着公司的不断发展，个人资金已不足以支撑队伍扩大、产品开发、业务拓展和市场推广，扈忠臣便想到向外部融资。他开始接触天使投资人，展示公司的潜力和产品愿景。他基于新时代互联网思维，利用互联网高频覆盖等特点，创造了"新时代'互联网+'国防教育"模式。天使投资人被扈忠臣的创业激情、产品潜力和商业模式所打动，决定为向未来科技公司提供第一轮融资。

获得天使轮融资后，向未来科技公司迅速扩大了团队规模，招聘了更多的员工；加速了产品开发速度，有更多新产品、新业务推向市场；进一步完善了市场营销策略，拓宽了营销渠道；提高了服务质量，改善了用户体验。向未来科技公司新开设30余家场馆，赋能150余家场馆，覆盖200 000名大中小学生，线上曝光量高达8亿次，为400多名体育专业毕业学生提供了良好的就业机会，其产品和服务在市场上得到了广泛认可。

扈忠臣始终坚信科技是第一生产力、创新是第一驱动力、人才是第一资源。为实现这一目标，他带领团队在计算机视觉领域持续研发并应用于青少年体能提升，开辟了一条全新的道路。然而，这个过程并非一帆风顺。这支创业团队由技术出身的年轻人组成，在行业中有着开阔的视野和创新的思维。他们发现要找到符合公司需求的优秀人才并非易事，市场的激烈竞争导致吸引高素质人才加入他们的团队变得异常艰难。人才引进、市场拓展等都需要新的资金注入，资金不足成为企业进一步发展的瓶颈因素。

扈忠臣并没有放弃，他深知只有坚持下去，才能够实现自己的梦想。他们利用有限的资源，努力提升自己的技术水平，通过与业界专家交流学习，不断改进产品和服务。他们的做法和经验也得到了有关部门的肯定和赞许。相关部门为团队提供了政策、基金、人才和推介等多方面的支持。扈忠臣及其团队利用政府资金和相关政策壮大了研发团队，购置了先进设备，积极开展技术创新，很快便成功研发了全球首款AI互动少儿体适能产品，研发团队利用卷积神经网络技术算法，将三维人体模型数据导入后台脚本，实现了非接触式的交互体验。此外，他们还运用骨骼蒙皮技术、关键帧插值和静态体适能动作识别算法等，为青少年带来个性化的训练指导，极大地提高了青少年的体验感和训练兴趣。

扈忠臣和他的团队始终坚持着对事业的热爱和追求。他们把办公室当成自己的家，与日月星辰为伴，夜以继日地突破一道道难关，搭建了 TTEmpoer 残乒智体训练系统，通过创新的骨骼、肌肉、皮肤三大模型和运动防损系统，与国家残乒球队达成战略合作，助力乒乓球教练员吕晓磊带队在东京残奥会夺冠，助力国家残乒队在国际乒联黑山公开赛中取得优异成绩，累计辅助 700 余位残乒运动员在各类赛事中夺冠，并受邀参与 2023 年杭州亚运会招标，为体育强国贡献青春力量。

为了获得更多资金支持公司的快速发展，扈忠臣走访了一些大的投资公司，向它们展示公司的优势和能力。创业团队的真诚踏实和优异成绩打动了多家公司，目前已完成数千万元的 pre-A 轮融资，公司估值数亿元。

资料来源：本案例由齐鲁工业大学创新创业中心张金霞副教授采编完成，案例已得到创业者及创业团队的授权许可。

阅读以上创业融资的案例，你认为在向未来科技公司，扈忠臣和他的创业团队使用了哪些融资方式？不同融资方式获得的资金发挥的作用有哪些不同？

9.1 创业融资的困境与优势

创业者，尤其那些处于并不吸引人的行业或刚刚起步的创业者，寻找外部资金支持的确困难。银行不愿意贷款给初创企业，创业投资家又总是在寻求大笔交易，私人投资者越来越小心谨慎，而上市（IPO）只青睐大公司或少部分有良好成长业绩的"明星"企业。虽然创业活动并不都需要太多的资金，但缺乏必要的启动资金还是成为创业者创业路上的很大障碍。因此，创业融资成为创业过程中最大的难题之一。

9.1.1 创业融资的困境及理论解释

创业融资的困境是相对于现存企业的融资而言的。一项对 6 家城市商业银行及其分支机构的抽样调查显示，企业规模和贷款申请被拒绝次数呈现负相关关系；同样，企业经营年限与贷款被拒绝次数的比例也是负相关关系。可见，企业规模越小、成立时间越短，越难以获得银行资金的支持，对创业企业而言，其融资困境更为显著。与现存企业相比，创业企业在融资条件上具有明显的劣势。

第一，创业企业缺少可抵押的资产。谁会把钱借给一个身无分文的人呢？在我国的调查发现：创业者在创业前年收入在 3 万元以下的占 27%，3 万~5 万元的占 15.4%，创业者积蓄甚少，这使得创业启动资金极为有限。现存企业在获得银行贷款资金时，可以用企业的资产作为抵押，而创业企业几乎没有可以提供抵押的资产。为创业企业提供资金，比为其他企业提供资金面临更大的风险。

第二，创业企业没有可参考的经营记录。即便身无分文，但如果有过辉煌的经营业绩，也容易筹集到资金。就像可口可乐公司的前总裁所说，即使可口可乐公司在全世界的工厂都被烧掉，公司也能在一夜之间起死回生，因为银行会争着向公司提供贷款。资金提供者需要在将来的某个时点收回资金并获得回报，企业未来的经营情况关系到投入资金的安全。对现存企业来说，可以通过分析其已有的盈利能力来预测未来的经营情况，银行或其他投资者在向企业提供资金时也都会对企业的财务报表进行分析。而不幸的是，创业企业既缺少资产，也没有以往的经营业绩，所能提供的资料不过是一份商业计划，未来的经营情况具有更大的不确定性。

第三，创业企业的融资规模相对较小。如果你是一位银行的信贷经理，你愿意一次把 100 万元贷款给一家大企业，还是愿意给 10 家小企业各贷 10 万元呢？当创业企业向银行申请借款时，其金额往往比现存企业要少很多，而银行办理一次业务的成本却相差不大，这使得创业企业的单位融资成本远远高于现存企业。据调查，对中小企业贷款的管理成本平均为大企业的 5 倍左右，银行理所当然会倾向于给大企业而不是创业企业贷款，因而加大了创业企业融资的难度。

创业融资难，源于创业活动的高风险性。这种风险包含两部分：一部分来自创业活动本身固有的风险，即创业企业的不确定性；另一部分来自外部投资者对创业活动风险的感觉，即信息不对称。

（1）不确定性。创业活动本身面临非常大的不确定性，现存企业也面临环境的不确定性，但创业企业的不确定性比现存企业的不确定性要高得多。创业企业缺少现存企业所具备的应付环境不确定性的经验，尚未发展出以组织形式显现的组织竞争能力。清华大学中国创业中心 GEM（全球创业观察）项目的研究成果显示，市场变化大是中国创业环境方面的重要特征。市场变化大意味着更多的创业机会，但创业活动也可能面临更大的风险和不确定性。从统计数据上看，我国创业者的创业能力低于全球创业观察项目的平均水平，创业者普遍缺乏创办新企业的经验，缺乏进行创业管理的知识和经验，在商机把握和资源组织方面能力不强，等等。这些导致创业者把握不好创业机会，不能及时对市场变化做出反应，创业容易失败，进而加剧了创业企业的不确定性。据统计，我国创业企业的失败率在 70% 左右。国外有学者估计创业企业在 2 年、4 年、6 年内的消失率分别是 34%、50%、60%。创业企业的高失败率给投资者带来很大的风险，导致创业融资难度增加。

（2）信息不对称。信息不对称是经济生活中普遍存在的现象，产品的销售方比购买方具有更多关于产品质量的信息，工人比雇主更了解自己的技巧和能力，公司经理比公司所有人更了解公司的成本、竞争地位和商业机会。在创业融资中同样存在着信息不对称问题。一般来讲，创业者比投资者对自身能力、企业产品、创新能力、市场前景更加了解，处于信息优势的地位，而投资者则处于相对信息劣势地位。投资前的信息不对称可能导致逆向选择。由于投资者只能根据感知到的信息进行判断，所以那些素质不高、技术上有缺陷、经营管理不善的创业企业可能会因将各项数据和材料包装得漂亮而获得投资，而真正优秀的、未来收益高但能没做好这方面工作的企业可能失去投资。投资后的不对称则与道德风险有关，被投资公司的创业者往往既是大股东又是经营管理者，可能侵害投资者的利益，比如改变资金用途、关联交易、股权稀释、给自己订立过高的报酬等，投资者对创业者的行为很难监控。

> **关键概念**
>
> 信息不对称
>
> 在市场经济活动中，各类人员对有关信息的掌握和了解存在差异。掌握信息比较充分的人员，往往处于比较有利的地位，而信息贫乏的人员，则处于比较不利的地位。

一般来讲，企业的融资能力可以定义为资金的供给方对企业提供的与企业投资能力有关信息的满意程度。企业显示信息的能力又可以用企业的规模、财务状况、现有可抵押或质押的财富水平和企业能获得潜在资金的渠道等指标来反映。一般来说，创业企业成立时间短，没有或很少有过往记录，规模较小，经营活动透明度差，财务信息非公开，潜在的投资者很难了解和把握创业者及创业企业的有关信息。在我国，创业的商务环境还有待改善，尤其是在获得金融和非金融服务方面。创业者群体不够成熟，物质基础较薄弱。由于创业环境、相关产业的不成熟，还没能培育出成熟的投资者群体，他们对相关产业及投资活动的认知、直觉、经验、判断都有待于进一步提高。这一切，都加深了创业融资中信息不对称的程度。

9.1.2 创业融资的优势

融资难是普遍存在的问题，但创业者在融资方面也存在有利因素甚至优势。例如，比起有少量营业额的现存企业，创业企业在零收入、零顾客数、零进展的状况下，更容易筹到资金或寻求其他资源。因为"零"让人有遐想空间，而低收入则令人质疑，不知道高收入能否实现。[⊖] 创业者融资的有利因素是他们所拥有的创新性强的创意，以及他们所识别甚至创造出来的创业机会，这本身就是在创造价值。

创业融资难是因为未来的不确定性，但不确定性本身就是机会。从统计数据看，在成长性强的企业群体中，创业企业所占的比例更大，这并不仅仅因为创业企业的基数小，更多的是因为创业企业通过产品、服务以及商业模式等创新创造了价值，开拓了新市场甚至新产业。投资者投资的目的是通过提供资金获得收益，如果资金使用者（投资对象）不能利用资金创造价值，投资者也就不可能获得收益。为了确保能收回投资并获得收益，在没有更好的办法的前提下，只好要求投资对象提供抵押或担保。资金拥有者不敢向创业者和创业企业投资的根本原因在于难以判断创业企业的潜在成长性。

潜在成长性是创业者融资的最大优势。随着创业者素质和创业质量的提升，随着有利于创业的因素增多，同时随着银行竞争的日趋激烈，对创业者和创业企业的投资成为金融机构与资金拥有者关注的热点，进而带动创业融资的不断创新。近年来，大型银行纷纷成立中小企业部，拓展中小企业融资业务，就是很好的例证。

⊖ 莱斯. 精益创业：新创企业的成长思维 [M]. 吴彤, 译. 北京：中信出版社，2012：34.

9.2 创业融资的渠道

对创业者而言，所有可以获得资金的途径都可以成为创业资金的来源，创业者需要开动脑筋，广泛收集信息，挖掘一切可能的融资渠道。

创业融资的渠道按融资对象可分为私人资本融资、机构融资和政府背景融资。私人资本融资是指创业者向个人融资，包括创业者自我融资、向亲朋好友融资、天使投资。机构融资是指创业企业向相关机构融资，包括商业银行贷款（主要有抵押贷款、担保贷款和信用贷款）、中小企业间的互助机构贷款、创业投资基金、创业板上市融资、科创板上市融资。政府背景融资是指政府推出的针对创业企业的各种扶持资金及政策，主要包括科技创新基金、地方性优惠政策等。

9.2.1 私人资本融资

创业企业具有的融资劣势，使它们难以通过传统的融资方式（如银行借款、发行债券等）获得资金，所以私人资本成为创业融资的主要组成部分。图 9-1 是美国 *Inc.* 杂志调查的美国发展速度最快的创业企业的创业资金的主要来源。

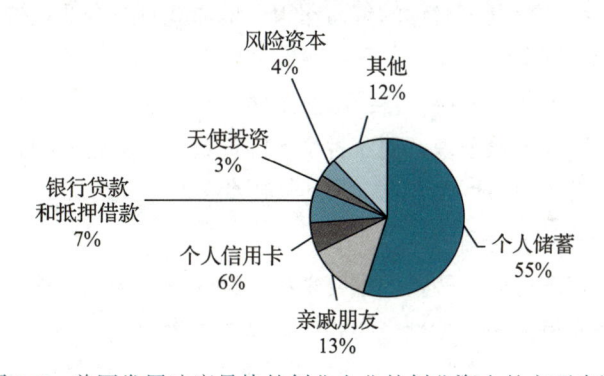

图 9-1 美国发展速度最快的创业企业的创业资金的主要来源

资料来源：毕海德.新企业的起源与演进[M].魏如山，马志英，译.北京：中国人民大学出版社，2004.

📂 **调查研究**

初始阶段的资金来源

美国人口普查局对创业者的调查发现，63.6% 的企业在创始阶段的资金来自创业者本人，只有 2.7% 的企业融资来自外部投资者——风险投资公司、战略投资者、朋友或家庭成员。有人对入选 2004 年 *Inc.* 500 的创业者调查也发现近似的结果，70% 的企业从创始人的个人资产中获得初创资本，10% 的企业创始人从朋友和家人那里获得初创资本，只有 4% 的企业创始人从各种类型的私有实体那里获得初创资本。

资料来源：沙恩.傻瓜的金子：美国天使投资背后的真相[M].骨国红，滕雄，祝捷，译.上海：东方出版中心，2009：28.

我国的情况也类似，世界银行所属的国际金融公司（IFC）对北京、成都、顺德、温州4个地区的私营企业调查表明，我国私营中小企业在初始创业阶段几乎完全依靠自我融资，90%以上的初始资金都是由主要的业主、创业团队成员及家庭提供的，而银行、其他金融机构贷款所占的比重很小。

1. 自我融资

每个创业者都应该明白，创业有风险。当准备创业时，他必须放弃原有的待遇，将自己的所有精力和智慧投入到新企业中。那么，以往的积蓄是不是投入到新企业中？答案是肯定的，创业者应将自有资金的大部分投入到新企业中。一方面，创办新企业是捕捉到的商业机会实现价值的过程，将尽可能多的自有资金投入其中，创业者可以在新企业中持有较多的股份，创业成功后，将获得较大的创业回报。这样，个人才能和资产在创业活动中共同创造较大价值。另一方面，自我融资是一种有效的承诺。前面已经分析了创业的不确定性和信息不对称造成了创业融资的诸多困难。在投身创业的过程中投入自己的资金，这本身就是一种信号，它告诉其他投资者，创业者对自己认定的商业机会有十足的把握，对自己的新企业充满信心，是全心全意、踏踏实实地在干事业。创业者会谨慎地使用新企业的每一分钱，因为那是自己的血汗钱。这种信号会给其他资金所有者投资新企业一种积极的暗示，适度缓解信息不对称的负面作用，增加其对新企业投资的可能性。当然，在难以获得外部资金的情况下，自我融资也是不得已的选择。

对很多创业者来说，自我融资虽然是新企业融资的一种途径，但它不是根本性的解决方案。一般来说，创业者个人的资金对于新企业而言总是十分有限的，特别是对先期投入大的行业来说，几乎是杯水车薪。

2. 向亲朋好友融资

亲朋好友是创业融资的重要来源。家庭是市场经济的三大主体之一，在创业中起到重要支持作用。特别是在我国，以家庭为中心，形成了亲缘、地缘、文缘、商缘、神缘（即"五缘"）为经纬的社会网络关系，对包括创业融资在内的许多创业活动产生重要影响。家庭成员和亲朋好友由于与创业者的个人关系而愿意给予投资，这有助于克服非个人投资者面临的一种不确定性：缺乏对创业者的了解。在创业初期，创业者往往缺乏正规融资的抵押资产，缺乏社会筹资的信誉和业绩。因此非正规的金融借贷——从创业者的家人、亲戚、朋友处获得创业所需的资金是非常有效、十分常见的融资方法。我国温州民营经济的融资特征是：在创业初期，以自有资金和民间融资为主；当企业具有一定的规模和实力以后，以自有资金和银行借贷为主，但民间融资仍是重要的外部资金来源。有调查发现，企业在初创期75%以上的资金来源于自身积累和民间借贷；在企业发展阶段，其资金来源主要为初创时的自有资金、留存收益以及银行借贷。

虽然从家庭成员和亲朋好友处获得资金要相对容易一些，但与所有融资渠道一样，向家庭成员和亲朋好友融资也有不利的方面。创业者必须明确所获得资金的性质是债权性资金还是股权性资金。在借助"五缘"等基于传统的社会网络关系时，必须用现代市场经济的游戏规则、契约原则和法律形式来规范借贷或融资行为，保障各方利益，减少不必要的纠纷。为避免日后出现问题，创业者必须将有利方面和不利方面都告诉家庭成员和亲朋好友，还要告诉他们存在的风险，以便于将日后出现问题时对家庭成员和亲朋好友的不利影响降到最低。当创业者用非个人投资者融资的商务方式来对待向家庭成员和亲朋好友的融资时，对每一笔债权性资金都要讲明其利息率和还本付息计划，对股权性资金不能承诺未来支付红利的时间。如果能用对待其他投资者的方式对待家庭成员和亲朋好友，就能避免将来的矛盾。创业者还可以事先以书面形式将一切事项确定下来，在将资金用于企业之前，必须规定融资的一切细节，这些细节包括资金的数量、有关条件、投资者的权利和责任以及对业务失败的处理等。制定一份涉及所有上述条款的正式协议可以帮助避免未来可能出现的纠纷。

除此之外，创业者还需要在接受投资之前仔细考虑投资对家庭成员或亲朋好友的影响，特别需要考虑的是业务失败后的艰难困苦。家庭成员和亲朋好友对新企业的投资应该建立在他们对投资成功的信心之上，而不是因为他们认为有这个义务。

创业聚焦　　　　　　南存辉的创业故事

南存辉 13 岁初中刚毕业，父亲就因伤卧床不起。作为长子，南存辉辍学，子承父业。从此，校园里少了一个学子，人们的视野里多了一个走街串巷的小鞋匠。从 13 岁至 16 岁，他每天挑着工具箱早出晚归，修了 3 年皮鞋。生活的苦难塑造了他坚强不屈的性格，更坚定了他的生活信心。天资聪颖的他没有放弃对社会的观察和思索。20 世纪 80 年代初，温州掀起一阵低压电器创业潮。1984 年，南存辉找了几个朋友，四处借钱，在一间破屋子里建起了一个作坊式工厂。4 个人没日没夜地干了 1 个月，做的是最简单的低压电器开关，可谁知赚来的第一桶金只有 35 元。3 个合作伙伴都沮丧极了，而南存辉却异常兴奋，因为他觉得自己终于找到了一条通往财富的路子。就从这 35 元的第一桶金中，他仿佛看到了创业的曙光。1984 年 7 月，他与朋友一起投资 5 万元，在喧闹的温州柳市镇上因陋就简办起了乐清县求精开关厂，开始了他在电器事业里的艰难跋涉。

1990 年开始创办温州正泰电器有限公司（以下简称"正泰"）时，资金成为首要制约因素。由于银行贷款难度大、利息高，他选择了在亲戚好友中寻找合作人、吸收新股本的方法融资。他的弟弟南存飞以及亲朋朱信敏、吴炳池及林黎明相继加盟成为股东，南存辉个人占股 60% 以上。这种融资，不仅使创业企业渡过了难关，也让投资者分享到了企业成功的巨大价值，是共赢的选择。

到 1993 年，正泰的年销售收入达到 5 000 多万元。锋芒初露的南存辉意识到，正泰要想继续做大，必须进行一次脱胎换骨的变革。于是，南存辉充分利用正泰这张牌，走联合的资本扩张之路。他先后将当地 38 家企业纳入正泰麾下，于 1994 年 2 月组建了低压电器行业第一家企业集团。正泰股东一下子增加到数十人，而南存辉的个人股权则被稀释至 40% 左右。

然而他在摸索中渐渐发现，家族企业的一个致命弱点就是无法更多、更好地吸纳和利用优秀外来人才，而人才又是企业发展的第一资源。到 1998 年，几经思考的南存辉突破阻力，毅然决定弱化南氏家族的股权绝对数，对家族控制的集团公司核心层（即低压电器主业）进行股份制改造，把家族核心利益让出来，并在集团内推行股权配送制度，将最优良的资本配送给企业最优秀的人才。就这样，正泰的股东由原来的 10 个增加到现在的 100 多个，南存辉的股份下降至 20% 多。家族色彩逐步在淡化，企业却在不断壮大，正泰已成为拥有资产 30 亿元、年销售额超过 100 亿元、年上缴税金逾 5 亿元的大型企业集团。对此，南存辉坦陈："分享不是慷慨，对创业者来说，分享是一种明智。"

与温州老板普遍的家族经营相比，南存辉最与众不同的地方在于：自正泰成立之日起，他就矢志不渝地推行股份制，以稀释股份来融资和吸引人才，改善家族企业的治理结构。当他的股权从 100% 退到 20% 多时，正泰却在他的"减法"中发展得越来越大。

资料来源：根据中部经理人网《南存辉的创业故事》改写。

3. 天使投资

天使投资（angel investment）是自由投资者或非正式机构对有创意的创业项目或小型初创企业进行的一次性前期投资，是一种非组织化的创业投资形式。与其他投资相比，天使投资是最早介入的外部资金，即便还处于创业构思阶段，只要有发展潜力，就能获得资金，而其他投资者很少对这些尚未诞生或嗷嗷待哺的"婴儿"感兴趣。

关键概念

天使投资人

用自有资金以债权或股权的形式向非朋友和家人的创业者或初创企业提供资本的个体。

一般认为天使投资起源于纽约百老汇的演出，原指富有的个人出资，以帮助一些具有社会意义的文艺演出，后来被运用到经济领域。20 世纪 80 年代，新罕布什尔大学的风险投资中心首先用"天使"来形容这类投资者。天使投资有三个方面的特征。一是直接向企业进行权益投资。二是天使投资不仅提供现金，还提供专业知识和社会资源方面的支持。例如，惠普公司创立时，斯坦福大学的弗雷德里克·特曼教授不仅提供了 538 美元的天使投资帮助惠普公司生产振荡器，还帮助惠普公司从帕洛阿尔托银行贷款 1 000 美元，并在业务技术等方面给予创业者很大的支持。三是投资程序简单，短时期内资金就可到位。⊖

天使投资人在投资决策方面不只看重产品和市场，更看重创业者个人，一般包括创业者的热情、可信度、专业知识、受欢迎程度以及过往创业记录等。天使投

⊖ 李建军. 产学创新的平台：从硅谷到中关村 [M]. 南昌：江西高校出版社，2002.

人更多是对创业者进行投资，在创业者和机会匹配的过程中，创业者的作用更大，更具有能动性。

天使投资人一般有两类：一是创业成功者，二是企业的高管或高校科研机构的专业人员。他们有富余的资金，也具有专业的知识或丰富的管理经验。他们对天使投资感兴趣的原因不仅仅限于能在自己熟悉或感兴趣的行业进行投资，获取资金的回报，还希望以自己的资金和经验帮助那些有创业精神和创业能力的志同道合者创业，以延续或完成他们的创业梦想。据威廉·韦策尔（William Wetzel）介绍，美国有25万个或以上这样的天使投资人，其中有10万人在积极投资。他们每年在总共2万~3万家公司投资50亿~100亿美元，每次投资2万~5万美元。这些投资者主要是美国自主创业造就的富翁，有扎实的商务和财务经验，年龄在40~50岁，受过良好的教育，95%的人有学士学位，51%的人有硕士学位；获得硕士学位的人，44%从事技术工作，35%在商业或经济领域工作。[一]

近年来，我国的天使投资已有了较快发展，社会对天使投资已越来越关注。由《创业家》杂志发起并主办的"最受尊敬的创业天使"评选活动，从2007年起开始举办，活动主要是针对创业支持机构及天使投资领域的个人进行量化评价。2010年评出的最佳天使投资人是两位在业界声望卓著的创业家——柳传志和雷军，这充分说明天使投资人已经成为国内创业生态中的重要一环。在温州地区，实际上早已活跃着类似的天使投资人，整个地区或温州人就像一个"资本网络"，对于想创业的温州人来讲，起步资金是不用愁的。一个人只要有诚信、值得投入，在温州肯定能找到资金。随着市场机制的完善、信用制度的建立以及个人财富的积累和增加，天使投资一定会在促进我国的创业活动中发挥更大的作用。这对许多有志于创业的大学生来说，将是值得期待的融资渠道。

9.2.2 机构融资

1. 商业银行贷款

向银行贷款是企业最常见的一种融资方式，创业者也可以通过银行贷款补充创业资金的不足。目前，我国商业银行推出了越来越多的个人经营类贷款，包括个人生产经营贷款、个人创业贷款、个人助业贷款、个人小型设备贷款、个人周转性流动资金贷款、下岗失业人员小额担保贷款和个人临时贷款等类型。但由于创业企业的经营风险较高、价值评估困难，银行一般不愿意冒太大的风险向创业企业提供贷款。这类贷款发放时往往要求创业者提供担保，包括抵押、质押、第三人保证等。

为持续深化中小微企业金融服务，提高金融创新产品的知晓率和获得率，为企业营造良好的金融环境，各省市相继出台了许多新的金融产品。例如，2021年6月，河南省地方金融监督管理局、中国人民银行郑州中心支行与中国银行保险监

[一] 王苏生，邓运盛. 创业金融学 [M]. 北京：清华大学出版社，2006.

督管理委员会河南监管局组织梳理了河南省银行业金融机构中小微企业金融创新产品，推出了《河南省中小微企业金融创新产品手册》。该手册收录了银行"信用贷""科技贷""简便贷""抵押贷""循环贷""池化产品""供应链金融产品"等162个金融产品。再如，2023年10月，天津市工业和信息化局联合国家金融监督管理总局天津监管局指导在津银行保险机构推出《创新型中小企业金融产品手册》，梳理了268种面向中小企业的金融产品，包括"e抵快贷""便捷贷""渤业贷""创业贷""津科积分贷"等。这些金融产品的汇集，方便广大中小微企业更直观、更高效地了解金融产品的特点、申请的条件和流程以及参考案例等，提高了金融服务的有效性、精准性和覆盖面，切实增强了中小微企业金融服务获得感。

在我国，中小企业向银行的融资渠道不够畅通，融资难是阻碍我国新企业和中小企业发展的瓶颈。加大对新企业和中小企业发展的支持，对于促进创业活动具有全局性的战略意义。

2. 中小企业间的互助机构贷款

中小企业间的互助机构贷款是指中小企业在向银行融通资金的过程中，根据合同约定，由依法设立的担保机构以保证的方式为债务人提供担保，在债务人不能依约履行债务时，由担保机构承担合同约定的偿还责任，从而保障银行债权实现的一种金融支持制度。从国外实践和我国实际情况看，信用担保可以为中小企业创业和经营融资提供便利，分散金融机构信贷风险，推进银企合作，是解决中小企业融资难的突破口之一。

从20世纪20年代起，许多国家为了支持本国中小企业的发展，先后成立了为中小企业提供融资担保的信用机构。中小企业信用担保体系成为各国或地方政府重塑银企关系、强化信用观念、化解金融风险、改善中小企业融资环境等的重要手段。美国专门成立了中小企业管理局（SBA），通过协调贷款、担保贷款等形式，帮助解决中小企业发展资金不足的问题。20世纪90年代以来，美国每年向中小企业提供的担保贷款额在130亿~150亿美元。日本在第二次世界大战后相继成立了中小企业金融公库、国民金融公库和工商组合中央公库，专门向中小企业提供低息融资。

构建并逐步规范、完善我国中小企业信用担保体系，是促进我国创业活动、激发并保持经济活力的重要环节，成为近年来我国政府在解决中小企业融资难问题上的主要着力点。从1999年试点到现在，我国已经形成了以中小企业信用担保为主体的担保业和多层次中小企业信用担保体系，经过近几年的探索和规范，特别是在国家税收优惠等政策推动下，各类担保机构资本金稳步增加。2015年3月，工业和信息化部发布了《关于进一步促进中小企业信用担保机构健康发展的意见》，提出要充分发挥中小企业信用担保机构在缓解小微企业融资困难，促进其在"大众创业，万众创新"中的重要作用，进一步促进担保机构健康发展。

3. 创业投资基金

创业投资（venture capital，VC），也被译为"风险投资"，其起源最早可以追溯到15世纪英国、葡萄牙、西班牙等欧洲国家创建远洋贸易企业时期，到19世纪美国西部创业潮时期，"创业投资"一词在美国开始流行。1946年，世界上第一家风险投资公司美国研究与发展公司（ARD）在美国成立。20世纪70年代，伴随高新技术的发展，风险投资步入高速成长时期，培育出一大批世界级的著名企业，如微软公司、苹果公司、惠普公司、英特尔公司、思科公司、雅虎公司、谷歌公司等，也造就了一大批创业企业家，如比尔·盖茨、史蒂夫·乔布斯、安迪·葛洛夫、杨致远等。风险投资业在美国的经济生活中扮演着不可或缺的重要角色，赢得了"新经济发动机"的美誉。中国的风险投资业从20世纪80年代开始起步，经历了20世纪90年代末的互联网热潮及21世纪初的网络泡沫破灭，再随着2003年前后新一波创业浪潮的兴起，中国已经成为全球风险投资的中心之一。中国本土的风险投资机构已经全面赶超国外知名的风险投资基金。

创业投资是指由专业机构提供的投资于极具增长潜力的创业企业并参与其管理的权益资本。经济合作与发展组织（OECD）将"创业投资"界定为"凡是以高技术与知识为基础，生产与经营技术密集的高技术或服务的投资，均可视为创业投资"。创业投资的本质内涵体现在三个方面。①以股权方式投资于具有高增长潜力的未上市的创业企业，从而建立起适应创业内在需要的"共担风险、共享收益"机制。因此风险投资并不过分强调投资对象当前的盈亏状况，更看重投资对象的发展前景和投资增值状况，以便在未来通过上市或出售取得高额回报。②风险投资属于权益性投资，因此持有企业的股份往往拥有企业的部分控制权。为了降低投资风险，风险投资一般会积极参与所投资企业的创业过程，一方面弥补所投资企业在创业管理经验上的不足，另一方面主动控制创业投资的高风险。③风险投资并不经营具体的产品，而是以整个创业企业作为经营对象，即通过支持"创建企业"并在适当时机转让所持股权来获得资本增值收益。与高度投资风险相伴随的是超额收益，比如软银亚洲投资盛大网络4 000万美元，最后获得了近6亿美元的收益。创业投资的投资对象大多为新企业或中等规模的企业，对目标企业有严格的考察，创业投资所接触的企业大约只有2%~4%能最终获得融资。[一]

👁 关键概念

创业投资

创业投资是由专业机构提供的投资于极具增长潜力的创业企业，并参与其管理的权益资本。创业企业一旦得到发展，创业投资可以通过股权退出获得资本增值收益，是高风险、高回报的投资方式。

前面提到的天使投资属于广义的创业投资的一种，但狭义的创业投资主要是指机构投资者，天使投资与创业投资都是对新兴的具有巨大增长潜力的企业进行权益资本投资。不同点在于：天使投资的资金是投资者个人的，并且自己进行管理；创业投资机构的资金则来自外部投资者，他们把资金交给创业投资机构，由专业经理

[一] 王苏生，邓运盛. 创业金融学[M]. 北京：清华大学出版社，2006.

人管理。天使投资一般投资于企业的早期或种子期，投资规模相对较小，决策快；创业投资的投资时间相对要晚，投资规模较大。

4. 创业板上市融资

创业板市场着眼于创业，是指主板市场之外为满足中小企业和新兴行业创业企业融资需求和创业投资退出需求的证券交易市场，如美国的纳斯达克市场、英国的AIM（Alternative Investment Market）等。创业板市场在服务对象、上市标准、交易制度等方面与主板市场存在较大差异，主板市场只接纳成熟的、已形成足够规模的企业上市，而创业板市场以成长型尤其是具有自主创新能力的创业企业为服务对象，具有上市门槛相对较低、信息披露监管严格等特点。它的成长性和市场风险均高于主板市场，是对主板市场的有效补充。从世界范围看，创业板市场已成为各国高科技企业的主要融资场所。据统计，美国软件行业上市公司中的93.6%、半导体行业上市公司中的84.8%、计算机及外围设备行业上市公司中的84.5%、通信服务业上市公司中的82.6%、通信设备行业上市公司中的81.7%都在纳斯达克上市。我国创业板市场于2009年10月23日正式开板，首批28家公司在创业板市场挂牌上市，截至2023年10月30日创业板市场开板14周年，创业板上市公司数量已达1 324家，总市值超过11万亿元；上市公司收入、净利润年均复合增长率分别为19%和12%；总资产、净资产年均复合增长分别达22%和21%。创业板已经成为中小企业重要的融资平台。

创业板市场具有资本市场的一般功能，能为处于创业时期饱受资金缺乏困扰的中小企业提供融资的渠道。创业板市场青睐成长性高、科技含量高，能够符合新经济、新服务、新农业、新材料、新能源和新商业模式特征的企业，适合于处于成长期的中小高新技术企业。与主板市场相比，创业板市场不过分强调企业规模和以往业绩，而是强调企业要有发展前景和成长空间，这为急需资金的创业企业提供了必要的金融支持，有利于促进创业企业的发展。

创业板上市不仅可以帮助创业者实现收益以及风险投资退出等需求，还有利于创业企业提高知名度。通过上市公开发行股票，企业可以在全国性的市场中树立品牌，使社会公众了解企业，树立企业形象，提高知名度，对人才、技术合作者等产生较强的吸引力，有利于企业的长远发展和市场开拓。另外，为确保上市公司的质量，创业板市场对公司治理结构的要求较高，要求构建产权明晰、权责明确、管理科学的现代企业制度，规范企业运作，制订严密的业务发展计划和完整清晰的业务发展战略，提炼核心业务范围，保持管理技术队伍的稳定，选择好投资项目与前景好的产品市场，不断提升业务增长潜力。而对创业企业来说，上市融资有助于建立现代企业制度，规范法人治理结构，提高企业管理水平，增强企业创业和创新的动力。

但是，创业者对于上市可能带来的约束和风险也应有一定的心理准备。由于创业板市场的高风险性，为了保护投资者的利益，监管部门对创业板市场制定了更为严格的业务要求、信息披露要求、限售规则及退市制度，企业一旦成为上市公司，在信息公开、财务规范、治理结构方面必须遵循市场要求，股价直接反映了企业的形象，这对较多依赖创业者个人、决策随意的创业企业来说，意味着管理模式的全面转型。另外，由于股本规模小及股份全流通，创业板上市企业很有可能成为其他企业的收购对象，对于看好企业发展的创业者或创业团队将形成收购风险，减弱甚至丧失在企业中的话语权。

5. 科创板上市融资

2019年7月22日，上海证券交易所举行科创板（science and technology innovation board，STAR Market）首批公司上市仪式，25家科创板上市公司开盘上市。2023年7月22日，科创板迎来开市4周年，科创板上市公司达到546家，总市值约6.6万亿元，平均市盈率超38倍，近七成公司实现超募。作为A股资本市场率先试点注册制的板块，科创板发挥改革试验田的作用，促进A股资本市场基础制度改革。科创板逐渐成为"硬科技"企业上市的主阵地，持续为企业关键核心技术攻关赋能。

中国证券监督管理委员会于2019年1月28日发布了《关于在上海证券交易所设立科创板并试点注册制的实施意见》，强调在上海证券交易所新设科创板，坚持面向世界科技前沿、面向经济主战场、面向国家重大需求，主要服务于符合国家战略、突破关键核心技术、市场认可度高的科技创新企业。重点支持新一代信息技术、高端装备、新材料、新能源、节能环保以及生物医药等高新技术产业和战略性新兴产业，推动互联网、大数据、云计算、人工智能和制造业深度融合，引领中高端消费，推动质量变革、效率变革、动力变革。科创板实施注册制，根据板块定位和科创企业特点，设置多元包容的上市条件，允许符合科创板定位、尚未盈利或存在累计未弥补亏损的企业在科创板上市，允许符合相关要求的特殊股权结构企业和红筹企业在科创板上市。科创板的创立无疑为创业企业融资和快速发展提供了一条新的渠道。

⊙ 专栏

科创板的制度创新

发行条件更加宽松：尚未盈利企业、同股不同权、符合CDR（境内发行存托凭证）相关办法的红筹企业均可发行上市。

上市条件更加宽松：更加注重企业科技创新能力，允许符合科创板定位、尚未盈利或存在累计未弥补亏损的企业在科创板上市。综合考虑预计市值、收入、净利润、研发投入、现金流等因素，设置多元包容的上市条件。

投资者门槛和交易机制放宽：个人投资者的资金门槛为50万元，且拥有24个月股票交易经验；达不到要求的中小投资者可通过公募基金进行投资。同时，适当放宽涨跌幅限制，上市前5日不设置涨跌幅，第6日涨跌幅放宽至20%。

更加严格的退市要求：严格交易类强制退市指标，对交易量、股价、股东人数等不符合条件的企业依法终止上市。优化财务类强制退市指标，科创板股票不适用《中华人民共和国证券法》（以下简称《证券法》）第五十六条第三项关于连续亏损终止上市的规定；对连续被出具否定或无法表示意见审计报告的上市公司实施终止上市。严格实施重大违法强制退市制度，对构成欺诈发行、重大信息披露违法或其他重大违法行为的上市公司依法坚决终止上市。科创板股票不适用《证券法》第五十五条关于暂停上市的规定，应当退市的直接终止上市。

延长锁定期，加强投资者保护：适当延长核心技术团队股份锁定期，促进上市公司稳定经营。适当延长未盈利上市公司控股股东、实际控制人、董事、监事、高级管理人员的股份锁定期。

资料来源：根据中国证券监督管理委员会《关于在上海证券交易所设立科创板并试点注册制的实施意见》整理。

9.2.3 政府背景融资

近年来，各级政府充分意识到创业活动对经济发展的推动作用，尤其是科技含量高的产业或当地优势产业对增强地区竞争力、解决就业问题具有重要意义。为此，政府越来越关注新企业的发展，同时这些处于创业初期的企业在融资方面所面临的迫切要求和融资困难的矛盾，也成为政府致力于解决的重要问题。经济实力、产业基础、区域文化等有很大差异，各地政府推出的创业支持政策也不尽相同。一般来说，常见的政府背景融资主要有科技创新基金、地方性优惠政策等。

1. 科技创新基金

科技型中小企业技术创新基金是经国务院批准设立，用于支持科技型中小企业技术创新的政府专项基金。通过拨款资助、贷款贴息和资本金投入等方式，扶持和引导科技型中小企业的技术创新活动。根据中小企业项目的不同特点，创新基金支持方式主要有以下两种。

（1）贷款贴息：对已具有一定水平、规模和效益的创新项目，原则上采取贴息方式支持其使用银行贷款，以扩大生产规模。一般按贷款额年利息的50%~100%给予补贴，贴息总金额一般不超过100万元，个别重大项目可不超过200万元。

（2）无偿资助：主要用于中小企业技术创新中产品的研究、开发及中试阶段的必要补助、科研人员携带科技成果创办企业进行成果转化的补助，资助额一般不超过100万元；资本金投入，对少数起点高、具有较广创新内涵、较高创新水平并有后续创新潜力、预计投产后有较大市场、有望形成新兴产业的项目，可采取资本金投入方式。

2. 地方性优惠政策

各地政府在支持创业企业发展方面，纷纷推出诸如税收优惠、小额贷款、中小企业信用担保、创业基地建设等扶持政策。如上海市针对注册开业3年以内的创业企业推出小额贷款担保政策，担保金额高达100万元，其中，10万元以下的贷款项目可免于个人担保。同时，根据创业组织在贷款期间吸纳当地失业、协保人员和农村富余劳动力的情况，给予一定的贷款利息的补贴。对前期投资资金较大、吸纳就业效果明显的创业项目，经论证也可给予创业前的小额贷款担保支持。在全国许多地区都有类似的创业优惠和扶持政策，创业者在进入不同地区创业时，应关注并熟悉这些渠道。

创业者本身就是创新者，他们发现了别人没有发现的机会，采用了与众不同的经营方式。同样，在融资方面，他们也没有理由发现不了创新性的融资渠道。除了前面介绍的融资方式外，还有典当融资、设备融资租赁、孵化器融资、集群融资、供应链融资等。

近年来，随着互联网的普及，互联网金融得到迅猛发展，E贷等新型融资方式正在为创业企业创造全新的融资渠道。对于这些新型融资方式，既要发挥中间环节少、融资速度快等优势，又要降低风险，保证投资者的合法权益。

9.3 债权融资与股权融资

由于融资的困难，创业者通常要利用各种可能的融资渠道来筹集资金。根据资金来源的性质不同，可以分为债权性资金和股权性资金两种。

9.3.1 债权融资与股权融资的比较

债权性资金属借款性质的资金，资金所有人提供资金给资金使用人，然后在约定的时间收回资金（本金）并获得预先约定的固定的报酬（利息），资金所有人不过问企业的经营情况，不承担企业的经营风险，他所获得的利息也不因为企业经营情况的好坏而变化，如上一节中提到的商业银行贷款、向亲朋好友融资等。股权性资金是投资性质的资金，资金提供者占有企业的股份，按照提供资金的比例享有企业的控制权，参与企业的重大决策，承担企业的经营风险，一般不能从企业抽回资金，其获得的报酬根据企业经营情况而变化。典型的如天使投资基金、风险投资基金、创业板融资等。

债权融资和股权融资各有优缺点，债权融资的优点主要体现在：债权融资需要支付本金和利息，但创业者可以保持对企业的有效控制权，并且独享未来可能的高额回报率。只要按期偿还贷款，债权方就无权过问公司的未来及其发展方向；债权方只要求固定的本息，既不承担企业成长性的风险，也不享受企业成长性的收益。而缺点主要是这种融资方式要求企业按时清偿贷款，如果不能保证经营收益高于资金成本，企业就会面临收不抵支甚至亏损。此外，债权融资提高了企业的负债率，如果负债率过高，企业的再筹资和经营能力都会面临风险。

股权融资的优点主要体现在：投资者不要求债权融资中常见的担保、抵押等方式，而是要求按一定比例持有企业产权，并分享利润和资产处置收益，能够承担企业经营的风险。创业者通过股权融资不仅得到资金，很多时候还能利用投资者拥有创业企业所需要的各种资源，如关系网络、人力资源、管理经验等。股权融资的缺点主要体现在控制权方面，由于股份稀释，创业者可能失去企业的控制权，在一些重大战略决策方面，创业者可能不得不考虑投资方的意见，如果双方意见存在分歧，就会降低企业决策效率。企业如果能够成功上市，在融资的同时，也要承担信息披露等责任，部分创业者可能对此会有顾虑。表9-1是对这两种资金性质的比较。

表 9-1　债权性资金与股权性资金的比较

比较项目	债权性资金	股权性资金
本金	到期从企业收回	不能从企业抽回，可以向第三方转让
报酬	事先约定固定金额的利息	根据企业经营情况而变化
风险承担	低风险	高风险
对企业的控制权	无	按比例享有

9.3.2　融资方式选择的影响因素

创业融资不仅仅是筹集创业的启动资金，而且是包括整个创业过程的所有融资活动。由不同渠道取得的资金之间的有机构成及其比重关系就是融资结构，即创业者的资金有多少是来源于债权融资，有多少是来源于股权融资。因为不同性质的资金对企业的经营有不同的影响，所以创业者应该合理均衡债权融资与股权融资之间的比例。通常创业者的融资决策会受到以下几个因素的影响：创业所处阶段、新企业特征、融资成本、创业者对控制权的态度。

1. 创业所处阶段

创业融资需求具有阶段性特征，不同阶段的资金需求量和风险程度存在差异，不同的融资渠道所能提供的资金数量和要求的风险程度也不相同，创业者在融资时必须将不同阶段的融资需求与融资渠道进行匹配，才能高效地开展融资工作，获得创业活动所需的资金，化解融资难题。

在种子期和启动期，企业处在高度的不确定中，只能依靠自我融资或亲戚朋友的支持，以及从外部投资者处获取"天使资本"。创业投资很少在此时介入，而从商业银行获得贷款支持的难度更大。建立在血缘和信任关系基础上的个人资金是该阶段融资的主要渠道。

企业进入成长期后，已经有了前期的经营基础，发展潜力逐渐显现，资金需求量也比以前有所增大。在成长期前期，在企业获得正的现金流之前，创业者获得债权融资的难度较大，即使获得，也很难支付预定的利息，这时创业者往往倾向于通过股权融资这种不要求他们做出固定偿付的方式来筹集资金。在成长期后期，企业表现出较好的成长性，且具有一定的资产规模，可以寻求银行贷款、商业信用等债权融资方式。

企业进入成熟期后，债券、股票等资本市场可以为企业提供丰富的资金来源。如果创业者选择不再继续经营企业，则可以选择公开上市、管理层收购或其他股权转让方式退出企业，收获自己的成果。

2. 新企业特征

创业活动千差万别，所涉足的行业、初始资源禀赋、面临的风险、预期收益都有较大的差异，不同行业面临不同的竞争环境、行业集中度及经营战略等，创业企业的资本结构是不同的，不同的资本结构产生了不同的融资要求。对于从事高科技产业或有独特商业创意的企业，经营风险较大，预期收益也较高，创业者有良好的相关背景，可主要考虑股权融资的方式；对于从事传统产业类的企业，经营风险较小，预期收益较易预测，可主要考虑债权融资的方式。

在实践中，大部分新企业不具备银行或投资者所要求的特征，在风险和预期收益方面均处于不利情况，这时只能依赖自我融资、向亲朋好友融资等自力更生的方式，直到能够证明自己的产品或创意可以在市场上立足，才能获得债权融资或股权融资（见表 9-2）。

表 9-2　新企业特征与融资类型的匹配

新企业类型	新企业特征	适当的融资类型
高风险、预期收益不确定	弱现金流 高负债率 低或中等成长 未经证明的管理层	自我融资、向亲朋好友融资
低风险、预期收益更可预测	强大的现金流 低负债率 优秀的管理层 良好的资产负债表	债权融资
高风险、预期收益较高	独特的商业创意 高成长 利基市场 得到证明的管理层	股权融资

资料来源：巴林杰, 爱尔兰. 创业管理：成功创建新企业：原书第 5 版 [M]. 薛红志, 张帆, 等译. 北京：机械工业出版社, 2017.

3. 融资成本

不同融资渠道的融资成本不一样。债权融资成本是使用债务资金所需要支付的利息，一般来说，支付周期较短，支付金额固定；在债权融资中应实现各种融资渠道之间的取长补短，将各种具体的债权资金搭配使用、相互配合，最大限度地降低资金成本。

而在股权融资中，投资者获得企业部分股权，其未来潜在的收益是不受限制的，虽然不需要像利息那样无条件定期支付，但会影响创业者对企业的控制权，许多创业投资公司会要求一系列保护投资方利益的否决权，并且介入到企业的经营管理中。即使创业者及其团队在初期拥有相对多数的股权比例，但往往在两三轮融资之后，创业者的股权会被大大稀释，决策效率及控制权都会受到影响。因此，在大多数情况下，股权融资的成本要比债权融资的成本高。

过高的融资成本对创业企业来说是一个沉重的负担，而且会抵消创业企业的成长效应。因此，即使初期的资金很难获得，创业企业仍要寻求一个较低的综合资金成本的融资组合，在投资收益率和资金成本权衡中做出选择。

4. 创业者对控制权的态度

创业者对控制权的态度会影响到融资渠道的选择。一些创业者不愿意将自己费尽心血所创立的企业的部分所有权与投资者共同拥有，希望保持对企业的控制权，因此更多地选择债权融资。而另一些投资者则更看重企业是否可以迅速扩大，取得跳跃式发展，获得渴望的财富，为此他们愿意引入外来投资，甚至让位于他人管理企业。按照研究初创公司 CEO 的哈佛大学教授诺姆·沃瑟曼（Noam Wasserman）的观点，创业者需要在"富翁"和"国王"之间进行选择：当"富翁"，引入外来权益投资，可以让公司更具价值，但会失去 CEO 职位和主要决策权，在公司里靠边站；当"国王"，则可以保留对公司的决策控制权，但往往会造成公司价值较低。对创始人而言，选择当"富翁"不一定优于当"国王"，反之亦然。这种决策的做出在很大程度上取决于创业者的初衷。

行动指引

要钱还是要权

每个踌躇满志的创业者都希望自己成为比尔·盖茨那样的人，能够成功创建一家大型企业，并连续多年掌权。不过，创始人能做好 CEO 角色的还是凤毛麟角。在作者研究的 212 家美国初创企业中，大多数创始人早早地交出了管理大权，到企业创办 4 周年时，只有 40% 的创业者还是 CEO，最后能够领导公司上市的创始人不足 25%。大多数创始人并不想主动让权。根据作者的研究，4/5 的创始人是被迫走下 CEO 宝座的。事实上，当投资者坚持要创始人交权时，这些创始人大多感到非常震惊，最后他们往往被投资者以不愉快的方式"赶下台"。

假如创始人从一开始就能诚实面对自己的创业动机，这个权力交接过程就会相对顺利。或许你会说，他们的目的无非是想多赚钱。是的，他们确实想赚钱。但研究发现，除了致富，还有另外一个因素在推动创始人创业，那就是创建和领导一家企业的强烈欲望。不幸的是，财富和权力对于大多数创业者来说难以两全。

1. 成长的烦恼

创始人一手创办了企业，他们对企业有着深厚的感情，相信只有自己才能带领初创企业走向成功，而对企业未来可能面临的问题非常天真。这些情感因素日后会给企业造成问题。在获得早期成功之后，创始人面临着一连串不同以往的业务挑战。创始人必须培养自己对大批量产品的营销能力和销售能力，以及为顾客提供售后服务的能力。公司的财务状况变得更加复杂，公司的组织架构需要完善，CEO 必须制定正式的流程，设计专业化的岗位，并搭建管理层级。这个阶段的 CEO 急需大力扩展自己的技能，很多创业者在这样的压力下开始力不从心。

初创公司发展到需要外部资金和新管理技能这个节点的速度越快，创始人失去管理大权的速度也就越快。许多投资者不得不给创业 CEO 这样的暗示："恭喜你取得成功，但对不起，你被解雇了。"

2. 做出抉择

随着企业不断成长，创始人开始进退维谷。一方面，他们必须募集资源来抓住眼前的市场机遇。作者的研究表明，如果创始人愿意出让更多股权吸引其他创始人、非创始人高管与投资者，他就比一个吝于割舍股权的创始人给企业带来的价值更高，最后他本人分得的价值也更多。但另一方面，为了吸引投资者和高级管理人才加盟，创业者不得不放弃大部分决策控制权。

"钱"与"权"的抉择，能够让创业者认真思考成功对于他们的意义。对于想要做企业"国王"的人而言，假如丧失了控制权,即使再富裕,他也不会有成功的感觉。相反,如果创业者认识到自己创业的目的是积累财富,那么就算"下台",他也不会觉得自己很失败。

资料来源:沃瑟曼.创始人:要钱还是要权?[J].哈佛商业评论,2009(1).

沃瑟曼教授建议创业者也可以参照上述思路判断自己该投身于哪个领域。渴望掌控企业的人应当把目标锁定在自己已掌握技能和业务关系的领域,或者是无须投入大笔资金的领域。而追求财富的人则应该保持开放的心态,选择需要投入大量资源的领域。

9.4 创业者对企业的控制方式

创业者在创业过程中,往往纠结于股权与控制权的矛盾关系。创业者因为股份不断被稀释,最终被驱逐出公司决策层的事件时有发生。因此,如何实现对公司的控制显得异常重要。

9.4.1 一般情况下的控制权

1. 通过绝对控股掌握控制权

在一般情况下,创业者对企业股份占有份额的多少与对企业的控制程度成正比,也就是说拥有的股份份额越大,决策权就越大。

管理层的股权要把握到什么程度才能带来绝对"安全"?一般将持有67%以上的股权称为"绝对控制权",因为这代表着管理层拥有了三分之二的表决权。根据我国《公司法》的规定:"股东会作出决议,应当经代表过半数表决权的股东通过。股东会作出修改公司章程、增加或者减少注册资本的决议,以及公司合并、分立、解散或者变更公司形式的决议,应当经代表三分之二以上表决权的股东通过。"因此,"三分之二"的表决权,是一个极具诱惑力的比例,它代表着管理层难以撼动的决策地位。

2. 通过归集表决权实现对公司的控制

在法律层面上,通过归集表决权,实现对企业的控制。归集表决权的方式有许多种,例如表决权委托、签署一致行动人协议、构建持股实体等。

而通过构建持股实体,以间接加强管理层的控制力,是三种方式中最为复杂但也更为稳定可靠的方式。一般操作方式是:管理层设立一家有限责任公司或有限合伙企业作为目标公司的持股实体,同时成为该公司的法定代表人、唯一的董事、唯一的普通合伙人或执行事务合伙人,最后达成掌握目标公司表决权的效果。

"表决权委托"是公司部分股东通过协议约定,将其投票权委托给其他特定股东(如创始股东)行使。根据京东的招股书,在京东发行上市前,京东有11家投资方将其投票权委托给了刘强东行使,彼时刘强东持股不到20%,却通过老虎基金、高瓴资本、今日资本以及腾讯等投资方的投票权委托掌控了京东上市前过半数的投票权。

3. 通过设定限制性条款实现控制

设定限制性条款并不能对管理层的控制权起到"强化"效果，但可以起到防御性作用。限制性条款大多体现在公司章程之中。一方面，限制性条款可以赋予管理层"一票否决权"，例如针对公司的一些重大事项——合并、分立、解散、公司融资、公司上市、公司的年度预算结算、重大人事任免、董事会变更等。管理层，尤其是企业的创始人可以要求没有他的同意表决不通过。如此一来，即便管理层的股权被稀释得较为严重，也不会导致被"扫地出门"的结局。另一方面，为了拿下董事会的"战略高地"，在公司章程中，还可以直接规定董事会一定数量的董事（一般过半数）由核心管理层委派。需要注意的是，我国《公司法》对章程的法定、议定事项的范围有所限制，在设立限制性条款时，必须时刻避免触犯法律制度的框架。

9.4.2 通过同股不同权来实现对公司的控制

在现实中，可以通过股权的设计来实现同股不同权。2014 年 7 月，阿里巴巴集团从香港交易所退市，并于当年 9 月在纽约证券交易所正式挂牌上市。阿里巴巴从中国香港转战美国，一个很重要的原因就是美国实行 A/B 股制度，而中国香港不允许。所谓 A/B 股制度，就是将同种股票分为 A、B 两个系列，其中对外部投资者发行的 A 系列普通股每股有 1 票投票权，而管理层持有的 B 系列普通股每股则有 N 票（通常为 10 票）投票权，即所谓的同股不同权。

本章要点

- 在企业成长的过程中和发展的不同阶段，融资是困扰创业者的一个难题。
- 不确定性和信息不对称从理论上阐释了创业融资难的原因。
- 创新和潜在成长性是创业者获得外部资金支持的优势。
- 创业融资的主要渠道包括：自我融资、向亲朋好友融资、天使投资、商业银行贷款、中小企业间的互助机构贷款、创业投资基金、创业板上市融资、科创板上市融资、科技创新基金、地方性优惠政策。
- 互联网金融是一种新兴的融资方式。
- 债权融资和股权融资各有利弊，创业者应该合理均衡债权融资与股权融资之间的比例。

重要概念

创业融资　融资需求　天使投资　创业投资　债权融资
股权融资　同股不同权　表决委托权

复习思考题

1. 为什么融资成为创业的一大难题？
2. 创业融资需求有哪些特点？

3. 从资金的性质来看，创业资金主要可以分为几种类型？
4. 创业融资的渠道主要有哪些？
5. 为什么初创企业的资金大部分来自个人资金？
6. 天使投资与创业投资有什么不同？
7. 债权融资与股权融资各有什么优缺点？
8. 假设你是一个创业者，列出你可能的融资渠道。
9. 如何通过股权设计，实现创始人对公司的控制？

实践练习

实践练习 9-1　拟订融资计划

假如你是一位即将毕业的大学生，准备开始自己的创业之旅，结合本章介绍的融资渠道，拟订一份融资计划。要求如下：

（1）列出可能寻求的主要融资渠道。

（2）研究你所在的城市、大学或你计划投入的行业对创业活动的扶持政策，请尽力收集这些信息，讨论哪些可能为你提供创业资金。

另外，建议以小组为单位，选择当地国有大型银行（如中国银行、中国建设银行等）的中小企业部、1家村镇银行、1家开展贷款业务的典当公司、1家风险投资公司，联系它们的负责人或工作人员并进行访谈，比较这些机构在创业和中小企业融资服务方面的规划与具体做法，相信会使你对本章的内容有更深刻的理解。

实践练习 9-2　访谈

寻找一位身边的创业者，就其创业初期资金来源构成以及如何解决初始资金问题展开访谈。

实践练习 9-3　股权结构设计分析

查找因股权设计失败致使创始人丧失公司控制权并导致企业经营陷入困境的案例，分析其股权设计存在的问题。

> 企业的唯一目的就是创造顾客。
>
> ——管理学大师彼得·德鲁克

第10章
成立新企业

【核心问题】

- ☑ 新企业成立的标志是什么？
- ☑ 新企业成立有何条件和时机？
- ☑ 新企业成立有哪几种途径？
- ☑ 企业的法律组织形式有哪几种？
- ☑ 新企业采用的组织结构有哪些？

【学习目标】

- ☑ 了解新企业成立的衡量维度
- ☑ 认识新企业成立需要的条件和时机
- ☑ 熟悉新企业市场进入的三种模式
- ☑ 熟悉企业的组织选择
- ☑ 了解企业注册的程序和步骤

引例

豪迈公司的创生

高密第一纺织机械厂建于20世纪50年代,是一家乡镇企业,主要生产木器、铁器农具。它于1980年开始生产梳棉机盖板、刺毛辊等,产品供不应求。到20世纪90年代初期,随着纺织行业的大萧条和改革的日益深入,大批乡镇企业举步维艰,高密第一纺织机械厂也陷入困境。徐文和、柳胜军等管理人员经常讨论企业的出路,尝试了项目负责制、分块承包等多种方式,但效果不好,他们认为拍卖可能是一种好办法。

为此,厂长徐文和向呼家庄镇党委汇报:"咱厂子像个苹果,已经烂了,趁着刚烂了一点,快点儿卖也许还能卖个好价钱,等烂得厉害了,倒贴钱都卖不出去了。"拍卖的主意得到了呼家庄镇党委的同意。工厂被分成五块,机修车间是其中一块,面向企业内外公开招标拍卖。

于是在1994年春天的一个上午,高密第一纺织机械厂副厂长王桂喜、机修车间主任柳胜军找到高密锻压机床厂(以下简称"高锻")副厂长张恭运:"张厂长,俺们厂想要卖了,你们高锻要不?这样我们也好跟着挣碗饭吃。"因为与高锻有业务关系,所以他们先来找高锻。

高锻不缺小型机床,但当时国内同行业排名第三、高密机械行业排名老大的高锻厂长张恭运对将要拍卖的高密第一纺织机械厂的机修车间表示出兴趣。

1979年,张恭运考入山东工学院(后并入山东大学)机械系机械制造工艺及设备专业,1983年毕业后响应国家支边号召,去新疆轴承厂工作。1988年,26岁的张恭运调回高密,进入高锻,先后任工程师、技术科副科长、工艺科科长、生产科科长、生产部部长等职务,并于1991年升任主管生产的副厂长。他对全厂的生产管理体系和工资体系进行了重大改革,将各职能部门由分块管理模式改为以生产为中心、生产部统一管理,将原来的固定工资改为"工龄工资+岗位工资+计件工资"。改革促进了生产效率的大幅提高,产量成倍增长。他在这家国有企业中能干的事都已经干完了。

早在新疆工作时,他订阅过《现代化》杂志,还阅读了大量经济管理类报刊文章,密切关注企业产权制度改革,大量的观察和学习引发了他的深思:为什么乡镇企业在缺资金、缺技术、更缺便宜原材料的情况下,反而比集体企业、国有企业更有活力?在思考、追问与实践中,他萌生了创办一家民营股份制企业的强烈愿望,要能与一群志同道合的人合伙合作,干事创业,确实是一件越想越美的事情。

想创业,却苦于没有机遇。此时,高密第一纺织机械厂要拍卖的信息令他十分兴奋。正冲锋在国有企业改革最前线,张恭运决定辞职却遭到了几乎所有人的反对。

"我当时很瞧不起他,觉得他真是疯了,要不就是脑子里进了水。"原光大内燃机厂副厂长、后来加盟豪迈公司的魏效辉回忆说。

高锻的毛厂长也表示了善意的担忧,对办完辞职手续的张恭运说:"你出去闯一闯过把瘾,干得不理想随时可以回来。"

在中学当教师的妻子支持他:"你就试试吧,即使不赚钱,我的工资也够咱家吃饭的。"

位于呼家庄镇中心大街路北的机修车间,相当于高密第一纺织机械厂资产的1/5,主要负责全厂生产线部分零部件的制作与维修任务,另外承揽一部分外协小产品零件加工。车间里有C616车床、C6140车床、C630车床、X62铣床、Z3040钻床、小立钻、平面磨床、牛头刨床、皮带龙门刨等较全的小型通用设备;车间共四五十个人,平均年龄20多岁。张恭运对机修车间相当满意,设备虽然旧一些,但种类比较齐全,员工的总体技术素质还比较高,只要把漏雨的屋顶修缮一下,马上就可以干活。

"张厂长,您来控股吧!"为了让张恭运有种安全感,徐文和、王桂喜、柳胜军一致提出让张恭运控股。但是,三人没有料到的是,张恭运拒绝控股。

"我不想控股,但可以占大股。"张恭运说,并对此加以解释:"我既然辞去公职,就有信心和胆量承担相应的风险。我之所以不控股,并非我不敢承担风险和责任,而是不想把公司办成一个人说了算的企业。我占大股,但不控股,哪天如果我头脑发热,你们可以联合起来行使否决权,把我推翻。"张恭运不仅表示不愿意控股,还提出想让留下来的员工也入股。他召开了全体员工大会,进行了号召。

"入股自愿,谁都可以入,但别太少了,别几十、几百元的,最好能过千元。"张恭运说。但一个活不下去的车间,已经一年多发不出工资了,谁敢抱什么希望?因此,号召的结果并不理想,股东还是只有4人。4位股东把股权比例进行了划分,张恭运占40%,徐文和、柳胜军、王桂喜(1995年退股)各占20%,于是,豪迈公司最早的4位原始股东正式诞生。

1995年1月17日,高密豪迈机械有限公司注册成立(公司习惯以1995年1月1日作为成立日)。

资料来源:根据2019年《豪迈故事》第五期"豪迈公司的诞生"整理。本案例经豪迈公司审核并同意使用。

新企业成立有多种形式,可以通过新建企业,也可以收购现存企业,还可以通过特许经营方式。三种设立企业的方式各有优劣,可以根据创业者的资源条件和所处环境确定。引例中豪迈公司的设立,就是利用了当地乡镇集体企业几近资不抵债、陷入破产境地而通过拍卖获得,属于通过收购现存企业而成立新企业。当现存企业遇到资金链断裂或企业经营不善,处于破产边缘或倒闭境地,企业部分资产尚有价值,资产估值较低,收购成本不高时,利用收购方式一般是较为合适的选择。不管采取何种方式,成立新企业一定要守法经营,遵守国家法律法规,使企业健康成长。

10.1 新企业属性

作为创业者,要成立一家企业,清楚有关企业的一些基本知识是非常有必要的。比如,企业的基本内涵是什么,为何要成立企业,何时适合成立企业,企业成立的标志是什么，等等。只有清楚了这些有关企业的基本内容，进入企业成立的实质阶段才更有意义。

10.1.1 企业的含义与分类

企业是社会发展的产物，随着社会分工的发展，不断发展壮大起来，现在已经成为市场经济活动的主要参与者，构成了市场经济的微观基础。企业一般是指以营利为目的，以实现投资者、客户、员工、社会大众的利益最大化为使命，运用劳动力、资本、土地、信息技术等各种生产要素向市场提供商品或服务，实行自主经营、自负盈亏、独立核算的具有法人资格的社会经济组织。有关企业的含义十分丰富，不同的学科对企业的内涵也有不同的认识。经济学认为企业是创造经济利润的机器和工具，社会学认为企业是人的集合，法学认为企业是一组契约关系，商科和管理学则认为企业是一类组织、一种商业模式。

在我国，按照投资者的出资方式和责任形式，企业主要有三大类基本组织形式：个人独资企业、合伙企业和公司制企业，公司制企业是现代企业中最主要、最典型的组织形式。此外，企业也有其他的多种分类形式。例如，按所有制结构可分为全民所有制企业、集体所有制企业、私营企业和外资企业；按规模可分为特大型企业、大型企业、中型企业、小型企业和微型企业；按公司地位和隶属关系类型可分为母公司、子公司；按经济部门可分为农业企业、工业企业和服务企业，等等。

根据企业的组织形式我们可以看出，企业并不等同于公司，在《现代汉语词典》（第 7 版）中，企业被解释为：从事生产、运输、贸易、服务等经济活动，在经济上独立核算的组织，如工厂、矿山、铁路等。因此，凡公司均为企业，但企业未必都是公司。公司只是企业的一种组织形态，依照我国法律规定，公司是指有限责任公司和股份有限责任公司，具有企业的所有属性。

10.1.2 企业的本源与影响

从深层次来看，企业成立的意义其实就是企业的本源和性质问题，这是一个被传统经济学理论忽略的问题。在传统经济学理论中，将厂商的生产过程看成一个"黑匣子"，即企业被抽象成一个由投入到产出的追求利润最大化的"黑匣子"。直到 1937 年，美国经济学家科斯（Ronald Coase）发表的《企业的性质》一文，才被认为是对这一问题进行深入探讨的开端，此后西方经济学家主要从科斯所强调的交易成本的角度来分析企业性质。科斯认为，企业的本质特征是对价格机制的替代。价格机制的运行是有成本的，市场运行也存在费用。企业之所以出现，正是通过管理协调来代替市场协调并降低成本的必然结果。也就是说，通过企业组织生产的交易费用低于市场组织的交易费用，企业才得以产生。市场和企业是资源配置的两种可相互替代的手段，它们之间的不同表现为：在市场上，资源的配置由价格机制来调节，而在企业内，则通过管理协调来完成。企业的边界由交易费用来决定，当扩大规模，企业内的交易费用低于市场上的交易费用时，企业的边界则得以扩展，直至两者的交易费用相等时为止。科斯以交易为分析单位，以马歇尔的边际分析和替代分析为方法，以交易费用的概念为基础，解释了企业存在的原因和边界。

企业成立的影响可以从宏观和微观两个层面来看。从宏观层面来看，企业是市场经济活动的主要参与者和直接承担者，市场经济活动的顺利进行离不开企业的生产和经营活动，离开了企业的生产和经营活动，市场就成了无源之水，无本之木。因此，企业的生产和经营活动直接关系着整个市场经济的发展。离开了企业，社会经济活动就会中断或停止。同时，企业是社会经济技术进步的主要力量。企业在经济活动中通过生产和经营活动，在竞争中不仅创造和实现了社会财富，而且也是先进技术和先进生产工具的积极采用者与制造者，这在客观上推动了整个社会经济技术的进步。此外，企业是解决社会就业，使人们参与社会生产和分配的基本途径。因此从宏观层面来看，企业俨然已成为国民经济的细胞，不可或缺。而从微观层面来看，新企业的成立是创业者对识别的商业机会进行商业化，参与市场活动并开始实现创业机会价值的途径和平台，不仅可以给创业者带来丰厚的经济报酬，也能在很大程度上实现创业者的个人价值和理想抱负。

10.1.3　企业成立的衡量与界定

新企业（创业企业）是指创业者利用商业机会并通过整合资源所创建的一个新的具有法人资格的实体，它能够提供产品或服务，并处于自成立后至成熟前的早期成长阶段。新企业成立意味着以组织身份参与市场活动并开始实现创业机会价值。但有关新企业成立的标准，目前学术界和实业界并没有统一的界定，根据相关文献整理，目前判断新企业成立主要有三个流派：产业组织学派、种群生态学派、劳动力市场参与学派。综合三个流派的观点，一般有三个维度衡量新企业的成立：注册登记成合法实体，存在雇用性质的员工关系，产生第一笔销售。

此外，在管理学研究中，也有部分研究以企业成立的时间作为新企业界定的标准，全球创业观察（GEM）界定的新企业是指成立时间在42个月以内的企业。部分学者认为新企业跨度长短取决于所处行业、资源等因素，这个时间最短3～5年，最长8～12年。国内外越来越多的学者认为企业成立前6年是决定其生存与否的关键时期，因此以6年或更短时间界定新企业。

10.1.4　新企业成立的条件和时机

成立新企业需要什么条件？什么时间成立比较适宜？这些都是创业者普遍关心的问题，但是这些问题也没有统一的定论。

蒂蒙斯在1999年提出了包含创业机会、创业团队、创业资源三个核心要素的创业过程模型，三个核心要素构成一个倒立的三角形，相互依存、相互补充。根据蒂蒙斯的观点，创业机会、创业团队、创业资源是创业最核心的三个要素，从这个角度来看，创业者识别到了具有潜力和商业价值的创业机会，组建好了创业团队，并且整合到了创业所需要的物质资源，便是成立新企业的最佳时机，但是我们认为这种情况太过理想化。

现实中，有的创业者认为只要发现了一个创业机会就可以立刻去注册成立一家新企业，但这样可能过于草率，还没有达到真正成立企业的条件和时机，容易使创业企业成立不久就夭折。那创业者成立新企业究竟何时比较理想呢？我们认为需要综合考虑一定的外部条件和内部条件。外部条件包括创业者识别到了有利的商业机会并进行了初步的分析评价，具备成立新企业的经济技术等外部环境，有能源和原材料等必要条件，等等；内部条件包括创业者具有一定的创业能力和素质，具有成为创业者的动机，具有较小的创业机会成本，已经获得了某种特许权或者已经开发出了能够创造市场的产品或者成立新企业能够形成某种特有的竞争优势，等等。

10.2 成立新企业的相关法律法规

在创建期，新企业必须处理好一些重要的法律问题。创业涉及的法律问题相当复杂，对创业者而言，最重要的是认识到这些问题，以免由于早期的法律失误导致新企业付出沉重代价，甚至使其夭折。

10.2.1 成立新企业的法律因素和法规

一个国家的法律规定，为其公民能做什么和不能做什么建立了一个框架。这个法律框架同样在一定程度上允许或禁止创业者所做的某些决策和采取的部分行动。显然，成立新企业也会受当地法律的影响，创业者在成立新企业之前必须了解这些因素。表10-1指出了新企业在不同阶段面对的一些基本法律问题。

表 10-1 新企业在不同阶段面对的一些基本法律问题

创建阶段的法律问题	经营现行业务中的法律问题
确定企业的法律形式	人力资源管理（劳动）法规
设立适当的税收记录	安全法规
协调租赁和融资问题	质量法规
起草合同	财务和会计法规
申请专利、商标和版权保护	市场竞争法规

在企业的创建阶段，创业者面临的法律问题包括：确定企业的法律形式，设立适当的税收记录，协调租赁和融资问题，起草合同，以及申请专利、商标和版权保护等。当新企业成立起来并开始运营后，仍然有与经营相关的法律问题。例如，人力资源或劳动法规可能会影响员工的雇用、报酬以及工作评定的确定；安全法规可能会影响产品的设计和包装、工作场所和机器设备的设计和使用，环境污染的控制，以及物种的保护。尽管许多法规可能在企业达到一定规模时才适用，但事实是，新企业都追求发展，这意味着创业者很快就会面临这些法律问题。

与创业有关的法律主要是知识产权、竞争、质量和劳动等方面的法规，具体包括专利法、商标法、著作权法、反不正当竞争法等。

知识产权是人们对自己通过智力活动创造的成果所依法享有的权利。知识产权包括专利、商标、版权等，是企业的重要资产。知识产权可通过许可证经营或出售，带来许可经营收入。实际上，几乎所有中等规模的企业（包括新企业），都拥有一些对其成功起关键作用的知识、信息和创意（见表10-2）。知识资产现在已逐渐成为新企业（尤其是技术型新企业）中最具价值的资产。在实践中，许多企业不懂相关法律，不注意保护企业的知识产权，甚至无意中违法侵犯他人知识产权以至于造成严重后果和损失，因此，了解知识产权的内容及相关法律就显得非常重要了。下面着重介绍与新企业紧密关联的专利法、商标法和著作权法。

表 10-2 中等规模的企业各部门中典型的知识产权

部门	典型的知识产权	常用保护方法
营销部门	名称、标语、标识、广告语、广告、手册、非正式出版物、未完成的广告拷贝、顾客名单、潜在顾客名单及类似信息	商标、版权和商业秘密
管理部门	招聘手册、员工手册、招聘人员在选择和聘用候选人时使用的表格和清单、书面的培训材料和企业的时事通信	版权和商业秘密
财务部门	各类描述企业财务绩效的合同、幻灯片，解释企业如何管理财务的书面材料，员工薪酬记录	版权和商业秘密
管理信息系统部门	网站设计、互联网域名、公司特有的计算机设备和软件的培训手册、计算机源代码、电子邮件名单	版权、商业秘密和注册互联网域名
研究开发部门	全新的、有用的发明和商业流程、现有发明和流程的改进、记录发明日期和不同项目进展计划的实验室备忘录	专利和商业秘密

资料来源：巴林杰，爱尔兰.创业：成功创建新企业：原书第5版[M].薛红志，张帆，等译.北京：机械工业出版社，2017：306.

1. 专利与专利法

专利是指某个政府机构根据申请颁发的文件，它被用来记述一项发明，并且创造一种法律状况，在这种状况下，专利发明通常只有经过专利权所有人的许可才可以被利用。专利制度主要是为了解决发明创造的权利归属与发明创造的利用问题。专利法可以有效地保护专利拥有者的合法权益。创业者对其个人或企业的发明创造应及时申请专利，以寻求法律保护，使自己的利益不受侵犯，或者在受到侵犯时，依据法律提出诉讼，要求侵害方予以赔偿。

我国在1984年3月12日颁布了《中华人民共和国专利法》（以下简称"《专利法》"），并于1992年9月4日进行了第一次修正，2000年8月25日进行了第二次修正，2008年12月27日进行了第三次修正，2020年10月17日进行了第四次修正，新修正的《专利法》自2021年6月1日起施行。

根据我国《专利法》，发明创造是指发明、实用新型和外观设计。发明是指对产品、方法或者其改进所提出的新的技术方案；实用新型是指对产品的形状、构造或者其结合所提出的适于实用的新的技术方案；外观设计是指对产品的整体或者局部的形状、图案或者其结合以及色彩与形状、图案的结合所作出的富有美感并适于工业应用的新设计。发明专利权的期限为二十年，实用新型专利权的期限为十年，外观设计专利权的期限为十五年，均自申请日起计算。

2. 商标与商标法

商标是指在商品或者服务项目上所使用的，由文字、图形、字母、数字、三维标志和颜色组合，以及上述要素的组合或者其组合构成的显著标志。它用以识别不同经营者所生产、制造、加工、拣选、经销的商品或者提供的服务。商标是企业的一种无形资产，具有很高的价值。这种价值体现在独特性和所产生的经济利益上。保护和提高商标的价值，可以为企业带来巨大的收益。商标包括注册商标和未注册商标，目前我国只对人用药品和烟草制品实行强制注册，通常所讲的商标均指注册商标。注册商标包括商品商标、服务商标和集体商标、证明商标。注册商标的有效期为十年，可以申请续展，每次续展注册的有效期也为十年。商标注册申请人必须是依法成立的企业、事业单位、社会团体、个体工商户、个人合伙以及符合《中华人民共和国商标法》第十七条规定的外国人或者外国企业。

我国在 1982 年 8 月 23 日颁布了《中华人民共和国商标法》，并于 1993 年 2 月 22 日进行了一次修正，2001 年 10 月 27 日进行了第二次修正，2013 年 8 月 30 日进行了第三次修正，2019 年 4 月 23 日进行了第四次修正。

3. 著作权与著作权法

著作权也称版权，是指作者对其创作的文学艺术和科学作品依法享有的权利。著作权包括发表权、署名权、修改权、保护作品完整权、复制权、发行权、出租权、展览权、表演权、放映权、广播权、信息网络传播权、摄制权、改编权、翻译权、汇编权以及应当由著作权人享有的其他权利等 17 项权利。对著作权的保护是对作者原始工作的保护。著作权的保护期限为作者有生之年加上去世后五十年。我国实行作品自动保护原则和自愿登记原则，即作品一旦产生，作者便享有版权，登记与否都受法律保护，自愿登记后可以起证据作用。国家版权局认定中国版权保护中心为软件登记机构，其他作品的登记机构为所在省级版权局。

我国在 1990 年 9 月 7 日颁布了《中华人民共和国著作权法》，并于 2001 年 10 月 27 日进行了第一次修正，2010 年 2 月 26 日进行了第二次修正，2020 年 11 月 11 日进行了第三次修正。计算机软件属于版权保护的作品范畴。我国根据《中华人民共和国著作权法》制定了《计算机软件保护条例》，并于 2001 年 12 月 20 日发布，2011 年 1 月 8 日进行了第一次修订，2013 年 1 月 30 日进行了第二次修订。在该条例中，计算机软件是指计算机程序及其有关文档。

10.2.2 选择新企业的法律组织形式

1. 企业法律组织形式的类别

在创建新企业前，创业者应该事先确定企业的法律组织形式。自 1999 年 8 月 30 日第九届全国人民代表大会常务委员会第十一次会议通过《中华人民共和国个人独资企业法》之后，2018 年 10 月 26 日第十三届全国人民代表大会常务委员会第六次会议和 2006 年 8 月 27 日第十届全国人民代表大会常务委员会第二十三次会议分别通过了《中华人民共和国公司法》（第四次修正，以下简称《公司法》）和《中华人民共和国合伙企业法》。2023年12月29日，第十四届全国人民代表大会常务委员会第七次会议对《公司法》做出第二次修订，2024年7月1日起施行。至此，我国企业法律形式基本上与国际接轨。按中外企业有关法律条款的规定，目前我国企业主要有3种基本的组织形式：个人独资企业、合伙企业、公司制企业（主要包括有限责任公司和股份有限公司）。

（1）个人独资企业。个人独资企业是最古老也是最常见的企业法律组织形式。个人独资企业又称个人业主制企业，是指依法设立，由一个自然人投资并承担无限连带责任，财产为投资者个人所有的经营实体。当个人独资企业财产不足以清偿债务时，选择这种企业形式的创业者须依法以其个人其他财产予以清偿。在各类企业当中，个人独资企业的创设条件最简单。根据《中华人民共和国个人独资企业法》，只要满足以下5种条件，就可以申请设立个人独资企业：①投资人为一个自然人；②有合法的企业名称；③有投资人申报的出资；④有固定的生产经营场所和必要的生产经营条件；⑤有必要的从业人员。个人独资企业成功与否依赖于所有者个人的技能和能力。当然，所有者也可以雇用那些有其他技能和能力的员工。

（2）合伙企业。如果两个或两个以上的人共同创业，那么可以选择合伙制作为新企业的法律组织形式。根据《中华人民共和国合伙企业法》，"合伙企业"是指自然人、法人和其他组织依照本法在中国境内设立的普通合伙企业和有限合伙企业。两者最大的区别在于有限合伙企业有两种不同的所有者：普通合伙人和有限合伙人。其中，普通合伙人对合伙企业债务承担无限连带责任，有限合伙人以其认缴的出资额为限对合伙企业债务承担责任，但后者一般不享有对组织的控制权。另外，普通合伙企业合伙人可以用货币、实物、知识产权、土地使用权或者其他财产权利出资，也可以用劳务出资。但有限合伙企业有限合伙人不得以劳务出资。以下主要介绍普通合伙企业。

除要有合伙企业的名称、经营场所以及从事合伙经营的必要条件之外，设立合伙企业还应当具备以下几个条件：①有二个以上合伙人，合伙人为自然人的，应当具有完全民事行为能力；②有书面合伙协议；③有合伙人认缴或者实际缴付的出资；④有合伙企业的名称和生产经营场所；⑤法律、行政法规规定的其他条件。

（3）公司制企业。公司是现代社会中最主要的企业形式。它是以营利为目的，由股东出资形成，拥有独立的财产，享有法人财产权，独立从事生产经营活动，依法享有民事权利，承担民事责任，并以其全部财产对公司的债务承担责任的企业法人。所有权与经营权分离，是公司制的重要产权基础。与传统"两权合一"的业主制、合伙制相比，创业者选择公司制作为企业组织形式的一个最大特点就是，仅以其所持股份或出资额为限对公司承担有限责任；另一个特点是存在双重纳税问题，即公司盈利要上缴公司所得税，创业者作为股东还要上缴企业投资所得税或个人所得税。根据《公司法》，我国的公司分为有限责任公司（包括一人有限责任公司）和股份有限公司两种类型。

有限责任公司的股东以其认缴的出资额为限对公司承担责任，公司以其全部资产对公司的债务承担责任。创业者设立有限责任公司，除要有固定的生产经营场所和必要的生产经营条件之外，还应当具备下列条件。①有限责任公司由一个以上五十个以下股东出资设立。②有限责任公司设立时的股东可以签订设立协议，明确各自在公司设立过程中的权利和义务。③有限责任公司设立时的股东为设立公司从事的民事活动，其法律后果由公司承受。公司未成立的，其法律后果由公司设立时的股东承受；设立时的股东为二人以上的，享有连带债权，承担连带债务。设立时的股东为设立公司以自己的名义从事民事活动产生的民事责任，第三人有权选择请求公司或者公司设立时的股东承担。设立时的股东因履行公司设立职责造成他人损害的，公司或者无过错的股东承担赔偿责任后，可以向有过错的股东追偿。④设立有限责任公司，应当由股东共同制定公司章程。

股份有限公司的股东以其认购的股份为限对公司承担责任。设立股份有限公司，可以采取发起设立或者募集设立的方式。发起设立，是指由发起人认购设立公司时应发行的全部股份而设立公司。募集设立，是指由发起人认购设立公司时应发行股份的一部分，其余股份向特定对象募集或者向社会公开募集而设立公司。设立股份有限公司的条件包括以下几点。①设立股份有限公司，应当有一人以上二百人以下为发起人，其中应当有半数以上的发起人在中华人民共和国境内有住所。②股份有限公司发起人承担公司筹办事务。发起人应当签订发起人协议，明确各自在公司设立过程中的权利和义务。③设立股份有限公司，应当由发起人共同制订公司章程。④股份有限公司的注册资本为在公司登记机关登记的已发行股份的股本总额。在发起人认购的股份缴足前，不得向他人募集股份。法律、行政法规以及国务院决定对股份有限公司注册资本最低限额另有规定的，从其规定。⑤发起人应当在公司成立前按照其认购的股份全额缴纳股款。

（4）一人公司。一人有限责任公司（以下简称"一人公司"）其实是有限责任公司的一种，是在2005年10月27日第十届全国人民代表大会常务委员会第十八次会议通过的《公司法》中新加入的，一人公司是我国企业形式中的新面孔，而且对于创业者成立新企业而言具有独特的地位，因此在此再单独进行一些说明。

一人公司的合法化给创业者带来了很多便利，成为创建新企业的重要形式，在很大程度上激励了新企业的创立。首先，一人公司允许和鼓励个人创业，从一定程度上降低了公司创立的门槛，开辟了就业领域，拓宽了就业门路。其次，创业者创业存在很大的风险，与个人独资企业不同，一人公司承担有限责任，降低了投资者的风险。一人公司作为有限责任公司与业主制和合伙制不同，业主制的主体是自然人，而一人公司的主体是公司，只承担有限责任，这样，就可以化解投资者的风险，使投资者与债权人共担风险。再次，一人公司结构简单，经营机制灵活，从而增加了企业的柔性。一人公司既不存在股东大会和董事会，所有者与经营者合一，也不存在代理成本，从而有利于企业决策迅速灵活，更好地应付复杂多变的市场需求和外部环境变化。最后，一人公司有利于人力资本价值的实现，激励创新。一人公司的知识产权可以作为投资入股等规定，主要是鼓励有科学技术和管理经验的知识分子创业，在很大程度上为技术型创业提供了土壤。当然，一人公司也存在筹资能力不足、缺乏科学的决策机制等缺点，因此创业者在选择时也不能太过盲目,尤其是首次创业,缺乏一定的公司管理经验和资金实力时,更应谨慎选择一人公司。

2.新企业法律组织形式的比较和选择

新企业可以选择不同的组织形式,或者由个体独立创办单一业主制企业和一人有限责任公司,或者由几个人创办合伙企业,或者成立法人公司制企业,各种类型企业组织形式各有优劣。一般来说,创业者选择企业组织形式需要考虑的因素主要有:①投资者的资本和规模;②创业者的企业运营经验;③企业税收负担;④行业特点;⑤企业设立条件与程序;⑥利润分配与责任承担;⑦组织存续期限;等等,投资者必须对这些影响因素进行综合考虑。下面主要介绍前5个因素。

(1)投资者的资本和规模。创业资金的多少,对企业形式的选择具有重要的影响。一般来讲,企业资金较充裕时,可以考虑注册有限责任公司(包括一人公司)。如果资金比较紧张的话,注册个人独资企业或者合伙企业可能更为理想。投资者的规模对于企业组织形式选择也有重要影响,三种主要的企业法律组织形式都有法定人数要求。因此,如果仅仅是一个创业者想创办企业,则可以考虑个人独资企业或者一人公司。如果是多人投资成立企业,则应优先考虑合伙企业、一人公司外的有限责任公司。当然,如果投资人数达到股份有限公司的要求,也可以考虑注册股份有限公司。

(2)创业者的企业运营经验。创业者的企业运营经验的多寡,往往对企业未来的经营影响较大,在选择企业形式时应重点考虑。创业者的企业运营经验如果丰富,则可以选择个人独资企业或者一人公司等独立性较强的企业组织形式,否则最好选择合伙企业或者非一人公司的有限责任公司,从而发挥众人智慧,防止企业经营出现大的问题。

(3)企业税收负担。在欧美发达国家,企业创办人进行企业类型选择时,税收是首先考虑的因素。对于我国企业,税收负担也是企业投资者应该重点考虑的问题。根据税法规定,我国不同企业组织形式虽然在增值税、营业税等流转税上税负待遇并无二致,但在所得税上差异很大。我国税法规定,个人独资企业和合伙企业不是法律上的法人实体,对于企业收益仅对投资者征收个人所得税,不缴纳企业所得税。而有限责任公司(包括一人公司)和股份有限公司对于公司经营收益要缴纳企业所得税,股东还要就从公司获得的股利和红利等依据股权取得的收益,按20%的税率缴纳个人所得税,这使得公司制企业的股东实际负担的所得税税率远大于个人独资企业和合伙企业股东所承担的税率。

(4)行业特点。当企业所属行业适宜较大规模经营时,如制造型企业、贸易加工型企业以及研发技术型企业,一般选择合伙制和有限责任公司形式较为适宜。如果企业属于一般性服务行业,通常规模较小,则可以优先选择注册个人独资企业或者个人有限责任公司类型。

(5)企业设立条件与程序。企业设立条件与程序是企业取得主体资格所必须具备的法定条件与法定程序,它反映企业的权利义务和风险利益关系。企业设立条件与程序一般受企业投资者的责任所制约。在通常情况下，如果投资者承担较重的责任，则企业设立条件较为宽松，设立程序较为简单；如果投资者承担较轻的责任，则企业设立条件较为严格，设立程序较为复杂。

总之，创业者在选择新企业注册类型时，要充分考虑投资者的资本和规模、创业者的企业运营经验、企业税收负担行业特点、企业设立条件与程序等因素的影响，做出理性权衡抉择。一般来说，如果企业资本实力比较强、有一定的规模，同时非常注重企业的风险承担，则可以优先考虑公司制企业；如果企业经营规模不大、资本比较紧张，还得考虑税收负担和节约管理成本，则个人独资企业可能是最佳选择。

关键概念
个人独资企业、合伙企业、公司制企业

个人独资企业，又称个人业主制企业，是指依照《中华人民共和国个人独资企业法》在中国境内设立，由一个自然人投资，财产为投资者个人所有，投资者以其个人财产对企业债务承担无限责任的经营实体。业主享有企业的全部经营所得，拥有绝对的权威和完整的所有者权利。

合伙企业，是指自然人、法人和其他组织依照《中华人民共和国合伙企业法》在中国境内设立的普通合伙企业和有限合伙企业。它是由各合伙人订立合伙协议，共同出资、合伙经营、共享收益、共担风险，并对合伙企业债务承担无限连带责任的营利性组织。在这类企业中，合伙人之间的责任是连带的，当某一主要合伙人死亡或退出企业时，合伙关系即告终止。

公司制企业一般是指以营利为目的，从事商业经营活动或某些目的而成立的组织。根据《公司法》，其主要形式为有限责任公司和股份有限公司。两类公司均为法人制，投资者可受到有限责任保护。在这类企业中，不论企业的出资者如何变换、转让股份、死亡，或者扩大或缩小出资者人数，所有者转让所有者权益并不会导致公司的解体，公司作为独立法人并不受影响。因此，法人公司制企业有着较好的存续性。

10.2.3　新企业的组织结构

传统的组织结构类型主要包括直线制、职能制、部门制、矩阵制等不同类型。20世纪90年代，尤其是进入21世纪以来，全球环境发生了前所未有的变革，全球一体化、互联网和信息技术革命发展、决策速度加快等对企业组织结构也产生了深远的影响和要求，一些创造性的组织方法和结构不断出现，其中一些对于新企业来说，适用性也很强。

学习型组织结构。学习型组织由美国学者彼得·圣吉（Peter Senge）提出，在学习型组织中，每个人都要参与识别和解决问题，使组织能够进行不断的尝试，改善和提高它的能力。学习型组织的基本价值在于解决问题，这正好契合创业企业的特征，与之相对的传统组织设计的着眼点是效率。在学习型组织内，雇员参加问题的识别，这意味着要懂得顾客的需要。雇员还要解决问题，这意味着要以一种独特

的方式将一切综合起来考虑以满足顾客的需要。组织因此通过确定新的需要并满足这些需要来提高其价值。学习型组织结构废弃了使管理者和工人之间产生距离的纵向结构，同样也废弃了使个人与个人、部门与部门相互争斗的支付和预算制度。团队是横向组织的基本结构。伴随着生产的全过程，人们一起工作为顾客创造产品。

团队型组织结构。在华为，每个销售人员都可以发展自己的团队，在他们所在的区域构成一个团队，每个团队的人员都是灵活变化的，这种组织结构就是团队型组织结构。在这种结构中，企业原来的部门被工作小组和团队代替。这种组织结构的一些特征对于创业企业非常有价值：淡化团队的控制职能，而是更多地授权，从而使得从高层到基层的管理职权链淡化或者消失，员工的工作时间、工作方式都非常自由。这种组织结构可以大大提高经营效率和服务质量，对于服务型创业企业比较适用。当然，对于技术型创业企业，为了提高产品的研发速度和效率也是很有裨益的。

项目型组织结构。项目型组织结构与团队型组织结构有很大的相似之处，但仍有不同。最大的不同在于，一个项目团队只存在于完成一个项目的阶段内，所以它的存在时间取决于项目完成需要的时间。在项目型组织中，每个项目就像一家微型公司那样运行。完成每个项目目标所需的所有资源完全分配给这个项目，专门为这个项目服务。专职的项目经理对项目团队拥有完全的项目权力和行政权力。由于每个项目团队严格致力于一个项目，所以，项目型组织的设置完全是为了迅速、有效地对项目目标和客户需要做出反应。项目型组织的优点是每个成员始终都了解团队的工作并为之负责。团队有很大的适应性，能接受新的思想和新的工作方法。对于创业企业而言，该组织结构既能提高运行效率，又能因团队的存在而增强灵活性。

虚拟型企业组织结构。随着信息技术的飞速发展、市场的全球化以及其他一些发展趋势，创业者和企业管理者正在面对一个变幻莫测的竞争环境，传统的以泰罗制、福特制为标志的企业模式已很难适应新的市场环境。企业同时还要保持较低的成本及较短的交付周期，这对旧的组织结构形式提出了挑战，在这种情况下，一种新的企业运作模式——虚拟型企业脱颖而出。这种企业组织结构形式是当市场出现新机遇时，具有不同资源与优势的企业为了共同开拓市场，共同对付其他竞争者而组织的，建立在信息网络基础上的共享技术与信息，分担费用，联合开发的、互利的企业联盟体。虚拟型企业的出现常常是由于参与联盟的企业追求一种完全靠自身能力达不到的超常目标，因此企业自发要求突破自身的组织界限，必须与其他对此目标有共识的企业实现全方位的战略联盟，共建虚拟型企业，才有可能实现这一目标。随着我国 B2C 等网络平台的不断发展，在淘宝网、京东商城等平台上已经涌现了大量的虚拟型企业。

10.3 市场进入与进入程序

当创业者看好一个市场或产品领域并确定要进入该市场后，他所面临的下一个至关重要的决策就是制定并选择相应的市场进入路径。从现有的路径模式看，创业者大致可以选择以下三种市场进入模式：新建企业、收购现存企业和特许经营。

10.3.1 新建企业

建立一家全新的企业是创业者进入市场时最常用的方式，具体包括独创和合办两种形式，其中独创主要包括注册个人独资企业、注册一人有限责任公司；合办主要包括注册合伙企业、有限责任公司和股份有限公司。本章前面已经介绍了个人独资企业、合伙企业、股份有限公司和有限责任公司等企业法律形式的成立要求、优缺点、适宜的创业企业类型等，下面简单介绍成立各种法律形式企业所必须完成的注册程序。

1. 个人独资企业的注册

注册个人独资企业需要提交一系列文件，包括投资者签署个人独资企业设立申请书、投资者身份证明、企业住所证明和生产经营场所使用证明（如土地使用证明、房屋产权证或租赁合同等）等文件。对于由委托代理人申请设立登记的，应当提交投资者的委托书和代理人的身份证明或者资格证明；国家市场监督管理总局规定提交的其他文件。

2. 合伙企业的注册

设立合伙企业应提交相关文件、证件，包括《企业设立登记申请书》(《企业设立登记申请表》《投资者名录》《企业经营场所证明》等表格)；公司章程（提交打印件一式两份，全体股东亲笔签字；有法人股东的，要加盖该法人单位公章并由其法定代表人亲笔签字）；验资报告；出资权属证明；《名称预先核准申请书》及《企业名称预先核准通知书》；股东资格证明；《指定（委托）书》；经营范围涉及前置审批项目的，应提交有关审批部门的批准文件。除上述必备文件外，还应提交打印的股东名录和董事、经理、监事成员名录各一份。然后按照相应的步骤程序，递交申请材料，领取《受理通知书》、缴纳登记费并领取执照。

3. 有限责任公司（包括一人有限责任公司）和股份有限公司的注册

设立一家有限责任公司或股份有限公司，应提交的登记注册文件、证件包括《企业设立登记申请书》(内含《企业设立登记申请表》《投资者名录》《企业法定代表人登记表》《董事会成员、经理、监事任职证明》《企业住所证明》等表格)；公司章程（提交打印件一式两份，全体股东亲笔签字；有法人股东的，要加盖该法人单位公章并由其法定代表人亲笔签字）；验资报告；以非货币方式出资的，还应提交资产评估报告（涉及国有资产评估的，应提交国有资产管理部门的确认文件）；《名称预先核准申请书》及《企业名称预先核准通知书》；股东资格证明；《指定（委托）书》；经营范围涉及前置审批项目的，应提交有关审批部门的批准文件。除上述必备文件外，还应提交打印的股东名录和董事、经理、监事成员名录各一份。根据规定的步骤程序，递交申请材料，领取《受理通知书》、缴纳登记费并领取执照。

> 专栏

企业登记时的企业名称

根据《企业名称登记管理规定实施办法》（以下简称《实施办法》），企业登记时，应该规范名称。

（1）企业名称应当使用规范汉字。企业需将企业名称译成外文使用的，应当依据相关外文翻译原则进行翻译使用，不得违反法律法规规定。

（2）企业名称一般应当由行政区划名称、字号、行业或者经营特点、组织形式组成，并依次排列。法律、行政法规和《实施办法》另有规定的除外。

（3）企业名称中的行政区划名称应当是企业所在地的县级以上地方行政区划名称。根据商业惯例等实际需要，企业名称中的行政区划名称置于字号之后、组织形式之前的，应当加注括号。

（4）企业名称中的字号应当具有显著性，由两个以上汉字组成，可以是字、词或者其组合。县级以上地方行政区划名称、行业或者经营特点用语等具有其他含义，且社会公众可以明确识别，不会认为与地名、行业或者经营特点有特定联系的，可以作为字号或者字号的组成部分。自然人投资人的姓名可以作为字号。

（5）企业名称中的行业或者经营特点用语应当根据企业的主营业务和国民经济行业分类标准确定。国民经济行业分类标准中没有规定的，可以参照行业习惯或者专业文献等表述。企业为表明主营业务的具体特性，将县级以上地方行政区划名称作为企业名称中的行业或者经营特点的组成部分的，应当参照行业习惯或者有专业文献依据。

（6）企业应当依法在名称中标明与组织结构或者责任形式一致的组织形式用语，不得使用可能使公众误以为是其他组织形式的字样。公司应当在名称中标明"有限责任公司""有限公司"或者"股份有限公司""股份公司"字样；合伙企业应当在名称中标明"（普通合伙）""（特殊普通合伙）""（有限合伙）"字样；个人独资企业应当在名称中标明"（个人独资）"字样。

（7）企业分支机构名称应当冠以其所从属企业的名称，缀以"分公司""分厂""分店"等字词，并在名称中标明该分支机构的行业和所在地行政区划名称或者地名等，其行业或者所在地行政区划名称与所从属企业一致的，可以不再标明。

（8）企业名称冠以"中国""中华""中央""全国""国家"等字词的，国家市场监督管理总局应当按照法律法规相关规定从严审核，提出审核意见并报国务院批准。企业名称中间含有"中国""中华""全国""国家"等字词的，该字词应当是行业限定语。

（9）外商投资企业名称中含有"（中国）"字样的，其字号应当与企业的外国投资者名称或者字号翻译内容保持一致，并符合法律法规规定。

（10）企业名称应当符合《企业名称登记管理规定》，不得使用与国家重大战略政策相关的文字，使公众误认为与国家出资、政府信用等有关联关系；不得使用"国家级""最高级""最佳"等带有误导性的文字；不得使用与同行业在先有一定影响的他人名称（包括简称、字号等）相同或者近似的文字；不得使用明示或者暗示为非营利性组织的文字；法律、行政法规和《实施办法》禁止的其他情形。

10.3.2 收购现存企业

当创业者已看好并确定要进入某一市场，在有资金、无技术或有资金、有技术却无市场渠道时，通过收购一家运营中的公司，以其为创业平台，借助其在技术、市场、产品管理及企业文化等方面的特长，快速实现个人的创业梦想也是一种常见的市场进入模式。引例中的豪迈公司就是通过收购即将破产的乡镇集体企业的一个车间而成立的。在经济不景气或经济危机期间,有一些资产质量较好,但因经营不善而陷入困境的企业,往往是被收购的潜在目标。

> **关键概念**
>
> 收购
>
> 收购是指买方从卖方企业购入资产或股票以获得对卖方企业的控制权,该公司的法人地位并不消失。收购是企业资本经营的一种形式,既有经济意义,又有法律意义。收购的经济意义是指一家企业的经营控制权易手,原来的投资者丧失了对该企业的经营控制权,新的投资者实质上取得控制权。收购的方式主要包括吸收式收购、控股式收购、购买式收购、公开收购、杠杆收购等。

创业者通过收购来开启新事业一般需要以下 8 个程序:

- 制订切实可行的收购计划;
- 寻找合适的目标企业;
- 针对目标企业进行初步谈判(通常以签订收购意向书为标志);
- 企业收购审查与决策,这是整个收购过程中最为关键的步骤,它关系到收购的成败和收购后企业的成长;
- 确定收购价格并签订收购协议;
- 对收购企业进行融资,主要包括内部融资、外部融资、卖方融资三种主要途径;
- 交割并披露;
- 收购企业的重整再造。

除了上述所提到的一般意义的收购外,创业者若想获得一家现存企业的实际控制权,还可以采取接管、要约收购和杠杆收购等特殊的收购方式。

10.3.3 特许经营

特许经营是一种商业组织形式,是指已经具有成功产品或服务的企业(特许授权商)将其商标和企业经营方法授权给其他企业(特许加盟商)使用,并由此换取加盟费和特许权使用费。由于特许加盟商可以利用特许授权商现成的品牌和商誉以避免市场风险,甚至可以分享特许授权商的规模优势,获得特许授权商在多方面的支持,因此,相对建立新企业和收购而言,取得某种商品或在某个市场进行经营的特许经营权是创业者进入市场的一种风险最小的方式。

1. 特许经营的含义与特点

畅销书《大趋势》的作者约翰·奈斯比特曾预言,"特许经营(连锁加盟)是人类有史以来最成功的营销观念,更将成为21世纪的主导商业模式"。国际特许经营协会（International Franchise Association，IFA）将特许经营定义为一种合同关系：特许经营是特许人和受许人之间的合同关系,对于受许人经营中的特定领域,特许人有义务在经营诀窍和培训上提供或保持持续的指导；受许人的经营是在由特许人所有和控制下的一个共同标记、经营模式和（或）过程之下进行的,并且受许人从自己的资源中对其业务进行投资。特许经营由于其灵活多变的交易形式,目前已经遍布所有的零售业和服务业,并且还在向其他行业扩张。2004年12月31日,商务部颁布了《商业特许经营管理办法》,一方面,规范外商投资企业进入中国特许经营市场；另一方面,规范国内商业特许经营行为,促进商业特许经营健康有序发展。

关键概念

特许经营

特许经营是指特许经营权拥有者以合同约定的形式,允许被特许经营者有偿使用其名称、商标、专有技术、产品及运作管理经验等从事经营活动的商业经营模式。

特许经营由三个要素组成：一是特许总部；二是特许分店；三是规定了转让包含全套经营方式、管理技巧、无形资产在内的协议。

特许经营是以特许经营权的转让为核心的一种经营方式,归纳起来,具有如下特点。

第一,特许经营的主体可由一个特许人和多个受许人组成。各受许人彼此之间没有横向联系,只与特许人保持纵向联系；特许人与受许人之间既非隶属关系、控股公司与子公司关系,也非代理关系、合伙人关系,而是一个商标、服务标志、经营管理与技术诀窍等知识产权所有人与希望在经营中使用这种产权的个人或企业之间的一种法律和商业关系,一种互利合作、共求发展的关系。在法律地位上他们是平等的、自负盈亏的民事主体。

第二,特许经营的基础是特许人和受许人之间建立在互惠互利基础上的契约关系。特许经营体系是通过特许人与受许人一对一地签订特许合同而形成的,双方的权利、义务在合同条款中有着明确的规定。如各受许人拥有财产所有权,享有人事和财务自主管理权,在经营业务上接受特许人的督导,并负有向特许人支付特许使用费、指导费的义务等。

第三,特许经营的核心是特许人向受许人出售的技术专长、管理经验和经营之道。特许人为受许人提供全方位的服务,包括选址、培训、帮助融资和提供产品及营销计划。但特许公司拥有商标、服务标志、独特概念、专利、商业秘密、经营诀窍等有形与无形资产的产权,并将部分产权（如使用权）转让给受许公司以换取一定的收入。

第四,特许经营是特许人和受许人通过协议组成的分工合作体系。作为竞争核心的经营管理体系是一个有机的系统,它以特许经营理念为核心,包括一系列要素（如商标、商号、知识产权、营业场所和区域等）和过程（如采购、广告、定价）。

2. 选择特许经营方式的优势与劣势

特许经营已有 100 多年的发展历史，它所取得的成功已为世人瞩目。近几年，特许经营在我国也有巨大发展。这一分销方式之所以长盛不衰，有其经营优势。

第一，特许商利用特许经营实行大规模的低成本扩张。对特许商来说，借助特许经营的形式，可以获得如下优势。

- 特许商能够在实行集中控制的同时保持较小的规模，既可赚取合理利润，又不涉及高资本风险，更不必兼顾加盟商的日常琐事。
- 由于加盟店对所属地区的了解，往往更容易发掘出企业尚没有涉及的业务范围。
- 由于特许商不需要参与加盟者的员工管理工作，所以本身所必须处理的员工问题相对较少。
- 特许商不拥有加盟商的资产，保障资产安全的责任完全落在资产所有人的身上，特许商不必承担相关责任。
- 从事制造业或批发业的特许商可借助特许经营建立分销网络，确保产品的市场开拓。

第二，加盟商借助特许经营"扩印底版"，即借助特许商的商标、特殊技能、经营模式来反复利用，并借此扩大规模。

第三，特许经营因其管理优势而受到消费者欢迎。特许经营成功发展的另一个原因就是准确定位。准确定位使企业目标市场选择准确，能围绕目标市场进行营销策略组合，并及时了解目标市场的变化，使企业的产品和服务走在时代前列。

当然，特许经营也存在劣势，主要表现在以下三个方面。①加盟商通过特许得到了一套完善的、严谨的经营体系，可是，正因如此，加盟商很难改变这种经营模式来适应市场的、政策的各种变化。另外，由于各个地区消费者的需求不同，特许经营也很难在任何地方都能保持持续的优势。②对消费者来说，加盟商的频繁变更给他们带来的是疑惑，造成了特许人、现任加盟商和以往加盟商之间的责任不清，相互推脱责任。③特许经营只能专注于某一个领域，很难在各个市场都取得战略性的胜利。

本章要点

- 判断新企业成立主要由三个维度衡量：注册登记成合法实体、存在雇用性质的员工关系、产生第一笔销售。
- 新企业成立的途径和市场进入模式主要有三个：新建企业、收购现存企业和特许经营。
- 新企业成立要注意考虑一定的条件和时机，具体包括外部条件和内部条件两个方面。外部条件包括商业机会的识别与评价、有利的经济技术等外部环境、有能源和原材料等必要条件等；内部条件包括创业者具有一定的创业能力和素质、具有成为创业者的动机、具有较小的创业机会成本等。

- 一家新企业可以选择的法律组织形式有多种,在我国主要有:个人独资企业、合伙企业、有限责任公司(包括一人有限责任公司)和股份有限公司。
- 注册成立的新企业根据类型、规模等不同可以选择直线制、职能制、部门制、矩阵制等传统的组织结构。同时,由于环境的变化,学习型组织、团队型组织、项目型组织、虚拟型企业组织等形式也值得新企业关注。
- 创业者在创建和经营企业的过程中,必须了解和遵守有关法律法规,以确保自身和他人的利益不受到非法侵害。与创业有关的法律主要包括专利法、商标法、著作权法、反不正当竞争法、产品质量法、劳动法等。
- 特许经营作为一种商业组织形式,是创业者进入市场的一种风险最小的方式,具有享受现成的品牌和商誉、避免市场风险、分享规模效益、获取特许授权商在多方面的支持等优势。

重要概念

新企业　公司制企业　一人公司　收购　特许经营

复习思考题

1. 企业不同的法律组织形式各自有哪些特点?分别适合什么类型的新企业?
2. 成立新企业需要了解哪些法律法规?它们对新企业有哪些影响?
3. 新企业如何保护自己的知识产权?
4. 新企业成立的条件有哪些?时机如何把握?
5. 企业的组织结构有哪些种类?各有什么特点以及对于不同类型新企业的适用性如何?
6. 特许经营为什么会发展如此迅速?特许经营与其他商业形式为何容易混淆?这些商业形式各有什么优点?应该如何辨别?

实践练习

实践练习 10-1　新企业的成立

根据本章的知识,在网上搜索 10 家成立时间在 5 年左右的新企业,要求如下。

(1)既包括注册成立的新企业,也包括连锁经营的新企业以及收购形成的新企业。

(2)既有度过生存期进入成长期的企业,也有没度过生存期甚至倒闭的企业。

(3)比较这些企业发展的差异性,分析其中的关键原因。

(4)分析这些企业在创立时选择注册成立新企业、收购现存企业或特许经营的背景和理由,以及这种选择对其发展的影响。

实践练习 10-2　案例分析

查找因知识产权保护不力而受损,或因知识产权保护得力而获益的企业案例资料。分析其失败或成功的原因。假设你是一位创业者,你认为应该如何保护你的知识产权?

实践练习 10-3　调查身边的特许加盟企业

寻找一家特许加盟企业,就加盟的利弊访谈其经营者、客户等,加深对特许经营方式的认知。

> 十年来我天天思考的都是失败，对成功视而不见，也没有什么荣誉感、自豪感，而是危机感。也许是这样才存活了十年。
>
> ——华为公司创始人任正非

第 11 章
发展新企业

【核心问题】

- ☑ 新企业具有什么样的特殊性？
- ☑ 新企业的管理重点在哪里？
- ☑ 如何保持新企业的持续成长？
- ☑ 公司创业活动如何开展？

【学习目的】

- ☑ 掌握新企业提高合法性的基本举措
- ☑ 了解现金流对于新企业生存的重要性
- ☑ 掌握企业成长的规律
- ☑ 掌握企业持续成长的管理重点
- ☑ 了解公司创业的内涵
- ☑ 理解公司创业的实施过程

> **引例**

促进中小企业专精特新发展

中小企业联系千家万户,是推动创新、促进就业、改善民生的重要力量。截至2024年1月,我国已累计培育专精特新中小企业10.3万家、专精特新"小巨人"企业1.2万家。中央经济工作会议提出,促进中小企业专精特新发展。如何进一步推动中小企业由小到大、由大到强、由强变优,在现代化产业体系建设中发挥重要作用?

一方面,构建体系,加快培育。促进中小企业专精特新发展,关键在服务,核心在培育。进一步健全优质中小企业梯度培育体系,促进中小企业专精特新发展。健全优质中小企业培育举措。做好中小企业数字化转型城市试点工作,在2023年30个试点城市基础之上,新遴选一批试点城市,以细分行业为切入点,以应用场景为突破口,以生产制造环节为重点,确保试点试出成效。

开展促进大中小企业融通创新"携手行动",持续推进"数字化赋能、科技成果赋智、质量标准品牌赋值"中小企业专项行动。继续培育一批中小企业特色产业集群,着力发挥集群在资源对接、要素整合、协同创新、管理服务等方面的优势,提升中小企业竞争力。

另一方面,优化服务,加强支持。完善政策支持体系。加快出台促进专精特新中小企业高质量发展的若干措施,在科技创新、产融合作、企业服务、数字化转型、国际合作等方面加大政策支持力度,为中小企业专精特新发展提供更多实实在在的支持。

提升公共服务能力和质效。健全中小企业公共服务体系,推动更多优质服务直达中小企业。大力实施"一链一策一批"中小微企业融资促进行动、专精特新中小企业"一月一链"投融资路演活动。推进中外中小企业合作区建设,探索构建中小企业海外服务体系,支持中小企业走出去。

资料来源:王政,刘温馨.如何促进中小企业专精特新发展[N].人民日报,2024-02-07.

新企业创建代表着组织的创立与诞生,但也是企业生命周期中最危险、失败率最高的阶段,实现专精特新并非易事。从内部来看,新企业自身拥有的资源有限,缺乏深思熟虑的发展战略和完善的组织结构,抗风险能力脆弱;从外部来看,新企业对顾客、供应商、政府等利益相关者的影响力有限甚至不被认可。这些内外部因素都会制约新企业的生存能力,进而导致了较高的风险与失败率。那么,创业者和新企业如何让创业项目由小变大、由弱变强、由活下去到活得久?

11.1 新企业的生存

11.1.1 新进入缺陷

新进入缺陷(liability of newness)指的是新企业的运营需要从无到有的展开过程,包括开始建立相应的内部流程并获得外界认可,该过程中的任何环节出问题都会带来难以估计的麻烦,因而比现存企业会遭遇更高的失败率,这些导致新企业失败的原因都可以归结为新进入缺陷。

新进入缺陷导致新企业在社会筛选过程中同现存企业相比处于明显劣势,比如未能建立稳定高效的企业内部流程,具体原因包括以下几点。

组织的临时性。新企业是一个寻找可升级、可重复和可赢利商业模式的临时组织。新企业需要确定商业模式、产品市场组合、可重复性销售模式以及聘用管理人员,才可能过渡到成熟企业。

学习成本较高。在新角色到位和任务的执行期间,新企业较易犯大错误,因而需要一定的学习成本。对于某些创新程度较高的新企业,有时这种"学费"会很高,因为没有现成的样板可供借鉴和参考,必须摸索着开展试验。

稳定性较低。新企业为了获得尽可能好的绩效,需要界定新角色、建立员工关系和制定薪酬体系,但这需要花费很多精力和时间,并且还会出现冲突和暂时无效率的问题,这就影响到了新企业业绩表现的稳定性。

交易成本较高。新企业的成员主要由新人组成,成员之间的信任基础较为薄弱,进而会影响员工为了适应新企业价值体系、组织目标和行为规范而调整自己态度和行为的学习过程。一个新的组织和外界环境中的其他组织打交道,使得新企业的交易成本非常高。

社会联系较弱。当新企业刚开始运作时,往往与顾客、供应商等利益相关者尚未确立稳定的联系,而现存企业的主要资源之一就是与利益相关者已经确立了一系列稳定联系,因此新企业不易与现存企业展开竞争。

⊙ 专栏

不要恐惧创业失败

创业失败是创业者未达到既定目标而选择终止或退出新企业经营活动。社会成本主要是指创业失败导致创业者业务或人际关系受损,表现为家庭和亲属关系的破裂,失去重要社会关系的信任,社会地位下降甚至带来污名。

失败恐惧是不确定环境下创业者对"失败可能性"认知评估而产生的负面情感。情境是激活失败恐惧的重要线索,个体对外界环境线索和信息进行关注,从认知上评估失败相关的负面信息,担心失败威胁自身能力和社会地位,从而产生失败恐惧。创业者既可能将失败与羞耻和尴尬负面情绪相关联,影响创业者对自身能力的评估;也会因失败导致的社会地位降低而引发对厌恶性后果的评估。

创业者应当理性看待失败成本及其潜在影响。研究表明,当创业者处理创业失败相关事宜时,需要剥离"失败与负面情绪"的内在联想和关联,而且失败恐惧并非总是抑制创业行为,比如外源性失败恐惧能够激励失败再创业者更努力。创业者应正确认识失败恐惧的双面性,根据自身资源、条件或能力进行灵活应对,充分利用外源性失败恐惧带来的危机意识,及时调整创业目标和创业努力,实现个人突破与成长,助推企业成功。

再创业者可以更好地化失败为前进动力,实现利用失败再创业催化高质量创业之效果,创业教育需要重视认知分析和情绪管理相关的培训,帮助创业者尤其是有失败经历的创业者，采用科学有效的认知工具和方法对失败进行情绪管理和价值分析，引导他们在合理期望的基础上设立更高的创业目标，激发创业者更大的斗志和努力，提升高质量的再创业活动。

资料来源：郝喜玲，陈煊，杜晶晶，等.社会成本、失败恐惧与创业努力[J].外国经济与管理，2022，44（7）：3-15.

11.1.2 新企业的合法性

所谓合法性（legitimacy），是指在特定社会系统内对一个实体的行动是否合乎期望及恰当性、合适性的一般认识和假定，它反映的是外部环境对于组织特征或行为是否符合外界价值观、规范、要求和期望的一种判断和感知。

很多创新事物的发展过程都经历了合法性从无到有的过程。例如，当大多数消费者已经熟悉并习惯于去商场或超市购物时，这种经营模式就逐渐嵌入人们的习惯中而被理所当然化，即"购物＝商场"。而当电子商务和网上交易出现时，这种全新的虚拟消费方式极大地背离了人们以往形成的惯例和先前知识，此时计算机网络等新兴产业中的创业者在发展的最初阶段就面临着如何建立起包括消费者、供应商和投资者在内的利益相关者对互联网及其商业模式的理解和认识，如何为此类新生事物建立起外在的正当性，即如何为创新活动和新企业赢得合法性的问题。

在初创阶段，创业合法性对于新企业的生存至关重要，克服新进入缺陷的关键在于塑造利益相关者对于新企业的"合法性"感知。在企业初创阶段，是否具有生存能力很大程度上取决于利益相关者对它的主观感知而不是实际财务绩效。因此，新企业整合资源的关键在于，创业构想和新企业对资源拥有者是否有意义、有价值、值得信任和富有吸引力，即是否具有合法性。

具有合法性的新企业被认为更有价值、更可预测以及更加可信，从而易于获得资源支持。新企业合法性的常见类型包括以下几种。

管制合法性。管制合法性来源于政府、专业机构、行业协会等相关部门所制定的规章制度。一部分制度是以法律的形式规定的，要求所有企业都必须遵守。另一部分制度则是以行业标准和规范的形式规定的，只有属于该行业的企业才必须遵守。一旦新企业按照这些规章制度和标准规范的要求进行经营运作，它就获得了相应的管制合法性。管制合法性对新企业的成长非常重要，如果没有它，新企业很难通过合法的途径去接近和寻求所需的其他资源。例如，如果一个新企业达不到银行贷款所规定的各项标准，它就不能够从银行获得所需的资金投入。

规范合法性。它也被称为道德合法性，来源于社会的价值观和道德规范。管制合法性反映的是社会公众对企业"正确地做事"的判断所不同，而规范合法性反映的是社会公众对企业"做正确的事"的判断；这种判断基于企业的行动是否有利于增进社会福利，是否符合广为接受的社会价值观和道德规范。规范合法性有助于新企业接近顾客并获得顾客认可。顾客的购买行为受其价值观影响，而顾客个体的价值观又根植于整个社会的共同价值观。只要新企业的经营活动符合社会的共同价值观和道德规范，必将会得到顾客的心理认同，从而使顾客愿意购买它们提供的产品和服务。

认知合法性。认知合法性是人们对特定社会活动的边界和存在合理性的共同感知。当针对某种技术、产品或组织形式的知识越是被普遍接受并被认为是"理所当然"时，认知合法性就表现得越强，越难以被改变。作为产业中新进入者和创新者出现的新企业，往往被认为是新的参与者而缺乏这种普遍认知。例如，今天被视为习以为常的共享出行和住宿等商业模式，在21世纪初刚出现时还不被大众理解和接受，有的创业项目甚至难以得到消费者信任。

不过，新企业也可以积极获取合法性，常见的途径包括依从、选择、操纵和创造4种类型（见表11-1）。不同的合法性获取途径对企业能力的要求不同，不同行业和组织特征的新企业对合法性获取战略的选择倾向也存在差异。因此，创业者应该综合考虑自身的资源和能力条件、新企业所处行业的特征、外部环境的宽容程度等，选择适合自身发展的合法性获取途径。

表 11-1 合法性获取途径的类型、含义与特征

类型	含义	特征
依从	新企业完全依从制度	制度环境难以改变，改变自己服从环境
选择	选择更有利的制度环境	有可以选择的更有利的环境
操纵	影响制度环境	现有制度不能完全接受新企业，需要影响制度管制、规范或认知以使其接纳新企业
创造	创造新的制度环境，建立认知基础	现有制度没有和企业相匹配的认知基础，需要创造新的模式、实践和认知信仰等

资料来源：ZIMMERMAN M A, ZEITZ G J.Beyond survival: achieving new venture growth by building legitimacy[J]. Academy of management review, 2002, 27(3): 414-431.

11.1.3 保障稳定的现金流

现金流作为新企业管理中的一个重要概念，是指企业在一定会计期间按照现金收付实现制，通过一定的经济活动（包括经营活动、投资活动、筹资活动和非经常性项目）而产生的现金流入、现金流出及其总量情况的总称，即企业一定时期的现金和现金等价物的流入和流出的数量。通过提高现金流，企业在成长过程中能更好地避免现金危机，并且避免受到债权人或投资者的支配。一旦现金流出现赤字，企业就将发生偿债危机，可能面临破产。企业如果没有充足的现金就无法运转，更可能危及企业的生存。

对成长潜力大的新企业而言，在初创期通常会大量消耗资金。图11-1中的曲线图就是著名的J曲线，显示了新企业在不同的时期现金流的一般变化情况。新企业通常在最初的几年亏损，其中在第二年和第三年亏损的程度还可能会进一步加剧；在随后几年里，现金流会逐渐改善，呈正向增长。如果在低现金流阶段，新企业没有获得再融资或者没有追加的现金投入，创业很有可能会以失败告终。高潜力企业由于在此阶段还没有完全发展壮大，因此几乎不可能靠所拥有的知识资本进行再融资。这正是很多新企业在最初几年里失败的主要原因之一。由于新企业的经营

历史有限，信用记录不足，银行通常不会贷款给它们。因此，一旦资金提供者中断未来投资，新企业将没有足够的资金维持下去。因此，新企业通常会在早期关键阶段耗尽全部资金，并且由于没有后续资金的支持而不得不中止经营。

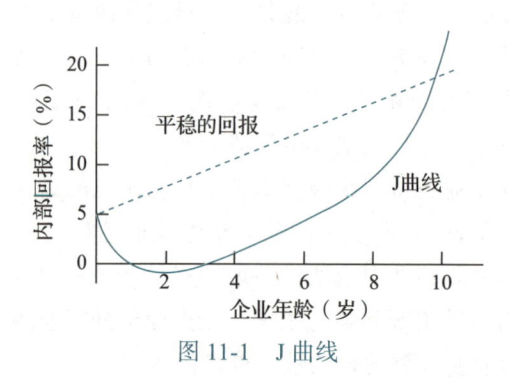

图 11-1　J 曲线

资料来源：BYGRAVE W D, ZACHARAKIS A. The portable MBA in entrepreneurship[M]. 2nd ed. New Jersey：John Wiley & Sons，1997.

企业一般通过以下方式获得现金流入：产品或服务的销售、贷款或借债、资产出售、创业投资。企业现金流出的方式主要包括：营运费支出、还贷款和借债、资产购买、创业投资撤出。因此，现金流入和现金流出可被分为以下三类：营运现金，包括销售和营运费开支；投资现金，包括资产出售和购买；融资现金，包括还贷和还债，以及创业投资和撤资。

有效管理企业的应收账款和应付账款，不仅能避免现金被无效占用或者出现现金断流的不利局面，还能巧妙地给企业衍生出相当多的现金用以支撑各种经营和投资活动。一般而言，当顾客延迟付款，而供应商急于回款，企业付款周期比收款周期短时，便可能陷入资金周转困难的境地；相反，当企业付款周期长于收款周期时，那么企业业务量越大，则相当于从供应商那里获得的"无息贷款"也就越多。

控制成本开支也有助于新企业防止资金短缺。例如，检查各项开支、努力节流，评估间接成本（是否有下降空间）等。其中，管理费用（包括租金、广告、间接人工和专业费用）作为直接材料成本和直接人工用于商业运营的间接支出尤其值得重视。随着企业成长及业务量扩大，创业者还应重新评估产品定价，围绕客户需求而不只是根据成本和利润确定价格。即使现金流很充沛，企业也应全力寻求增加收入的途径，通过科学规划库存、优化供应链等措施找到产生现金的有效途径。

创业聚焦　　初创企业如何最大限度地利用资金

每个企业都有进账，有支出。在企业生命周期中，这种财务平衡在循环往复。现金流入有各种来源，如产品和服务销售收入、贷款收入、投资资本和赠款；现金流出也有不同"流向"，包括购买材料、运营开支、支付工资、支付利息、购置资产和股息分配等。

现金流管理的目的是确保初创企业保持足够的现金储备，以支付日常运营开支和投资于业务增长，同时还要保留一定的应急资金。对于初创企业，要了解现金流管理，必须掌握以下三个关键的财务概念。

流动性（liquidity）。这是初创企业在任何特定时间履行短期财务义务的能力，是企业快速将资产变现的能力。现金被认为是最具流动性的资产，其次是短期应收账款。

偿付能力（solvency）。公司的资产（如库存、应收账款、设备等）足以支付其长期负债（包括定期贷款、税款、到期利息等）的状态。随着时间的推移，现金流入和流出的周期以及它们之间的差距基本上决定了小企业的偿付能力。如果企业的资产流动性降低，就有可能无法产生足够的现金来履行其长期财务承诺，进而增加借款或筹集资金的难度，影响未来的运营和偿付能力。

生存能力（viability）。这是指初创企业的长期财务健康及其可持续性，是衡量企业能否在较长时间内继续运营和增长的标准。生存能力在很大程度上取决于公司产生持续正现金流的能力。

还有一些误区需要避免：积累过多的现金储备；早期阶段过度投入资金；将增长误解为正现金流；忽视可持续商业模式的作用；现金流管理并非财务的工作。因此，即使你的团队中有专业财务人员，现金流管理也还是需要管理者亲力亲为。在瞬息万变的商业环境中，应变能力是关键。不断重新评估和调整企业战略，将帮助企业保持领先地位，确保企业拥有稳健的现金流。

资料来源："红杉汇"微信公众号，现金为王？初创企业如何最大限度利用资金，2023-11-09。

11.2 企业成长

企业成长是一个动态过程，是通过创新、变革和强化管理等手段积蓄、整合并促使资源增值，进而追求企业持续发展的过程。企业成长包括"质"和"量"两个方面。企业成长的量，主要表现为企业经营资源的增加，即销售额、资产规模、利润等；企业成长的质，主要表现为变革与创新能力，是指经营资源的性质变化、结构重组等，如企业创新能力、环境适应能力等。

11.2.1 企业成长的一般规律

企业成长五阶段模型。哈佛大学教授拉瑞·葛雷纳（Larry Greiner）提出的企业成长五阶段模型认为，企业每个阶段都由前期演进和后期变革或危机部分组成，这些变革和危机加速了企业向下一个阶段的跃进。每个阶段的演进期都有其独特的管理方式，而变革期则由企业面临的管理问题所致。如图 11-2 所示，一方面，随着企业更富有经验，逐渐走向成熟，并伴随着规模的扩大，呈现出有利于成长的健康态势；另一方面，推动企业成长的动力与阻碍企业成长的阻力相互作用，使企业在各个阶段表现出成长状态，往往推动企业在现阶段成长的动力又成为阻碍企业在下一阶段进一步成长的最大障碍。因此，能否突破这种阻碍是企业能否进入下一阶段而达到成长的关键。经过那些生死攸关因素的变革，企业会获得再次发展的新生，这种通过演进和变革相互作用展示企业的成长历程是该模型的主要特征。

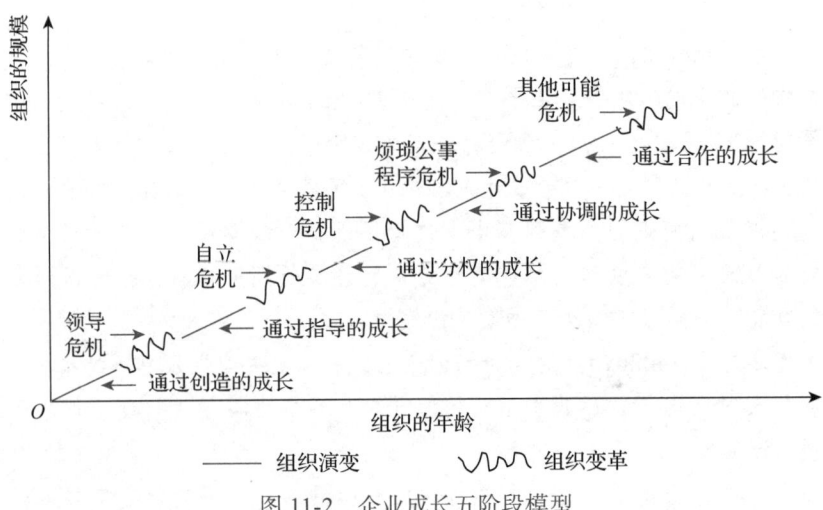

图 11-2　企业成长五阶段模型

资料来源：GREINER L E. Evolution and revolution as organizations grow[J]. Harvard business review, Jul/Aug, 1972：41.

企业成长十阶段模型。爱迪思在《企业生命周期》一书中把企业成长过程划分为成长和老化两大阶段共 10 个时期（见图 11-3），该模型与企业生命周期理论在学术界和实践界有着广泛的影响。

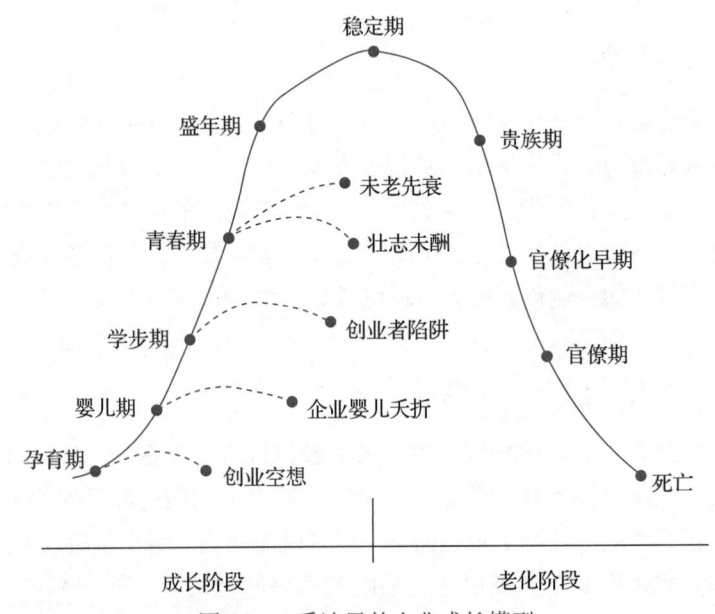

图 11-3　爱迪思的企业成长模型

资料来源：爱迪思.企业生命周期[M].赵睿，陈甦，何燕生，译.北京：中国社会科学出版社，1997.

新企业从孕育期开始，经历婴儿期、学步期、青春期、盛年期，直到稳定期。稳定期是企业成长的巅峰，到达这一时期后，往往意味着企业进入了老化阶段；企业的老化阶段一般要经历贵族期、官僚化早期、官僚期，最终走向死亡。在企业生命周期的不同阶段，企业成长面对不同的问题，每个时期有其相应的特点（见表 11-2）。

表 11-2 企业生命周期中不同时期的特点

时期	特点
孕育期	企业尚未诞生，仅仅是一种创业的意图
婴儿期	行动导向，机会驱动，缺乏规章制度和经营方针；表现不稳定；易受挫折；管理工作受危机左右；不存在授权，管理上唱的是独角戏；创业者成为企业生存的关键因素
学步期	企业已经克服了现金入不敷出的困难局面，销售节节上升，表现出快速成长的势头，但企业仍是机会优先、被动的销售导向、缺乏连续性和重点、因人设事等
青春期	企业得以脱离创业者的影响，并借助职权的授予、领导风格的改变和企业目标的替换而再生；"老人"与新来者之间、创业者与专业管理人员之间、创业者与公司之间、集体目标与个人目标之间的冲突是这一时期的主要问题
盛年期	企业的制度和组织结构能够充分发挥作用；视野的开拓与创造力的发挥已制度化；注重成果，能够满足顾客的需求；能够制订并贯彻落实计划；无论从销售还是赢利能力来讲，企业都能承受增长所带来的压力；企业分化出新的婴儿期企业，衍生出新的事业
稳定期	企业依然强健，但开始丧失灵活性；表现为对成长的期望值不高，不努力占领新市场和获取新技术，对构筑发展远景失去了兴趣，对人际关系的兴趣超过了对冒险创新的兴趣
贵族期	大量的资金投入到控制系统、福利措施和一般设备上；强调的是做事的方式，而不问所做的内容和原因；企业内部缺乏创新，把兼并其他企业作为获取新的产品和市场的手段；资金充裕，成为潜在的被并购对象
官僚化早期	强调是谁造成了问题，而不去关注应该采取什么补救措施；冲突和内讧层出不穷；注意力集中到内部的争斗，而忘记了顾客
官僚期	制度繁多，行之无效；与世隔绝，只关心自己；没有把握变化的意识；顾客必须通过种种办法，绕过或打通层层关节才能与之有效地打交道

资料来源：爱迪思.企业生命周期[M].赵睿，陈甦，何燕生，译.北京：中国社会科学出版社，1997.

11.2.2 企业成长的情境特征

情境（context）原义为上下文或编排，在创业研究和实践中，意味着创业主体与外部世界的联结和交互，比背景、环境更突出主体活动，比情景、场景更关注外部系统，同时又因承接着创业的过去和未来，从而更具动态属性。因此，情境可以从空间和时间两个维度进行解读。比如，从空间维度看，情境具有层次（如个体、群体、组织和环境等）、包含要素（如人、财、物和信息等）、充满节点（如层次和要素之间的联结点等）；从时间维度看，情境是创业过程的一环，而创业通常不是有始有终的线性阶段（钟表时间观），更常见的是无始无终的循环周期（过程时间观）。因此，当下的创业情境有可能是前期的结果、后期的开始，更有可能因为循环而处于创业过程的任何时点。

创业情境的内涵可以归纳为：在宏观层面，包含文化、政治和法律体系，历史、地理和生态因素，以及社会经济环境；在中观层面，包含行业、企业环境和领导风格等因素；在微观层面，包含认知方法、交流方式、信仰系统等因素。由此可见，创业情境不仅包括外部客观环境的因素，还包括创业主体对客观环境的认知等主观因素。

创业情境的属性包括动态性、复杂性、不均衡性、宽松性、不确定性等，其中不确定性是创业情境的本质属性，代表着创业行动与一般行动之间的区别，代表着创业企业成长情境的基本特征。有学者提出，动态性、复杂性、不均衡性包含在创业情境不确定性之中，可视为创业情境不确定性的子维度。创业情境不确定性既包括外部环境的客观不确定性，即组织环境条件的可预测性，也包括创业者对不确定性的主观认知，即创业者对无法预测的环境变化的主观认知现象。

科技创新时代的企业成长情境，空间面貌新异、时间节奏紧凑、不确定性升级。以 ABCDEF（人工智能、区块链、云计算、大数据、边缘计算、5G）新技术和 Q 霸权（量子优越性）为代表的突破、摩尔定律从过去的 18～24 个月到 6 个月再到现在的失效、奇点时刻即将到来的预言，这些给经济社会带来诸多挑战和机遇，也不断刷新着身处不确定性情境中的创业者对时空巨大变革的认知。

数字技术创新和社会系统的迅速变革，使得创业管理者的成长和行动不能囿于空间维度，更需要保持对时间维度的高度敏感和观念重塑。钟表时间观将时间视为绝对的、集中的、恒定的、线性的、机械的，过程时间观将时间视为主观的、开放的、相对的、有机的和循环的，创业中的时间，不只是提升效率的稀缺要素，更是承载不确定性情境的柔性资源。最为明显的企业成长时空观变化在于，时间维度凸显，时间价值升级。

⊙ 专栏

描述不确定性的关键词和比喻词

从物理学角度来看，20 世纪 20 年代，不确定性原理被量子物理学家海森堡提出，他认为，不确定性是指观测者无法同时知道一个粒子的位置（空间）及其速度（时间），这颠覆了数百年以来基于牛顿经典力学对宏观世界绝对时空的确定性认知，这也启发创业者要不断审视身处世界的时空不确定性。

在描述当下情境特征时，"乌卡"（VUCA）、"巴尼"（BANI）是两个频频出现的关键词，"黑天鹅"和"灰犀牛"是两个经常用到的比喻词。

"VUCA"：指的是易变性（volatile）、不确定性（uncertain）、复杂性（complex）、模糊性（ambiguous），这个于 20 世纪 90 年代提出的术语曾用于形容世界局势的不确定性。当前，国内外环境复杂多变，不稳定不确定因素增多，"黑天鹅""灰犀牛"事件时有发生，VUCA 中每个元素的深刻含义在于增强对危机的预见性、洞察力，提高各级组织和个人在风险挑战与应急响应中的行动力。

"BANI"：是由美国人类学家、作家和未来学家贾迈斯·卡西欧（Jamais Cascio）在 2016 年与他人合作提出的一个术语，即脆弱性（brittle）、焦虑（anxious）、非线性（nonlinear）和不可理解（incomprehensible），用以描述当前不稳定、不确定、复杂多变以及模棱两可的现实环境。应对这四个挑战的方法是：脆弱性可以用弹性和灵活性来解决，焦虑可以用共情和正念来解决，非线性可以用上下文和灵活性来解决，不可理解可以用透明度和直觉来解决。

"黑天鹅"：用来比喻突然发生的不测事件，形容无法预测、难以置信的小概率事件，通常具有如下特征：不可预测，人们事前往往低估发生的可能性，造成极大的影响，事后回头再看又觉得此事的发生有道理。

"灰犀牛"：是指已有苗头甚至显而易见却常常被人们忽略的风险，与"黑天鹅"相对，又互相补充。相对于黑天鹅事件的难以预见性和偶发性，灰犀牛事件不是随机突发事件，而是在一系列警示信号和迹象之后出现的大概率事件。灰犀牛体形笨重，反应迟缓，尽管你能看见它在远处，可能也毫不在意，但如果它向你狂奔而来，会让人感到猝不及防，甚至会被扑倒在地。

11.2.3　企业成长的保障条件

企业成长的主体条件主要是所有者相关因素：所有者自己和企业的目标；所有者在市场营销、发明创造、生产和管理方面的经营能力；所有者的管理能力以及分权意识、管理他人活动的自愿性；所有者的远见以及建设企业文化、开展团队工作的能力。

企业成长的资源条件主要有四类：财务资源，包括现金和融资能力；人力资源，包括人员数量、文化层次、人员素质、干部管理方面的特殊才干；系统资源，包括计划和控制的经验丰富程度、信息化程度；业务资源，包括客户关系、市场份额、供应商关系、生产和分销过程、技术信誉。

企业成长管理的重点工作包括：①审视并进一步明确企业的愿景与使命，形成广泛的共识，建立核心价值观，稳定和凝聚人心，形成组织力量；②提升复杂环境下的战略规划能力，注重整合资源，管理好保持企业持续成长的人力资本；③通过组织学习提升技能，通过经验学习、情境学习和关键事件学习，在行动中总结规律、指导未来；④管理好的价值链，注重用成长的方式解决成长过程中出现的问题，主动推进并领导变革，推动企业成长提质增量。

> **创业聚焦　　　　起起落落的"独角兽"**
>
> 2023年12月，美国电动滑板车巨头Bird申请破产保护。该公司是美国有史以来最快达成"独角兽"价值的初创企业，巅峰时期市值一度达到25亿美元。然而自从2021年Bird在纽交所上市后，其市值一泻千里，几乎归零。除此之外，WeWork也宣称破产，负债总额为186亿美元。此前，WeWork曾是全美最有价值的初创企业，其估值一度高达470亿美元。市场见证了众多明星独角兽企业神话的上升与没落。
>
> 我国共享单车领域曾经发生过激烈的资本角逐，ofo和摩拜单车等公司在腾讯、阿里巴巴等巨头的支持下不断融资。然而，2018年4月，美团以27亿美元全资收购摩拜单车，结束了这场争夺战。随着ofo的消亡和摩拜单车更名为美团单车，曾经的共享单车大战已成为历史。大洋彼岸的共享滑板车经历了与国内共享单车相似的经历。
>
> 运营成本高是导致Bird破产的一个主要原因。Bird的快速扩张主要依赖于融资烧钱，而非自身的造血能力，这种商业模式在短期内可能有效，但长期来看一定会有巨

大的隐患。法规限制以及共享滑板车市场竞争加剧也给 Bird 带来了巨大的经营压力。Bird 的破产对其他企业来说也是警示，在市场瞬息万变之下，务必及时调整运营策略。

我国的共享单车行业有着波澜壮阔的发展历程，当国外共享滑板车陨落的时候，国内的共享单车仍然随处可见，发展至今，共享单车正式开启 2.0 时代。近两年北京、上海等城市出台了一系列政策法规，引导共享单车与城市规划者合作，将共享单车纳入城市交通体系，成为公共交通系统的一部分。这是两轮出行 2.0 时代显著的特征，说明共享单车的角色已经发生了显著变化，不再是简单的通勤交通工具，而是成为城市公共交通系统的重要组成部分，与传统的公交、地铁等交通方式相互配合，共同构建一体化的城市交通体系。

总体看来，共享单车经历了一个转变，从无序发展的纯商业项目，到必须与城市发展、政府规划配合的基础交通工具，无论是做单车还是电单车，未来都不应该再回到无序的状态，只有持续提升服务质量，消费者才会买单，大小巨头公司才可能沿着各自的商业目标继续走下去。

资料来源："胡润百富"微信公众号，美国"共享滑板车"独角兽倒闭，中国共享单车维持发展步入 2.0 时代，2024-01-04。

企业成长的管理传承往往与创业者承继问题密切相关。基于企业成长阶段和创业者继任者来源这两个核心要素，企业成长的管理传承分为四种基本类型（见图 11-4）。

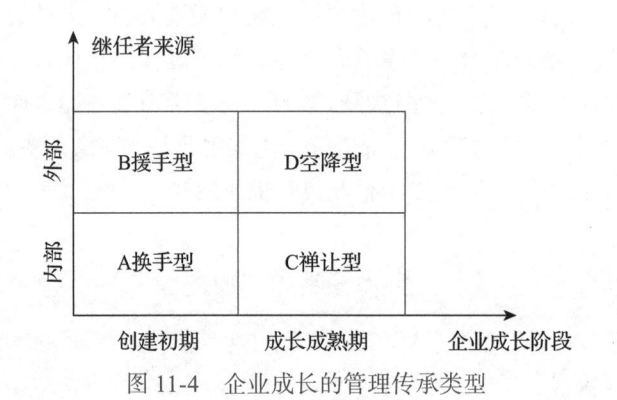

图 11-4 企业成长的管理传承类型

换手型。这是指在企业创建初期，创业者的领导位置被内部人员接替的情况。在企业创业期，创业者往往和自己所创建的企业连接紧密，对企业控制得比较多，因此会对其承继问题产生决定性的影响。早期外部人员选择存在不确定性，因此，为了减少用人风险，创业元老在面对企业成长带来的授权压力时，会选择内部人来接替自己的位置。

援手型。这是指在企业创建初期，创业者的领导位置被外部人员接替的情况。当企业渡过生存期的困难后，企业的经营管理需要逐步有序和规范。因为一些创业者善于创业却不一定善于经营管理，所以在产品开发完成之后或是受到外部投资支持的影响之后，不少企业在早期的领导更迭上都选择了由外部人员承继。

禅让型。这是指创业者被内部人员接替的情况。由于企业成长所带来的规模急剧扩大以及所在产业制度等环境因素的重大变化，企业在成长成熟期出现"瓶颈"，加之企业具有一定时间的积累和发展，因此，不少创业者的继任人是在企业内部通过实践考察和培养后，在合适时机确定的。

空降型。这是指创业者被外部人员接替的情况。部分企业为解决企业发展过程中的管理、技术、战略等方面的约束与限制，由公司董事会或董事长以明显高于企业同层次管理职位的薪酬、条件或待遇从企业外部聘请高层管理人员，谋求实现企业的突破与发展。这些"高薪"聘请来的外来高层管理人员被称为"空降兵"。

11.3 公司创业

近年来，企业所面临的外部环境发生着重大的变化，传统工业时代所倡导的以强调计划、控制、秩序等为特点的管理方式正受到严峻的挑战。创新、变革、速度、学习成为企业持续成功的基础。在这种背景下，个体层面的创业精神和行为规律被拓展到现存企业甚至是大企业、非营利组织和整个社会中，目的是让那些具备企业家素质的管理者保持一种强烈的进取心，或者说是在公司内部激发创业精神，鼓励创业活动。

11.3.1 公司创业的内涵

公司创业包含依靠公司产生、开发并贯彻实施新想法和新行为的过程，包括组织中的新产品或新服务、新流程、新管理体制，或与雇员相关的新项目。其他定义重点强调创业能力，如强调公司创业是指允许公司管理者系统地克服内部约束，通过新奇商业活动改造公司。有学者将不同观点综合起来，把公司创业看作公司创新、革新和新事业努力的一种总称，包括创新（涉及将新事物引入市场）、战略革新（涉及组织革新中主要战略或结构的变化）、发展新事业（通过创业努力，在公司内部创造新的商业组织）。

公司创业首先是在现存组织中的创业，为现存组织中的管理者提供了采取主动和尝试新鲜创意的自由舞台。公司创业活动的主体是在企业内部具有创业精神的组织成员，他们通常被称为内部创业者。公司创业突出创业导向的创新，强调战略导向的创新与创业，把创新与创业纳入公司整体发展战略，从战略的高度重视创新创业，甚至把建设和领导创业型组织作为公司管理的重点，强调为了创造商业和社会价值而创新。

公司创业与个体创业活动同属创业活动，因此具有一些共同的特征，如机会导向、创造性地整合资源、价值创造、超前行动、创新和变革等。但公司创业和个人创业活动在以下方面存在较为明显的差异。

初始条件。个体创业者的资金来源主要是创业者个人、创业伙伴、家庭及亲戚朋友；而公司创业者通常从组织内部寻求资源，这些资源往往未能得以利用或未能有效利用，这使公司创业在本质上有先天优势。

报酬与风险。个体创业者拥有并控制自己的企业，所有权与控制权是合一的；

而公司创业者通常不拥有企业的所有权，获得的股权激励有限，大部分风险由公司承担。

独立性。 个体创业者具有较高的独立性，表现出更大的灵活性；而公司创业者的独立性相对较弱，会受到一些原则、政策、程序的约束，甚至要努力克服层级组织结构对创业行为本质上存在的阻力。

公司创业可以分为不同的形式，如设立新事业部、内部创业基金、内部风险投资机构等模式。不管采用哪种模式，公司创业是一种充分体现创业理念、创业精神的活动，以公司内部发展为主要特征的增长战略，主要强调充分利用外部环境的机会，积极挖掘公司内部的资源优势，通过创新和创业活动，使公司在现有的基础上谋求更大的发展空间。概括而言，创新、超前行动和风险承担是公司创业导向的三个基本维度。

> **创业聚焦** **鹰的重生**
>
> 20世纪90年代初，TCL推出28英寸王牌大彩电，一炮打响，成功切入大屏幕彩电市场。2001年，凭借可靠的供应链与高效的营销网络，TCL在与长虹、康佳的彩电大战中笑到了最后，如愿登上中国彩电销量第一的宝座。
>
> 与此同时，TCL创始人李东生也在思考一个问题——国内家电市场的利润已经"薄如刀片"，企业间的厮杀太过激烈，随着中国加入WTO，中国家电企业的生存之路究竟在哪里？
>
> "中国企业必须'走出去'！"1999年，TCL在越南建立第一个海外彩电生产基地。随后，李东生又将目光投向欧美市场，快速并购了法国汤姆逊的全球彩电业务和阿尔卡特的手机业务，在中国企业海外并购史上写下了开创性的一笔。
>
> 不过令人始料未及的是，在TCL并购后的两年里，国际市场形势瞬息万变，TCL陷入巨额亏损。李东生曾在《鹰的重生》一书中，借用鹰在40岁时脱喙、断趾、拔羽以获重生的故事，表达面对危机坚定推进国际化企业战略的决心。他在这本书的最后说："中国企业要成长为受人尊敬的企业，国际化是必由之路。"
>
> 凤凰涅槃，鹰已重生。如今，TCL已在全球设有28个研发机构和22个制造基地，产品行销160多个国家和地区，真正在国际市场叫响了中国品牌。
>
> "国际化是中国企业发展的必由之路，如果重来一次，TCL依然会选择这条道路。"李东生谈到，全球化趋势不会改变，依然是推动经济发展最有效的方式。中国企业要将全球化作为战略发展方向，从输出产品转向输出工业能力。而TCL的实践，也为中国企业的国际化道路提供了许多可供借鉴的经验。
>
> 资料来源：新华网微信公众号，中国企业"出海"如何破题？李东生有话说，2023-11-11.

11.3.2 公司创业的实施过程

公司创业实施过程包括六个基本步骤，如图11-5所示。

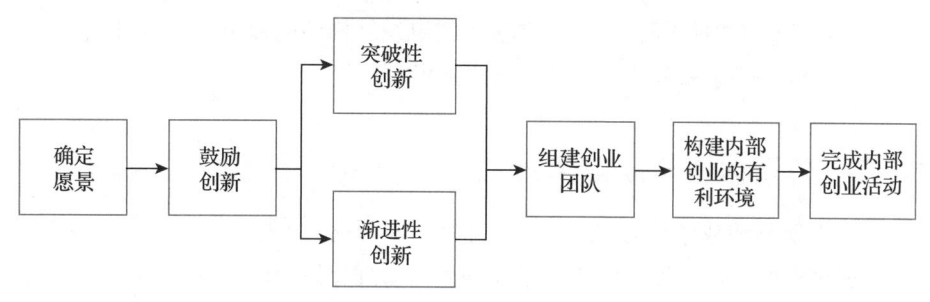

图 11-5　公司创业的基本步骤

（1）确定愿景。高层管理者应当对公司创业的愿景进行概念化并向组织内的员工传达，使内部创业者从事创新活动时有一个遵循的方向，保证公司创业战略各个目标之间以及实现这些目标所需的项目之间相一致。愿景来自组织的顶层，而创业行为则来自整个组织。推动公司创业的企业首先要在政策上支持与鼓励创新行为，只要是符合企业的发展策略，有助于实现企业的远景目标，由员工主动发起的创新活动都将被容许，并且可获得资源上的支持。

（2）鼓励创新。追求建立内部创业战略的公司需要发掘企业内部具有创业潜力的人才，并加以鼓励支持。一般内部创业者大都具有远见，是行动导向的人，有奉献精神，能为追求成功而不计眼前的牺牲代价。但创业行为也不能只凭一股热诚，创业者必须有创意，并能提出具体可行的方案。一般来说，存在两类创新：突破性创新和渐进性创新。两类创新都要求愿景和支持，而为了有效开发，需要不同类型的支持。

（3）突破性创新与渐进性创新。突破性创新代表的是前所未有的突破，采用的经验与制定的愿景并非完全可控，但必须被意识到并加以培育。渐进性创新指的是产品或服务进入更新、更广阔市场的系统演进，会在突破性创新实现某项突破后出现。

（4）组建创业团队。内部创业者除具有创意以外，还必须是一位创业型领导者，能够在组织内部吸引所需要的专业人才，共同组成创业团队，协助获得所需资源，并排除创业过程中的企业内部阻力，赋予创业团队行动自由，同时承担创造价值的责任。

（5）构建内部创业的有利环境。一是管理层的支持，即管理者应当让员工相信，创新是组织中所有成员职责的重要组成部分。二是员工的工作自主权，即员工具有决定如何完成自己工作的权力。三是采用红利分配与内部资本的双重奖励制度，容忍创新时所犯的错误，设计创业成功的奖励机制。四是给予充裕的时间，合理分配工作负担，鼓励多次试验和风险承担，这样新项目才会有更多成功的机会。

（6）完成内部创业活动。这一阶段是创业项目的实际运作阶段，类似于创业者创办了自己的创业企业。公司创业需要对产业环境进行分析，制定进入策略和一系列的经营决策，通过实现价值创造以完成对机会的开发。如果公司创业项目没有成功，它可能会遭到分解，其资源由公司重新吸收。如果创业项目取得成功，那么公司可能会追加投资，确立其在正式的组织结构中的地位；还有可能从企业中分立出去，成为一家完全独立的公司，实现资本增值。

11.3.3 公司创业与战略管理

创业和战略管理领域的"交接核心"是公司创业，这两个领域都可以从对方那里汲取营养。战略创业是创业和战略管理相结合的产物，创业活动和战略行为的互补有利于企业实现财富最大化，从而更好地推动企业识别和开发创业机会，建立和保持竞争优势，以及凭借动态运作战略创业创造财富。战略创业提倡创业战略思维，与传统战略思维相比存在差异，二者的比较如表11-3所示。

表 11-3 创业战略思维与传统战略思维的比较

比较维度	创业战略思维 特征	创业战略思维 动因	传统战略思维 特征	传统战略思维 动因
战略导向	机会导向	机会的减少 技术、社会价值观念等环境因素的快速变化	资源导向	外部契约 绩效考核 计划系统
把握机会	快速	行动导向 理性地冒险 缺乏决策支持信息	缓慢	较充足的决策支持信息 设法降低风险 与资源现状的协调
获取资源	以低成本逐渐获取	预见资源需求能力弱 对环境的可控能力弱 外部竞争 更有效地利用资源	批量采购和积蓄	降低风险的需要 采购的规模经济性 正式的资金预算系统 正式的计划系统
资源控制	临时性地使用或租用资源	资产的专用性 扩张速度减缓的风险 机会识别中的错误风险	占有资源	财务收益 协调行动 转换成本
满足需求	客户与市场并重	保持与客户密切的关系，同时投资于有前途的创新，尽管暂时还不能满足当前需求	客户第一	保持与客户密切的关系，一切以客户为中心
组织结构	扁平，非正式网络	可控程度低的关键资源 员工对自由度的渴望	层级系统	责权清晰的要求 组织文化 报酬系统
组织学习	知识制度化与创新化并存	将疑问的态度制度化	知识制度化	将知识制度化，以免重新学习经营课程

资料来源：1. STEVENSON H H, GUMPERT D. The heart of entrepreneurship[J]. Harvard business review, 1985, 63（2）: 85-95.
2. STEVENSON H H, JARILLO J C. Preserving entrepreneurship as companies grow[J]. The journal of business strategy, 1986, 7（1）: 10-24.

在日益动态复杂的环境下，成功的组织体现出了既能够有效地运作当前的事业，又能够主动地适应未来的要求的特征。为了在新旧业务的此消彼长中寻求一种平衡，公司创业难免需要面对和处理企业探索能力和开发能力的管理悖论（paradox）。探索能力和开发能力存在比较显著的差异（见表11-4），所以难以自然地在组织内获得平衡，因此，组织需要不断地在探索能力与开发能力之间进行取舍，这样的两难选择就导致了组织的管理悖论，组织也正是在处理各种悖论的过程中积累经验、发现机会、整合资源，实现持续成长。

表 11-4 探索能力与开发能力的差异比较

比较项目	探索能力	开发能力
目标	为了满足正在出现的顾客或市场需求	为了满足已有的顾客或市场
结果	新的设计、新的市场、新的营销渠道等	已有的设计、目前的市场、已有的营销渠道和技能等的改善
知识基础	需要新的知识或是从已有知识中升华出新的知识	扩展已有的知识与技能
来源	搜索、变异、柔性、试验、冒险	提炼、复制、效率、实施
绩效影响	长期绩效	短期绩效

资料来源：JUSTIN J.Ambidextrous organizations: a multiple-level study of absorptive capacity, exploratory and exploitative innovation, and performance. Erasmus Research Institute of Management (ERIM), Erasmus University, Rotterdam, 2005.

> **创业聚焦　　　　　微信与腾讯**
>
> 微信能多年坚持艺术品定位，离不开腾讯管理层的互信与配合。"马化腾和张小龙两个人都是顶级产品经理，理解对方很容易。""人如果有同样的背景，沟通成本要低很多。"
>
> 在微信的整个开发过程中，马化腾都没有给张小龙设定太多的关键绩效指标（key performance indicator，KPI）；在微信的后续发展过程中，KPI 的压力也并不高。最新的例子是小程序，张小龙说，这是个全新的产品，想设定 KPI 都不知道怎么做。
>
> 在重大创新面前，没有 KPI 和过多的短期压力，团队才能拥有更高的自由度。当整个团队都拥有高度共享的价值观和愿景时，KPI 反而显得多余，"很多公司就毁在太着急，如果有 KPI 压力，就专门弄那些赚快钱的，比如多弄点广告"。
>
> "小黑屋"这一词汇是对微信创始团队封闭开发环境的称呼，也是最早体现微信创新原动力的神秘组织。在给马化腾发邮件申请做微信获得批准后，张小龙找来 10 个开发员，将他们塞进一间封闭的办公室（被称为"小黑屋"），开始没日没夜地工作。
>
> 这支团队中有一半成员大学刚毕业就进入腾讯，没有任何人具备手机开发的经验。最终他们每周完成一个功能模块，在两个月内就做出塞班、安卓和 iOS 三个版本的微信，其中张小龙做 QQ 邮箱的产品经验对团队确定方向提供了很大帮助。
>
> 虽然初始阶段微信只有 10 名员工，但 8 年后，微信事业群（WXG）已经有超过 2 000 名员工。作为国内炙手可热的产品，微信已拥有十几亿月活跃账户，但团队规模并不大，甚至赶不上国内很多中型互联网公司的员工数。
>
> 张小龙将这些人分成 20 多个团队，每个团队内都有能做独立决策的人，以及完整的开发、产品设计和项目管理等人员。这对提高微信团队的敏捷性有很多帮助。
>
> 一位微信"小黑屋"成员表示，早期阶段微信的决策都是自上而下提出的，WXG 成立之后团队规模越来越大，涉及的业务也更加多样，很多部门拥有更高的自由度，尤其是面向企业（to B）的业务部门。面向企业是当下整个腾讯在集团层面的战略重心，微信事业群作为核心部门之一自然不会忽略。

> 微信是一个"应用到平台再到标准"的经典案例：微信最初是一款社交产品，积累大量用户后推出开放策略，依靠公众号和微信支付转变为平台身份，接下来开始进入面向企业领域，推出小程序，逐渐变为行业标准。小程序和微信支付是微信参与腾讯产业互联网战略的重要产品。
>
> 资料来源："中国企业家杂志"微信公众号，微信背后那些不为人知的故事，2019-06-04.

11.4 数字创新驱动的大型企业创业

在数字经济时代，大型企业在技术创新与创业发展中所展现出的骨干支撑作用日益凸显。随着越来越多的大型企业开始通过支持和推动多元创业活动来识别新的发展机遇和培育新的竞争优势，有关大型企业组织僵化、结构臃肿等方面的陈旧负面印象被打破。

11.4.1 大型企业在数字经济时代的机遇和优势

数字经济已经在基本特征和发展要求等方面展现出了明显规律，为大型企业在新时代斩获新的发展机遇提供了方向与动力。一是数据作为新生产要素。这是数字经济区别于工业经济、信息经济的主要特征，数据对提高整体生产效率的乘数作用凸现。二是数字经济需要与实体经济深度融合。它极大地拓展了数字技术的可触达边界和应用场景，驱使各类创新资源的整合交融。三是数字经济发展还有赖于相应的基础设施与平台建设。数字化、智能化、绿色化、服务化为主要特征的新型基础设施与平台建设，开发出能够使能外部生产者和消费者进行价值创造交互的交易、知识共享与资源集散系统。

大型企业展现出了独特的应对优势。一是大型企业凭借其在产业中的长期耕耘与沉淀，生成、存储并梳理了大量独特数据，为自己更好地迎接新时代的转型挑战做好了原始储备。二是大型企业拥有足够真实、丰富和复杂的业务场景，这为其承接数字经济与实体经济深度融合的新需求创造了条件，也为未来继续开展有关大型企业技术创新与创业的研究提供了素材与方向。三是大型企业还拥有雄厚的资金基础以及参与基础设施建设的强烈意愿，正在工业互联网平台和生态建设中转型变革并发挥着引领和主导作用。

基于公司关联创业的创新风险控制与创新资源联络进一步释放了大型企业的创新潜能。在数字经济时代，市场发展瞬息万变，能否在多变的环境中不断摸索出新的创新模式并以尽可能低的成本实现创新效果的最大化，成为企业核心竞争力的重要体现。对此，一些大型企业开始尝试依托日益多元的公司关联创业活动来推动自身在创新布局逻辑和创新试错机制等方面的转变。例如，基于数字基础设施与平台的多元创业实践使得大型企业有更多机会能以微小成本探查广阔创新潜能，通过有预见性的创新布局，为自己配备好能成功走向未来的创新实力。

⊙ 专栏

数实融合与数字化转型

2023年《政府工作报告》提出"大力发展数字经济""加快传统产业和中小企业数字化转型，着力提升高端化、智能化、绿色化水平"。眼下，越来越多的传统产业将数字技术嵌入生产各环节，带来提质增效的深刻变革。

数实深度融合前景广阔。数字技术正深刻改变着制造方式和企业组织模式。当前，新一轮科技革命和产业变革蓬勃发展，数字经济和实体经济加速融合，新场景新应用不断涌现。《关于2022年国民经济和社会发展计划执行情况与2023年国民经济和社会发展计划草案的报告》中的数据显示：2022年，智能灌溉、智能温室、精准施肥等智慧农业新模式得到广泛推广；智能制造应用规模和水平进入全球领先行列，累计建成近2 000家高水平数字化车间和智能工厂。

当前，促进数字经济和实体经济深度融合具备良好的基础，融合发展动能有望进一步释放。支撑传统产业向数字化、智能化转型的"数字底座"不断夯实。数字化转型保持高速发展态势。工业互联网作为数字经济和实体经济深度融合的关键路径，已全面融入了45个国民经济大类。

数字化转型支持举措将完善。数实融合更广阔的空间将进一步打开。信息化与工业化深度融合是数字经济和实体经济融合发展的重点领域。我国工业经济规模大，数字经济规模位居全球第二，融合发展前景广阔，将以数字技术创新突破和应用拓展为主攻方向，加大信息化和工业化的融合发展。鼓励大企业开放数据、技术等生产要素资源，针对不同行业场景和企业类型设计数字化转型"路线图"，提供开发应用性强、见效快的数字化"工具箱"，提升传统企业"上云用数赋智"水平。

资料来源：郭倩, 龚雯. 数实深度融合 重点行业数字化转型路线图将出[N]. 经济参考报, 2023-03-21.

11.4.2 数字创新驱动的大型企业创业特点

为了与传统公司创业（corporate entrepreneurship，CE）相区别，更是为了针对数字经济下企业新兴实践的研究不受传统的公司创业以及独立创业研究的束缚，可以将公司关联创业以 CxE 表示，x 既表示关联性，也喻示值得探究的潜在空间。在数字经济情境下，公司创业在形态和行为上开始发生变化，集中体现为公司嵌入程度在提升但组织情境的嵌入程度在弱化，产生了大量在理论上介于独立新企业与公司新事业开发之间的"中间体"。它们一方面横跨组织边界搭建起了创业平台乃至生态，不断扩张其参与创新创业的方式和触及范围，并在组织边界之外开展与本企业相关联的创业活动；另一方面又吸纳了更广泛、更多样并且不断发展的创业参与主体（包括联盟合作伙伴、企业员工或管理者、关联的新企业等），形成了松散的动态集合体。这导致了公司创业活动可以在不嵌入公司组织情境的同时与企业在信息、资源和市场等多个方面保持重要关联。

大型企业成为创业机会主导。大型企业丰富的数据积累和业务场景成为机会培育与孵化的沃土。大型企业服务于数量众多的用户，因此可以转化出数以亿计的庞大用户数据，并不间断地生成即时的交易数据。利用这些数据，大型企业可以借助智能重算在精准营销、提升服务质量等方面做出明显改进。在实践中，很多大型企业为了进一步巩固和深化由数据和场景带来的优势,会不断通过投资、孵化、联盟、收购等多种举措吸纳更多维度的生态数据,并基于此将"数据-场景-用户-企业"衔接起来,形成机会理念与数据资源之间的持续互动。企业从而得以在其中不断辨认、关联、构建和整合新的机会。与此同时,由于部分大型企业在数字经济时代中更明显地具备了主动、优先识别由数据和场景驱动的创业机会的动机和实力,导致众多独立新企业及其创业者不再是产业生态中的机会识别先动者或机会验证试金石。也因此,更多的新企业和独立创业者选择在大型企业搭建的基础设施平台上成为具体应用场景下的利基市场竞争者。

> **创业聚焦**　　　　　"卡脖子"与"捅破天"
>
> 2020年10月16日,任正非在C9高校校长座谈会上发表讲话。以下节选自任正非的讲话内容。
>
> 芯片问题的解决不是设计技术能力问题,而是制造设备、化学试剂等的问题,需要在基础工业、化学产业上加大重视,产生更多的尖子人才、交叉创新人才,才会有突破的可能。
>
> 要正确认识科技创新的内涵,国内顶尖大学不要过度关注眼前工程与应用技术方面的困难,要专注在基础科学研究突破上,"向上捅破天、向下扎下根",努力让国家与产业在未来不困难。
>
> 经过七十年的教育努力,我国劳动力的质量已经比较好了,不仅仅是工业、服务业、职业经理人方面……是适合发展大产业的。缺少原创,缺少牵引爆发力的推动力,大产业是有风险的。
>
> 如果简单地高喊科技创新,可能会误导改进的方向。科学是发现,技术是发明。创新更多是在工程技术和解决方面。客观规律是存在的,科学研究就是去努力发现它、识别它,客观规律是不随人的意志改变的。新技术发明是多元化的,比如千姿百态的汽车。而现在"卡脖子"的问题大多数是工程科学、应用科学方面的问题。应用科学的基础理论,去国外查一下论文,回来就做了,卡不住你的脖子,基础理论现在全世界可以用的。
>
> 所以,大学不要管当前的"卡脖子",大学的责任是"捅破天"。我认为,大学是要努力让国家明天不困难。如果大学都来解决眼前问题,明天又会出来新的问题,那问题就永远都解决不了。
>
> 资料来源:新浪财经,任正非:大学的责任是"捅破天"不要管当前的"卡脖子",2020-11-12.

11.4.3　创新驱动创业的展望

新一轮科技革命和产业变革的加速演进,呈现出创新驱动创业的新范式。面对新情境带来的挑战,更多的企业走上创新驱动创业之路,创新驱动创业成为一个独立的学术概念。创新驱动创业不是某种类型的创业或创新,是创新驱动发展国家战略在企业层面的发展模式和路径，也是构建新阶段创新创业研究理论框架的核心学术概念。

创新驱动创业是指在技术创新、制度创新、商业模式创新等的触发下，通过多要素迭代互动，实现多主体共同开发机会、创造价值的过程。该定义的提出遵循了"分解-综合"的研究逻辑，即首先对创新驱动创业的概念进行拆解，分别剖析创新、创业和驱动的概念再进行整合，以便系统地对创新驱动创业概念进行界定。从创新的类型来看，在宏观层面（国家/区域层面）可以分为技术创新和制度创新两大类；在微观层面（组织层面），已有学者主要围绕技术创新和商业模式创新开展研究。因此在定义中强调了与创业活动密切相关的三类创新，即技术创新、制度创新和商业模式创新。

创新驱动创业过程大致划分为触发、催化和聚变三个阶段。首先，触发阶段即启动阶段，是指技术创新、制度创新或商业模式创新等作用于某一要素，进而带来创业机会开发的可能性。其次，催化阶段意味着创业机会潜能的释放，是创新驱动创业内在机制的核心，即被创新作用的某一要素进一步激发一个或多个要素并迭代互动，带来创业机会速率的提升、数量或范围等的增加。最后，聚变阶段是指多主体集聚和互动下创业机会的实现及价值创造过程，即创业主体基于催化过程形成的机会与多主体互动，并反作用于创新，提升多主体系统能力进而实现机会利用的过程，最终带来高质量的产出。

本章要点

- 新企业成立代表着组织的创立与诞生，但也是企业生命周期中的"高危"阶段。
- 克服新进入缺陷的关键在于塑造利益相关者对于新企业的"合法性"感知。
- 现金流是企业生产经营活动中流动的"血液"，提醒创业者要有偿付能力。
- 企业成长也有生命周期，会经历从诞生到死亡的起伏阶段。

- 企业成长的烦恼，来源于情境的不确定性。
- 公司创业是由组织发起的内部创业活动，具有创新、超前行动、风险承担等导向。
- 战略创业是创业和战略管理相结合的产物。
- 数字创新驱动的大型企业创业不只是新现象，而是创业新赛道、新方向。

重要概念

新进入缺陷　合法性　现金流　企业成长　企业生命周期　公司创业
战略创业　　数字创新驱动　　大型企业创业

复习思考题

1. 针对新进入缺陷的来源，你可以提出哪些应对措施？

2. 新企业面临的合法性问题通常有哪些？
3. 结合实例说明获取合法性的途径有哪些。
4. 新企业的现金流为什么更容易中断？
5. 如何理解葛雷纳的企业成长模型所强调的观点"推动企业在现阶段成长的动力又成为阻碍企业在下一阶段进一步成长的最大障碍"？
6. 为什么企业要注重用成长的方式解决成长过程中出现的问题？
7. 如何有效实现企业成长中的管理传承？
8. 公司创业是如何实施的？与战略管理有什么联系？
9. 如何理解数字创新驱动的大型企业创业日益兴起？

实践练习

实践练习 11-1

结合本章的内容，在网络中搜索"创业失败案例"，针对案例中的失败原因进行剖析，撰写一份"创业失败经验总结报告"。要求如下。

（1）分析角度要全面，尽量覆盖新企业生存、企业成长和公司创业多个方面。

（2）结合不同的创业类型，考察失败的多方面原因。

（3）概括自己的启示，并提出一些克服创业问题的解决方案。

实践练习 11-2

专精特新"小巨人"企业和瞪羚企业都是具有成长性的企业。以小组为单位，选择中国几家专精特新"小巨人"企业和瞪羚企业，进一步收集资料，分析提炼这些企业能够快速成长的原因。

> 夫运筹策帷帐之中，决胜於千里之外。
> ——司马迁《史记·高祖本纪》

第 12 章
完善创业决策

【核心问题】

- 什么是创业决策？
- 创业决策的基本构成是什么？
- 创业直觉决策可靠吗？
- 创业决策有哪几种方式？
- 不同的创业决策方式适用的情境有什么不同？
- 提升创业决策效果的途径有哪些？

【学习目的】

- 理解创业决策的独特属性
- 掌握构成创业决策的基本要素
- 了解创业直觉决策的意义
- 掌握提升创业直觉决策效果的方法
- 熟悉创业决策的不同方式及其适用情境
- 掌握提升创业决策效果的途径

> **引例**　　　　　　　　　　**人工智能增强人类决策能力**

当前，随着人工智能技术在决策中的应用日益广泛，依托多种软件技术的决策智能市场正快速兴起，已开始为决策者提供解决方案。决策智能通过最大化发挥和利用数据分析、机器学习和人工智能的潜能，帮助企业以更少的成本完成更多、更高效的决策。

决策智能不是将人类完全排除在决策过程之外。它涉及用人工智能增强人类的能力，并为所有业务数据创建更全面、更方便的视图，使人们能够做出最佳决策。因此，各大公司也正在不懈地提高日常运营的生产率，使用决策智能促进自动化，消除偏见，同时又不忽视人类判断、知识和直觉的价值。

人们会重新思考自己的工作方式。决策智能能帮助人们更快、更高效地做出决定，这有助于人们从事更有目的性、创造性和创新性的工作，将重新定义人们的思考和学习方式。拥有决策智能框架将"解锁"独特的信息，这有助于扩大企业自动化和端到端业务流程的范围。

那么，企业该如何拥抱并向决策智能转换呢？

首先，企业应该创建一个卓越的决策智能团队，与各部门的关键利益相关者就当前状态达成共识，并倡导围绕数据和人工智能运行的新运营模式；其次，通过关注具有意义的明确结果，明确组织衡量决策是否成功的标准；最后，要通过强调影响最大的决策，制订分阶段实施计划，构建实施路线图。

在此期间，最高管理层是一个重要的驱动因素，他们必须确保各种业务案例与日常活动保持一致，勇于采取新的举措，并经常进行分析和迭代。此外，组织要加大对员工的培训力度，让他们有机会在探索新的商业智能模型方面发挥创造性。

决策者需要所有可用的工具，从而帮助他们对数据提出正确的问题。决策智能可以帮助决策者获得有意义、可操作的业务见解和建议。随着数据和见解变得越来越重要，帮助做出明智决策并提供预测结果的决策智能将成为数字化转型新趋势。

资料来源：刘霞."决策智能"成数字化转型新趋势[N].科技日报，2022-09-30.

创业作为一个动态发展的管理体系，每个环节和时点无一不受到决策的影响，可以说，决策伴随创业全过程。但是，传统的决策管理理论分析和解释的主要对象是既有的成熟企业，难以充分反映和解析处在高度不确定性情境下的创业决策。在新一轮科技革命和产业变革背景下，人工智能表现出替代人类决策的可能性，具有条件约束高、时间压力大、风险因素多等特点的创业决策，在创业管理中是否还具有独特且关键的地位，需要反思和审视创业决策的内涵质量和创新成效才能得出结论。

12.1　创业决策的内涵

12.1.1　决策与创业决策

决策是管理的本质，诺贝尔经济学奖获得者赫伯特·西蒙（Herbert Simon）的决策理论显著推进了管理学研究科学化的进程。在新古典完全理性假设下，企业生产函数所反映的是对于利润最大化追求下的行为结果，其分析基于客观"完全信息"的条件。西蒙通过对完全理性假设的批判提出了行为人"有限理性"假设，即行为人缺乏全知全能的理性，也不具备全部备选方案的认知。这一思想来自行为主义和进化心理学，认为个体的理性和认知是有限的，个体在无限复杂的世界中的决策并非追求最大化。在满意原则下，个体通过搜索实现决策集合的知识性和动态性，从而使个体决策结果在不断改进中接近客观最优。

创业决策是在高度动态复杂的条件下，对创业过程中的动态行为进行评价、判断和选择的决策过程。创业情境具有独特性，使得创业决策有别于传统的管理决策。与一般管理活动相比，创业活动至少在以下三个方面表现出独特性。一是高度不确定性，具体体现在产品或服务的市场反应、市场变动趋势、竞争对手的反应等方面。创业活动的高度不确定性可能会导致创业者无法按照常规来做出取舍和选择。二是创业决策的无先例可循性，现存企业管理者通常根据组织惯例和既定的决策程序按部就班地进行决策，而创业者并没有现成的组织惯例和决策程序可以遵循，因此决策复杂性大大提高。三是资源高度约束性，在资源高度约束的条件下，创业者难以完全掌握与决策有关的信息来正确地选择备选方案，判断可能失误或出错。

创业情境下的决策机制研究起源于20世纪末期，从描述并归纳创业情境下创业者的独特决策过程入手，挖掘创业者决策过程的内在机制和影响因素。何为创业决策以及创业决策具体包括哪些范畴，经历了从简单、狭义的界定到丰富、广义的发展过程。早期学者认为创业决策就是创业者是否选择创业或者在面临创业机会时是否选择对创业机会进行开发的选择行为，将创业决策界定为创业者个体面对创业机会时所做出的取舍选择，并且认为这种决策具有高风险性和过程性等常规决策行为的特性。随着对创业情境、创业过程以及创业本质理解的深入，对于创业决策的内涵也有了更为深入的认识，开始将创业决策从单一的是否选择创业拓展到整个创业过程。

近年来，"生态理性"概念成为认识和分析创业决策的新视角。基于有限理性假设的经典决策理论难以充分解释和预测不确定性条件下的创业者决策机制，因此，"生态理性"是对传统理性决策的重要贡献和补充。该理论指出，人类的决策行为并不是一种封闭的纯理性行为，而是一种运用有限的认知资源对不确定性环境进行探索，以使人的认知能力更能够与环境的结构达到和谐，并认为迅捷精简的启发式模式（fast and frugal heuristics）是人类在不确定性环境中最重要、最有效的决策模式。创业的生态理性决策，强调以启发式为代表的适应性决策逻辑，而并非管理者以完备性为代表的预测性决策逻辑，具体包括4类规则：基于无知的决策规则、单一理由决策规则、排除规则、满意性规则。总体而言，创业的整个过程也就是创业决策的过程，创业活动为决策提供了独特的情境，决策是创业者影响创业过程的最重要的行为之一。

12.1.2 创业决策的构成

创业决策由创业活动、决策制定者和环境三大部分构成,包括机会评价决策、创业进入决策、机会开发决策、创业退出决策、决策制定过程中的启发和偏见、创业决策制定者的特征以及作为创业决策情境的环境这7个方面的决策问题(见图12-1)。

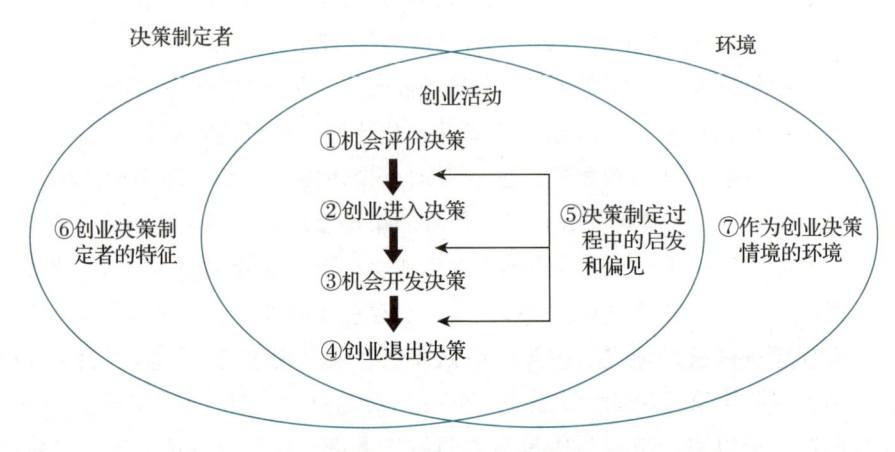

图 12-1 创业决策的构成

资料来源:Shepherd D A, Williams T A, Patzelt H. Thinking about entrepreneurial decision making: review and research agenda[J]. Journal of management, 2015, 41(1): 11-46.

创业活动。机会是创业的核心,因此,创业决策贯穿于创业机会的识别、评价、开发的整个过程。机会评价决策是对创业机会质量和水平的考查,可以通过定量和定性等多种方式进行。创业进入决策,关注机会如何满足特定需求并开拓市场,侧重于新企业创建前后的环节;机会开发决策,则是针对新的产品和服务,通过商业模式构建,延伸价值链并实现新价值创造;创业退出决策,意味着创业者实施收获或收割策略。决策制定过程中的启发和偏见,是指伴随创业活动各个阶段客观存在的决策影响要因。

决策制定者。作为决策制定者,创业者的知识和所在创业团队的结构是影响创业决策的基本因素。首先,创业是一个将技术知识与商业知识相结合的实践过程,内生性创业机会源于对研发新知识的获取,包括顾客对新的产品概念或服务方式的接受度、价值认知以及市场规模等,这些知识可以帮助潜在进入者对进入后的市场影响和未来盈利进行估计,有助于创业者的决策选择。其次,创业团队结构具有角色、技能和权力等不同维度,角色、技能和权力在创业团队风险决策过程中以不同的方式影响创业决策行为及其决策质量。例如,当成员不是定位于最合适、最恰当的岗位时,会出现角色缺位、角色模糊、角色冲突或角色错位,这些都会降低创业团队决策过程中的相互权衡作用,从而影响决策信息的全面收集和决策问题的全面理解,以致决策者的工作效率。

环境。创业决策面对的是不确定的世界,无法准确预测,也无法提前确定目标,而且环境不是独立的,创业者的行为还可以改变其所处的环境。面对如此不确定的环境，创业者的决策行为受到了挑战：无法预先知晓可能发生的事件结果的概率分布，甚至结果本身都有可能是未知的，因此，决策者无法通过转嫁风险降低未来可能的损失。不确定性环境决策的经典例子是"罐中取球"的模型。在创业情境下，创业者面临的很有可能既不是确定的风险概率，也不是可以通过简单试验获得的统计概率，而是事先无法预知和估计的不确定性：每一次罐子里球的颜色和数量都在变化，并且无从预测，甚至游戏规则都尚未确立，这种环境下的创业决策就不同于在期望利润基础上的投资，而是具有独特的属性。

> **创业聚焦　　　　　　差错管理氛围与创业决策**
>
> 差错管理氛围是组织认识和应对差错的共同实践和程序，具备这种氛围的创业团队主张积极看待差错、高效处理差错和尽可能发挥差错的积极作用，能够使成员感受到创业团队的开放性，并且可以通过交流和学习即时获得现有资源，助力创业团队开展即兴行为。
>
> 首先，差错管理氛围体现了对差错的正视和包容。在差错管理氛围下，成员会认为出现差错是创业过程中的正常现象，不会因担心或畏惧出错而止步不前或对潜在的机会视而不见，这在一定程度上能够鼓励创业团队以自发性和创造性的方式即时解决紧急问题。其次，差错管理氛围强调差错的高效协同处理。在差错管理氛围下，成员能够借助实时反馈的内部互动机制识别计划外的状况，缩短甚至融合应对行为的设计和执行间隔，有利于创业团队在短时间内应对计划外的状况。最后，差错管理氛围将差错视为成长的机会或资源。在差错管理氛围下，成员可以通过互相交流差错加深对彼此所具备知识或技能的了解，提高创业团队获得现有资源的可能性，有利于创业团队快速配置、整合和利用现有资源进行即时决策。
>
> 因此，创业团队要对所处环境有足够的敏感性，并且能够依据环境变化调节成员的认知反应和情感反应，从而制定合适的战略行动。例如，创业团队可通过组织交心会、茶话会和团建小游戏等活动了解成员的认知和情感状态，借助引导训练让成员有意识地练习和自我调整，培养他们敢于冒险的心态和积极的情感状态，从而主动拥抱环境变化。又如，创业团队可引导团队内威信较高的关键成员有意识地表达面对变化时的警觉性和进取导向，从认知上增强成员看待环境变化的积极性，进而降低行为风险感知，从情感上提升成员应对环境变化的内驱力，增强面临风险时即时采取行动的倾向，从而为有效应对环境变化保驾护航。
>
> 资料来源：贾建锋，刘梦含，熊立，等.差错管理氛围对创业即兴影响的双路径研究[J].管理科学，2023，36（2）：3-16.

12.1.3　创业直觉决策

直觉是对记忆中模式的认知，以已有的经验和情感输入为基础，是对所面临情况的整体感知，难以用言语准确表达。直觉判断是认知自动系统不经思索、自然而然产生的结果，往往是突然、自动进入脑海，以至于产生直觉的人都无法清晰地解释其来源或动因。有关直觉判断的研究通常将其与个体的经验和专业技能等联系起来。

创业直觉决策的定义，来自两个密切相关的概念："主观质性判断"和"创业警觉"。前者意味着，机会识别、投资、市场进入、创业伙伴选择等重要的创业决策没有标准化的、可操作化的运算法则，创业者对所处环境的熟悉程度和对所持有信息的主观质性判断对决策至关重要，甚至在决策中占据核心地位。后者则强调创业者拥有一系列与众不同的、引导创业机会识别过程的感知及认知加工技巧，是创业认知过程中所涉及的主要知识结构。通过这一知识结构，感知性输入被转化为对机会的觉悟，并且这一过程的反复将促使创业者实现机会觉悟能力的累积性提高。

创业直觉决策是指创业警觉认知通过与文化、产业、具体情境、技术等领域的能力互动，进而识别机会、创造新价值的动态决策过程。创业直觉决策具有两个基础理论（见表12-1）。自然决策理论最早源于对棋艺专家的观察。棋艺专家通过感知技能识别大量复杂的、先前便储存在记忆中的模式，不必逐一衡量变数便能根据直觉判断出一手好棋。同样，创业者通常必须在一定时间内就复杂、动态的情况做出市场、危机处理、技术创新等各方面的决策，尽管创业者所面临的决策时间的紧迫性可能相对较低，但他们经常要同时考虑多个决策，导致时间的紧迫性提升，这便迫使他们不断诉诸直觉判断。因此，基于自然决策理论，很多老练的创业者凭借专业训练或实际经验和知识的积累，可被视为创业领域的专家，他们的直觉判断在成功的创业活动中功不可没。

启发式偏见理论对专业技能及专家判断持怀疑态度。有研究对比了人工判断与统计模型预测的结果，发现后者往往比前者更准确，富有经验的专家即便在各自熟悉的领域，也很可能会在直觉的引领下做出不正确的选择或判断。因此，建议在大多数情况下选择发挥计算或统计模型的作用。正是由于存在这样的偏差，即便是经验丰富、以往创业绩效突出的优秀创业者，也不能完全凭借直觉进行创业决策。启发式偏见理论强调专业直觉判断存在不足之处，提醒创业者注意避免偏见，提高创业直觉决策的质量。

表12-1 创业直觉决策的两个基础理论

比较	自然决策理论	启发式偏见理论
观点立场	强调专业人士在直觉判断方面的卓越之处	强调专业直觉判断存在错误或不足，认为统计模型优于专业直觉判断
研究方法	强调研究情境的真实性，广泛使用认知任务分析、实地观察等方法分析复杂条件下的判断与决策	实验方法
专业表现的衡量	以研究对象的过往表现为基础，通常以同行判断为标准，缺乏量化的测度方式	多采用量化方式，以"最优化"作为衡量标准，通过对比优化线性模型预测与研究对象的决策准确性来判断
直觉来源	聚焦于专家的"熟练性直觉"，以经验、专业技能积累为基础，能够较好地识别问题所处的情境，做出准确度相对较高的判断	主要关注源于简单的"启发性直觉"，专业经验基础匮乏，准确度较低，容易产生系统误差

资料来源：张慧玉，李华晶.创业直觉判断可靠吗？基于自然决策理论与启发式偏见理论的评析[J].科学学研究，2016（4）：574-581.

不过，自然决策理论与启发式偏见理论也存在共通之处，主要体现在以下4个方面。首先，前者从未肯定专业直觉判断完全正确，而后者从未对专业直觉判断完全否定，甚至后者倡导的计算或统计便是以专业经验为基础的，因此，二者都认为部分专业直觉判断作用突出，而另一部分存在不足。其次，前者开始借助实验或模拟情境，而后者所开展的实验往往是以实际观察为基础的，二者趋向于互相借鉴和补充。再次，二者构成互补，设计精准的模型可以更好地界定专家与专业技能，而这些量化模型的设计通常是以业内质性数据为基础的。最后，熟练性直觉与启发性直觉在客观上共同存在并共同发挥作用，为两个理论流派的合作提供了现实的必要性与可行性。

⊙ 专栏

决策就是"拍脑袋"

所谓"拍脑袋"，或"晃脑袋""转脑袋"，字面而言，都是用脑袋、动脑筋的意思，指的是思考，是判断。其实，决策的实质就是加工信息和使用信息的过程，而"拍脑袋"正是这样一个过程。"拍脑袋"能不能成功取决于决策者的判断能力和对信息的把握与应用能力。

第一，信息储备。信息是决策的基础。决策者脑子里的信息和知识储备对决策是非常重要的。信息储备和它与决策的相关性在专家和外行之间的差距可能是天壤之别。外行"拍脑袋"是随机的、凭空的、无根据的；专家"拍脑袋"往往是有某种思路和信息依据的。

第二，识别能力。"外行看热闹，内行看门道。"外行处理信息是散乱零星的，只见树木，不见森林；而专家处理信息是成块进行的，是一个快速把握模式和规律的过程。外行"拍脑袋"通常是就事论事；而专家"拍脑袋"往往是融会贯通，把握关键并重视各种重要关系。

第三，决断能力。专家以往的经验可以浓缩和积淀成某种近乎本能的反应和判断能力。这种反应往往是合乎某种科学逻辑的，但专家在反应的一刹那并不一定有意识地思考这些逻辑关系。专家"拍脑袋"不仅是快速检索和加工信息，而且是快速和相对准确地给出直觉判断。

由此看来，问题的关键，或者关键之一，在于"谁"在"拍脑袋"。专家"拍脑袋"理所当然，无可厚非；而外行拍脑袋，如同"盲人骑瞎马，夜半临深池"。一个决策者，可以"拍"自己的脑袋，也可以"拍"别人的脑袋，但终究还是要"拍"自己的脑袋，因为自己是决策的主体。

某些具有高度复杂性和不确定性的决策，比如企业经营战略和发展方向，都是要靠企业家来"拍脑袋"的。各种制度和决策支持体系只能提供有限的信息。千军易得，一将难求，重要的不只是勇气，更是决策能力。

还有一些境况，需要专家迅速地做出判断和决策。例如，股票交易市场上的即时决策，需要的是良好的判断能力。这里，"拍脑袋"是一种职业习惯，靠的是多年实践积累的经验所锻炼出的直觉。再如，当你因急病被送进医院的时候，你是找一个该领域的医疗专家马上"拍脑袋"进行治疗，还是要求成立一个由医生、护士、厨师以及勤杂工组成的攻关小组为你民主化地提出"全方位正规化的现代科学治疗和护理方案"？

制度是人定的，点子是人想出来的，决策是人做出来的，关键是看谁来"拍"和怎么"拍"。

资料来源：马浩. 决策就是拍脑袋[M]. 北京：中信出版社，2005.

12.2 基于过程的创业决策方式

根据创业决策所面对的情境不确定性程度和创业决策的过程阶段，可以把创业决策分为因果逻辑决策、效果逻辑决策、即兴而作决策和启发式决策4种常见的方式。同时，卓有成效的创业者会在适当的时候采用适当的方式来进行决策，而一般的创业者常常会习惯性地沿用某一种决策方式。因此，探索创业决策方式的适用情境对于理性认识创业决策、有效指导创业者科学决策具有重要的意义。

12.2.1 因果逻辑决策

因果逻辑（causation logics）是在传统管理理论中被研究和讨论较多的一种决策方式。其特点就是以目标为导向，以预测为基础，基本思路在于未来可以预测、目标可以预定。创业者要做的就是发现最可行的手段去实现预定的目标，创业者以回报最大化为原则，通过预测、分析来决定行动方案。在需要承担风险的情况下，创业者更关注预期回报的大小，寻求能使回报最大化的机会，而不是降低风险。

因果逻辑在稳定线性的环境下较常采用，因为在这样的环境下，决策的任务就是根据某种标准（如既定目标下的回报最大化）在可供选择的工具和方案中做出理性选择，从而实现预定的目标。遵循因果逻辑的决策者常常十分注重竞争分析，关注不确定未来的可预测方面，尽量把不确定性控制在可预测的范围内，并且会尽力规避意外。

在创业过程中，遵循因果逻辑决策的典型路径是，创业者首先识别机会，发现推出新产品、开发新业务或是挖掘潜在市场的商机，然后通过竞争分析和市场调查，根据目标消费者特征把潜在市场分成几个独立的细分市场，并确定每个细分市场的潜在购买力，再制订商业或创业计划。通过争取利益相关者的认同和获得开发机会所需的资源来实施计划，随着时间的推移不断适应环境，最终实现预定的目标。

因果逻辑决策通常适用于市场相对稳定的情境。经典职能管理和战略管理产生于稳定的市场环境，遵循经典经济学和社会学的基础假设，符合因果逻辑，认为过去的经验、模式、方法对未来问题的解决能起到一定作用。如果管理者能够在某种程度上预测未来，就能够指导下一步的行动，在此基础上开发出一系列的模型和工具用于决策支持。随着竞争环境的快速变化，面对不断增长的业绩压力，具备创业导向的公司更容易获得成长，管理者需要通过开发新产品、进入新的区域市场、从事多元化经营等方式实现公司成长。因此，战略管理开始关注变化的市场，关注竞争的动态性和互动性，关心企业持续竞争优势，强调战略柔性、速度和创新。但它依然遵循因果逻辑：企业的决策和行动建立在公司目标以及预测竞争对手反应和行为的基础上。此时，企业的目标是已知的，可能的方法是既定的，管理者需要做的只不过是从几种可能的方法中挑选成本最低、效率最高或者回报最大的一种，使企业获得最大化利益。

⊙ 专栏

情绪如何影响创业决策

在复杂多变的创业环境和事件的影响下，创业者会形成不同的态度体验，如强烈的积极或消极情绪，甚至在不同情绪之间不断切换。已有研究通过探索不同类型的情绪及其强度对创业的影响发现，适当的积极或消极情绪对创业活动能够产生积极影响，但极端或不恰当的情绪会损害创业结果。因此，创业者调节和管理情绪是成功的关键。

关注创业中情绪调节的动态作用关系。这种动态作用关系表现为以下两点。一是创业情境与情绪调节的匹配性。由于创业是一个过程，这意味着从情绪调节视角揭示创业的过程本质需要考虑两者随时间变化的动态作用关系。二是情绪调节的复杂性和动态性。即使面对同一种创业情境，创业者也可能随时间和情绪的变化转换不同的情绪调节策略。

情感事件理论（affective events theory, AET）主张事件是导致情绪反应的直接原因，个体对事件的评估导致情绪反应，情绪反应进一步影响态度和行为。此外，由于个体特征存在差异，不同个体对事件的情绪反应存在差异，触发情绪反应的是个体对事件的认知评价而非事件本身。

创业是一个情绪化的过程，而情绪具有社会属性，创业者需要在创业的过程中调节情绪以实现目标并取得成功。因此，情绪是将创业和情绪调节联系起来的核心。创业由事件组成，这些事件能够引发广泛的情绪体验，因而具有明显的情绪属性，而这些情绪体验是产生情绪调节的基础。因此，分析情绪调节在创业中的作用本质上是剖析"创业事件－情绪－情绪调节－结果"之间的关系。

例如，在机会评估过程中，创业者很可能同时经历两种极端的情绪。当积极的情绪和消极的情绪同时存在时，创业者通过利用注意力分配策略，将注意力集中在积极或消极的部分，可能会对快速做出决策起到重要作用。但是情绪调节能力也有消极的一面，如情绪调节能力较高的个体会为了达到自身目的而选择性地掩饰或表达情绪，容易被他人评价为"不真实"，导致难以建立亲密关系。因此，在关注情绪调节能力对创业结果影响作用时，除考虑其积极的作用外，还要考虑其消极的影响。

资料来源：于海晶，蔡莉，詹天悦，等.创业中的情绪调节过程模型：基于情感事件理论[J].南开管理评论，2023，26（06）：201-213.

12.2.2 效果逻辑决策

效果逻辑（effectuation logics）是学者为了抽象创业现象、探索创业本质而概括的一种超越古典决策逻辑、创业者所特有的行为方式，可能是目前解释创业者在不确定性环境或市场不存在的情况下创建新企业的独特行为的最有说服力的理论之一。这种行为方式不同于人们习惯的因果逻辑，它的出现一方面与环境不确定性、未来不可能完全预测的现实有密切关系，另一方面又是对传统因果逻辑的补充与发展。

效果逻辑是指创业者在不确定性环境下识别多种可能的潜在市场，不在意预测信息，投资他们可承担损失范围内的资源，并以在与外部资源持有者互动过程中建立利益共同体的方式整合更多稀缺资源，充分利用突发事件来创造可能结果的一种思维方式。在充满不确定性且难以预测的环境中，具体任务目标无法明确，但创业者具备的资源或拥有的手段是已知的,他们只能通过现有手段的组合创造可能的结果。

因果逻辑从给定的目标出发,重点在于从现有手段中筛选出最优方案以实现预设目标;而效果逻辑通常是从一组给定的手段开始,重点在于从这组手段中创造出可能的结果。因果逻辑关注在给定的目标和可能的手段下应该做什么,效果逻辑则强调在给定的手段和可能出现的结果下可以做什么。在这里,目标不是预先设定的,随着时间的推移,创业者和利益相关者会根据他们的设想不断对目标加以调整。

效果逻辑决策通常适用于以下两个情境:一是创业者有一个明确的创业意愿,二是创业者规划的产品或市场在主观上是模糊或不存在的。需要注意的是,客观上产品或市场有可能存在,也有可能是一个尚未创造出的市场,但此时主观上存在与否与创业者自身掌握的信息和认知有关。因此,创业者无法制定明确的战略目标或财务目标,难以制定一系列的子目标,也不能明确需要投入的资源和能力。在一般人看来十分暗淡的前景中,专家型创业者(创业多次的成功者)却能发现机会,采取异于因果逻辑的方式开创新事业,审视人力资本(知识、经验等)、社会资本(社会网络等)、资源(资金、专利技术等),然后基于这些创造结果的手段,在市场中以共负盈亏的方式寻求外部资源持有者,获取更多资源来降低不确定性,同时充分利用不确定性环境下随时可能出现的突发事件来实现先前的愿景。

12.2.3 即兴而作决策

即兴而作(improvisation)最早是指在没有事先准备的情况下同时进行创作和执行的行为方式。管理学研究认为,在环境动态变化、不确定性高且资源匮乏的情况下,当组织遇到突发情况或者事先计划不周时,就可以通过即兴而作来把握机会。后来,研究发现即兴而作可用来描述想法的形成和执行几乎同时完成的创业决策,解释创业者在发现机会后既不制定商业计划,也不进行直觉推断,而是随即决定、迅速开发机会的情形,是一种特殊的创业决策方式。

即兴而作具有普适性、可移植性和可及性等特点,最重要的特征是"即兴"和"创作"。即兴,是指遇到突发事件能即刻通过调动一切可利用的资源来应对;创作,是指应对行动不但要迅速,还应有创意。因此,即兴而作的结果常常难以预料。不确定性和时间压力是迫使创业者采取即兴而作这种决策方式的两个重要因素。依据这两个因素,即兴而作决策分为4种类型(见表12-2)。

表 12-2 即兴而作决策的类型

	时间压力低	时间压力高
不确定性高	发现型即兴而作	完全即兴而作
不确定性低	事前计划	修饰型即兴而作

资料来源:CROSSAN M, CUNHA M P, VERA D, et al. Time and organizational improvisation[J].Academy of management review, 2005, 30(1): 129-145.

即兴而作决策通常适用于机会转瞬即逝、环境不断变化的情境。即兴而作尤其是完全即兴而作，是创业过程中常见的决策方式。例如，有研究比较了新产品开发过程中的理性分析和即兴而作，发现在新产品开发过程中即兴而作要比理性分析更加有效，尤其是在产品不确定性程度高的情况下更是如此。再如，一些技术型大企业之所以在持续变化过程中取得了成功，就是因为它们在面对变化时能够成功地实施即兴而作，可以把即兴而作融入正式的组织活动，创造即兴而作的机会并且支持即兴而作。

12.2.4 启发式决策

启发式（heuristic）是决策者在制定决策时必须遵循的一条重要原则。创业者不可能等到系统分析完不确定事件以后再进行决策，而常常是采用探寻方式来快速决策和完善决策。其实，启发式决策是创业者区别于一般管理者的显著特征之一。在创业情形下，机会转瞬即逝，创业情境动态变化，创业者必须快速决策并采取行动。在高度不确定、快速变化的创业情境下，相对于理性分析而言，探寻有利于提高决策效率，提高创业绩效。

启发式决策更加快捷且成本较低。有研究比较了探寻和理性决策方式，结果发现启发式决策和理性决策的结果相同，有时候甚至更好。不过，也有学者认为有时启发式决策会导致决策失误。例如，启发式决策具有一定的主观性，难免不受经验的影响，因而有可能导致包括乐观偏差和证实性偏差等在内的认知偏差。

启发式决策通常适用于机会开发的情境。在动态变化的创业环境中，启发式决策是创业者认识机会并进行决策的一种重要方式。如果不采用启发式决策，机会开发过程就会变得任务繁重、成本高昂。同时，也有研究发现，快速变化的环境并不会迫使创业者采用启发式决策，创业者的先前经验和采用启发式决策两者之间存在联系。有经验的创业者在遇到新问题、新情况时，往往先认知环境并基于反馈信息开展学习，然后再进行启发式决策，即创业者以往积累的经验会促使他们采用启发式决策。另外，"师傅带徒弟"或者受过正式的创业教育也会促使创业者采用启发式决策。

创业聚焦　　决策者改变关于经济发展的思维方式

在新的发展阶段创业、创新以及调控增长，企业和政策决策者应该改变关于经济发展的思维方式。

1. 顺应经济发展的"趋中律"

所谓**趋中律**，本来是一个生物学规律，即后代对父母生物学特征的遗传，依据一个回归到均值的轨迹，不会继续扩大父母的突出特征，而是向平均水平靠拢。趋中律在经济发展过程中也有体现。我们对从现在开始到2050年中国的潜在经济增长率做了一个估算，可以看到回归均值的长期趋势。但是，这个过程是长期而缓慢的，在相当长的时间里，中国的经济增长将显著高于世界平均水平，至少仍属于中高速。不过，在这个缓慢减速的过程中，企业行为和企业家的思维需要有所调整。

2. 提高生产率，而非仅仅追求利润

对企业来说，过去主要是要找到别人还没有涉及、利润还没有充分实现的领域去投资，使其利润超过社会平均水平。如今，在新的增长常态下，这样的机会仍会有，但已不像以前那么多了。所以我们要从"皆为利来"转向"皆为率往"，这个"率"就是全要素生产率。企业通过提高全要素生产率从而提高劳动生产率，才能够具有真正意义上的竞争力。提高全要素生产率以获得新的竞争力有两种方式。第一，沿着生产率提高的阶梯把生产要素在产业、部门、行业以及企业之间转移。第二，拥抱创造性破坏。

3. 打破"渗透经济学"的神话

传统经济学有个隐含的假设，即技术变革会自然而然地在一个经济体内部传播，从而不断渗透并覆盖所有部门和企业。事实上，技术进步的成果并不必然会渗透到社会的所有领域，也不意味着可以自然而然地促进整个经济体的创新发展。因此，为了提高单个产业、行业或企业与网络的连接性，加强技术进步和创新在产业之间、行业之间以及企业之间的渗透性，政府应该进一步创造公平竞争的环境，把竞争政策与产业政策相结合，既发挥好市场配置资源的决定性作用，也履行好政府必要的职能。

4. 学会接受劳动力市场制度

过去人们习惯认为，市场在资源配置中起决定性作用，意味着所有的要素都以相同的方式表现出来，价格由相对稀缺性来决定。其实，劳动力由于以人为载体，是一种特殊生产要素。我们所熟知的最低工资制度、劳动相关法规、集体谈判制度等，都属于劳动力市场制度的内容。在经济发展的早期阶段，劳动力市场制度曾经受到忽视，但到了更高的发展阶段，人均收入水平提高了，且出现了劳动力短缺现象，劳动力市场制度的作用必须得到增强。各国在经历发展阶段的转折时，都显示出这种转变的必然性。

资料来源：蔡昉. 改变经济发展的思维方式，决策者尤须注意这四点 [N]. 北京日报，2019-01-21.

12.3 提高创业决策质量的途径

12.3.1 改善创业认知

创业认知能力是一种创业认知脚本，表示创业者对创业产生知觉、评价和看法的一种能力，具体包含：创业诊断、创业情境知识、能力-机会匹配。创业诊断表示个人对所处环境和创业未来前景进行评估，从而系统地掌握创业所需资源的能力；创业情境知识则是个人将总结的不同情境下的创业经验、教训应用于其他情境的能力；能力-机会匹配是指整合人才、资源、产品等要素以及把握创造价值机会的能力。总的来说，与创业活动相关的能力、技巧、知识、态度和规范即为创业认知能力，该能力的构成要素相互作用、相互影响，随着个体创业经历的不断丰富，最终形成一个有机结合的心智模式。

创业者认知风格选择是一个动态平衡的过程，从而能够实现对创业决策的动态跟进。一方面，创业者先前的知识和经验会影响他们在创业过程中对认知风格的选择，经验丰富的创业者拥有更为完善的知识结构与认知图式，因而会积极、有效地使用直觉认知风格的推理机制，这使得他们能够在不确定性较高的环境中更好地进行创业决策。另一方面，创业者先前的知识结构的认知还能够及时根据环境中的反馈调整认知过程和策略，形成较强的认知适应性，认知风格也与工作环境相匹配。

创业情境的不确定性意味着创业者总是身处复杂多变的环境条件中，因此，成功的创业者往往更善于在直觉风格与分析风格之间达成动态平衡。不过，创业者常被视为具有较强的直觉型认知风格，会基于自身所储备的经验，采取启发推理与类比推理方式进行决策。在高度不确定的条件下，已有知识不能直接应用于解决当下问题，导致信息加工负担，创业者更有可能采用节省认知资源的自动化信息加工模式，寻找信息加工捷径，表现出认知偏差。

创业者对风险的认知会对创业决策产生重要影响。创业者特质学派认为，风险倾向是一种个性特征和行为偏好，影响个人对于机会的态度。人们在面临可能的决策选项时，风险倾向会自发地选择决策结果，由此产生创业者与非创业者的区分。这就意味着，提高风险倾向，有助于强化创业者在不确定性承担方面的偏好。一种观点认为，风险倾向较高的个体感知到的风险程度较低，因而更会进行创业投入；另一种观点则认为，即使感知的风险程度相同，风险倾向较高的创业者仍会做出创业投入的决策。创业者风险感知的差异并非都来自个性不同，还在于知识积累和应用方式的不同。具有较多创业经验认知的创业者，面对不确定性情境时能够更多地感知到自己的优势与机会，而非风险与威胁，从而更会做出创业决策。

创业聚焦　　　　　　　创业者决策的认知模式

在转型发展的复杂动态环境下，企业领导人的认知模式和价值观对企业发展有重要作用。从1988年华为创立开始，任正非便是华为的创始人和实际领导人。从发展阶段看，华为从创立至今，经过了一次创业（1988—1997年）、二次创业（1998—2005年）和国际化全面发展（2005年开始）3个阶段，其中二次创业阶段是华为发展壮大的关键时期，这一时期是华为从"人治"向制度化管理转变的关键时期，也是经历"华为的冬天"并加以扭转而实现增长，重回"上升通道"的关键时期。

任正非的战略逻辑有两个基本组成部分：一是动态化的基本战略回路，二是基于突破战略瓶颈的战略驱动路径。我们可以把任正非确定企业长期目标战略意图与相应的动态战略逻辑所体现出的思维特征称为"战略的框架式思考"。它包括三个相互联系的要素：一是回答"我是谁，向哪儿去"，即确定企业长期的使命，并且明确企业需要具备的核心竞争力或核心资源；二是回答"如何去"，即从高处俯瞰战略系统的整体架构"战略大画面"，找出关键因果链和关键点；三是回答"怎么做"，即在掌握战略系统和关键点后，对内部关键因素管理和技术进行剖析，找到瓶颈和突破瓶颈的方法。

任正非具有典型的"悖论整合"思维模式。一方面，他体现出典型的"认知复杂性"的特征，即能够对某一事物的多个侧面进行认知和探索，同时又能对每一范畴中的矛盾或对立的两种影响因素进行分析。另一方面，他能够在这两种矛盾因素中形成统一的对策，并且将相关的多侧面的范畴因素整合到对事物的整体认识和把握中。实际上，2000年以后，任正非就开始明确提出所谓的"灰色"理念。"灰色"就是黑与白、是与非之间的地带。灰色的定义就是不走极端，在继承的基础上变革，在稳定的基础上创新，在坚持原则和适度灵活中处理企业中的各种矛盾和悖论。"悖论整合"作为任正非的基本思维模式之一在华为的长期发展中发挥了重要作用。第一，促进了华为长短期目标的协调、竞争手段综合及研发战略中探索与利用的平衡；第二，与任正非的"不自私"价值观一起促进了华为分享型的企业产权制度创新；第三，促进了华为的组织管理进步，包括人力资本培养和企业文化的建设。

优秀企业领导人的战略思维模式对企业持续竞争优势的作用机制，意味着企业领导人在转型发展的动态复杂环境下需要不断发展和强化战略框架式思考和悖论整合思维，并倡导以终极事业为目标的超越性价值观，进而发展有效的经营战略，实现产权或激励制度创新及"实事求是"的管理进步，才有可能实现企业的长期发展。简言之，开发有效的创新型经营战略、实施产权或激励制度创新及不断推动管理进步，是企业领导人需要面对的重要挑战，而培养企业领导人的复杂性认知、战略框架式思考、悖论整合以及超越性价值观则是企业家领导力修炼的基础。

资料来源：武亚军．"战略框架式思考""悖论整合"与企业竞争优势：任正非的认知模式分析及管理启示[J]．管理世界，2013，29（4）：150-167．

12.3.2　注重创业学习

学习技能是发展创业技能的核心，创业被看作学习的过程。通过有效的学习，创业需要的技能、知识和能力才能被获取并应用，在瞬息万变的动态环境下尤其如此。创业过程与学习过程存在互动关系，创业者调整角色定位以适应环境、个人经验，并为此改变个人行为。创业学习除了有助于提高创业能力从而提升创业效果外，对创业活动的频率和程度也具有调节作用，会影响管理系统的进化并驱动组织学习。正因为如此，提高创业决策质量，首先要了解创业者如何学习。此外，提高对创业学习的了解，有助于创业教育和培训项目的有效设计。

一个完整的学习循环包括具体经验、反思观察、抽象概念和主动实践4个阶段，如图12-2所示。圈内的两个箭头说明了个人如何获取并转化信息：纵向的箭头说明了个人获得信息的两种不同方式——具体经验和抽象概念；横向的箭头说明了个人转化信息的不同方式——反思观察和主动实践。圈外的箭头表示一个完整的学习循环过程：从学习者的具体经验开始，在经验的基础上形成观察和反思，然后把观察转化到概念和概括中，从而指导新的实践，实践的结果又会形成新的具体经验，如此循环反复。

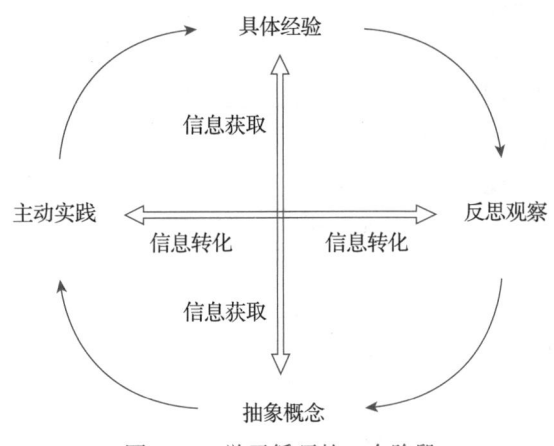

图 12-2　学习循环的 4 个阶段

资料来源：KOLB D A. Experiential learning: experience as the source of learning and development [M].Englewood cliffs, NJ: Prentice-Hall, 1984.

创业学习是指创业者在创业过程中将个人的经验、信息、知识转化为创业所需的专门技能，从而提高创业效果的学习过程。创办新企业是一种尝试和检验创新想法的活动，在从最初的创意产生到开发出成熟的产品或服务的整个过程中，要求创业者有能力识别机会、整合资源和运营管理。同时，创业过程也是新企业组织能力形成的过程，在这个过程中，资源进入新企业并在初始资源的基础上加以重构，以创造能够产生经济利益的生产性资源和能力，这些能力的形成离不开创业学习。创业学习的途径主要包括以下几种。

（1）从关键事件中学习。创业活动本身的高风险性和创业环境的高度不确定性使得创业过程充满了变数和挑战，这些变数和挑战造成的关键事件对创业者产生的影响是巨大的，因此创业者依靠的不是日常的积累，而更多的是从关键事件中反思、学习。不仅如此，关键事件引发的学习通常是质变的、高水平的，而高水平的学习使创业者做事更加与众不同，而不是改善现有的行为。

（2）"干中学"式学习。以往的创业经验会使创业者积累很多关于创业的隐性知识，这些隐性知识能够帮助创业者在高度不确定性且时间紧迫的情况下尽量做出恰当的决策。正因为如此，"干中学"的学习方式被创业学习研究的主流观点所认同。研究发现，具有创业经验的创业者开创的新企业的绩效更好，他们经历过创业中的新问题、新状况，因此再次创业的时候会相对从容稳健。

（3）试错式学习。创业学习本质上是一个不断试错进而有所发现的活动。创业者每做出一项决策后会根据决策结果进行修正，在错误中积累经验教训，不断向前推进。因此，创业采用的是从试错中发现信息的演化路径，创业学习是一种试错式学习。正是因为如此，很多学者倡导为创业者提供宽容错误和失败的创业环境，在组织内外和全社会弘扬创新意识和企业家精神。

（4）基于问题的学习。基于问题的学习可以促进创业者提升深度沟通、批判性思维、协同合作和自适应等技能，这与社会建构主义的学习方法一脉相承：理解和学习是通过我们与环境的互动获得的；认知冲突或者困惑是学习的刺激物；知识随着社会协商以及对可行性和理解的评估而演进，这通常是通过共同解决问题的合作型群体而得以发生。

（5）循证学习。循证学习的前提假设在于，学习者将会运用最合适的信息来做出复杂慎重的决策，主要关注以下3个要素的融合：最有可能带来可预测的、有价值的和有效果的产出的前期研究成果，基于广博学识的专业判断，以及科学的信息。循证学习的技能包括：寻找经验证据，批判、解释和整合研究发现，判定文献或证据到底如何支持或否定特有的社会干预方法。在实践中，循证学习强调自我指导性、积累性和重复性的学习。

12.3.3　建设创业生态系统

创业生态系统是创业决策所依存的一种客观环境状态，由决策制定者（创业者）和决策载体（创业活动）的独特性，而具有不同于一般商业生态系统的内涵。创业生态系统是由创业主体与其依存的客观环境所构成的动态整体，可以存在于不同的空间层次上，主体之间通过互动实现资源、信息的流动，内部的主体要素不断变化，系统所嵌入的制度、经济、社会宏观环境也处于动态变化之中，因此，系统会随时间推移而发生自适应演化。

创业生态系统对创业决策的影响主要体现在以下3个方面。一是创业主体具有创新活力。创业者、创业团队或创业型组织作为系统主体，如同生命体一样会经历孕育、诞生、成长、成熟等阶段，需要不断汲取资源并且形成与外部支持要素之间相互依存的密切联系，这也是创业决策的生存土壤。二是创业过程共创价值。创业生态系统的核心主体与支持机构的关系并非零和博弈，而是共生的协同演化过程，因此，创业决策也需要在坚持价值导向的同时，重视开放合作、协同创新。三是创业环境融为一体。在创业决策分析中，避免将创业环境视为静态的外部空间，而需要将环境要素嵌入创业活动的各个方面和全过程，关注复杂环境要素的结构功能，同时，环境也会受到创业活动的影响，形成动态交互联系。

创业生态系统营造的创业文化对创业决策具有无形、间接和渗透作用。创业生态系统有两个主要的文化属性：文化态度和创业历史。文化，特别是积极的社会规范和对创业的态度，已被认为是创业生态系统的关键组成部分。容忍风险或失败、鼓励创新创造被视为有利于创业的文化。共享文化理解和制度环境，可以减少企业间合作和知识共享等实践活动的障碍。良好的文化氛围有利于促进新企业和大公司、科研机构、中介机构之间的联系，使创业资源提供者与中介服务机构更倾向于为新企业提供资源与服务。创业的成功故事可以激励年轻的创业者，有助于创业生态系统中积极创业态度的构建。

伴随数字经济的建设，数字创业生态系统成为理论和实践领域关注的重点。数字创业生态系统通常包括数字基础设施治理、数字用户公民身份、数字创业和数字市场4个方面,其中,数字基础设施治理涉及国家区域层面;数字用户公民身份既包括需求侧用户(消费者),也包括供给侧用户(生产者);数字创业既包括数字技术开发者,也包括其他所有与数字平台连接生产产品和服务的其他代理人;数字市场包括数字多边平台等具体形式。由于数字技术创新的更替速度快,数字经济改变并重塑着创业主体的决策行为与决策逻辑,且不同创业群体存在异质性特征。因此,创业决策要关注数字创业生态系统的动态演化规律,从而让数字技术赋能创业主体,助推系统主体互动和实现创业目标。

当前,一系列颠覆性的科技创新成果带来了前瞻性、突破性、变革性、替代性以及高风险性的创业机会,在创造高价值的同时也潜藏着诸多伦理挑战,需要创业者重视伦理决策。创业伦理是指创业主体在创业过程中对社会规范、利益相关者福祉及价值创造的考虑,个体的伦理认知决定决策和行为,但在高度不确定性环境下,创业者的决策和行为时常脱离伦理认知。当前,创业决策要关注与大数据和人工智能技术相关的伦理困境,包括数据保护、隐私问题以及数据收集方法的侵入等。此外,还应将生态环境和自然条件纳入创业者创业机会识别、评估和开发的决策依据,摒弃人类中心主义,考量自然价值和权利、人类价值和行为、生态公正和道德规范,让创新创业活动促进人与自然的和谐共生。

⊙ 专栏

人机协同决策

在机器行为与人机协同决策的相关研究中,棋牌类的人机博弈、社交媒体中的信息传播、基于算法的定价和交易、人机谈判、供应链决策等研究已经取得一系列重要的理论和技术成果。总体而言,已有研究聚焦于特定任务,在技术层面设计面向特定功能的智能体和算法,但仍缺乏跨学科、体系化的顶层设计和部署,对深层科学问题的研究还处于起步阶段。

近年来,大数据和人工智能飞速发展,一方面大量扩充了交叉关联的海量数据和复杂多样的应用场景,另一方面促进了深度强化学习、因果发现和推理、图神经网络等基础理论和方法的提升,这为机器行为与人机协同决策研究带来新的机遇。该领域未来的发展趋势和研究热点有以下3个方面。

(1)在研究机器行为的机理和演化中,充分考虑法律制度、伦理规范和文化等因素的影响。已有的研究主要面向结构化的简单应用场景,未来的研究需要面向真实复杂的管理决策场景,将法律制度、伦理规范和文化等融合到机器行为的机理、发展、适应性、群体演化等方面的建模中。

(2)研究人机协同决策中机器行为与人的行为的交互机理和相互影响,尤其是机器行为对人的塑造和影响。随着人工智能系统在生产和生活中的广泛应用,人机协同决策会对参与其中的个人或群体提出特定的要求,机器行为也可能导致一些新的社会现象或问题,对人的心理、行为、生活和工作等产生影响。

(3)针对不同的管理应用场景,研究相应的新型人机协同决策理论和技术。虽然已有的研究涉及政治、经济、医疗和教育娱乐等各个领域,但是还存在大量的有重大价值和应用前景的场景尚未涉及,对应的人机交互机制和人机协同决策机制还有待深入挖掘。

人机协同决策理论和方法在生产和生活中的具体应用,主要研究基于人机协同决策的产品和服务创新。在人机协同决策环境中，企业需要挖掘、预测消费者的内在和潜在需求，而不只是简单地满足表层和显性需求。同时，企业的产品设计和制造过程、服务流程将需要更加智能化，需要精准理解消费群体结构和行为以及个体行为、需求和偏好。此外，人机协同决策还可能催生数据驱动的风险识别、政策影响评估及效果预测、大规模模拟推演系统等新的产品和服务形态。

人机协同决策的具体应用如下：基于人机协同的计算广告投放机制，融合人机行为的自动推荐方法，基于人机协同的新一代电子商务，大数据驱动的群体行为计算实验，人机协同环境下的产品和服务模式创新，新能源政策推演和风险分析，等等。

资料来源：曾大军，张柱，梁嘉琦，等.机器行为与人机协同决策理论和方法[J].管理科学，2021，34（6）：55-59.

本章要点

- 创业的整个过程就是创业决策的过程，创业活动为决策提供了独特的情境。
- 创业决策是在高度动态复杂条件下对创业过程中基于动态行为的评价、判断和选择的过程。
- 创业决策由创业活动、决策制定者和环境三大部分构成。
- 可以从创业客观条件与创业者主观特征两个方面分析创业直觉判断中存在的主要不确定因素及问题。
- 按照自然决策理论、启发式偏见理论及二者的互动整合，可以总结和凝练出创业直觉判断可靠性的行动路径，并以此为基础找到切实可行的提升方案。
- 按照创业决策的过程阶段，可以把创业决策分为因果逻辑、效果逻辑、即兴而作和启发式4种常见的决策方式。不同的决策方式有其各自的适用情境。
- 提高创业决策质量可以从创业者认知、创业学习、创业生态系统3个角度进行。

重要概念

创业决策　创业直觉决策　自然决策理论　启发式偏见理论　因果逻辑决策　效果逻辑决策　即兴而作决策　启发式决策　创业者认知　创业学习　创业生态系统

复习思考题

1. 举例并对比说明创业决策与一般决策之间的异同。
2. 一项创业决策活动通常由哪几个部分构成？
3. 创业直觉决策可靠吗？为什么？请用实例说明。
4. 在创业决策中，因果逻辑和效果逻辑的明显差异是什么？
5. 即兴而作决策有哪些类型？
6. "师傅带徒弟"对创业决策有效果吗？为什么？
7. 如何改善创业认知从而提高创业决策质量？
8. 创业学习与一般学习的不同之处在哪里？请举例说明创业学习的方式。
9. 结合当地创业生态系统的现状，分析其对创业的影响有哪些方面。

实践练习

实践练习 12-1

近年来,连环创业者开始受到关注。有的连环创业者用成功造就再次成功,有的则是失败铺垫出的成功。连环创业让他们拥有丰富的创业经验,创业–退出–再创业–再退出–再创业……类似的循环在他们的创业过程中一再上演。请选取一位中国的连环创业者,梳理其每次创业的关键决策,并结合本章内容,对其每一次决策的特点、方式和可能存在的问题展开分析。

实践练习 12-2

当前,新一轮科技革命和产业变革蓬勃兴起,科技创业成为培育经济增长新动能、形成新质生产力、实现高质量发展的核心动力之一,不少地区都在建设创新创业生态系统,为创业者干事创业和创新发展营造良好环境。请结合科技创新和区域发展实例,从创业者、创业团队、创业机会、创业资源等不同角度分析创业生态系统对创业决策的影响,以及创业者提高决策质量的努力方向。

参考文献

[1] FURR N, AHLSTROM P. 有的放矢：NISI 创业指南 [M]. 七印部落，译. 武汉：华中科技大学出版社，2014.

[2] WASSERMAN N. 创业者的窘境 [M]. 七印部落，译. 武汉：华中科技大学出版社，2017.

[3] BLANK S G. 四步创业法 [M]. 七印部落，译. 武汉：华中科技大学出版社，2012.

[4] 毕海德. 新企业的起源与演进 [M]. 魏如山，马志英，译. 北京：中国人民大学出版社，2004.

[5] 莱斯. 精益创业：新创企业的成长思维 [M]. 吴彤，译. 北京：中信出版社，2012.

[6] 施密特，罗森伯格，伊戈尔. 重新定义公司：谷歌是如何运营的 [M]. 靳婷婷，译. 北京：中信出版集团，2015.

[7] 霍洛维茨. 创业维艰：如何完成比难更难的事 [M]. 杨晓红，钟莉婷，译. 北京：中信出版社，2015.

[8] 德鲁克. 创新与企业家精神 [M]. 蔡文燕，译. 北京：机械工业出版社，2009.

[9] 蒂尔，马斯特斯. 从 0 到 1：开启商业与未来的秘密 [M]. 高玉芳，译. 北京：中信出版集团，2015.

[10] 巴林格，爱尔兰. 创业管理：成功创建新企业：第 3 版 [M]. 杨俊，薛红志，等译. 北京：机械工业出版社，2010.

[11] 巴林杰. 创业计划书：从创意到方案 [M]. 陈忠卫，等译. 北京：机械工业出版社，2016.

[12] 内克，格林，布拉什. 如何教创业：基于实践的百森教学法 [M]. 薛红志，李华晶，张慧玉，等译. 北京：机械工业出版社，2015.

[13] 弗里德，汉森. 重来：更为简单有效的商业思维 [M]. 李瑜偲，译. 北京：中信出版社，2010.

[14] 蒂蒙斯，斯皮内利. 创业学 [M]. 周伟民，吕长春，译. 北京：人民邮电出版社，2005.

[15] 摩尔. 跨越鸿沟 [M]. 赵娅，译. 北京：机械工业出版社，2009.

[16] 施拉姆. 烧掉你的商业计划书：不按常理出牌的创业者才能让企业活下去 [M]. 李文远，译. 杭州：浙江大学出版社，2018.

[17] 克里斯坦森，霍尔，迪伦，等. 与运气竞争：关于创新与用户选择 [M]. 靳婷婷，译. 北京：中信出版集团，2018.

[18] 克里斯坦森. 创新者的窘境 [M]. 胡建桥，译. 北京：中信出版社，2010.

[19] 施莱辛格，基弗，布朗. 创业行动胜于一切 [M]. 郭霖，译. 北京：北京大学出版社，2017.

[20] 巴隆，谢恩. 创业管理：基于过程的观点 [M]. 张玉利，谭新生，陈立新，译. 北京：机械工业出版社，2005.

[21] MAURYA A. 精益创业实战 [M]. 张玳，译. 北京：人民邮电出版社，2013.

[22] 布兰克，多夫. 创业者手册：教你如何构建伟大的企业 [M]. 新华都商学院，译. 北京：机械工业出版社，2013.

[23] 沙恩. 寻找创业沃土 [M]. 奚玉芹，金永红，译. 北京：中国人民大学出版社，2005.

[24] 瑞德，萨阿斯瓦斯，德鲁，等.卓有成效的创业[M].新华都商学院，译.北京：北京师范大学出版社，2015.

[25] 孙陶然.创业36条军规：简明国民创业实践教程：全新修订版[M].北京：中信出版集团，2015.

[26] 库拉特科，莫里斯，科温.公司创新与创业[M].李波，译.北京：机械工业出版社，2013.

[27] 奥斯特瓦德，皮尼厄，贝尔瑞达，等.价值主张设计：如何构建商业模式最重要的环节[M].余锋，曾建新，李芳芳，译.北京：机械工业出版社，2015.

[28] 奥斯特瓦德，皮尼厄.商业模式新生代[M].王帅，毛心宇，严威，译.北京：机械工业出版社，2011.

[29] 爱迪思.企业生命周期[M].赵睿，陈甦，何燕生，译.北京：中国社会科学出版社，1997.

[30] 彭罗斯.企业成长理论[M].赵晓，译.上海：上海三联书店，2007.

[31] 马林斯.如何测试商业模式：创业者与管理者在启动精益创业前应该做什么[M].郭武文，叶颖，译.北京：机械工业出版社，2017.

[32] 内克，布拉什，格林.如何教创业：基于实践的百森教学法：第二卷[M].薛红志，李华晶，陈寒松，译.北京：机械工业出版社，2023.

[33] 艾森曼.哈佛创业管理课[M].钟莉婷，译.北京：中信出版集团，2022.

[34] 张维迎.重新理解企业家精神[M].海口：海南出版社，2022.

[35] 阿密特，佐特.商业模式创新指南：战略、设计与实践案例[M].陈劲，杨洋，译.北京：电子工业出版社，2022.

[36] 马拉比.风险投资史[M].田轩，译.杭州：浙江教育出版社，2022.

[37] 怀斯，菲尔德.创业机会：认清那些关乎创业成败的核心要素[M].凌鸿程，刘寅龙，译.北京：机械工业出版社，2018.

[38] 法德尔.创造：用非传统方式做有价值的事[M].崔传刚，译.北京：中信出版集团，2022.

[39] 拉斯，帕克.创业历程：他们怎么犯错 又是如何成功[M].诸葛雯，译.北京：中国人民大学出版社，2022.

[40] 布莱克韦尔.商业计划书要这样写：创建出色的商业战略指南[M].张楚一，译.6版.北京：中信出版集团，2019.

[41] 埃文斯.商业计划书撰写指南：第2版[M].刘怡，译.北京：清华大学出版社，2021.

[42] 罗伯茨.高新技术创业者：MIT的创业经验及其他[M].陈劲，姜智勇，译.北京：清华大学出版社，2023.

[43] 丹尔森，克莱弗，埃瓦尔德，等.创业的悖论：原书第2版[M].葛沪飞，张晓玲，杜思贤，译.北京：机械工业出版社，2021.

[44] 亚当斯.创业中的陷阱[M].刘昊明，谢楚栋，连晓松，译.北京：机械工业出版社，2008.

[45] 田所雅之.创业学[M].陈朕疆，译.上海：东方出版中心，2019.